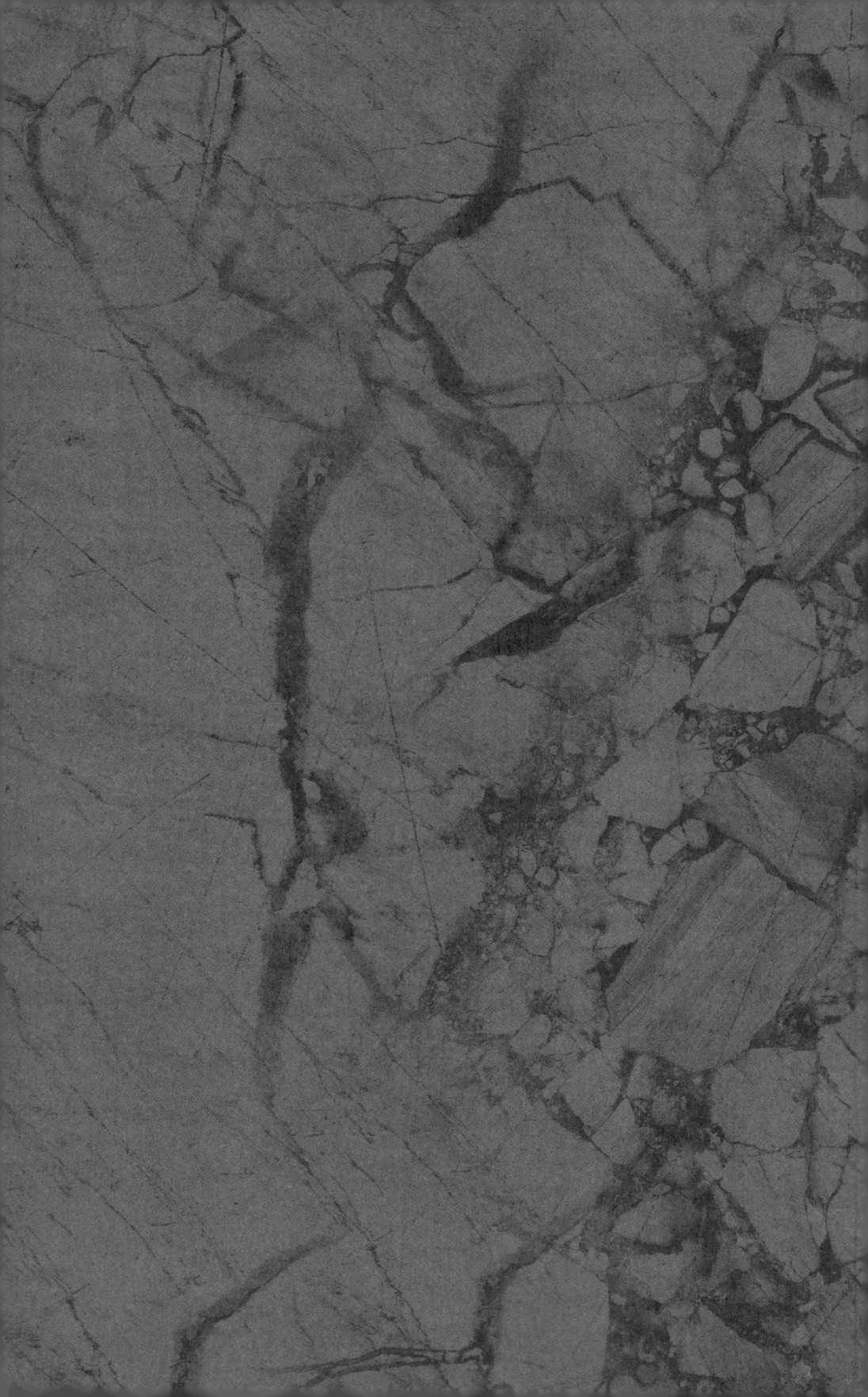

A HISTORY
OF
PHILOSOPHY

7

18th and 19th Century
German Philosophy

FREDERICK COPLESTON

科普勒斯顿哲学史

7

18—19世纪德国哲学

[英]弗雷德里克·科普勒斯顿 著　　陈杰 丁雨姗 杨云飞 译

九州出版社
JIUZHOUPRESS

出版说明

　　每一个时代的哲学家、思想家都无法跳出自己的时代。正如尼采所言，我们永远都只能从特定的视角出发思考事物与世界。因而，哲学史家弗雷德里克·科普勒斯顿亦是从他的时代出发向我们讲授哲学的脉络。但也正是因为不可避免地置身于有限性和处境性之中，人类才追问关于意义的问题。关于本书具体观点可能具有的个人局限性和历史局限性，请读者明鉴。

九州出版社

出版总序

编辑约我为《科普勒斯顿哲学史》写序言，我首先自问有无资格为这部世界著名哲学史的中译本写序。思忖再三，找出三个理由，于是欣然命笔。

第一个理由，我是较早精读《科普勒斯顿哲学史》的中国读者。1982年底，我到比利时鲁汶大学留学，从哲学本科课程开始读，《古希腊哲学》和《中世纪哲学》这两门课的教材用的就是《科普勒斯顿哲学史》的第1、2、3卷[①]，我买了Image Books出版的每卷两册的口袋书，按照老师讲解的线索，仔细阅读这6册书，重点部分读了几遍，还做了几本读书笔记。此前我也读过罗素和梯利的《西方哲学史》，与那两本书相比，这部书线索清晰、资料翔实、重点突出，将我的西方哲学史水平提升了几个层次。中世纪哲学是《科普勒斯顿哲学史》的重头戏，第2卷的篇幅比其他部分更厚重，我来鲁汶大学的初衷是攻读中世纪哲学，那卷书对我来说是宝贵资料，几年里翻阅了好几遍，基本上掌握了中世纪哲学的发展线索和重点。在鲁汶硕士阶段读的都是经典，我也经常参考《科普勒斯顿哲学史》的相关部分。我的硕士论文写的是康德，《科普勒斯顿哲学史》第6卷的康德哲学写得也很精彩，使我获益良多。我把这套9卷本的丛书带回国内，讲授西方哲学史这门课时经常参考。

第二个理由，我写过《柯普斯顿传》[②]，为此与科普勒斯顿有过通信。中国社科院哲学所傅乐安先生在鲁汶大学进修期间，看到我经常阅读《科普勒斯顿哲学史》，我们回国之后，他主编《当代西方著名哲学家

---

① 《科普勒斯顿哲学史》初版为9卷本，再版为11卷本，赵敦华先生在本序中所提及的《科普勒斯顿哲学史》相关卷数信息对应9卷本相关信息。——编者注
② 《柯普斯顿传》为《当代西方著名哲学家评传：第六卷宗教哲学》（傅乐安编，山东人民出版社，1996年版）中的篇目，此处"柯普斯顿"即指本书作者科普勒斯顿。——编者注

114 MOUNT STREET LONDON W1Y 6AH   TELEPHONE 01-493 7811

22 December, 1988

Dear Dr. Zhao Dunhua,

Thank you for your letter of the 9th December. I feel honoured that you have undertaken to write an introduction to 'my thought'. And I wish you all success.

As you request, I have written some autobiographical notes, which I enclose. They do not amount to much more than what is stated in such public reference books as the British Who's Who; but if you desire further factual information, I will try to supply it.

In your letter you ask for a photograph of myself. I enclose two.

In regard to books, you will see from the enclosed bibliography that I have published a good many books in addition to my History of Philosophy. I am asking my ordinary publisher to send you two or three of them. If they do not arrive within a reasonable time, please let me know. (I will pay for them, of course. If you find by any chance that the publishers enclose an invoice with the books, take no notice of it---or, better, send it to me.)

As to 'my thought'--for what it may be worth-- I could, if you wished, let you have some recollections of the development of my ideas about philosophy. But this depends on whether you thought that you would find such recollections of any use for your purpose.

With every good wish for a happy and prosperous New Year,

Yours sincerely,

Frederick C. Copleston.

Frederick C. Copleston.

本图为科普勒斯顿给赵敦华老师的信件的扫描图

评传·宗教哲学》卷时，约我写《柯普斯顿传》。我对传主的生平和著述目录不熟悉，于是冒昧地给科普勒斯顿写信询问。科普勒斯顿立即给我写了回信，并附上照片和亲笔写的简历，以及 20 页的著述和二手文献目录。我把他的照片和自传的翻译写在传记里，兹不赘述。

科普勒斯顿（Frederick Charles Copleston，1907. 4. 10 —1994. 2. 3）不仅是足迹遍布西方世界的精力充沛的教师，而且是多产的作者。自1934 到 1986 年，他发表了 150 篇论文和 250 多篇书评。他的著作除了9 卷本的《哲学史》外，还包括《托马斯·阿奎那》《尼采——文化哲学家》《叔本华——悲观主义的哲学家》《中世纪哲学》《当代哲学》等，这些著作是对《哲学史》相关章节的补充和发挥。他写的《哲学和哲学家》《论哲学史》等专著论述了哲学史的方法论。20 世纪 80 年代之后，科普勒斯顿致力于东西方哲学比较研究，写了《哲学和文化》《宗教和哲学》《宗教和一元》等著作，提出了"一元形而上学"的思想。他还专门研究了俄国哲学，写了《哲学在俄国》《俄国的宗教哲学》。1987年，为了庆祝科普勒斯顿的80岁寿辰，哲学界出版了论文集，评价了科普勒斯顿两方面重要贡献。一是对英语国家哲学史著述的卓越贡献。德语国家和法语国家早在半个多世纪之前，就有了宇伯威格（Friedrich Überweg）的《哲学史大纲》和布雷希耶（Émile Bréhier）的《哲学史》等权威著作，但长期以来，英语国家没有一部与之相当的权威著作。科普勒斯顿的《哲学史》填补了这一空缺。现在，在英语国家大学里，这部著作普遍被用作教材和参考书。第二方面的贡献是，科普勒斯顿用永恒哲学（Philosophia perennis）的传统融汇各种哲学资源。他是一个托马斯主义者，但坚持认为托马斯主义属于永恒哲学，托马斯主义产生之后，可在任何方向和时期继续发展。这意味着，中世纪之后，永恒哲学贯穿在近现代哲学之中。站在永恒哲学的立场，科普勒斯顿对历史和现当代各种哲学派别和理论做出积极评价，突出了托马斯主义与西方哲学其他流派综合调和的特征。他的哲学史方法论可以说是史论结合、以论带史的典范。

最后，《科普勒斯顿哲学史》在20世纪90年代已被介绍到我国，成为西方哲学史教学和研究的重要参考书。这部书的中译本问世，将在中国社会，尤其是哲学界产生更广泛的影响。本书各卷译者均为哲学学界优秀学者，其中第5、8卷的译者周晓亮研究员是我相识多年的学友，他对英国哲学有精深的研究，令我十分钦佩。同时，他还是一位翻译家，所译《人类理智研究》《道德原理研究》和《剑桥哲学史（1870—1945）》（两册）是我经常使用的案头书。其余各卷译者，梁中和、江璐等学者也各有所长，我相信由他们来翻译《科普勒斯顿哲学史》中译本，定能为这部世界哲学名著增光添彩。

是为序。

赵敦华

2020年春节于北京大学外国哲学研究所

前　言

由于第 6 卷《哲学史》到康德结束，接下来这卷自然应是讨论后康德时代的德国观念论。在德国观念论之后，本来我也可以讨论 19 世纪早期的法国哲学和英国哲学。但经过考虑，我认为将 19 世纪德国哲学作为整体进行讨论也是合理的，相比其他可能的处理方式，这样处理可以使本卷更具统一性。事实上，本卷涉及的唯一一位非德语哲学家就是克尔凯郭尔，他用丹麦语写作。

本卷定名为"从费希特到尼采"（*Fichte to Nietzsche*），[①] 因为尼采是本卷详细讨论的最后一位世界著名哲学家。的确，此卷本可命名为"从费希特到海德格尔"。因为本卷不仅涉及许多年代晚于尼采的哲学家，而且最后一章还对 20 世纪前半叶的德国哲学做了一个概览。但我认为，将本卷命名为"从费希特到海德格尔"会误导那些充满预期的读者。因为这等于暗示说，本卷对于像胡塞尔、N. 哈特曼、雅斯贝尔斯、海德格尔这些20 世纪哲学家的讨论可以说是为了讨论他们自身，其处理方式与对费希特、谢林、黑格尔的处理一样；但事实上，本卷只是为了举例说明那些有关哲学的本质及范围的不同观点才简要地论述了他们。

本卷的体例与前几卷有一两点不同。导论一章只论及观念论运动，因此将它安排在第一部分之内，而不是放在第一部分前面。虽然最后一章涉及一些回顾性的反思，但正如前文已经指出的一样，它也涉及对 20世纪上半叶思想的概览。因此我将这章定名为"回顾与展望"，而不是

---

① 本卷翻译所依据的英文版本（Image Books, 1994）的标题为"现代哲学：从后康德观念论者到马克思、克尔凯郭尔和尼采"（*Modern Philosphy: From the Post-Kantian Idealists to Marx, Kierkgaard, and Nietzsche*），而不是此处所说的"从费希特到尼采"。——译者注

"总结性的评论"。本卷之所以提到 20 世纪思想，除了上文中给出的理由外，也因为：一方面，我不打算在这部哲学史中对 20 世纪哲学做出任何全面的论述；另一方面，我也不希望不论及任何后续发展而骤然结束本卷。当然，这么处理的结果是我可能遭到这样的批评：与其做出一些概览和不充分的评论还不如完全不谈这些发展。不过，我决定冒一下这个风险。

x

为了节省篇幅，我在本卷结尾所列出的参考书目，只限于一般性的作品、主要哲学家的著作，以及论述他们的著作。而次要的哲学家，本书只在适当的地方提及他们的著作。考虑到 19 世纪哲学家人数之众、著作之丰富，也考虑到研究其中一些主要哲学家的文献资料数量之巨，给出详尽的参考书目是根本不可能的。至于最后一章谈及的那些 20 世纪思想家，他们的部分著作已在文中或脚注中提及，但并没有详细列出参考书目。除了篇幅问题外，我认为给那些仅仅只是简要提及的思想家（比如海德格尔）单独列一份参考书目也是不合适的。

我希望继续撰写这部哲学史的第 8 卷，用于讨论 19 世纪法国和英国思想的某些情形。但我并不打算进一步拓宽论述范围。相反，如果情况允许的话，我希望在增补卷中转而研究那些或许可以称为"哲学史哲学"的问题，亦即，反思哲学思想的发展而不是叙述哲学发展的故事。

最后要说的是，一位善意的评论者认为本书更应当叫作"西方哲学史"或"欧洲哲学史"，而不是没有任何附加说明的"哲学史"。因为本书就没有谈及（比方说）印度哲学。这位批评者当然完全正确。但我要说，遗漏东方哲学既不是疏忽也不是由于对哲学家的任何偏见。东方哲学史的撰写是一项专业人士的工作，这项工作要求相关的语言知识，而这是笔者所不具备的。布雷希耶（Bréhier）在其哲学史中收入了一卷《东方哲学史》，但这一卷并不是布雷希耶本人撰写的。

最后，我很高兴能对牛津大学出版社表达我的谢意，因为他们很友好地允许我引用他们出版的克尔凯郭尔的《观点》和《畏惧与颤栗》的英译本；也感谢普林斯顿大学出版社同样允许我引用克尔凯郭尔的《致死的疾病》《最后的、非科学性的附言》以及《恐惧的概念》。在引用克尔凯郭尔之外的哲学家的著作时，我都自己翻译引文。但我经常列出现有英译本的参考页码，以方便那些希望查阅英译本而不是原著的读者。但对于次要人物，我一般省略了英译本的参考页码。

目　录

家──对黑格尔政治哲学观念的解释性评论──战争的作用──历史哲学──对黑格尔历史哲学的一些评论

第二部分　对形而上学观念论的反叛

古拉·哈特曼——关于存在的形而上学：海德格尔，
托马斯主义者——结论性的反思

第一部分

后康德观念论体系

第一章

导　论

引言——康德哲学与观念论形而上学——观念论的意义、其对体系的坚持及其对哲学的力量与范围的信心——观念论者与神学——浪漫主义运动与德国观念论——完成观念论计划的困难——德国观念论中拟人化的成分——关于人的观念论哲学

1. 在 19 世纪早期的德国哲学领域里，我们发现了漫长的西方哲学历史中最为灿烂的形而上学花朵之一。呈现在我们面前的是一系列对实在、人生与历史给出了原创性解释的体系；这些体系无疑都极为恢宏壮丽，而且它们所具有的独特魅力至少仍对某些心灵有吸引力。因为这一时期的每一位主要哲学家都声称要解开世界之谜，要揭示宇宙的奥秘和人类存在的意义。

的确，在 1854 年谢林逝世之前，法国的奥古斯特·孔德已出版《实证哲学教程》，在这部著作中，孔德认为形而上学是人类思想史上的一个过渡阶段。德国也将有自己的实证主义和唯物主义运动，它们虽未将形而上学置于死地，却迫使形而上学家反思并严密界定哲学与各门科学之间的关系。但在十九世纪的头几十年，实证主义的阴影尚未横在台前笼罩着形而上学领域，思辨哲学享有一段不受抑制的繁茂发展时期。在这些伟大的德国观念论者身上，我们发现了对人类的理性力量和哲学的范围的超卓信心。观念论者将实在视为无限理性的自我显现，他们认为能在哲学反思中追溯这种理性自我表现的生命。他们并非这种神经质的人——一直探头探脑地张望，看看批评者是否在悄声议论，认为他们不过是在理论哲

学的薄弱伪装下做出诗意的心灵倾诉，或者认为他们深奥晦涩的语言只是掩饰不够明晰的思想的面具。相反，他们确信人类精神终于回归到自身之中，确信人类意识终于清楚地揭示了实在的本质。而且每个观念论者在提出关于宇宙的洞见时，都信心十足地认为这就是客观真理。

当然，不可否认的是，德国观念论给今天大部分人的印象是，它们属于另一个世界、另一种思想氛围。而且，我们可以说，1831 年黑格尔的逝世标志着一个时代的结束。因为随之而来的就是绝对观念论的崩溃[①]和其他思想路线的兴起。即便是形而上学，也已转至不同方向。那种对于思辨哲学的力量和范围的超卓信心——这尤其是黑格尔的特征——再未恢复。但是，尽管德国观念论像火箭般快速飞过天空，又在相对来说很短的时间内崩溃坠地，但这却是一次令人印象极为深刻的飞行。无论德国观念论有什么缺点，它都是在我们所知的思想史中最持久的努力之一，这种努力是要用统一的概念来掌握作为整体的实在和经验。尽管观念论的预设被拒绝了，但观念论的体系仍保持着刺激反思性心灵的自然冲动的力量，让这样的心灵为了统一的概念综合而努力。

有些人确实相信，努力构建一种关于实在的整体性观点并不是科学性哲学的合适任务。而且，即便是那些并不相信这点的人也认为，要达到一个最终的综合体系是任何人都力所不能及的，这毋宁说是一个理想目标，而非实际上可能的事。然而我们应该做好准备，以便在照面之时，辨识出其智识所抵达的高度。特别是黑格尔就以伟岸而令人印象深刻的形象远远超出大部分试图贬低他的人。我们也总能向一位出色的哲学家学习，即便只是反思不同意他的理由。形而上学观念论在历史上的崩溃并不必然蕴涵这样的结论：伟大的观念论者没有提供任何有价值的东西。德国观念论的有些方面的确是空想，但这些主要的观念论者的著作却绝非全然如此。

2. 然而，我们在此要考虑的重点并非德国观念论的崩溃，而是其兴起。这确实需要做些解释。一方面，观念论运动在哲学上的直接背景是伊

3

---

① 　虽然在英国、美国、意大利和其他地方有后期观念论运动，但这并不能改变如下事实，即在黑格尔之后形而上学观念论在德国没落了。

曼努尔·康德（Immanuel Kant）的批判哲学，康德攻击了形而上学家宣称自己提供了关于实在的理论知识的主张。另一方面，德国观念论者认为自己在精神上真正继承了康德，而不仅仅是对其思想的反动。因此，我们需要解释的是：形而上学观念论如何可能从这样一位思想家的体系中发展出来？他的名字总是与某种怀疑主义连在一起，这种怀疑主义针对的是形而上学声称能为我们提供关于实在整体的理论知识，或者毋宁说，这种怀疑主义认为，除了关于人类知识和经验的先天结构的知识以外，形而上学不能提供任何关于实在的理论知识。①

康德的自在之物观念，是解释形而上学观念论如何从批判哲学中发展出来的最方便的起点。② 在费希特看来，由于坚决不放弃这个观念，康德把自己置于一个站不住脚的立场之上。一方面，如果康德肯定自在之物的存在，把它当作感觉中被给予之物或质料要素的原因，那么他就引入了明显的矛盾。因为，根据他自己的哲学，原因这一概念不能被用来将我们的知识扩展到现象界之外。另一方面，如果康德将自在之物的观念仅仅作为一个成问题的、限制性的观念保留下来，那么这无异于保留了独断论幽灵般的遗物，而独断论正是批判哲学矢志克服的。康德的哥白尼革命向前迈出了一大步，以这一革命为基础，费希特不可能再考虑是否要回到康德之前的立场上去。如果一个人对哲学的发展和近代思想的需求有任何一点了解，那么他就只能向前迈进并完成康德的工作。这就意味着剔除自在之物。因为，根据康德的前提，一个被假定为独立于心灵的、不可知的、神秘的实体是毫无立足之处的。换而言之，批判哲学必须被转变为始终一贯的观念论，这意味着事物必须从整体上被视为思维的产物。

现在，显而易见的是，被我们视为外在于心灵的那个世界，不能被解释为人类心灵有意识的创造性活动的产物。就通常的意识来看，我发现自己置身于诸客体构成的世界中，这些客体以各种各样的方式影响我，而且我自然而然地认为它们是独立于我的思维和意志而存在的。因此观念论

4

① 我说"可能发展"，是因为对康德哲学的反思可能导致不同的思想路线，这要看我们强调的是哪方面。参见《科普勒斯顿哲学史》第6卷，第433—434页。（页码为英文版页码，下同。——译者注）
② 参见《科普勒斯顿哲学史》第6卷，第268—272页，第384—386页。

哲学家似乎必须绕到意识背后，去追溯作为意识之根据的无意识活动的过程。

但我们必须继续前进，必须意识到我们根本不能把世界的产生归因于个体自我，甚至也不能归因于个体自我的无意识活动。因为，如果将世界的产生像这样归因于个体的有限自我，那么要避免唯我论——一个几乎无法严肃持有的立场——就算不是不可能的，也会是非常困难的。因此，观念论就被迫绕到有限主体背后，走到了一个超个体的理智、一个绝对主体那里。

然而，除非"主体"一词所表示的是，终极的生产性原则可以说是在思维一边而不在可感知的事物一边，否则它也并不真的合适。因为"主体"和"客体"这两个词是相关联的。而终极原则就其本身而言，是无客体的。它是主客关系的基础，而且在自身中超越这一关系。它是主客体的同一，是创造二者的无限活动。

因此，后康德观念论必然是一种形而上学。费希特的哲学自然地从将其第一原则称为自我开始，他正是从康德的立场出发并将其发展为观念论，将康德的先验自我转变为一个形而上学或存在论上的原则。但他解释说这自我是绝对自我，而非个体的、有限的自我。然而其他观念论者（包括在其后期哲学中的费希特本人）并不是在这样的语境中使用"自我"一词的。在黑格尔那里，终极原则是无限理性、无限精神。而且我们可以说，对于一般的形而上学观念论而言，实在是无限思维或无限理性自我表现或自我显现的过程。

当然，这并不意味着世界被还原为一个通常意义上的思维过程。绝对思维或绝对理性被视为一种活动、一种在世界中设定或表现自己的生产5 性理性。而世界仍然保有我们看到它所拥有的全部实在性。形而上学观念论并不认为经验性的实在是由主观观念组成的；但它持有的观点是：世界和人类历史是创造性理性的客观表现。这种洞见在德国观念论者的观点中是基础性的：他们根本无法避免这种洞见。因为他们认为将批判哲学转变为观念论是必要的。这一转变意味着世界整体必须被视为创造性思维或创造性理性的产物。因此，如果把将康德哲学转变为观念论的必要性视为前提，那么我们可以说，这一前提决定了后康德观念论者的基本洞见。然而，当我们试图弄清楚实在是创造性思维的一个过程是什么意思时，就会有不同的解释，会有不同的观念论哲学家各自特殊的洞见。

相比于谢林和黑格尔，我们在费希特那里自然能更加强烈地感受到康德思想的直接影响。因为谢林的哲学以费希特的早期思想为前提，而黑格尔的绝对观念论则以费希特和谢林二人的早期哲学为前提。但这并不能改变整个德国观念论运动以批判哲学为前提的事实。在其对近代哲学史的叙述中，黑格尔认为康德的体系体现了对此前思想的超越，同时又要求在随后的阶段自我发展并自我超越。

在这一节，我们只涉及剔除自在之物以及将康德的哲学转变为形而上学观念论的过程。但我当然并不是想要暗示说，后康德的观念论者只受自在之物必须被剔除这一观点的影响。他们同样受到批判哲学其他方面的影响。例如，康德将实践理性置于优先地位的理论就对费希特那种特色鲜明的伦理学观点有着极强的吸引力。而且，我们发现费希特将绝对自我解释为无限的实践理性或道德意志，这种实践理性或道德意志将自然设定为道德活动的领域和工具。在他的哲学中，行动、义务、道德使命等概念极为突出。也许我们可以这么说，费希特借助自己对康德的第一批判的发展，将康德的第二批判转变成了一种形而上学。但是，对谢林来说，他突出的则是艺术哲学、天才的角色以及审美直观的形而上学意义，因而，艺术创造将他与康德的第三批判联系起来，而不是第一或第二批判。

但是，在导论这章里，相比于以更长的篇幅探讨康德哲学的不同部分或不同方面对这个或那个观念论者的特殊影响方式，如果我们以更广泛、更一般的观点探讨批判哲学与形而上学观念论之间的关系，可能会更合适些。

反思性的心灵想要对实在做出一贯的、统一的解释，这是很自然的事。但不同时代要实现的实际目标却以不同方式呈现出来。例如，在中世纪以后的世界中，物理科学的发展意味着，想要建构一个整体性解释的哲学家必须努力克服这一问题：调和把世界视为机械系统的科学观点和道德与宗教意识的要求。笛卡尔就面对着这一问题，康德亦然。[①] 然而，尽管康德拒绝了其哲学前辈们处理这一问题的种种方式，并提出了他自己的原创性解决方案，但我们仍然可以说，从长远来看，他给我们留下了"一个二分的实在界"。[②] 一方面，我们有现象界，即牛顿的科学世界，这个世界由必然因果律支配。[③] 另一方面，又有自由的道德行动者和上帝所在的超感觉世界。虽然并没有任何正当的理由使我们可以断言现象世界是唯一的实在界。[④] 但同时，对于超感觉实在界的存在，我们也没有任何理论上的证据。这是一个关于实践信仰的问题，它依赖于我们的道德意识。的确，在第三批判里，康德在他认为对人类心灵来说有可能的程度上，竭力在两个世界之间的鸿沟上架起桥梁。[⑤] 但如果其他哲学家不满意他的工作，这也是可以理解的。而且，德国观念论者通过对康德哲学的发展与转变，能够得以超越康德。因为，如果实在界是绝对思维或绝对理性借以显现自身的统一过程，那么它就是可理解的。倘若人的心灵可以被视为绝对思维反思自身的工具，那么实在界对人的心灵来说也是可理解的。

如果康德关于未来唯一可能的科学形而上学的观点与观念论者对形而上学的看法之间有任何连续性的话，那么上述条件的重要性就是显而易见的。因为对康德来说，未来形而上学是对人的经验和知识的先验批判。事实上，我们可以说，这种先验批判是人的心灵对其自身的自发性建构活动的反思性意识。然而，对形而上学观念论来说，被追问的活动在最完全的意义上是生产性的（自在之物已被剔除）；这一活动并不属于有限的人类心灵本身，而是属于绝对思维或绝对理性。因此，作为人类心灵的反思的哲学并不能被看作绝对思维对自身的反思性意识，除非人的心灵能够上升到绝对视角，并且能够成为绝对思维或绝对理性反思性地意识其自身的

----

① 参见《科普勒斯顿哲学史》第4卷，第55—56页；及《科普勒斯顿哲学史》第六卷，第333—334页，第428—429页。
② 参见《科普勒斯顿哲学史》第4卷，第60页。
③ 对康德而言，必然性和因果性属于先天范畴。但他并不否认而且其实是肯定科学世界具有"现象上的实在性"。
④ 至少，如果我们不把康德对范畴的应用领域所做的限制推进到如此地步，即坚称对超感觉实在的任何讨论都是没有意义的，即便是在道德信仰的语境下也是如此，那么这一点就是真的。
⑤ 参见《科普勒斯顿哲学史》第6卷，第15章。

活动的工具。如果能够满足上述条件，那么康德关于"唯一可能的科学性形而上学"的思想与观念论者对形而上学的看法之间就有某种连续性。当然，也可以说有某种明显的扩展。也就是说，康德的认识论被扩展为一种关于实在的形而上学。但这样的扩展过程仍保有某种程度上的连续性。虽然远远超出康德自己的全部设想，但也不是简单地回归到康德之前的形而上学观。

当然，这种从康德认识论到某种关于实在的形而上学的转变，也带来了某些重要变化。例如，如果随着自在之物的剔除，世界变成了思维或理性的自我显现，那么康德对先天与后天的区分就失去其绝对性了。而范畴也不再是人类知性的主观形式或概念模型，而是变成了实在界的范畴；它们重新获得了客观地位。此外，目的论判断也不再像康德所主张的那样是主观的了。因为，在形而上学观念论看来，自然中的目的性观念不仅仅是人类心灵中的一种启发性或调节性的原则，不能只是一个虽然起着有益作用但其客观性却不能被理论所证明的原则。如果自然是思维或理性在其朝向某个目标运动的过程中的自我表现或显现，那么自然的进程必定具有目的论特征。

不可否认的是，康德对形而上学的范围和力量所持的谨慎看法，与观念论对形而上学哲学所能企及的范围的看法，二者间存在着很大的差异。费希特要求通过剔除自在之物来将批判哲学转变为纯粹的观念论，康德本人拒绝了这种要求。因而，我们也很容易理解新康德主义的态度，后者在该世纪[①]后期宣称他们已经受够了观念论者空洞的形而上学思辨，是时候回到康德本人的精神中去了。可是，将康德的体系转变为形而上学观念论这一发展也不是不可理解的，这一节短评也许有助于解释何以观念论者认为他们可以将自己视为康德合法的精神继承者。

3. 从上述关于形而上学观念论发展的论述中可以清楚地知道，后康德观念论者不是下述意义上的主观观念论者，即认为人类心灵只认识其自身的观念，而这些观念不同于存在于心灵之外的事物。他们也不是这种

----

① 指19世纪。——译者注

意义上的主观观念论者，即认为所有的知识对象都是有限的人类主体的产物。费希特早期著作中对"自我"一词的使用，确实容易使人产生这样的印象：上述观点恰恰是他所持有的观点。但这种印象是错的。因为费希特坚称，生产性的主体不是有限的自我，而是绝对自我，是一个先验的、超个体的原则。而对谢林和黑格尔来说，任何将事物还原为个体有限心灵的产物的观点都与他们的思想毫无关系。

然而，虽然我们很容易理解，后康德观念论并不包含上一段提及的两种意义上的主观观念论中的任何一种，但是，要对这一运动做一个适用于所有主要观念论体系的一般性描述绝非易事。因为，后康德观念论在一些重要方面上是有差异的。此外，特别是谢林的思想还在前后相继的几个阶段中不断地发生变化。但是，这些不同的体系之间当然也有某种家族相似性。这一事实使我们能够冒险做一些概括性的工作。

由于德国观念论把实在视为绝对思维或绝对理性的自我表现或自我
9 展开，因此它们有一种明显的倾向，就是把因果关系比作逻辑蕴涵关系。例如，在费希特和谢林看来（至少在谢林的早期思想中是如此），经验世界与终极生产性原则的关系是后件与前件的关系。当然，这意味着，世界是随着第一生产性原则而来的必然结果，第一生产性原则的优先性是逻辑上的而非时间上的。很明显，这里没有也不可能有任何外在的强制力，而是绝对者自发地、必然地在世界中显现自身。德国观念论确实没有给"在时间中创造"——有一个可以在观念上指出的第一刹那时间①——这种观点留下任何立足之处。

这种将实在视为绝对理性的自我展开的观点有助于解释观念论者对体系的坚持。因为，如果哲学是要对动态理性过程的结构进行反思性的重构，那么它就应该是体系化的，意即哲学应该从第一原则开始，并展示出随第一原则而涌出的实在本质上的理性结构。的确，纯粹的理论推演在形而上学观念论中占据的地位，实际上并未像费希特以及（尤其是）黑格尔的被置于显著位置的辩证过程所显示的那么重要。因为观念论哲学是对一

---

① 黑格尔在宗教意识的语言这一层次上承认自由创造的观点。但对他而言，这种语言是形象化的或比喻性的。

个动态活动的概念重构，是一个无限生命的自我展开，而不是对一个或多个原初基本命题的意义与蕴涵所做的严格分析。但将世界视为绝对理性的自我显现过程这一初步设想包含着一般意义上的世界观的萌芽。哲学的工作就是系统地、清楚地表述这一观念，就好像在反思性意识的层面再次体验这一过程。因此，尽管可以从绝对理性的经验性显现出发并倒推，但形而上学观念论却自然地采取了一种演绎推演的阐述方式，去系统性地勾勒出一种目的论运动的轨迹。

现在，如果我们假定实在是一个理性过程且哲学家能够洞察其基本的动态结构，那么这种观点自然伴随着对形而上学的力量与范围的信心，但这样的信心却与康德对形而上学所具有的力量及其所能达到的范围持有的谨慎看法形成了鲜明对比。如果我们比较批判哲学与黑格尔的绝对观念论体系，那么上述差异就足够明显了。或许我们确实可以说，黑格尔对哲学的力量与范围的信心，可能是任何此前的著名哲学家都比不上的。然而，我们在上一节已经看到，在康德哲学和形而上学观念论之间有某种连续性。我们甚至可以这样说——尽管这是一种吊诡的陈述——观念论越是接近于康德关于"科学形而上学的唯一可能形式"的思想，就越是对哲学的力量与范围有信心。因为，如果我们认为哲学是思维对其自身自发性活动的反思性意识，并且如果我们用观念论形而上学的语境取代康德人类知识和经验的语境，那么我们就会有这样的观念：理性过程（也就是实在）在人的哲学反思中并通过人的哲学反思逐渐意识到自身。在这种情况下，哲学史就是绝对理性自我反思的历史。换而言之，宇宙在人的心灵中并通过人的心灵认识它自身。而哲学也可以被解释为绝对者对自身的认识。

真正说来，相比于其他主要的观念论者，这样的哲学观念更能概括黑格尔的特征。费希特最终坚持一个神性的绝对者，这个绝对者在自身中超越了人类思想的范围；谢林在后期的宗教哲学中则强调人格性上帝的观念，上帝把他自身启示给人类。认为哲学家可以对全部实在做概念化的把握，并将这种把握解释为绝对者的自我反思，这种看法到了黑格尔那里才变得非常突出。但这么说只意味着：在形而上学观念论最伟大的成就（黑

10

格尔主义）中，对思辨哲学的力量和范围的信心（这信心激发了观念论运动）才找到其最纯粹、最辉煌的表达。

4. 我们刚才提到费希特后期关于绝对者的理论以及谢林的宗教哲学。在此谈谈德国观念论与神学的关系是比较合适的。因为重要的是要了解到，观念论运动不仅仅是批判哲学转变为形而上学的结果。三位主要的观念论者最初都是神学研究者，费希特在耶拿，谢林和黑格尔在图宾根。虽然他们确实很快转向了哲学，但神学论题在德国观念论的发展中扮演了重要角色。尼采说上述三位哲学家都是潜藏着的神学家，这种说法虽然存在某些方面的误导，但并非全无根据。

下述对比可以说明神学论题在德国观念论中所扮演的角色的重要性。尽管康德不是职业科学家，但他一直对科学感兴趣。他最初的著作主要关心的就是科学问题，[①] 并且他最主要的问题之一就是什么条件使得科学知识成为可能。然而，黑格尔却是从神学转到哲学中来的。他最初的著作主要是神学性质的，而且他后来还宣称哲学的主题是上帝并且只能是上帝。这里使用的"上帝"一词是否应理解为神学意义上的用法并不是我们现在需要讨论的问题。这里要说的重点是，黑格尔的出发点是无限者与有限者、上帝与受造物之间的关系。他的心灵不再满足于将无限存在者置于一边、将有限存在者置于另一边这种泾渭分明的区分，他试图把二者结合在一起，从而既能在有限者中把握无限者，也能在无限者中把握有限者。在他思想发展的神学阶段，黑格尔倾向于认为，从有限者到无限者的提升只能发生在爱的生命中，因而，他得出结论说：哲学最终必然屈从于宗教。作为一个哲学家，他试图在思想中概念化地展示无限者与有限者的关系，并倾向于将哲学反思描述为一种比宗教意识特有的思维方式更为高级的理解形式。但无限者与有限者之间的关系这一贯穿其哲学体系的总论题，却可以说是从其早期的神学反思中承继过来的。

然而，这不单单是黑格尔关心的问题。在费希特的早期哲学中，无限者与有限者的关系问题的确并不突出，因为在他看来，他主要关心的是

---

① 参见《科普勒斯顿哲学史》第6卷，第181—182页，第185—187页。

完成康德对意识的演绎。但在他的后期思想中，关于唯一的、无限的神性生命的观念居于核心地位，其哲学的宗教方面也得到了发展。至于谢林，他毫不犹豫地说神性无限者与有限者之间的关系是哲学的主要问题。谢林的后期思想具有浓厚的宗教意味，人从神中疏离出来并回到神中去的观念起着重要作用。

作为哲学家，观念论者们当然试图理解无限者与有限者之间的关系。他们倾向于按照逻辑蕴涵关系的类比来看待这种关系。进一步，如果我们将谢林后期的宗教哲学排除在外（这种排除是必要的），那么我们可以说，既是无限又是完全超越的"人格性的上帝"这一观念，对观念论者来说既不合逻辑又过度拟人化了。因此，我们发现他们有这样一种倾向，即将上帝的观念转变为绝对者（意即无所不包的整体）的观念。与此同时，观念论者并不打算否定有限者的实在性。因此，他们所面对的问题可以说是如何把有限者包含在无限者的生命中，而又不使有限者丧失其实在性。解决此问题的困难使形而上学观念论在处理另一问题——一方面要界定自身与有神论的关系，另一方面要界定自身与泛神论的关系——时，产生了许多含糊不清之处。但无论如何这一点是很清楚的，即在德国观念论者的思考中，神学的一个核心论题——神与世界的关系——显得很突出。

前文曾提到过，尼采将德国观念论者描述为潜藏着的神学家这种看法会产生某些误导作用。因为，这种观点暗示着观念论者想要秘密地重新引入正统基督教，然而，事实上我们发现，他们明显倾向于用形而上学替代信仰，并把基督教的启示奥秘理性化，将其纳入思辨理性的范围之内。套用一个现代术语来说，我们发现他们倾向于去除基督教教义的神话色彩，并在这一过程中将它们转变为一种思辨哲学。因此，我们或许倾向于对 J. H. 斯特林（J. H. Stirling）将黑格尔描述为基督教最伟大的哲学拥护者这种做法一笑置之。我们可能更倾向于接受麦克塔格特（McTaggart）的观点（也是克尔凯郭尔的观点）：由于黑格尔哲学宣称揭示了传统形式基督教教义中的理性内容，因而可以说它从内部破坏了基督教的根基。而且我们可能会觉得，费希特在其后期的绝对者哲学与《约翰福音书》第一章之间所寻求建立的联系多少薄弱了些。

12

可是，也没有令人信服的理由使我们可以认为，（比如说）黑格尔在
提到圣安瑟伦以及信仰寻求理解的过程时是在开玩笑。他早期的文章对
实证的基督教表现出了明显的敌意，但后来他改变了自己的态度，并且可
以说是把基督教信仰置于其羽翼之下。声称黑格尔事实上是正统基督徒，
这是荒谬的。但是，当黑格尔将基督教与其哲学的关系描述为绝对宗教与
绝对哲学的关系，描述为对同一真理内容的两种不同的理解和表达方式
时，他无疑是真诚的。从正统神学的立场来看，黑格尔必然被判定为用理
性替代信仰、用哲学替代启示，并通过将基督教理性化、将其转变为（借
用麦克塔格特的话来说）通俗的黑格尔主义，从而为基督教辩护。但这并
不能改变下述事实，即黑格尔将他自己视为已经证明了基督教真理的人。
因此，尼采的看法并不完全是十分离谱的，特别是当我们考虑到费希特思
想的宗教方面以及谢林的后期哲学时更是如此。无论如何，德国观念论者
无疑认为宗教意识是有意义、有价值的，并且在其体系中为宗教意识找到
了位置。他们或许已从神学转向哲学，但他们绝非现代意义上的无信仰者
或理性主义者。

5. 对于形而上学观念论，必须要谈到的另一方面就是它与德国浪漫
主义运动之间的关系。将德国观念论描述为浪漫主义哲学，这种观点的
确会遭到激烈的反对。首先，上述观点认为，二者之间有一种单向度的影
响。也就是说，这种观点认为，伟大的观念论体系只是浪漫主义精神在意
识形态上的表现，然而，事实上，费希特和谢林的哲学都对浪漫主义者产
生过相当重要的影响。其次，主要的观念论哲学家们与浪漫主义者的关系
多少有些不同。我们的确可以说谢林突出地表现了浪漫主义运动的精神，
而费希特却惯于对浪漫主义运动提出尖锐批评，尽管后者曾从他的某些思
想中汲取灵感。黑格尔则只对浪漫主义的某些方面表示了少许同情。再
次，我们有理由认为，"浪漫主义哲学"这一术语用在像弗里德里希·施
莱格尔（Friedrich Schlegel，1772—1829）、诺瓦利斯（Novalis，1772—
1801）这样的浪漫主义者发展出的思辨观念上，比用在伟大的观念论体
系上更合适。可是，观念论运动和浪漫主义运动之间毫无疑问存在着某些
精神上的类似性。其实，浪漫主义精神本身毋宁说是一种对人生、对宇

宙的态度，而不是一种系统的哲学。我们或许可以借用鲁道夫·卡尔纳普（Rudolf Carnap）的术语，将其说成是一种"生活感受"（Lebensgefühl）或"生活态度"（Lebenseinstellung）。[1] 因此，黑格尔在系统的哲学反思和浪漫主义者的言论之间找到了相当大的差异，这就完全可以理解了。但是，当我们回顾十九世纪早期德国的情形时，令我们理所当然地感到惊讶的不只是二者之间的差异，也是它们之间的类似性。毕竟，形而上学观念论和浪漫主义或多或少都是同时代德国的文化现象，二者潜在的精神类似性正是人们可能期望找到的。

众所周知，浪漫主义精神难以界定。其实人们也不应该期望能界定它。但我们当然可以论及它的一些独有特征。例如，不同于启蒙运动专注于批判的、分析的以及科学的理解，浪漫主义高扬创造性想象力的力量和感受与直观的作用。[2] 艺术天才取代了启蒙哲学家（le philosophe）的地位。但是强调创造性的想象力和艺术天才，只是如下这种一般性强调的一部分，即强调自由而充分地发展人的个性，强调人的创造性力量以及对人类的可能经验的享受。换句话说，浪漫主义精神强调的重点在于个人的创造性，而不是人的共通性。这种对创造性人格的强调，有时是与一种伦理上的主观主义倾向联系在一起的。也就是说，浪漫主义者倾向于贬低固定的、普遍的道德法则或准则，以利于依照根植于个体人格并与个体人格相一致的价值自由地发展自我。我这么说并不意味着浪漫主义者不关心道德或道德价值。但他们（比如施莱格尔）倾向于强调个人自由地追求自己的道德理想（实现其自身的"理念"），而非服从于非人格的实践理性所规定的普遍法则。

在发展他们的创造性人格观念时，有些浪漫主义者从费希特的早期思想中得到灵感和激励。施莱格尔和诺瓦利斯都曾有过这样的经历。但这

15

———————

[1] 按照鲁道夫·卡尔纳普的观点，形而上学体系表现了一种对生命的感受或态度。但将这样的术语用于浪漫主义精神，远比用于（比方说）黑格尔的辩证法体系更为合适。

[2] 有必要在这里提出两点适当的说明。首先，我并非暗示说，浪漫主义运动本身是直接承继启蒙运动而来的。但我跳过了中间的阶段。其次，本文的概述不应被解释为包含了如下观点，即启蒙运动者们一点也不了解感受在人生命中的重要性。例如，参见《科普勒斯顿哲学史》第6卷，第24—27页。

当然并不意味着他们对费希特想法的使用总是与哲学家的本意相符。举个例子可以清楚地说明这一点。正如我们已经了解到的,费希特在把康德哲学转变为纯粹观念论时,将先验自我(这种先验自我被思考为无限的活动)视为终极的创造性原则。在对意识做系统的演绎和重构时,费希特广泛地使用了生产性想象力这一概念。诺瓦利斯抓住这些概念,并将费希特描述为开启了对创造性自我这一奇观的考察。但诺瓦利斯做了一项重要的改变。费希特考虑的是以观念论原则来解释这一情形:有限的主体发现自身处于一个由被给予他的、以各种不同方式(如在感觉作用中)影响他的诸多客体所构成的世界中。因此他认为,当所谓的生产性想象力的活动设定那影响着有限自我的对象时,这种活动是在意识之下的层次中发生的。借助于先验反思,哲学家能够意识到有这种活动发生,但无论是他自己还是其他任何人都不能意识到这种活动正在发生。因为设定客体的活动在逻辑上先于所有意识和知觉。而且这种生产性想象力的活动,当然不是随有限自我的意志而更改的。但诺瓦利斯却将这种生产性想象力的活动描述为可以随意志而更改。就像艺术家创造艺术作品一样,人不仅在道德领域内是一种创造性的力量,而且至少从原则上来讲,在自然领域内也是。费希特的先验观念论以此方式被转变为诺瓦利斯的"魔幻观念论"(magical idealism)。换句话说,诺瓦利斯抓住了费希特哲学理论中的某些内容,用以服务于一种诗意的、浪漫的狂想,以此赞扬创造性的自我。

再者,浪漫主义者对创造性天才的强调,使他们与谢林的联系比起与费希特的联系要密切得多。正如我们在适当时候将会看到的,强调艺术的形而上学意义及艺术天才的角色的是谢林,而非费希特。当弗里德里希·施莱格尔声称没有比艺术世界更伟大的世界而且艺术家在有限的形式中展现了理念时,当诺瓦利斯声称诗人是真正的"魔术师"以及人自身的创造性力量的化身时,他们言说的方式更契合于谢林的思想,而不是费希特强烈的伦理学观点。

不过,对创造性自我的强调只是浪漫主义的一个方面。另一个重要方面是浪漫主义者的自然观。他们并不把自然设想为只是一个机械系统,如果他们如此设想，势必会造成人与自然的尖锐对立（就像在笛卡尔的思想中那样），浪漫主义者往往将自然设想为一个有生命的有机整体，这个有机整体在某种程度上类似于精神，且披着美与神秘的外衣。他们中的一些人对斯宾诺莎——一个浪漫化了的斯宾诺莎——表现出明显的赞同。

这种将自然视为类似于精神的有机整体的观点，再次把浪漫主义者与谢林联系起来。谢林将处于人之下的自然视为沉睡的精神，将人类精神视为自然意识其自身的器官，这种观点完全是浪漫主义的声调。重要的一点是，当诗人荷尔德林（Höderlīn，1770—1843）与谢林在图宾根大学做同窗时，他们是朋友。诗人把自然视为有生命的、包罗万象的整体，这种观点似乎对哲学家产生了一定的影响。反过来，谢林的自然哲学也对某些浪漫主义者产生了强有力的促进。至于浪漫主义者对斯宾诺莎的赞同，身兼神学家与哲学家的施莱尔马赫（Schleiermacher）也是认同的。但费希特当然不认同这种观点，他深度厌恶任何倾向于将自然神圣化的看法，而只把自然视为自由的道德活动的领域或工具。就此而言，从其思想来看，费希特是一个反浪漫主义者。

浪漫主义者对将自然视为有机的生命整体这种自然观的青睐，无论如何并不意味着他们强调自然而损害了人。我们已经看到，他们同样强调自由的创造性人格。自然在人类精神中可以说是达到其顶峰。因此，浪漫主义者的自然观可以说是而且实际上也是与这样一种明显的赞赏联系在一起的，即赞赏历史与文化发展的连续性，赞赏过去的文化时期对展现人类精神潜力的重大意义。例如，荷尔德林对古希腊精神就有一种浪漫的热情，[①] 这是黑格尔在其学生时代也拥有的热情。但在此特别值得注意的是，人们对中世纪的兴趣复苏了。启蒙运动者往往将中世纪时期视为黑夜，这黑夜之后才是文艺复兴的黎明破晓以及启蒙哲学家的出现。但在诺瓦利斯看来，中世纪表现了（尽管是以一种不完美的方式）信仰与文化有机统一的理想，一种应该恢复的理想。此外，浪漫主义者十分青睐民族精神（Volksgeist）这一观念，并对民族精神的文化表现（例如

17

---

① 认为荷尔德林对古希腊的青睐必然使他成为一个反对浪漫主义的古典主义者，这种想法是错误的。

语言）感兴趣。就此而言，他们延续了赫尔德（Herder）①和其他前辈的思想。

观念论哲学家们自然而然地认同这种对历史连续性及其发展的赞赏。因为，对他们而言，历史乃是一个精神性的理念、一个终极目的或目标在时间中的实现。每个伟大的观念论者都有其历史哲学，尤以黑格尔的历史哲学颇为著名。由于在费希特看来，自然主要是道德活动的工具，因此，他当然更强调人类的精神领域，也更强调历史，后者在他看来是一种以实现理想的道德世界秩序为目的的运动。在谢林的宗教哲学中，历史被视为堕落的人、与他的存在的真实核心相疏离的人回归于上帝的故事。至于黑格尔，辩证的民族精神这一观念在其思想中扮演了重要角色，虽然这一观念伴随着对所谓世界历史中的个人所扮演的角色的坚持。而且，历史整体的运动被黑格尔描述为一种以实现精神自由为目标的运动。总之，我们可以说，伟大的观念论者们将他们的时代视为这样一个时代，在这个时代里人类精神意识到其处于历史之中的活动的重要性，以及整个历史进程的意义与方向。

尤为重要的或许是，浪漫主义者的特征在于其对无限者的感受或渴望。他们把自然与人类历史的观念结合在概念中，把二者视为一个无限生命的显现，视为一种神性诗歌的呈现。因此，无限生命这一概念在浪漫主义者的世界观中是一个起着统一作用的要素。乍看之下，浪漫主义者对民族精神这一观念的青睐似乎与他们对个体人格的自由发展的强调不一致。但实际上，二者并不是根本上不相容的。因为，一般而言，无限整体被设想为这样一种无限生命：它在有限的存在者中并通过有限的存在者显现自身，而不是取消有限的存在者或将它们还原为仅仅是机械性的工具。民族精神被设想为同一个无限生命的显现，被视为相对性的整体，该整体的充分发展需要个体人格的自由表达，个体人格可以说是这些民族精神的承载者。国家的情形亦与此相同，它被视为民族精神的政治化身。

典型的浪漫主义者往往从审美意义上将无限整体视为一个有机的整

---

① 参见《科普勒斯顿哲学史》第6卷，第138—146页，第172—179页。

体，人感受到自身与这个有机整体是合一的；人们通过直观和感受，而不是通过概念性的思维，来领会这种统一。因为，概念性的思维往往把界定的限制和边界固定化、永久化，而浪漫主义往往将限制和边界消解在无限的生命之流中。换句话说，对无限者的浪漫感受常常是对不确定者的感受。这种特性可以在浪漫主义者模糊有限者与无限者之间界限的倾向中看到，也可以在他们混同哲学与诗歌的倾向中，以及在艺术自身的领域内混同各种艺术的倾向中看到。

当然，在一定程度上，这是如何看待类似性的问题，以及如何综合不同类型的人类经验的问题。因此，基于下述原因，F. 施莱格尔认为哲学与宗教是类似的，即二者都关注无限者，而且人与无限者的每一种关系都可以说是从属于宗教的。艺术的确也有宗教特征，因为创造性的艺术家在有限者中、在美的形式中看到了无限者。可是，浪漫主义对确切的限制和清晰的形式的厌恶也是歌德发表其著名声明——古典主义者是健康的，浪漫主义者是病态的——的原因之一。考虑到这些情况，有些浪漫主义者自己开始感到，有必要为他们对生命与实在的直观的、相当模糊的洞见给出确切的形式；也有必要将他们对无限者以及对个体人格的自由表达的怀念与对确切限制的认可结合起来。这一运动的某些代表性人物（如施莱格尔）发现天主教教义能满足这种需要。

对无限者的感受显然构成了浪漫主义与观念论的共同基础。无限绝对者这个观念成为费希特后期哲学的核心（费希特把它设想为无限生命），而且绝对者亦是谢林、施莱尔马赫及黑格尔的哲学的核心论题。此外，我们可以说德国观念论者往往不是把无限者设想为有限者的某种对立物，而 19 是把无限者设想为在有限者中并通过有限者表现自身的无限生命或无限活动。特别是黑格尔，他有意试图调和有限者与无限者，将二者结合起来，但既不使无限者同一于有限者，也不将有限者作为不真实的事物或幻象而摒弃掉。整体存在于其个殊显现中，并通过其个殊显现来显现自身，无论这整体是无限整体、绝对者，或是一个相对性的整体（如国家）。

因此，浪漫主义与观念论运动之间的精神类似性毋庸置疑。这可由许多例子证明。例如，当黑格尔认为艺术、宗教、哲学所关心的都是绝对者时（尽管是以不同方式），我们可以看到他的观点和施莱格尔的观点（我们在上一段已经提及）之间的类似性。可是，也有必要强调伟大的观念论哲学家与浪漫主义者之间的重要差异，这种差异可以通过以下方式说明。

　　弗里德里希·施莱格尔把哲学融入诗歌中，并梦想把二者融为一体。在他看来，哲学思考主要是直观性的洞见，而非演绎推理或证明。因为每个证明都是对某一事项的证明，而对有待证明的真理的直观领会先于所有的论证，后者纯粹是次要之事。[①] 正如施莱格尔所言：莱布尼茨（Leibniz）断言，沃尔夫（Wolff）证明。显然，这话并不是要称赞沃尔夫。再者，哲学关注的是宇宙、整体。而我们不能证明整体：整体只能在直观中被领会。我们用以描述整体的方式，并不能与我们描述特殊事物以及这些特殊事物之间关系的方式一样。我们能在某种意义上表现或展示整体（如在诗歌中），但要精确说出它是什么，则超出了我们的能力。因此，哲学家所关心的是试图说出那些无法言说的东西。由此之故，对真正的哲学家而言，做哲学与做哲学家就成了一件具有讽刺意味的事。

　　然而，当我们从弗里德里希·施莱格尔这样的浪漫主义者转向黑格尔这样的绝对观念论者时，我们发现后者坚定地坚持系统的概念性思维，断然拒绝诉诸神秘主义意向和感受。黑格尔的确关心整体、绝对者，但他关心的是去思考它，并在概念性思维中表现出无限者的生命及其与有限者的关系。确实，黑格尔认为艺术（包括诗歌）与哲学有共同的主题，即绝对精神。但他也坚持二者有一种必须保持的形式差异。诗歌与哲学是有区别的，二者不应该被混淆。

　　可能有人会反对说，浪漫主义者与伟大的观念论者之间的哲学观差异可能并不像施莱格尔和黑格尔的观点之间所显示出的差异那么巨大。费希特设定了一个对纯粹自我或绝对自我的基本理智直观，这一观念被某些浪漫主义者所采用。谢林（至少在其哲学中的某一阶段）坚持认为，只有

---

① 施莱格尔的观点可以与一些现代学者在讨论形而上学时提出的下述观点做比较：在形而上学体系中，真正重要的是"洞见"，至于论证，则只是为了推崇该洞见或使该洞见被接受而提供的说服性措施。

在神秘的直观中，绝对者才能在自身中被领会到。他还强调一种审美直观，通过这种直观，可以在象征形式中而不是在绝对者自身中领会到绝对者的本性。就此而言，浪漫主义者的特征甚至也能在黑格尔的辩证逻辑中被识别到，这种辩证逻辑是一种运动的逻辑，它意在展示精神的内在生命，并克服概念上的对立（这是一种普通逻辑倾向于使之固定化、永恒化的对立）。黑格尔认为人类精神不断地接受着种种不同的观点、无休止地从一种立场转入另一立场，他的这种看法可以被合理地视为浪漫主义观点的一种表达。黑格尔的逻辑工具本身与浪漫主义精神相异，但这工具属于其体系中最显眼的部分。在这一表面之下，我们可以看到潜藏在黑格尔与浪漫主义运动之间深刻的精神类似性。

无论如何，问题不在于否认形而上学观念论和浪漫主义之间存在精神类似性。我们已经论证过，有这样一种类似性。问题在于指出，一般而言，观念论哲学家关心的是体系性的思想，而浪漫主义者倾向于强调直观和感受的作用，以及将哲学融入诗歌中。谢林和施莱尔马赫确实比费希特和黑格尔更接近浪漫主义精神。费希特的确设定了一个对纯粹自我或绝对自我的基本理智直观，但他并不将这种理智直观视为某种特有的、神秘的洞察能力。对他而言，它只是对一种在反思性意识中显现自身的活动的直观性领会。这种理智直观所需要的并不是神秘的或诗意的能力，而是原则上对所有人都可能的先验反思。而且，在他对浪漫主义的攻击中，费希特坚称他的哲学虽然需要对于那作为活动的自我的基本理智直观，但这种哲学是一种能够在确定无疑的知识的意义上生产科学的逻辑思考。哲学是关于知识的知识，是基本的科学；哲学并不试图去谈论那些不可言说的东西。至于黑格尔，毋庸置疑的是，当我们回顾他时，甚至在他的辩证法中也能发现浪漫主义特征。但这并不能改变下述事实，即他坚称哲学并不是天启的言语、诗意的狂想或神秘的直观，而是系统的逻辑思考，哲学概念性地思考其主题，并将其主题清楚明白地表述出来。哲学家的工作是理解实在并使其他人理解它，而不是以诗意的意象启发或暗示意义。

6. 正如我们已经看到的，从康德哲学到纯粹观念论的最初转变意味着，实在必须被视为生产性思维或生产性理性的一个过程。换句话说，存

21

在必须被等同于思维。于是观念论顺理成章地提出了这样的计划，即演绎性地重构绝对思维或绝对理性的生命的基本动态结构，从而展示上述同一中的真理。再者，如果康德对哲学的看法——哲学是思维对自身的自发性活动的反思性意识——被保留，那么，哲学反思必然意味着绝对理性在人类心灵中并通过人类心灵所进行的自我意识。因此，展示出对哲学反思做这种解释的真实性，也属于观念论顺理成章地提出的计划。

然而，当我们转向观念论运动的真实历史时，我们看到了观念论者们要彻底完成该计划时所遇到的困难。或者，以另一种方式来说，它明显偏离了从批判哲学到先验观念论的最初转变所暗示的那种模式。例如，费希特一开始决心不超出意识之外，意即不预设一个超越意识的第一原则。因此，他把在意识中显示自身的纯粹自我（这纯粹自我不是作为一种东西，而是作为一种活动）作为他的第一原则。但是其先验观念论的要求可以说迫使他把终极实在推到了意识背后。而且，在其后期哲学中，我们发现他设定了超越思维的绝对无限的存在。

22　　至于谢林，过程则在某种意义上相反。也就是说，在其哲学旅程的某个阶段，他声称存在着超越人类思维和概念模型的绝对者，而在后来的宗教哲学中，他试图以反思的方式重构人格性上帝的内在生命与本质。同时，他放弃了以先验的方式推演经验性实在的存在和结构，转而强调有关上帝自由地自我启示的想法。虽然他没有完全放弃将有限者视为无限者的逻辑结果这种观念论倾向，但一旦他引入了自由的人格性上帝这一观念，那么他的思想必然在很大程度上已经偏离了形而上学观念论最初的模式。

无须说，虽然费希特与谢林（尤其是后者）发展并改变了他们最初的观点，但这些事实本身并不能证明这些发展和改变是不合理的。我要指出的重点毋宁说是，这些事实例证了他们在完成我所谓的观念论计划的过程中所面临的困难。我们可以说，无论就费希特还是就谢林而言，存在最终都未被还原为思维。

在黑格尔身上，我们发现了目前为止最为坚定的完成观念论计划的尝试。凡是合理的就是现实的，凡是现实的就是合理的，对这点他毫不怀疑。在他看来，如果我们说到人类心灵但却只认为它是有限的，并据此质疑其理解无限绝对者自我展开的生命的能力，这是完全错误的。人的心灵确有其有限的方面，但从它能够上升到绝对思维的层面而言，它也是无限的，在该层面上绝对者对自身的认识与人对绝对者的认识是同一的。黑格尔尝试（这无疑是一个令人印象极为深刻的尝试）系统而详尽地展示出，实在如何是那以自我认识为运动目标的绝对理性的生命，这绝对理性朝此目标迈进，从而在实际存在中成为其本质上一直所是的东西，亦即自我思考的思维。

很明显，黑格尔越是把绝对者对其自身的认识与人对绝对者的认识等同起来，他就越是彻底满足了观念论计划的要求：哲学应被描述为绝对思维或绝对理性的自我反思。如果绝对者是人格性的上帝，它全然独立于人类精神之外且永恒地享有完全的自我意识，那么人对上帝的认识就可以说是一种外在的看法。然而，如果绝对者是全部实在，是宇宙，且我们把它解释为绝对思维的自我展开，且这绝对思维是在人类精神中并通过人类精神达到自我反思的，那么，人类对绝对者的认识就是绝对者对自身的认识。那么哲学就是以自身为对象的生产性思维。

但如此一来，生产性思维意味着什么呢？无论如何可以这样说：生产性思维只能意味着从目的论来理解的宇宙，也就是说把宇宙视为以自我认识为目标的运动进程，这种自我认识实际上只能是人类逐渐发展的对自然、对其自身、对其历史的认识，而几乎不可能是其他意思。在这种情况下，宇宙背后没有任何东西，可以说，没有任何思维或理性以动力因在其结果中表现自身的方式，在自然和人类历史中表现自身。人对世界进程的认识被描述为这一进程的目标并赋予该进程以意义，在此意义上，思维在目的论上是在先的。但实际上或历史上在先的却是作为客观化的自然的存在（Being）。在这种情况下，观念论的整个模式（正如对康德哲学所做的最初转变所暗示的）被改变了。因为这一转变不可避免地暗示着产生或创造客观世界的无限思维的活动图景；但前面所描述的那种图景却只是实际经验世界的图景，而这个实际的经验世界被理解为一个目的论进程。进程的终极目的或目标的确被描述为世界在人类心灵中并通过人类心灵所进行的自我反思。但这一目标或目的只是一个从未在任何给定的时间中完成的理想。因此，思维与存在的同一从未实际地实现过。

7. 后康德观念论的本来模式发生偏离的另一个方面可以用下述方式来表述。英国绝对观念论者 F. H. 布拉德雷（F. H. Bradley）认为，关于上帝的概念会不可避免地过渡到关于绝对者的概念。也就是说，如果心灵试图以一种始终一贯的方式思考无限者，那么心灵最终必然承认无限者只能是存在的宇宙，是全部实在，是整体，而不可能是其他任何东西。并且，随着上帝被转变为绝对者，宗教就消失了。"没有绝对者，上帝就没有寓所，而在达到那目标以后，他就消失了，宗教也与之一道消失了。"[1] 柯林伍德表达过类似的观点："上帝与绝对者不是同一的，二者有无法弥合的区别。然而在下述意义上他们却是同一的：上帝是想象或直观形式，绝对者在上帝之中向宗教意识显示自身。"[2] 如果我们坚持思辨的形而上学，那么我们最终必然会承认，有神论是介于多神论直白的拟人化与无所不包的绝对者这一观念之间的中转站。

的确很明显的是，如果缺乏对存在进行类比的清晰概念，一个在本体论上区别于无限者的有限者概念就是站不住脚的。但让我们先略过这点（虽然事实上它很重要）来注意以下情况：后康德观念论的本来形式就是彻底拟人化的。因为人类意识的模式被转移到了实在整体之上。让我们假定，人类自我只是间接地达到自我意识。也就是说，其注意力首先被引向非我（not-self）。非我必须由自我或主体来设定，这意思不是说，非我必须在本体论上是由自我所创造的，而是说如果意识要产生的话，则非我必须被视为一个客体。进而，自我才能转回到自身，并在自身的活动中反思性地意识到自身。对后康德观念论来说，人类意识的这一过程被用于解释实在整体，而且还是作为一个关键概念。他们认为，绝对自我或绝对理性，抑或无论什么别的可用以称呼它的名称，（在本体论的意义上）将客观的自然世界设定为回归自身的必要条件，这种回归是在人类精神中并通过人类精神实现的。

从康德哲学到形而上学观念论的转变极其自然地引出了这一一般方

---

[1] 《表象与实在》（第二版），第447页。

[2] 《心灵之镜》（*Speculum Mentis*），第151页。

案。但由于康德所关注的是人类的知识和意识，因而，将其知识论扩展为宇宙形而上学就不可避免地涉及依照人类意识的模式来解释实在整体的进程。在这个意义上，后康德观念论包含了明显的拟人化成分，倘若我们注意到这样一个并不罕见的看法——相较于有神论，绝对观念论包含更少的拟人化成分，则我们也应该注意到它包含着明显的拟人化成分亦是一个事实。当然，除了以类推的方式，我们无法设想上帝；除了依据人类意识来进行类推，我们也无法设想上帝的意识。但我们可以努力在思维里剔除意识中与有限性密切相关的方面。我们可以以一种委婉的语气说，把实现自我意识的过程归因于无限者这一做法是拟人化思想的明显表现。

現在，如果存在着一个精神性的实在，它至少在逻辑上是优先于自然的，而且它是在人那里并通过人而成为自我意识，那么我们如何设想它呢？如果我们将它设想为这样一种无限制的活动，即它自身不是有意识的但却是意识的根据，那么我们就或多或少地接近了费希特关于所谓绝对自我的理论。

但一个既是精神性的又是无意识的终极实在概念并不容易理解。当然，这一概念与基督教的上帝概念也没有多少相似之处。但如果我们同谢林后期的宗教哲学一样主张说，自然背后的精神实在是一个人格性的存在，那么观念论方案的模式就会不可避免地改变。因为如此一来，我们就不能主张说，终极的精神性实在是在宇宙进程中并通过宇宙进程成为自我意识。而且，由于谢林比黑格尔多活了二十多年，我们可以说，紧随康德批判哲学的观念论运动，就年代顺序而言，最终再次趋近于哲学上的有神论。正如我们已经看到的，布拉德雷主张，宗教意识需要上帝的概念，但从哲学的角度看，上帝的概念必须转化为绝对者的概念。谢林应该会接受布拉德雷的前半部分看法但拒绝后半部分，至少在布拉德雷看来是这样。因为在谢林的晚年，他的哲学近乎是一种关于宗教意识的哲学。而且他相信，宗教意识要求他将自己之前关于绝对者的观念转变为关于人格性上帝的观念。正如我们在后文中将要看到的，谢林无疑在他的神智学思辨中引入了明显的拟人论成分。但与此同时，他的思维

25

方式向着有神论的趋近也表征出一种对拟人论的独特标记的背离，后者正是后康德观念论所特有的。

然而，还有第三种可能性。我们可以剔除精神实在这一观念（无论它是无意识的还是有意识的，由它产生出自然），但同时保留逐渐成为自我意识的绝对者这一观念。这样，绝对者就意味着宇宙意义上的世界。而我们也拥有了这样一幅图景：人对世界及其自身历史的认识，就是绝对者对自身的认识。对黑格尔的绝对观念论有几种主要的阐释方式，这幅图景就表现了其中一种阐释方式的总体路线。① 可以说，除了给世界进程加上一个目的论的解释之外，它没有给经验世界添加任何东西。也就是说，它并没有设定超越性的存在；但宇宙被解释为一个朝向理想目标运动的进程，这个理想目标就是在人的精神中并通过人的精神而实现的彻底的自我反思。

这种解释恐怕不能被理解为仅仅等同于经验主义的观点，后者认为，在世界的历史进程中，人实际上已经出现，而且实际上人不仅能够认识他自身、认识他的历史以及他所处的环境，人还能不断增加这些知识。大概所有人，无论是唯物主义者还是观念论者，无论是有神论者、泛神论者、无神论者，都会毫不犹豫地接受上述的经验主义观点。至少，这种解释有意暗示一种目的论的模式，即一种以人类对宇宙的认识为目标的运动，而人类对宇宙的认识被视为宇宙对自身的认识。但是，除非我们打算承认这是看待世界进程的唯一可能方式，并因而使我们自己面临这样的反对意见——我们对这种特定模式的选择被一种支持为了知识而知识的理智主义偏见（亦即一种特殊的价值判断）所决定；否则，看来我们就必须声称，世界是按照某种内在必然性朝向"在人之中并通过人来实现其自我认识"这一目标而运动着。然而，除非我们相信自然本身是朝着意识而努力的无意识的心灵（或如谢林所说，是沉睡的精神），或者相信自然背后有一个无意识的心灵或无意识的理性，它自发地将自然设定为（它自身）在人类精神中并通过人类精神而获得意识的必要前提，否则我们有什么根据

① 对黑格尔的这种诠释是否合适仍有很大的讨论空间。但我们不应为此问题而耽搁在这里。

这样声称呢？而如果我们接受上述两种立场中的任何一种，我们就是把人类意识发展的模式转用到宇宙整体上。从批判哲学到形而上学观念论的转变，可能的确需要这样一个步骤；但该步骤所具有的拟人化特征并不比哲学有神论更少。

8. 本章里，我们已关注的主要是，德国观念论作为关于实在整体、关于自我显现的绝对者的一种理论，或者毋宁说是一组理论。但是，关于人的哲学也是观念论运动的一个突出特征。而且，如果我们考虑到这几位哲学家的形而上学前提，则这的确也是我们唯一会期待的。在费希特看来，绝对自我是一种无限制的活动，这种无限制的活动可被描述为以意识到其自身的自由为目标的一种活动。但意识只以个体意识的形式存在着。因此，绝对自我必然在诸有限主体或自我——它们每一个都致力于达到真正的自由——组成的群体中表达自身。道德活动的主题不可避免地涌现了出来。费希特的哲学本质上是一种动态的伦理观念论。而在黑格尔看来，绝对者可以被定义为精神或自我思考的思维。因此，它在人类精神及生命中比在自然中显示得更充分。因而更应该强调对人的精神生活（作为一种理性存在者的人的生活）而不是对自然哲学的反思性理解。至于谢林，当他肯定一个人格性的、自由的上帝的存在时，他就同时致力于人的自由问题和人从上帝那里堕落又回归于上帝的问题。

在观念论哲学对人与社会的讨论中，对自由的坚持是显著特征。当然，这并不意味着"自由"一词始终是在同一种意义上被使用的。费希特强调的是体现在行动中的个人自由。我们无疑可以看到，这一强调反映了费希特本人积极有力的气质。对费希特来说，从某种角度看，人是由自然驱动力、本能和冲动所组成的一个系统；如果他只从这个角度看人，那么谈论人的自由就将是空洞的。但就人作为精神而言，可以说人并不被一个接一个愿望的机械性满足所束缚：他可以将他的行动引向一个理想目标，并按照义务的观念而行动。正如对康德来说，自由往往意味着超越感性冲动，像一个理性的、道德的存在者那样去行动。而费希特倾向于认为，行动就仿佛是它自身的目的，他强调自由行动就是为了自由行动本身。

但是，虽然费希特强调的主要是个人的行动，以及个人超越自然驱动和冲动的奴役以达到一种按照义务而行动的生命，但他当然也知道，必须赋予自由的道德行动这一观念某些内容。通过强调道德使命的概念，费希特为自由的道德行动赋予了内容。一个人的使命——他在世界上应该去完成的一系列行动——在很大程度上是由他所处的社会情境和他所处的位置（例如，作为一个家庭中的父亲）所决定的。而我们最终的理想是：诸多道德使命汇聚成一个共同的理想目标，即建立一个道德的世界秩序。

费希特年轻时是法国大革命的热烈支持者，他认为法国大革命把人从阻碍其道德自由发展的社会与政治生活形态中解放出来。但问题随之浮现出来，什么样的社会、经济、政治组织形态最有利于人的道德发展呢？费希特发现他自己不得不越来越多地强调政治社会作为一种道德教育力量所具有的积极作用。但是，虽然在他的晚年，对同时代政治事件（即拿破仑一世的统治和德意志解放战争）的反思是他心中民族主义观点得到滋长的部分原因，也是他着重强调一个统一的德国（只有在统一的德国里德国人才能找到真正的自由）的文化使命的部分原因；但他更具特色的观点是：只要人还未实现其完全的道德发展，那么国家就是维持法权体系的必要工具。如果人作为一种道德存在已经发展完全了，那么国家就会消亡。

然而，当我们转向黑格尔时，我们发现了一种不一样的看法。黑格尔年轻时，同样被法国大革命引起的躁动和追求自由的趋势所影响。而且"自由"这一术语在其哲学中扮演了非常重要的角色。如同我们在后面适当的时候将会看到的一样，他把人类历史描述为以更充分地实现自由为目标的运动。但他严格区分了消极自由（这种自由仅仅是不受束缚）和积极自由。正如康德所理解的，道德自由包含的是，只遵守作为一个理性存在者的自己为自己立下的法则。但有理性者又是具有普遍性的存在者。因而积极的自由包含的是，使自己与超越于特殊个体的欲望之上的目标相一致。要达到积极的自由，最重要的是使自己的特殊意志与卢梭的公共意志（这意志在国家中得到体现）相一致。道德在本质上乃是社会道德。形式上的道德法则在社会生活中特别是在国家中获得自身的内容及应用领域。

　　因此，费希特和黑格尔都试图通过把道德放到社会环境中来克服康德伦理学的形式主义，但二者强调的重点有所不同。费希特强调的是个人的自由，以及个人按照个人的良心所传达的义务而行动。对此，我们必须补充一点来纠正这种强调所造成的偏重：个人的道德使命是被当作诸道德使命所组成的系统中的一个组成部分，因而是在社会环境中的。但在费希特的伦理学中，被强调的重点是，个人努力去战胜自己，将那种可谓较低层次的自我提升到与自由意志（这种自由意志以彻底的自由为目标）协调一致。而黑格尔强调的重点是作为政治社会成员的人，以及伦理学的社会性。个人只有参与到更大的有机整体中，作为有机整体的一部分，才能获得积极的自由。对此，作为对这种强调的纠正与平衡，我们必须补充的是：对于黑格尔来说，除非一个国家意识到主体性的或个体性的自由的价值并赋予这种自由存在的空间，否则它就不可能是完全合乎理性的。当黑格尔在柏林讲授政治理论并以骄傲的言辞描述国家时，他所关心的是使其听众在社会与政治方面有所意识，并克服在他看来令人遗憾的对道德内在性的片面强调，而不是将听众们转变成极权主义者。此外，按照黑格尔的看法，政治制度构成了人类更高层次的精神活动（即艺术、宗教和哲学）——在这些活动中，精神自由达到了至高的表达——的必要基础。

　　然而，我们在费希特和黑格尔那里可能都不会看到一种关于绝对道德价值的清晰理论。如果我们像费希特一样谈论为了行动而行动、为了自由而自由，我们可能会显得对每个人的道德使命的独有特征有所认识。但与此同时，我们是以忽略道德法则的普遍性为代价来强调创造性的人格及其道德使命的独特性。然而，如果我们同黑格尔一样把道德社会化，则我们就赋予了道德具体的内容，从而避免了康德伦理学的形式主义，但我们却同时陷入了这样一种隐含的风险：暗示道德价值与道德标准只是相对于不同社会和不同文化时期而言的。显然，有些人会主张实际情况就是如此。但如果我们不同意，我们就需要一个比黑格尔实际提供的绝对价值理论更为清楚也更适当的绝对价值理论。

　　谢林的观点与费希特或黑格尔的观点都相当不一样。在其哲学发展的一段时期里，他借用了费希特的很多观点，把人的道德行动描述为要创

29

30 　造一个第二自然、一个道德的世界秩序，一个内在于物理世界的道德世界。但他与费希特看法的不同之处表现在如下事实上：他进一步增加了艺术哲学和审美直观，并赋予它们重要的形而上学意义。费希特强调的重点是道德努力和自由的道德行动，而谢林强调的重点则是审美直观，他把审美直观视为理解实在的终极本性的关键，因而他赞扬艺术天才而不是道德英雄。然而，当他的兴趣转向神学问题后，他关于人的哲学自然而然地带上了一层明显的宗教色彩。他认为自由是在善与恶之间做出抉择的力量。人格性是某种从黑暗中诞生的光明，也就是说，它是通过升华人的较低层次本性并使之从属于理性意志而被获得的。但是这些主题都是在形而上学的背景中处理的。例如，刚才提到的谢林对自由和人格性的看法就把他导向了对上帝本性的神智学思辨。而他关于神之本性的理论又反过来影响了他对人的看法。

　　我们再回到黑格尔这位最伟大的德国观念论者；他对人类社会的分析和他的历史哲学确实都给我们留下了非常深刻的印象。许多听过他讲授历史的人必定觉得，过去时代以及历史运动的意义正向他们显示出来。而且，黑格尔并不是只关心对过去的理解。正如我们已经谈到的一样，他希望他的学生对社会、政治和伦理的方面都有所意识。他无疑认为他对理性国家的分析能够为政治生活（特别是德国的政治生活）提供标准和目标。但他把强调的重点放在了理解上。黑格尔曾说过这样一句名言：密涅瓦的猫头鹰只有在黄昏的时候才起飞，当哲学将其灰色绘成灰色时，它所表现的乃是一种渐趋冷淡的生活形态。他对下述事实有清楚的了解，即政治哲学可以说往往倾向于推崇一个即将逝去的社会或文化所具有的社会形态和政治形态。当一种文化或一个社会已经成熟甚至过于成熟时，它就在哲学反思中并通过哲学反思开始认识到它自身，这也恰恰是生命的运动呼唤并产生新的社会或政治形态的时候。

　　至于卡尔·马克思（Karl Marx），我们发现他有一种不同的看法。这位哲学家所关注的是理解历史运动，以便按照历史的目的论运动的要求，改变现有社会组织的制度和形态。当然，马克思没有否认理解的必要性及

31 　价值，但他强调的是理解的革命性作用。从某种意义上说，黑格尔是向

后看的，马克思是向前看的。马克思有关哲学家的职责的观点是否站得住脚仍有疑问，但这不是我们应该在这里讨论的问题。我们只需注意到，伟大的观念论者与社会革命者的看法之间存在差异，这就足够了。如果我们希望在这些观念论哲学家身上找到某些可以与马克思的传道式热情相比的东西，那么我们应该转向费希特而不是黑格尔。正如我们在相关章节中将会看到的一样，费希特有一种热忱的信仰，相信其哲学负有拯救人类社会的使命。但黑格尔似乎觉得，全部历史的重担和责任都落到他肩上了。当他回顾世界历史时，主要目的是去理解它。再者，尽管他当然不曾想象历史已随着 19 世纪的来临而停止，但他的眼光太过历史性，这使他对任何哲学乌托邦的结局都不抱有多大信心。

第二章

费希特（一）

生平与著作——寻找哲学的基本原理；观念论和独断论之间的抉择——纯粹自我与理智直观——对纯粹自我理论的评论；意识现象学与观念论形而上学——哲学的三条基本原理——对费希特辩证方法的说明性评论——知识学与形式逻辑——关于两类意识演绎的一般观念——理论演绎——实践演绎——对费希特意识演绎的评论

32　　1. 约翰·戈特利布·费希特（Johann Gottlieb Fichte）于 1762 年出生在萨克森州的拉梅瑙。他来自一个贫穷的家庭，在通常情况下，他几乎不可能有条件去追求深造。但在童年时，他得到当地一位贵族——冯·米尔蒂茨男爵——的赏识，后者答应提供他的教育费用。到适当年龄时，费希特被送到普夫达的著名学校读书，后来尼采也在该校就读。1780 年，费希特作为一名神学学生进入耶拿大学，后来转到维滕伯格，再之后又转到莱比锡。

　　在求学生涯中，费希特接受了决定论。一位好心的牧师为了匡正这种令人悲哀的论调，向他推荐了一版斯宾诺莎的《伦理学》，其中附有沃尔夫对斯宾诺莎的反驳。但由于在费希特看来沃尔夫的反驳太无力了，因而这本书所起的效果与那位牧师本来的意图恰恰相反。不过，决定论与费希特积极活跃的性格及其对伦理学的浓厚兴趣并不十分协调，因此它很快就被费希特对道德自由的坚持取代了。虽然后来费希特成了斯宾诺莎主义的有力反对者，但对他来说，斯宾诺莎主义始终代表了哲学中伟大的可能选择之一。

　　由于经济上的原因，费希特不得已接受了一个在苏黎世的家庭教师职位，在那里他读了卢梭和孟德斯鸠，并欣然获悉法国大革命的消息及其带来的自由寓意。有一名学生请他解释批判哲学，这使得他首次研读批判哲学并对康德产生了兴趣。1791 年，当他从华沙（他曾在那里的一个贵族家庭做过家庭教师，有过一段短暂但相当难堪的经历）回到德国时，他去哥尼斯堡拜访了康德。但并未受到任何热情的接待。因此他写了一篇论文，发展康德以实践理性的名义为信仰所做的辩护，试图借此赢得这位伟大人物的好感。结果康德对他所写的《试评一切天启》（*Versuch einer Kritik aller Offenbarung*）很满意，在经过了神学审查制度带来的一些困难后，这篇文章在 1792 年发表了。由于作者没有署名，有些评论者推断此文是康德写的。当康德随后澄清了这个误会并赞扬了真正的作者后，费希特随即声名鹊起。

　　1793 年，费希特出版了他的《纠正公众对法国大革命的评论》。这一著作为他赢得了民主主义者及雅各宾派（一种政治上的危险人物）的名声。然而，尽管如此，他还是在 1794 年被任命为耶拿大学的哲学教授，这在一定程度上要归功于歌德的热情举荐。除了更为专业的讲座课程外，费希特还举办了一系列有关人的尊严和学者使命的讨论会，这些讨论会所讨论的内容在他被任命为教授那一年出版。他一直多少有些像个传教士或牧师。但是，在 1794 年，他出版的主要著作是《全部知识学的基础》（*Grundlage der gesammten Wissenschaftslehre*），在该著作中，他提出了自己对康德批判哲学所做的观念论发展。费希特在耶拿大学哲学教席上的上一任，即已接受基尔大学邀请的 K. L. 莱因霍尔德（K. L. Reinhold，1758—1823）曾提出这样的要求：康德的批判理论应该被转变为一个体系，也就是说，它应该被系统地从一个基本原则中推导出来。在其知识学中，费希特承诺要比莱因霍尔德更成功地完成这一目标。[1] 他设想这种知识学展示了从诸基本命题的唯一终极原则出发而展开的系统发展，这些基本命题是所有特殊科学或一切认识方式的基础，而且也是使后者得以可能

──────────

[1]　大约从 1797 年开始，莱因霍尔德接受了费希特的哲学并为之辩护。但他的心灵并不安分，几年后就转到别的思想路线上去了。

33

34　的条件。但是，展示这一发展同时也就是描绘创造性思维的发展。因此，知识学不仅仅是认识论，同时也是形而上学。

　　但费希特绝非仅仅专注于对意识做出理论上的演绎。他相当注重意识发展的道德目的，或者用更具体的术语来说，注重人类存在的道德目的。我们看到，他在 1796 年出版了《自然法权基础》（*Grundlage des Naturrechts*），在 1798 年出版了《伦理学体系》（*Das System der Sittenlehre*）。据他说，这两个主题都是"根据知识学原理"来处理的。而且它们毫无疑问也确实如此。但这两部著作绝不仅仅是《知识学》（*Wissenschaftslehre*）的附属品而已。因为，它们展现了费希特哲学的真正特性，即作为一个伦理观念论体系。

　　常有人抱怨形而上学观念论晦涩难懂，这并不是没有原因的。但费希特的写作活动的一个突出特点就是，他不断地努力阐明知识学的观念和原理。[①] 例如，他在 1797 年发表了两篇《知识学》的导论，1801 年出版了《就最新哲学的真正本质向广大读者所做的明如白昼的报道：一项令读者获得理解的尝试》（*Sonnenklarer Bericht*）。这一标题可能过于乐观了，但无论如何，它证明作者力图清楚地表达他的意思。此外，在 1801 年到 1813 年这段时期，费希特为他的讲座课程写了《知识学》的几个修订版。1810 年，他出版了《知识学纲要》（*Die Wissenschaftslehre in ihrem allgemeinen Umrisse*）以及《意识事实》（*Tatsachen des Bewusstseins*，第二版出版于 1813）。

　　1799 年，费希特在耶拿的事业戛然而止。因为他对学生社团的改革计划和礼拜日演讲（对牧师们而言，这似乎是一项侵犯了他们的领域的行动），他已经在耶拿大学激起了一些敌意。但他最严重的冒犯还是 1798 年出版的这篇论文：《关于我们信仰上帝统治世界的根据》（*Ueber den Grund unseres Glaubens an eine göttliche Weltregierung*）。该论文的出版使费希特被指控为无神论者，理由是费希特把上帝等同于一个由人类意志所创造、所维持的道德的世界秩序。费希特试图为自己辩护，但并未成功。于是，在 1799 年，他不得不离开耶拿前往柏林。

---

① 也许这种强调是不必要的，即"科学"一词必须在"知识"的意义上来理解，而不是按照该词更为狭义的现代用法来理解。

费希特在 1800 年出版了《人的使命》(*Die Bestimmung des Menschen*)。这本书属于他所谓的通俗作品，面向的是那些只受过一般教育的公众，而不是职业哲学家；它是一篇支持作者的观念论体系——在对自然和宗教的态度上，该体系不同于浪漫主义——的宣言。费希特使用的崇高言词，可能确实很容易让人联想到浪漫主义的泛神论，但是浪漫主义者们自己对这部著作的意义有足够清楚的理解。例如，施莱尔马赫看到，费希特关心的是要拒绝任何想融合斯宾诺莎主义与观念论的企图；因而，施莱尔马赫在一篇尖锐的评论中声称，费希特之所以敌视自然界的普遍必然性这一观念，事实上是由于他主要关心的是把人当作一种有限的、独立的存在，且他认为无论如何都要把人提升到自然之上。在施莱尔马赫看来，费希特应该寻求一种更高的综合——这种综合既能容纳斯宾诺莎主义的真理，又不至于否定道德自由——而不是简单地把人和自然对立起来。

在同一年，也就是 1800 年，费希特出版了他的著作《锁闭的商业国》(*Der geschlossene Handelsstaat*)，他在这本书中提倡一种国家社会主义。上文已经说到，费希特多少有点像个传道者。他不仅将他的体系视为抽象的、学术意义上的哲学真理，而且视之为拯救的真理，意即如果适当地运用该体系的原理，便能达到改良社会的效果。至少在这一方面，他类似于柏拉图。费希特一度希望共济会通过采纳、应用《知识学》的原理，从而证明它是促进道德和社会改良的合适工具。但他失望了，于是他转而期待普鲁士政府。而他的著作实际上是为政府提供用以实施的计划。

1804 年，费希特接受了埃朗根大学提供的教职。但是实际上他直到 1805 年 4 月才被任命为教授，他利用这段空档期到柏林做关于《现时代的根本特点》(*Grundzüge des gegenwärtigen Zeitalters*)的演讲。在这些演讲中，他攻击了诸如诺瓦利斯、蒂克（Tieck）和施莱格尔兄弟这些浪漫主义者的观点。蒂克把波墨的作品介绍给诺瓦利斯，其他一些浪漫主义者也是这位格尔利茨神秘主义鞋匠的狂热崇拜者。但费希特没有他们这种狂热。对于诺瓦利斯所向往的神权政体下天主教文明的复辟，他也并不赞同。他的演讲还直接针对他之前的门生谢林发展出来的自然哲学。但这些论争在某种意义上只是附属于他演讲中所概述的一般历史哲学。费希特的"现时代"代表了人朝向历史目标发展的一个阶段，而这一历史目标被描述为：自由的、根据理性来安排的人的一切关系。这一讲演录出版于1806 年。

1805 年，费希特在埃朗根做了《论学者的本质》(*Ueber das Wesen des Gelehrten*) 的演讲。在 1805 年到 1806 年的冬天，在柏林做了一系列关于《极乐生活指南或宗教学说》(*Die Anweisung zum seligen Leben, oder auch die Religionslehre*) 的演讲。至少乍看之下，这一论述宗教的著作相较于费希特早期著作中对哲学所做的解释而言，似乎发生了根本的变化。我们较少看到关于自我的论述，而更多的则是关于绝对者以及在上帝之内的生命的论述。谢林确实曾经指责过费希特，说他剽窃；也就是说，他认为费希特借用了自己绝对者理论中的一些概念，并试图将它们移植到《知识学》中去，但却没有注意到这两种思想元素之间的不兼容性。但是费希特拒绝承认他的宗教思想（如我们前面所说的，他在《宗教学说》中提出的宗教思想）在任何方面与他最初的哲学不一致。

当拿破仑 1806 年侵入普鲁士时，费希特主动提出作为非神职布道者或演讲者与普鲁士军队同行。但他被告知说，国王认为现在是以行动而非以言辞发声的时候，而演讲术更适合用来庆祝胜利。当情况变得危险起来时，费希特离开了柏林；但他在 1807 年又回来了，并在 1807 年到 1808 年的冬天发表了《对德意志民族的演讲》(*Reden an die deutsche Nation*)。在这些演讲中，哲学家以高昂而热情洋溢的言辞谈论德意志民族的文化使命[①]，这使得这些演讲后来在极端民族主义的意义上被利用。但是，公正地说，我们应该牢记这些演讲发表时的时代背景，即拿破仑统治时期。

1810 年，柏林大学创立，费希特被任命为哲学院院长。从 1811 年到1812 年，他担任柏林大学校长。1814 年初，他的妻子从被看护的病人那里感染了伤寒并传染给费希特，同年 1 月 29 日，费希特逝世。

2. 费希特对哲学的最初看法与浪漫主义者的观点几乎没有共同之处，后者认为哲学与诗歌之间有亲缘性。在费希特看来，哲学是或者至少应该

---

① A. G. 施莱格尔在 1803 年至 1804 年的一系列演讲中，已经以一种类似的心情谈到了德意志的文化使命。

是一门科学。也就是说，哲学首先应该是构成了一个系统性整体的一组命题，在这个系统性的整体中，各个命题按逻辑秩序占据其恰当的位置。其次，必须有一个基本的或逻辑上在先的命题。"每一门科学都必须有一个基本命题（Grundsatz）……也只能有一个基本命题。因为否则的话，就不是一门科学而是几门科学了。"[1]我们或许的确想要质疑这一说法，也就是说质疑为什么每一门科学必须有一个也只能有一个基本命题；但无论如何，这就是费希特谈到科学时的一部分意思。

这种科学观明显受到数学模型的启发。费希特的确把几何学当作科学的一个范例。但是，几何学当然也只是一门特殊科学，而对费希特而言，哲学是关于科学的科学，亦即关于知识的知识，或者说是关于知识的学说（知识学）。换句话说，哲学是基础科学。因此，哲学的基本命题必须是不能证明且不证自明的真理。"所有其他的命题都只有间接确定性，这种间接的确定性是从哲学基本命题中导出的，而哲学基本命题的确定性必须是直接的。"[2]因为，如果哲学基本命题在其他科学中是可证明的，那么哲学就不再是基础科学了。

正如我们在阐述其思想过程时将会看到的一样，费希特实际上并没有贯彻这一哲学观念所提出的计划。也就是说，他的哲学实际上并不是一种严格的逻辑演绎，就像原则上可以被机器所执行的那样。但现在必须把这一点先搁在一边。目前面临的问题是，哲学的基本命题是什么？

但是，在我们能够回答这个问题之前，我们必须决定，我们将朝哪个方向去寻找我们正在寻找的命题。按照费希特的看法，一个人在此面临的是一个最初的抉择，他的选择取决于他是哪种类型的人。某一种类型的人可能倾向于从这个方向寻找，而另一种类型的人可能从另一个方向去寻找。但是，一个最初的抉择这一观念仍然需要给出某些解释。这些解释 38

---

[1]　H. 费希特（I. H. Fichte）所编《费希特全集》，第一卷，第41—42页；F. 梅迪卡斯（F. Medicus）所编《费希特文集》，第一卷，第170页。（以下凡引费希特著作原文时，《费希特全集》指的都是费希特之子I. H. 费希特所编《费希特全集》，《费希特文集》则指 F. 梅迪卡斯所编《费希特文集》。此外，译者在翻译过程中，部分原文沿用或参考了国内已有中译本的翻译，如《全部知识学的基础》中的内容沿用或参考了商务印书馆1986年出版的王玖兴先生译本的译文。——译者注）

[2]　《费希特全集》，第一卷，第48页；《费希特文集》，第一卷，第177页。

可以阐明费希特对哲学的任务的看法以及同时代的思想所面对的问题。

在其《知识学引论第一篇》中，费希特告诉我们，哲学的任务是阐明一切经验（Erfahrung）的基础。但"经验"一词在这里是在某种受限制的意义上被使用的。如果我们考虑意识的内容，我们就会发现它们有两种类型。"我们可以简单地说：我们的某些表象（Vorstellungen）伴随着自由的感受，而另一些则伴随着必然的感受。"[1] 如果我在想象中构造了一个狮身鹰首兽或一座金山，或者如果我决定去巴黎而不是布鲁塞尔，这些表象看起来取决于我自己。由于它们取决于主体的选择，因而可以说它们伴随着自由的感受。如果我们追问它们何以是其所是，答案就是，是主体使它们成为它们之所是。但如果我沿着伦敦的街道散步，我看见什么或听到什么就不完全取决于我自己了。这些表象就被说成伴随着必然的感受。也就是说，它们好像是被强加给我的。这些表象的整体系统被费希特称为"经验"，尽管他并不总是在这种限制的意义上使用这一术语。我们可以追问，经验的基础是什么？我们如何解释"类别繁多的表象似乎被强加给主体"这一显而易见的事实？"哲学的任务就是回答这一问题。"[2]

现在，有两种可能性摆在我们面前。实际的经验总是一个经验者对某种东西的经验：意识总是一个主体（或像费希特有时候用的词：理智）对一个客体的意识。但是通过被费希特称之为抽象的一个过程，哲学家可以在概念上分离这两种要素，虽然它们在实际意识中总是结合在一起的。因此他可以构成自在的理智（intelligence-in-itself）和自在之物（thing-in-itself）这两个概念。这样，就有两条路径摆在他面前。要么他可以试着（在上一段所描述的那种意义上）把经验解释为自在的理智的产物，亦即创造性思维的产物。要么他可以试着把经验解释为自在之物所导致的结果。第一条路径明显是观念论的。第二条路径则是"独断论"的。从长远来看，独断论会导致唯物主义和决定论。如果以事物、客体为解释的基本原则，理智将最终被简化为仅仅是一种附带现象。

39　　　这种不妥协的、非此即彼的态度正是费希特的特征。他在两种对立

---

[1] 《费希特全集》，第一卷，第423页；《费希特文集》，第三卷，第7页。
[2] 同上。

且互相排斥的立场之间有一种明确的选择。确实，有些哲学家（尤其是康德）尽力达成一种折中妥协，也就是说，在纯粹观念论和最终将走向唯物主义决定论的独断论之间，找到一条中间路线。但费希特不需要这种折中妥协。如果一个哲学家想避免独断论及其全部后果，而且如果他还想要有一致性，那么他就必须把作为对经验进行解释的一个因素的自在之物剔除掉。若要解释那些伴随着必然的感觉、伴随着被一个独立于心灵和思维的客体所强加或影响的感觉的表象，必须不能借助于康德的自在之物概念。

但当哲学家面对摆在面前的两种可能性，他是基于什么原则做出选择的呢？他不能诉诸任何基本的理论原则。因为我们已经假定他还没有找到这样的原则，但他必须决定自己要朝哪个方向去寻找。因此，这问题必须"由倾向和兴趣"决定。[①] 也就是说，哲学家所做的抉择取决于他是哪种类型的人。毋庸置疑，费希特确信，作为一种对经验的解释，观念论比独断论更具优越性，而这种优越性是在构建这两种体系的过程中显现出来的。但这两种体系还没有构建出来。而且在寻找哲学的第一原则时，我们不能诉诸一个尚未构建完成的体系的理论优越性。

费希特的意思是，成熟地意识到自己的自由（这种自由就像在道德经验中所揭示的那样）的哲学家会倾向于观念论；而缺乏这种成熟的道德意识的哲学家会倾向于独断论。因此，前面提到的"兴趣"是对自我的兴趣，也是为了自我的兴趣，费希特将之视为最高的兴趣。独断论者缺乏这种兴趣，他们更加强调事物，也就是非我。但一个思想家如果有对于或为了自由的道德主体的真正兴趣，他就会将其基本哲学原理转向理智，也就是转向自我，而不是非我。

因此，费希特主要关注的是自由的自我与道德上能动的自我，这一点在一开始就显示得很清楚。启发他对经验基础进行理论探究并且也是此探究之根据的是他的这样一种深刻信念，即人的自由道德行动具有首要的意义。他延续了康德对实践理性、道德意志的优先性的坚持。但他坚信，若要维持这种优先性，我们必须选择通往纯粹观念论的路径。因为虽

40

---

① 《费希特全集》，第一卷，第433页；《费希特文集》，第三卷，第17页。

然康德对自在之物的保留表面上看是无害的，但费希特却在这种保留背后看到了潜伏着的斯宾诺莎主义幽灵——抬高自然，抹灭自由。如果我们要驱逐这一幽灵，那么我们必须拒绝折中妥协。

当然，我们可以把费希特主张的由"倾向和兴趣"产生影响这一观点，与他所描绘的哲学家面对最初抉择时受到历史条件限制这一图景相分离。这样，他的这一观点就可以被视为在卡尔·雅斯贝尔斯所谓"世界观心理学"的领域中展示出了一幅迷人的远景。但在我们这种类型的书中，必须抵抗去讨论这样一个吸引人的主题的诱惑。

3. 假设我们已经选择了观念论这条路径，那么为了寻找哲学的第一原理，我们就必须转向自在的理智。但我们最好先把这一麻烦的术语搁置起来，像费希特一样先讨论我或自我。因此，我们可以说是致力于从自我这一方面来解释经验的起源。事实上，费希特关心的是从自我中得出一般性的意识。但是，谈到（上文所说的那种限制意义上的）经验时，他明确地指出了纯粹观念论必须面对的关键困难，亦即这一明显的事实：自我发现它自身处于一个许多客体以种种不同方式影响着它的世界中。如果观念论不能恰当地解释这一事实，那么它就是明显站不住脚的。

但是，作为哲学之基础的自我究竟是什么呢？要回答这个问题，我们显然必须绕过可以被对象化的自我，亦即作为内省对象或经验心理学对象的自我，走向其背后的纯粹自我。费希特曾对他的学生们说："先生们，想一想墙壁。"然后他接着说："先生们，想想那个刚才想墙壁的人。"显然，我们可以照这种方式无限继续下去。"先生们，想想那个刚才在想墙壁的人"，如此等等。换句话说，无论我们如何努力把自我对象化（亦即，将自我转变为意识的对象），仍然余留着一个超越对象化的我或自我，而且它自身是一切对象化得以可能的条件，也是意识统一的条件。正是这种纯粹自我或先验自我才是哲学的第一原理。

以我们无法通过凝视找到纯粹自我或先验自我为理由来反对费希特，这显然是无效的。因为，费希特的论点恰恰就在于，虽然纯粹自我是我们得以做出任何凝视的必要条件，但我们却不能通过凝视发现纯粹自我。然而恰恰也是因为这一原因，费希特看起来似乎已经超出了经验（广义的经验）和意识的范围，而未能遵守他自己设定的限制。也就是说，他虽然重申了康德的观点，即我们的理论知识不能扩展到经验之外，但他现在看起来已越过了这一界限。

但费希特坚持认为情况并非如此。因为我们可以享有对纯粹自我的理智直观。不管怎样，这都不是一个只为少数有特权的人所保留的神秘经验。这也不是把自我当作一个存在于意识背后或意识之上的实体，对之加以直观。毋宁说，这是意识到纯粹自我或我这一原理是意识中的一种活动。这种意识是一切自我意识中的组成要素。"如果对于我自己在这些行动中的自我意识没有理智直观，那么我不能向前迈出一步，也不能移动我的手或脚。只有通过直观，我才知道我完成了这些行动……每一个把行动归因于自己的人都要诉诸这种直观。生命的基础就在这种直观中，而没有这种直观就是死亡。"[①] 换而言之，任何意识到某个行动是他自己的行动的人，乃是意识到是他自己在行动。在这个意义上，他直观到了作为活动的自我。但这并不意味着，他反思性地意识到了这一直观是意识的构成要素。只有哲学家才反思性地意识到了这一点，理由很简单：先验反思（在其中，注意力被反思性地导向纯粹自我）是一种哲学性的行动。但这种（对纯粹自我的）反思，可以说是指向一般的意识，而不是指向特有的神秘经验。因此，如果哲学家要使任何人相信这种直观的实在性，他只能把这人的注意力引到意识的材料上来，并请他自己进行反思。他无法向这人展示处于纯粹状态的、没有与任何构成要素混杂在一起的直观；因为直观并不存在于这种状态中。他也无法借助于抽象的证明而使他人相信。他只能请这人反思他自己的自我意识，并且在这种反思中让他看到自我意识中包含着一个对作为一种活动（而不是作为一种事物）的纯粹自我的直观。"存在这样一种理智直观的能力这一点，不能通过概念来证明，它的性质也不能通过概念而得到发展。每个人要么必定直接在自身中发现它，要么永远也不能认识它。"[②]

费希特的论点可以用下述方式阐明。我们不能用例如说把欲望对象

---

① 《费希特全集》，第一卷，第463页；《费希特文集》，第三卷，第47页。
② 同上。

42

化的方式，把纯粹自我转变成意识的对象。说我通过内省看到一个欲望、一个形象、一个纯粹自我，这是荒谬的。因为每一个对象化的活动都预设了纯粹自我。由于这个原因，纯粹自我也可称为先验自我。但这并不意味着，纯粹自我是一个推论出来的神秘实体。因为纯粹自我在对象化活动中显示它自身。当我说"我在散步"时，我把该行动（即散步）对象化了，意即我把它变成主体的一个对象了。并且，在这一对象化的活动中，纯粹的我向反思呈现它自身。有一个活动被直观到了，但是并没有推论出任何存在于意识背后的实体。因此，费希特得出结论说，纯粹自我并不是某个行动着的东西，而只是一项活动或一项行动。"对观念论而言，理智就是一项活动（Thun），绝不是任何其他事物；我们甚至不应该称之为一个活动的东西（ein Tätiges）。"①

　　至少，乍看起来，费希特似乎反驳了康德的人类心灵不能拥有任何理智直观的能力这一观点。特别是，费希特似乎把先验自我转变为一个被直观的对象，但对康德而言，先验自我只是意识统一性的逻辑条件，它既不能被直观到，也不能被证明是存在着的一个精神实体。但费希特坚称，他与康德的矛盾只是字面上的。因为当康德否认人类心灵拥有任何理智直观的能力时，他的意思是说，我们对于超越经验的超感性实体并不享有任何理智直观。《知识学》也并不是真的断定有那种康德所否认的东西。因为《知识学》并未宣称我们直观到了作为一种精神实体或超越意识的实体的纯粹自我，而只是直观到了作为意识中的一项活动的纯粹自我，这一活动向反思显示自身。此外，费希特宣称，康德的纯粹统觉理论②无论如何都对我们暗示了理智直观，除了这一事实外，我们也可以很容易地指出康德应该是谈及并承认了这一直观的地方。因为，康德声称我们意识到了定言命令；而如果他透彻地考虑了这个问题，他就应该看到，这一意识包含了对作为一种活动的纯粹自我的理智直观。费希特的确接着提出了通向此论题的一种特定道德。"对自我活动和自由的直观奠基于……

43

----

①　《费希特全集》，第一卷，第440页；《费希特文集》，第三卷，第24页。

②　参见《科普勒斯顿哲学史》第6卷，第253—256页，第282—286页，第391—392页。

对这种法则的意识中……。只有以道德法则为媒介我才能领悟到我自己。如果我以这种方式领悟到我自己，那么我必然把我自己领悟为自我活动的……"①因此，这里再次清楚地表达了费希特心灵中强烈的伦理学倾向。

4. 如果我们从意识现象学的角度来看待费希特这里的观点，那么在笔者看来，费希特对主体-我（I-subject）或先验自我的肯定是完全合理的。休谟对自己心灵的考察可以说只是找到了心理现象，并试图将自我还原为这些心理现象的相继序列。②他这样做是可以理解的。因为他的计划之一就是把经验性的方法应用于人，他认定经验性的方法在"实验哲学"或自然科学中已经被证明是非常成功的。但他的注意力集中在内省的对象或材料上，这使得他忽略了对哲学家来说非常重要的事实，亦即只有通过主体的对象化活动，心理现象才能成为（显示给一个主体的）现象，这一主体的对象化活动也在同样的意义上超越着对象化。显然，把人类还原为一个先验的或形而上学的自我，这是没有问题的。作为纯粹主体的自我与自我的其他方面之间的关系，才是一个不能回避的问题。但这并不能改变如下事实：对于一种适当的意识现象学而言，承认先验自我是必要的。就这一点而言，费希特展现出休谟所缺乏的某种洞见。

但是，费希特当然不是只关心意识现象学，也就是说，他关心的不仅仅是对意识做一种描述性的分析。他同样致力于发展出一种观念论形而上学体系。这一点对他的先验自我理论有非常重要的影响。从纯粹现象学的观点来看，既然一位医学家对"胃"所做的概括并不使得他认为有且仅有一个胃，那么谈论"先验自我"同样并不使得我们必须说有且仅有一个这样的自我。但如果我们打算从先验自我推导出整个客观领域，包括自然界和一切自我（就它们作为某个主体的对象而言），那么我们必须或者信奉唯我论，或者把先验自我解释为一种超个体的生产性活动（这种活动在一切有限的意识中显示自身）。因此，由于费希特无意为唯我论辩护，那么他必定要把纯粹自我解释为超个体的绝对自我。

费希特对"自我"（I 或 ego）这一术语的使用，的确自然而然地使他

---

① 《费希特全集》，第一卷，第466页；《费希特文集》，第三卷，第50页。
② 参见《科普勒斯顿哲学史》第5卷，第300—305页。

的许多读者认为他谈论的是个体的自我。下述事实强化了这一解释，即在他的早期著作中，他思想中更偏形而上学的方面相对来说不那么显眼。但费希特坚持认为这种解释是不正确的。1810 年到 1811 年的冬天，他在演讲中回顾针对《知识学》的批评时辩称，他从未想要说创造性的自我是个体的、有限的自我。"人们通常认为知识学把显然不可能归因于个体作用的东西归因于它，比如说整个物质世界的产生……他们完全错了：一切现象（包括现象界的个体们）的创造者不是个体，而是那个唯一的、直接的精神性生命。"①

我们注意到，在这段引文中，费希特用"生命"一词替代了"自我"。由于他是从康德的立场出发，并且关心的是把康德的哲学转变为纯粹观念论，所以他首先谈及纯粹自我或绝对自我是很自然的。但随着时间的推移，他发现，把为意识及有限自我奠定基础的无限活动描述为本身就是一个自我或主体，这是不恰当的。但我们不需要在目前这点上纠缠。我们只需注意到当面对（他所认为的）对其理论的根本误解时费希特是如何抗辩的，这就够了。绝对自我不是个体的有限自我，而是无限的（更恰当的说法是"不受限制的"）活动。

因此，费希特的《知识学》既是意识现象学，也是观念论形而上学。无论如何，就某种程度而言，这两方面是可以分开的。因此一个人可能并不赞同费希特的形而上学，但却把某种价值归结到他所说的许多东西上。我们已经在有关先验自我的理论那里指出过这点。但这种区分有更广泛的应用领域。

5. 我们已经在本章第二节中注意到，根据费希特的看法，哲学必须
45　有一个基本的、不可能被证明的命题。而且读者可能已经认定，无论自我可能是什么，它都不可能是一个命题。这当然是正确的。我们仍然需要去探究哲学的基本命题是什么。但我们知道，无论如何，这个基本命题必须是表达纯粹自我的原初活动的命题。

现在，我们可以区分这二者：一个是纯粹自我的自发性活动，另一

① 《费希特全集》，第二卷，第607页（M.梅迪卡斯所编《费希特文集》未收录）。

个是哲学家对此活动的哲学重构或哲学思考。纯粹自我为意识奠定基础的自发性活动本身当然不是有意识的。作为自发性活动，纯粹自我并不是"自为"的存在。只有在理智直观中（通过它，哲学家在先验反思中领悟到自我的自发性活动），纯粹自我才作为一个自我而成为自为的。正是凭借哲学家的活动，"凭借朝向另一个活动的活动……自我才首次成为**原初性的**（ursprünglich）自为的存在"①。因此，在理智直观中，纯粹自我被认为是自己设定了自己（sich setzen）。而且，哲学的基本命题就是，"自我以一种原初性的方式设定了自己的存在"。② 在先验反思中，哲学家可以说追溯到了意识的终极根源。而且在他的理智直观中，纯粹自我肯定了它自己。纯粹自我并不是证明出来的，就像从前提到结论的证明那样，而是由于在理智直观中肯定了自己而被视为存在的。"说到自我，**设定它自己**与它自己的**存在**，二者完全是一回事。"③

但是，虽然通过费希特所说的朝向另一个活动的活动④，纯粹自我可以说是肯定了它自己，但是，自我的原初自发性活动本身并不是有意识的。倒不如说，它是意识的终极基础；也就是说，它是一般的意识，是一个人对自己在一个世界之中的自然意识的终极基础。但是，除非非我与自我对立着，否则就不会产生这种意识。因此，哲学的第二个基本命题就是，"非我与自我相对立"⑤。当然，这种对立必须是由自我本身设定的。否则，就必须放弃纯粹观念论了。

现在，第二个命题所说的非我从这个意义上来说是不受限制的：它是一般意义上的客体性，而非一个确定的客体或一些有限的客体。而且这种不受限制的非我是在自我之中与自我相对立的。因为，我们所做的是对意识进行系统性的重构；而意识是一个统一体，既包括自我，也包括非我。因此，构成了纯粹自我或绝对自我的那种不受限制的活动，必定在

46

———————————

① 《费希特全集》，第一卷，第459页；《费希特文集》，第三卷，第43页。
② 同上，第一卷，第98页；同上，第一卷，第292页。
③ 同上。
④ Durch ein Handeln auf ein Handeln。哲学家的反思是一种活动、一项行动。它使得纯粹自我的自发性活动可以说是对意识复活起来。
⑤ 《费希特全集》，第一卷，第104页；《费希特文集》，第一卷，第298页。

自身之中设定了非我。但如果自我和非我都是不受限制的，那么可以说，二者会各自充满整个实在界而排斥对方。它们将会相互取消、相互消灭。这样一来，意识就变得不可能了。因此，如果要有意识产生，自我和非我就必须是相互限制的。它们各自都必须取消对方，但只是部分地取消。在这个意义上，自我和非我必须都是"可分的"（theilbar）。在其《全部知识学的基础》中，费希特提出了接下来的第三个哲学基本命题。"我在自我中设定了一个可分的非我，作为可分的自我的对立物。"① 也就是说，绝对自我在自身中设定了一个有限的自我和一个有限的非我，二者相互限制或限定。费希特显然并不是说二者中只有一个能存在。事实上，正如我们在后文将会看到的，他认为，对自我意识来说，他者（以及多个有限自我）的存在是必需的。费希特的要点是，除非被视为不受限制的活动的绝对自我在自身中产生有限的自我和有限的非我，否则就不可能有意识。

6. 如果我们像费希特一样，以意识指人的意识，那么主张非我是意识的必要条件这种观点就不难理解了。诚然，有限自我可以反思它自身，但在费希特看来，这种反思是把注意力从非我那里转回来。因此，即便是对自我意识来说，非我也是一个必要条件。② 但我们可以非常恰当地追问，为什么会有意识存在？或者，换一种问法，哲学的第二条基本原理是如何从第一条基本原理中演绎出来的？

费希特回答说，纯粹的理论演绎是不可能的。我们必须求助于实践演绎。也就是说，我们必须把纯粹自我或绝对自我视为一种无限的活动，通过道德上的自我实现，这种活动努力朝向对自身的自由的意识。我们必须把对非我的设定视为达到这一目标的一个必要媒介。诚然，绝对自我在其自发性活动中根本不会有意识地为了任何目标而行动。但哲学家有意识地重新思考这一活动，并把整个运动视为朝向着某个目标的。并且哲学家认为，自我意识需要非我，因为自我不受限制的活动似乎可以说是通过

① 《费希特全集》，第一卷，第110页；《费希特文集》，第一卷，第305页
② 我们可以再次注意现象学和观念论形而上学之间的区别。说对非我的设定（承认）是人类意识的条件，这是一回事。说非我是由纯粹自我或绝对自我设定（生产或创造）的，则是另一回事。

非我的反作用而弹回到它自身，在没有非我的情况下，这些活动就会像一条无限延展的直线。他还认为，道德活动需要一个客观领域、一个世界，使行动得以在其中展开。

现在，哲学的第二个基本命题与第一个基本命题的关系就像反题与正题的关系一样。我们已经看到，如果自我与非我都是不受限制的，那么二者就会倾向于相互取消。正是这一事实使费希特阐述了第三个基本命题，这个命题与第一个、第二个命题的关系，就像正题、反题与合题的关系。但费希特并不是想要表明非我曾以这样的方式存在着，即它取消了纯粹自我或威胁要取消纯粹自我。正是因为如果在自我之中设定不受限制的非我，那么非我就会取消自我，所以我们才不得不继续进入第三个基本命题。换句话说，合题表明，如果想要不受限制的自我与不受限制的非我之间不出现矛盾，那么这一对立必须意谓着什么。如果我们假定意识终究会产生，那么作为意识之基础的活动就必须生产出使自我与非我能够在其中互相限制的情况。

因此，从某方面来看，费希特的正题、反题、合题所构成的辩证法[①]采取了逐步限定初始命题之意义的形式。而且，产生的矛盾也在如下意义上被解决了：辩证法表明这种矛盾只是表面上的矛盾。"通过更严密地限定互相矛盾的命题，所有矛盾都被调解了。"[②] 例如，谈到自我把自己设定为无限者、自我把自己设定为有限者这两个陈述时，费希特说，"如果它在同一个意义上被设定为既是无限者又是有限者，那么矛盾是不可能解决的……"[③]。因此，通过界定两个陈述的意义并以此显示出二者之间的兼容性，这样，表面的矛盾就解决了。在现在讨论的这种情况里，我们必须看到，那个唯一的无限活动在有限自我中并通过有限自我表现它自身。

然而，说费希特的辩证法事实上只是对意义的逐步限定和说明，这也是不准确的。因为，他在其中引进了一些通过对一个或多个初始命题进 48

---

① 有关康德哲学中对辩证法的分析，参见《科普勒斯顿哲学史》第6卷，第251—252页。康德对二律背反正、反题的发展（287页）也与此相关。
② 《费希特全集》，第一卷，第255页；《费希特文集》，第一卷，第448页。
③ 同上。

行严格分析所无法获得的概念。例如，为了从第二个基本命题进到第三个基本命题，费希特在自我方面假定了一个限制性的活动，尽管仅仅通过对第一个或第二个命题进行逻辑分析并不能得到关于限制性的概念。

黑格尔批评这一步骤思辨性不足，亦即，不具有充分的哲学性。在黑格尔看来，哲学家不应该提出一个公认不具有严格的理论演绎性的演绎 [①]，也不应该为了从一个命题过渡到另一个命题而把一个并非由演绎得来的自我（当作一个解救危机的机器一样）引入。

我想我们恐怕很难否认，费希特实际上采取的步骤与他最初将哲学的本性解释为一种演绎科学的观点并不十分一致。可是，我们必须牢记的是，对他来说，哲学家所做的工作可以说是有意识地重构一种活动过程，亦即为意识奠定基础的活动过程，而这种活动过程本身是无意识地发生的。哲学家在这样做的时候有他的出发点，亦即绝对自我的自我设定；也有他的目的地，亦即如我们所知的人类意识。而且，如果在重构自我的生产性活动的过程中，不把活动的某种作用或模式归结到自我之上就不能由一步进到另一步，那么这种活动的作用或模式就必须归结于自我。因此，从费希特的观点看，虽然限制性概念并不是通过对前两个基本命题进行严格的逻辑分析而得到的，但为了说明这两个命题的意义，仍然需要这个概念。

7. 在概述费希特的三个哲学基本命题时，我忽略了应用于《全部知识学的基础》中的逻辑工具，虽然有些人在解释他的哲学时把该工具放在非常突出的位置上。我之所以忽略了这一工具，是因为这一工具并不是真正必要的，下述事实也能说明这一点：费希特自己对其哲学体系所做的某些阐释中也忽略了它。但同时，与此工具相关的一些内容却有必要讨论，因为这有助于阐明费希特对哲学和形式逻辑之间的关系的看法。

49　　　在《全部知识学的基础》中，费希特通过反思一个虽不能被证明但其真理性被所有人所承认的逻辑命题来进入哲学的第一个基本命题。这就是同一性原则，表述为 "A 是 A" 或 "A = A" 的形式。该原理既没有谈

---

① 我们已经注意到，费希特本人也坦率承认，就第二个基本命题而言，任何纯粹的理论演绎都是不可能的。

到关于"A"的任何内容，也没有断言"A"的存在。它所断言的是"A"和它自身之间的一种必然性关系。如果有一个"A"，那么它必然是自身同一的。这种作为主词的"A"和作为谓词的"A"之间的必然性关系，费希特称之为"X"。

只有在自我中、通过自我，才能断言或设定这种判断。这样，自我的存在就在其判断活动中得到了肯定，即使我们没有赋予"A"任何价值。"如果命题'A = A'是确定的，那么命题'我存在'（I am）也必然是确定的。"[①]自我在肯定同一性原则的同时，将其自身肯定或设定为自身同一的。

因此，虽然费希特把同一性原则当作得出哲学的第一个基本命题的媒介或工具，但同一性原则本身并不是这一命题。的确，相当明显的一点是，如果我们打算将同一性原则作为出发点或基础，那么我们就不能在意识的演绎或重构中取得多少进展。

然而，在费希特看来，同一性原则与哲学的第一个基本原理之间的关系，比起我们把前者描述为得出后者的媒介和工具所展示出的那种关系，要更加密切。因为，同一性原则可以说就是带有变量的哲学的第一个基本命题，这些变量取代了确定的价值和内容。换句话说，如果我们把哲学的第一个基本命题拿来，提取它的纯粹形式，那么我们就可以得到同一性原则。在这个意义上，后者以前者为基础，并且可以从前者那里推导出来。

类似的，费希特用他称之为对设的形式公理——"非 A 不等于 A（Not-A not = A）"，得出第二个基本命题。因为设定"非 A"预设了对"A"的设定，所以这种设定是就 A 而言的对设。而这种对设只有在自我中、通过自我才能发生。与此同时，对设的形式公理被认为是以哲学的第二个基本命题为基础的，该命题断言了自我一般性地设定非我与自己相对立。再者，被费希特称为根据律或充足理由律的逻辑命题——"A 的一部分等于非 A（A in part = -A），反之亦然"——被认为是以哲学的第三

---

① 《费希特全集》，第一卷，第95页；《费希特文集》，第一卷，第289页。

个基本命题为基础，意即前者是通过抽掉后者的确定内容并代之以变量而被推导出来的。

因此，简单地说，费希特的观点是，形式逻辑依赖于知识学且源自知识学，而不是相反。在《全部知识学的基础》中，费希特以对同一性原则的反思为出发点，这一事实的确或多或少地掩盖了费希特有关形式逻辑和基本哲学之间关系的观点。但他在接下来的讨论中进一步地将形式逻辑所具有的派生性特征表达得相当清楚。无论如何，这种观点来源于他对知识学是基础科学这一看法的坚持。

还可以补充的是，费希特在对哲学的基本命题进行演绎时开始着手演绎范畴。在他看来，康德的演绎不够系统。但如果我们从自我对自己的设定出发，那么我们就可以在对意识进行重构的过程中相继演绎出这些范畴。以此方式，第一个基本命题为我们提供了实在性范畴。因为，"在对一个事物的纯粹设定中，被设定的是其实在性、其本质（wesen）"①，第二个命题显然为我们提供了否定性范畴，而第三个命题则提供了限制性或限定性范畴。

8. 相互限制的观念为意识的双重演绎提供了基础，后者在费希特看来是必要的。考虑下述陈述：绝对自我在自身中设定了一个有限的自我和一个有限的非我，并使二者相互限制或限定。该陈述蕴涵两个命题。一个是，绝对自我把自己设定为受非我所限制的。另一个是，绝对自我（在自身中）把非我设定为受（有限的）自我所限制或限定的。这两个命题分别是意识的理论演绎与实践演绎的基本命题。如果我们把自我视为受非我影响的，那么我们就可以开始对意识进行理论演绎，该演绎讨论的是费希特所谓的行动的"实在"序列，亦即作为受非我所限定的自我的行动。例如，感觉就属于这一类行动。但如果我们把自我看作是影响非我的，那么我们就可以开始对意识进行实践演绎，该演绎讨论的是行动的"理想"序列，其中包括比如说欲望和自由行动。

51   当然，两类演绎是互补的，它们一起构成了完整的哲学演绎或意识

———————

① 《费希特全集》，第一卷，第99页；《费希特文集》，第一卷，第293页。

重构。但是，理论演绎从属于实践演绎。因为，绝对自我是一个（通过自由的道德活动）以自我实现为目标的无限努力；而非我，也就是自然世界，则是达到这一目标的媒介或工具。实践演绎为我们提供了"为什么绝对自我要设定非我来限制和影响有限自我"的原因；而且实践演绎把我们引导到伦理学的边界上。的确，费希特的权利理论和道德理论是其实践演绎的延续，它们就像是包含在知识学本身中似的。正如我们已经提到过的一样，费希特的哲学本质上是一种动态的伦理观念论。

我们不可能在这里讨论费希特意识演绎的所有阶段。即使可能，恐怕也不是我们想要的。不过，下面两节将会谈及理论演绎和实践演绎的某些特征，以便读者对费希特的思路有所了解。

9. 在费希特的观念论体系中，所有的活动最终都必须归诸自我自身，亦即归诸绝对自我，非我必须只是为了意识而存在。因为，若承认存在一个完全独立于所有意识且影响自我的非我，则无异于重新承认自在之物并放弃观念论。然而，从普遍意识的角度看，表象和事物之间明显是有区别的。我们有这样的自发性信念：独立于意识而存在的事物影响着我们。就所有的现象而言，这一信念是完全合理的。因此，费希特有责任以某种符合观念论立场的方式指出普遍意识的观点是如何产生的，以及从普遍意识的观点来看，我们对客观的自然界的自发信念何以在某种意义上是合理的。因为，观念论哲学的目标是根据观念论原理来解释有关意识的事实，而不是否认这些事实。

显然，当非我实际上依赖于自我时，费希特必须把产生"一个独立存在的非我"这一观念的能力归诸自我，以使非我的活动从根本上说仍然是自我自身的活动。同样明显的是，这种能力必须归诸绝对自我，而不是个体的自我，而且这种能力的运作必须是自发的、不可避免的，且是无意识的。说得笼统点，当意识登场时，这项运作必须已经完成了。该运作必须发生在意识之下的层次中。否则的话，就不能解释我们对一个独立于自我而存在的自然界的自发信念。换句话说，对于经验意识而言，自然必须是某种被给予的东西。只有哲学家在先验反思中，才能随着意识追溯到绝对自我的生产性活动，而这种活动本身却是在无意识状态下发生的。对于非哲学家和哲学家自己的经验意识而言，自然世界是某种被给予的东西，是一种处境，有限自我在其中找到自身。

费希特将这种能力称为想象力，或者更恰当地说，想象的生产性能力或生产性的想象力。想象力在康德哲学中有显著地位，它是连接感性与知性的不可或缺的纽带。[1]但就费希特而言，想象力在为普通意识或经验意识提供基础上起着非常重要的作用。当然，它不是自我和非我之外的第三种力量：它是自我自身（也就是绝对自我）的活动。在他的早期著作中，费希特有时可能给人留下这样的印象：他在讨论个体自我的活动；但当他回顾自身的思想发展时，他断言自己从未有过这样的意思。

在他所谓的意识的实际历史中，[2]费希特把自我描述为自发地限制自己的活动，从而把自己设定为被动的、受影响的。因此，它的状态是感觉（Empfindung）状态。但自我的活动可以说再次地肯定了它自己，并使感觉客观化了。也就是说，在外向直观活动中，自我自发地把感觉归诸非我。这一行动为表象或印象（Bild）与事物之间的区别奠定了基础。在经验意识中，有限自我把印象与事物之间的区别视为主体修改过的事物与独立于有限自我自身的活动的客体之间的区别。因为有限自我不了解这一事实：非我的投射是因生产性想象力作用于意识之下的层次而产生的。

53　现在，意识需要的不只是一个未确定的非我，而且也需要各种各样确定的、彼此有区别的客体。如果要有可以区分开来的客体，那么就必须要有一个共同的领域，各种客体在该领域之内以及在与该领域的关系中相互排斥。因此，想象力生产了作为一种直观形式的空间，它具有广延性、连续性和无限可分性。

类似地，也必须有这样一种不可逆的时间序列，它使相继的直观活动成为可能，而且如果在其中任何一个时间点上发生了一个特殊的直观活动，那么就该时间点而言，任何其他的可能性都被排除了。因此，生产性的想象力就便利地把时间设定为第二种直观形式。无须说，空间形式和时

---

[1]　参见《科普勒斯顿哲学史》第6卷，第256—260页。

[2]　这是在《全部知识学的基础》中提出的。在《略论知识学特征》中，费希特对其中某些阶段给出了更为详细的分析。

间形式由纯粹自我或绝对自我的活动自发地产生：它们不是被有意识地、刻意地设定的。

　　然而，意识的发展要求创造性想象力的产物更具确定性。这是由知性与判断力实现的。在知性层次上，自我把表象"固定"（fixiert）为概念，判断力则被认为把这些概念转变成**思维**对象，意即使这些对象不仅在知性**之中**存在，而且也**为了**知性而存在。因此，为了获得完整意义上的理解，知性和判断力都是必需的。"没有事物在知性之中，就没有判断力；没有判断力，知性中就没有**为了知性**而存在的事物……"① 感性直观可以说是被固定在特殊对象之上；但是在知性和判断力层次上，我们找到的是对特殊对象所做的抽象以及普遍性判断。因此，在意识的实际历史中，我们看到自我产生于生产性想象力的无意识活动之上，并且可以说获得了某种行动自由。

　　然而，自我意识要求的不只是"从特殊对象中提取出共相"这样的能力。为了达到对主体的反思，自我意识预设了一般意义上的对对象进行抽象的能力。而这种绝对抽象的能力，如费希特所称，就是理性（Vernuft）。当理性对非我领域进行抽象时，自我仍然保留着，于是我们有了自我意识。但我们无法完全剔除作为对象的自我并且在意识中把自己等同于作为主体的自我。这就是说，纯粹的自我意识（在其中我这一主体对自己是完全透明的）是一个实际上不能实现而只能接近的理想。"一个确定的个体越是能把作为对象的自己忘掉，其经验性的自我意识就越是接近纯粹的自我意识。"② 54

　　当然，是理性的能力使哲学家能够领悟到纯粹自我，也使哲学家能够在先验反思中追溯到纯粹自我在朝向自我意识的运动中的生产性活动。但我们也已经看到，对绝对自我的理智直观从未与其他因素完全分开过。即便是哲学家，也不能达到费希特所说的"纯粹自我意识"这一理想境界。

　　10. 对意识的实践演绎可以说是走到了生产性想象力活动的背后，并

---

① 《费希特全集》，第一卷，第242页；《费希特文集》，第一卷，第435页。
② 同上，第一卷，第244页；同上，第一卷，第437页。

在绝对自我的本性中揭示出后者的基础，而绝对自我在这里被视为一种无限的努力（ein unendliches Streben）。确实，如果说到努力，那么我们自然而然倾向于认为是为了某种事物而努力。这即是说，我们预先假定了非我的存在。但如果我们以作为一种无限努力的绝对自我为出发点，那么我们显然不能预先假定非我的存在。因为，如果预先假定非我存在，将会再次引入康德的自在之物。可是，费希特坚持认为，努力要求一种反向运动、一种相反的努力、一种抑制或阻碍。因为，如果它没有遇到任何阻力，也没有遭到任何阻碍或抑制，那么它将得到满足，从而不再是一种努力了。但是，绝对自我不能不是一种努力。因此，正是绝对自我的本性迫使生产性想象力设定非我，也就是说，绝对自我在其"实际"活动中设定非我。

上述情况可以这样来表述。绝对自我应该被设想为一种活动。而这种活动从根本上说是一种无限的努力。但根据费希特的观点，努力蕴含着克服，克服则需要有待克服的障碍。因此，自我必须设定非我，也就是自然界，作为一个有待克服的障碍，作为一种有待超越的抑制。换句话说，对自我想要达到的道德上的自我实现而言，自然界是一个必要的媒介或工具。它是活动的场所。

然而，费希特并不是直接从作为努力的自我这一观念进入对非我的设定。他首先论证说，努力表现为处于意识之下的冲动或驱动（Trieb）这种确定形式，且这种冲动以感受（Gefühl）的形式"为了自我"而存在着。如同费希特所指出的，冲动或驱动的目标是成为因果关系，是作用于某些外在于它的事物。但是，就其只是冲动而言，它不能影响任何事物。因此，冲动或驱动的感受是一种受限制、不能够、被阻碍的感受。而作为感受者的自我不得不把非我设定为被感受到的一种我所不知道的东西，一种障碍或阻碍。然后，冲动就能由此成为**"朝向对象的冲动"**。[①]

值得注意的是，对费希特来说，感受是有关实在的全部信念的基础。自我感受到冲动或驱动，后者作为一种受到阻碍的能力或力量（Kraft）。

---

① 《费希特全集》，第一卷，第291页；《费希特文集》，第一卷，第483页。

对力量的感受与对阻碍的感受是连接在一起的。而全部的感受就是有关实在的信念的基础。"一切实在的根据都在这里。只有通过感受与自我的关系……自我才有可能意识到实在，无论是自我的实在，还是非我的实在。"① 有关实在的信念最终基于感受，而不是理论的证明。

现在，对于作为力量的冲动的感受，表现了一种初级的反思。因为自我本身就是那被感受到的冲动。所以这种感受就是自我感受（self-feeling）。费希特在意识的实践演绎的后续部分中追溯了这种反思的发展。例如，我们看到，冲动或驱动本身在互相区别的冲动和欲望中变得更具确定性，我们也看到，在自我中互相区别的各种满足感受的发展。但由于自我是无限的努力，它不可能停留在任何个别的满足或群组性的满足中。我们看到它通过自己自由的活动而向外趋向一个理想目标。然而，这一目标总是在后退。如果自我是无限的或无止境的努力，那么这一目标的确必须一直后退。因此，最终我们是为了行动而行动，尽管费希特在其伦理学理论中指出，绝对自我朝向完全的自由和自制（self-possession）的无限努力，就可能而言，是如何通过在它自己设定的世界里的一系列确定的道德行动而实现的，也就是说，如何通过把各有限主体为追求一个共同的理想目标所应履行的确定的道德使命汇聚起来，从而达到绝对自我无限追求的目标。

费希特所谓意识的实践演绎在其详细的发展过程中是出了名的难懂。但下面这点却是很清楚的，亦即对费希特来说，自我从一开始就是道德活动的自我。也就是说，处于潜在状态的自我就是这样。正是因为自我要实现其潜在本性，所以才要求设定非我，要求生产性想象力开展其全部工作。可以说，在自我的理论活动背后是其作为努力、冲动或渴望的本性。例如，产生表象是理论能力的工作，而非实践能力或冲动本身的工作。但是，这种生产活动预设了对表象的渴望（der Vorstellungstrieb）。反过来说，为了使根本的努力或渴望能具有"趋向一个理想目标的自由道德活动"这种确定形式，设定感性世界就是必要的。因此，这两类演绎是互补

56

---

① 《费希特全集》，第一卷，第301页；《费希特文集》，第一卷，第492页。

的，尽管理论演绎在实践演绎中才能找到它最终的解释。从这个意义上来说，费希特竭力以他自己的方式，来满足康德的实践理性具有优先地位这种学说的要求。

我们也可以说，费希特在其对意识所做的实践演绎中试图克服康德哲学中的二分状态，亦即人的高层次本性与低层次本性、作为道德主体的人与作为本能冲动的复合体的人之间的二分。因为这种二分是同一种根本的驱动力为达到自由的道德活动所采取的不同形式。换句话说，费希特认为道德生命是从本能的、冲动的生命中发展出来的，而不是对后者的激烈抵制。他甚至在身体的渴望（Sehnen）和欲望层面上发现了绝对命令的迹象。当然，在他的伦理学里，他不得不承认这样的事实，即在责任的呼声与感性欲望的要求之间，可能且经常有冲突存在。但他试图对一般意义上的自我活动采取统一的观点，并试图在此框架内解决上述问题。

11. 从某种观点看，费希特的意识演绎可以被视为对我们所知的意识的诸条件作系统性的展示。如果我们仅仅以这样的方式来看待费希特的意识演绎，那么有关这些不同条件之间的时间性或历史性关系的问题就是不相关的。例如，费希特认为，就意识而言，主体与客体的关系是必不可少的。若是这样的话，那么如果要有意识，就必须既有主体也有客体，既有自我也有非我。这些条件的出现所遵循的历史秩序与这一陈述的有效性并无关系。

但是，正如我们已经看到的一样，意识演绎也是观念论形而上学，因而我们必须把纯粹自我解释为一个超越个体性的、无限的活动，也就是将其解释为所谓的绝对自我。因此，如果费希特的学生问他，在费希特自己看来，绝对自我是在设定有限自我之前就设定了感性世界，还是说绝对自我是同时设定二者的，抑或绝对自我是通过有限自我来设定感性世界的，这样的提问是可以理解的。

至少乍看之下，这可能是个荒唐的问题。也许有人会说，在费希特看来，时间性或历史性的观点以经验意识的建构为前提。因此，对经验意识所做的先验演绎必然超越了时间和历史的秩序，具有逻辑演绎那种不受时间影响的特性。毕竟，时间序列自身也是被演绎出来的。费希特无意否定经验意识的观点，亦即，自然是先于有限自我的。他关心的是要为这样的观点提供根据，而非否定它。

但事情没有这么简单。在康德哲学中，正是人类心灵进行着一种建构性的活动，这种建构性的活动将其先天形式加诸现象界的实在之上。的确，心灵是自发地、无意识地在进行这些活动，它是作为心灵自身、主体自身来进行活动的，而不是作为汤姆或约翰的心灵来进行活动。但仍然是人类的心灵而非上帝的心灵在进行这些活动。如果我们剔除自在之物，并把康德的先验自我具体化为形而上学的绝对自我，那么我们很自然地就会问，绝对自我是直接地设定了自然还是通过人类意识之下的层面来设定自然呢？毕竟，费希特的意识演绎并不罕见地提及第二种可能性。而如果这就是费希特的真实意旨，那么他将面对一个显而易见的难题。

庆幸的是，费希特明确地回答了这个问题。在意识的实践演绎的最初阶段，他就注意到一对明显的矛盾。一方面，作为理智的自我依赖于非我；另一方面，自我被认为是规定了非我，因而必须独立于非我。只要我们认识到，绝对自我直接规定的是成为表象的非我（das vorzustellende Nicht-Ich），而在规定作为理智的自我（进行表象活动的自我，das vorstellende Ich）时则是**间接的**，也就是说，是要以非我为媒介的，那么，这一矛盾就解决了〔也就是说，通过将其显示为只是表面上的矛盾从而解决了它〕。换句话说，绝对自我并未通过有限自我来设定世界，而是直接地设定世界。在《意识事实》这篇演讲中也有一段文字对此进行了清楚的阐述，这一段文字我们曾引述过。"物质世界作为生产性想象力的一种绝对限制，先被演绎出来。但是对于以下这些问题，我们仍未清晰明确地说明：具有这一作用的生产性能力究竟是那个唯一的生命本身的自我显示，还是个体生命的显示；也就是说，物质世界究竟是通过那个自我同一的唯一生命而被设定的，还是通过个体本身而被设定的……不是个体本身，而是那个唯一的生命直观到了物质世界这一对象。"[1]

显而易见，发展这一观点要求费希特离开他的康德式出发点，而且，

---

[1] 《费希特全集》，第二卷，第614页（F.梅迪卡斯所编《费希特文集》未收录）。

通过对人类意识的反思而得出的纯粹自我应该成为在世界中显示自身的绝对存在者。这正是费希特后期哲学所走的路径,《意识事实》这篇演讲就属于该路径之下的著作。但正如我们接下来将要看到的一样,他从未真正成功地踢掉他攀登到形而上学观念论所凭借的梯子。尽管他明确地把自然视为绝对者为了道德活动而设定的一个领域,但他始终坚持,世界只在意识中存在且只为意识而存在。因此,除了明确否定物质事物是通过"个体本身"而被设定的以外,他的立场仍然不够明确。因为,尽管他说意识是绝对者的意识,但他也说过,绝对者是通过人才被意识到的,而非就其与人分离的自在自身而被意识到。

第三章

费希特（二）

1. 在费希特的生平与著作那一节我们了解到，他于 1796 年出版了 《自然法权基础》，这比《伦理学体系》的出版早了两年。在他看来，对法权理论和政治社会理论的演绎，可以而且应该独立于对道德原则的演绎。但这并不意味着费希特认为这两个哲学分支彼此毫无关联。因为，一方面，这两类演绎在概念上有共同的根源，即作为努力或自由的活动的自我。另一方面，法权体系和政治社会为道德法则提供了一个应用领域。但费希特认为他的领域是外在于道德的，意即该领域不是从基本的伦理原则中演绎出来的，它是一个框架，道德法则能够在这一框架之中并参照这一框架得到运用。例如，人对国家负有道德义务，而国家应该创造道德生活的发展所需的那些条件。但国家自身被演绎为为了保护法权体系而被假定的一种必要的工具或媒介。如果人的道德本性得到了充分发展，那么国家就应该消亡。再者，尽管私有财产权在伦理学上得到了费希特所说的进一步认可，但其最初的演绎被认为是独立于伦理学的。

费希特把法权理论、政治理论放在一边，把伦理学放在另一边，他

60 这样区分的一个主要原因是：他认为伦理学关注的是内在道德、良心，以及道德的形式原则；而法权理论和政治社会理论关注的是人们之间的外在关系。此外，如果有人评论说法权理论可以被视为应用伦理学，意即它可以被演绎为道德法则的一种应用，那么费希特会拒绝承认这种观点。我有某项权利这一事实并不必然意味着我有义务去行使这项权利。共同的善（the common good）有时可能会要求缩减或限制权利的行使。但道德法则是绝对的：它只说"做这件事"或"不要做那件事"。因此，法权体系不可能从道德法则中演绎出来，虽然我们的确有道德义务去尊重建立于共同体之中的法权体系。在这个意义上，道德法则进一步地认可了法权，但它并不是法权的最初来源。

在黑格尔看来，费希特并未真正克服康德伦理学的形式主义，尽管他提供了一些质料内容以便能够克服后者。在人的伦理生活这个一般性概念上综合了法权、内在道德和社会这三个概念的，的确是黑格尔而不是费希特。但是，我之所以在本章第一节详细讨论费希特对法权学说和伦理学理论所做的区分，主要原因是，我打算在概述他的法权理论和国家理论之前先探讨他的道德理论。但这样的步骤可能会给人错误的印象，误以为费希特认为法权理论是从道德法则中演绎出来的。

2. 费希特说，一个人可以有两种方式来认识其道德本性及其对某个道德命令的服从。首先，他可以在共同的道德意识的层次上拥有这些知识。也就是说，他可以通过自己的良心意识到要求他做这件事、不做那件事的道德命令。而且，对于认识个人的义务和践行道德行为而言，这种直接的意识就足够了。其次，一个人可以把通常的道德意识假定为某种给予性的东西，从而探究其基础。从自我中的道德意识根源出发，系统地演绎出道德意识，这就是伦理学这门科学所做的，而且该演绎提供的是"已知的知识"。[1]当然，就某种意义而言，这种已知的知识并未改变任何东西。它既没有创造义务，也没有用一组新的义务来替代一个人通过其良心已经

61 意识到的那些义务。这种已知的知识不会赋予人一种道德本性。但它能

---

① 《费希特全集》，第四卷，第122页；《费希特文集》，第二卷，第516页。

使人理解自己的道德本性。

3. 人的道德本性意味着什么呢？费希特告诉我们，人有这样一种冲动，即仅仅是为了完成某些行动而去完成这些行动，并没有任何外在的目的；仅仅是为了把一些其他行动搁置起来而把这些行动搁置起来，也没有什么外在目的。就这种冲动必然在人的身上显示自身而言，人的本性就是他的"道德本性或伦理本性"。[①] 理解这一道德本性的基础是伦理学的任务。

自我是活动，是努力。正如我们在考虑意识的实践演绎时所看到的那样，构成自我的努力的基本形式是处于意识层次之下的冲动或驱动。因此，从某种观点看，人是由许多冲动构成的一个系统，而冲动可以被归因于整个系统的自我保存。就此而言，我们可以把人描述为自然界的一种有机产物。而且，由于意识到自己是由许多冲动构成的一个系统，因此我可以说："我发现自己是自然界的一个有机产物。"[②] 也就是说，当我把自己视为对象时，我把自己设定为自然界的一个有机产物，或者我肯定自己是自然界的一个有机产物。

但人又是有理智的存在者，是意识的主体。而作为意识主体，自我必定倾向于或者说被迫只通过自己来确定自己；也就是说，它是一种以完全的自由和独立为目标的努力。然而，由于人作为自然产物所具有的自然冲动和欲望需要得到满足，而满足只能通过人与一个确定的自然客体之间的某种关系来获得，所以这些冲动和欲望似乎依赖于对象；因此，如果我们把这些冲动与作为理智的自我所具有的精神冲动——也就是说，要达到完全的自我决定的冲动——相比较，就是可理解的。我们谈到较低层次和较高层次的欲望，谈到必然的领域与自由的领域，并把一种二分法引入到人类的本性中。

当然，费希特并不否认这样的区分可以说具有实用价值。因为我们可以从两个角度来看待人，即作为对象的人和作为主体的人。正如我们所看到的一样，我能意识到自己是自然中的一个对象，是自然的一个有机产

---

① 《费希特全集》，第四卷，第13页；《费希特文集》，第二卷，第407页。
② 同上，第四卷，第122页；同上，第二卷，第516页。

62 物；我也能认识到自己是一个主体，自然、包括作为对象的我自己，都是为了这一主体的意识而存在的。就此程度而言，康德区分人的现象层面与本体层面是合理的。

不过，费希特坚称这种区分并不是最终极的区分。例如，旨在获得满足的自然冲动和旨在达到完全的自由和独立的精神冲动，从先验或现象的观点看，是同一种冲动。认为作为自然的有机产物的人只属于机械的领域，这是非常错误的观点。正如费希特所指出的："并不是因为有食物为了我存在，所以我才感到饥饿；而是因为我感到饥饿，所以某些对象成了我的食物。"[1] 有机体肯定它自己：它倾向于活动。这种要求自我活动的冲动，以要求实现完全自由的精神冲动的形式再次出现，二者从根本上说是同一种冲动。因为，暂时性的感官满足并不能使这种基本的冲动沉寂下去，可以说这种冲动是无限延伸的。当然，如果没有意识，这种基本的冲动或努力也不能以更高级的精神冲动的形式出现。实际上，意识是作为一种自然有机产物的人与作为理性自我（即精神）的人之间的分界线。但从哲学的观点看，根本而言只有一种冲动，而且作为主体的人与作为对象的人是同一个。"作为自然界的一个存在的我的冲动，与作为纯粹精神的我的倾向，它们是两种不同的冲动吗？不，从先验的观点看，它们是构成了我的存在的同一个原始冲动：我们只是从两个不同的方面来看待它们而已。也就是说，我是主体-客体，主客体的同一性和不可分性构成了我的真正存在。如果我把自己视为一个**对象**，完全由感性直观与推理思维的规律所决定，那么那实际上属于我的唯一的冲动，对我来说就成了一种自然冲动，因为从这一观点看，我自己就是自然界。如果我把自己视为主体，那么冲动对我来说就是一种纯粹的精神冲动或自我决定的法则。自我的一切现象都建立在这两种冲动的相互作用上，而这种相互作用实际上是同一个冲动与它自身的相互关系。"[2]

这种以同一种冲动为基础的关于人的统一性理论，对伦理学有重要的影响。费希特区分了形式的自由和实质的自由。形式的自由只要求意识

———————————

① 《费希特全集》，第四卷，第124页；《费希特文集》，第二卷，第518页。
② 同上，第四卷，第130页；同上，第二卷，第524页。

的出现。即使是一个一直受追求快乐的自然冲动所驱使的人，如果他是有
意识地或有意这样做的，那么他仍然是自由地在做这件事。① 然而，实 63
质的自由表现为一系列以实现自我的完全独立为目标的活动。这些行动就
是道德行动。现在，如果我们坚持这一区分，则我们将面对赋予道德行动
以内容这一难题。因为，一方面我们应该有按照自然冲动而展开的行动，
这些行动通过指向某些特殊对象而获得确定性；另一些行动则排除了所
有凭借特殊对象而得到的确定性，并且仅仅按照为了自由而自由的观念而
展开。第二种行动似乎是完全不确定的。但是费希特回答说，构成人的本
性的冲动或倾向从根本上说是同一个冲动，这一事实要求我们必须实现一
种综合。低层次的冲动或者说那个唯一的冲动的较低层次形式，必须牺牲
其目的，亦即快乐；而高层次的冲动或者说那个唯一的冲动的较高层次形
式，必须牺牲其纯粹性，亦即牺牲它不受任何客体所决定的性质。

　　费希特关于综合的观点以如此抽象的方式表达，可能会显得非常晦
涩。但他的基本看法还是相当清楚的。例如，费希特显然不会对道德主体
提出这样的要求：他应该停止执行自然冲动促使他去做的全部行动，比如
吃喝。他也不会这样要求：道德主体应努力像一个与肉体相分离的精神那
样活着。费希特所要求的是，道德主体的行动不应该只以即刻的满足为目
的，这些行动应该是汇聚着趋向一个理想目标的一系列行动，而这个目标
就是人为作为精神主体的自己设定的。只要人达到这一要求，他就实现了
他的道德本性。

　　当然，这意味着，道德生活包含着以一个目标替代另一个目标，以
精神理想替代自然满足与快乐。这种观点看起来似乎与费希特对道德所做
的如下描述不太一致，亦即道德要求我们仅仅为了执行某些行动而执行这
些行动，不执行另外一些行动也仅仅是为了不执行这些行动。但对费希特
来说，我们所讨论的精神理想就是自主活动，是只通过自我就能确定的行
动。他强调的要点是，这样的行动必须表现为世界中的一系列确定的行动

---

① 在人之中，有他未直接意识到而只是间接意识到的活动，例如血液循环。我们不能
说这个人支配了他的这些活动。但费希特认为，当我直接意识到一种冲动或欲望时，对
于要不要满足它，我是自由的。

64 这种形式，尽管同时它们必须是由自我本身所决定的，并表现出它自身的自由而不是对自然世界的服从。这实际上意味着，这些行动应该只是为了被执行而被执行。

因此我们可以说，费希特坚定地试图展示人之本性的统一性，并试图显示出作为自然有机体的人的生命与作为意识的精神主体的人的生命之间的连续性。然而，康德的形式主义的影响也非常明显。这影响清楚地表现在费希特对道德至上原则的阐释中。

4. 当费希特谈论那只被思考为**对象**的自我时，他断言："自我的本质特征，亦即它借此与一切外在于它的事物区别开来的特征，在于一种为了自主活动（Selbstthätigkeit）而自主活动的趋势；当自我被思考为自在自为的、与它之外的东西毫无联系的，这种趋势就被加以思考。"① 但正是作为主体的自我，亦即作为理智的自我，把它自己思考为对象。当它把自己思考为一种为了自主活动而自主活动的趋势时，它必然认为自己是自由的、是能够实现绝对的自主活动的、是一种自我决定的能力。再者，自我如果不把自己设想为是服从于某种法则的，亦即服从于一种按照自我决定这一概念来规定自己的法则，它也就不能以上述方式来设想自己。这就是说，如果我把自己的客观本质设想为一种自我决定的能力、一种实现绝对的自主活动的能力，那么我必定也会设想自己是有义务去实现这一本质的。

因此，我们有自由和法则这两个观念。然而，正如作为主体的自我和作为对象的自我，尽管它们在意识中是有区别的，但其实是不可分离的、在终极意义上是同一的，同样，自由和法则这两个观念也是不可分离的、在终极意义上是同一的。"当你设想你自己是自由的，你不得不在某种法则下设想你的自由；而当你设想这种法则的时候，你不得不设想你自己是自由的。自由不是从法则中得出来的，正如法则也不是从自由中得出来的。它们并不是这样的两个观念，即其中一个可以被设想为依赖于另一

65 个，相反地，它们是同一个观念；这是一个完全的综合。"②

① 《费希特全集》，第四卷，第29页；《费希特文集》，第二卷，第423页。
② 《费希特全集》，第四卷，第53页；《费希特文集》，第二卷，第447页。费希特认为，康德并不是想表明自由这一观念是从法则的观念中推导出来的。康德想要表明的是，我们对自由这个观念的客观有效性的信念，是从我们对道德法则的意识中推导出来的。

通过这种多少有些曲折的路径，费希特演绎出了道德的基本原则，亦即，"理智的必然观念应该纯粹地、毫无例外地依据自主性（Selbständigkeit）这一概念来规定自己的自由"。[①] 自由的存在者应使其自由服从于这一法则，亦即服从于完全的自我决定或绝对自主（不通过任何外在对象来决定）的法则。这一法则应该不容许任何例外，因为它表达的正是自由存在者的本性。

现在，一个有限的理性存在者，如果不相信一系列确定的自由行动之可能性（这些自由行动是由一个能够执行真正的因果性活动的意志所引发的），那么他就不能把自由归结给自己。但是要实现这一可能性就需要一个客观世界，使理性存在者可以在其中通过一系列特殊行动趋向他的目标。这样，自然世界（也就是非我的领域）就可以被视为为了使我们能履行我们的义务而存在的质料或工具，感性事物看起来似乎成了为了说明纯粹应当而存在的众多机会。我们已经看到，根据费希特的想法，绝对自我将世界设定为一种阻碍或抑制，这种阻碍或抑制使自我能在自我意识中向自身折返。现在我们看到的是，世界被设立于一个更具体的伦理学语境中。这一设立是有限存在者实现其道德使命的必要条件。如果没有世界，则理性存在者可以说就无法赋予应当以内容。

要成为一种道德行动，这些特殊行动中的每一个都必须满足一个确定的形式条件。**"你要永远按照你对于自己的义务的最佳信念去行动，或者说，你要按照你的良心去行动。这就是我们的行动的道德性的形式条件……"**[②] 如此行动的意志就是善的意志。显而易见，费希特是在康德的影响下写作的。

5. "按照你的良心来行动。"费希特把良心定义为"对我们确定的义务的直接意识"。[③] 也就是说，良心是对一种特殊义务的直接意识。从这个定义明显可以推导出：良心从未犯错，而且也不可能犯错。因为，如果良心被定义为对一个人的义务的直接意识，那么，说良心有可能没有意识

---

① 《费希特全集》，第四卷，第59页；《费希特文集》，第二卷，第453页。
② 同上，第四卷，第173页；同上，第二卷，第567页。
③ 同上，第四卷，第173—174页；同上，第二卷，第567—568页。

到一个人的义务就将是自相矛盾的。

　　费希特显然希望找到一个绝对的对错标准。他显然也像康德一样，希望避免他律。任何外在的权威都不可能是我们要找的标准。再者，这一标准必须是任何人都可以掌握的，不管是有学问的人还是没有学问的人。因此，费希特决定用良心作为标准，并把它描述为一种直接的感受。由于实践能力相对于理论能力具有优先性，所以良心必然源于前者。而且由于实践能力并不做判断，所以良心必定是一种感受。

　　费希特把良心描述为一种直接的感受，这确实符合普通人所习惯的谈论他们道德信念的方式。例如，有人可能会说："我觉得这样做是对的。我觉得任何其他做法都是错的。"他可能非常确信他的感受。可是，有人可能会批评说，感受恐怕不是一个不会错的义务标准。然而，费希特认为，我们所讨论的直接感受表现了"我们经验性的自我与纯粹自我之间的一致或协调。纯粹自我是我们唯一真实的存在；它是一切可能的存在和一切可能的真理"。[①] 因此构成了良心的感受绝不会出错，也不会欺骗我们。

　　要理解费希特的理论，我们必须认识到，费希特并没有把理论能力所进行的所有活动从人的道德生命中排除出去。自我趋向于完全的自由和独立，这种根本趋势促使理论能力去寻找义务的确定内容。毕竟，我们能够而且也确实在这样或那样的种种情形中反思我们应当做什么。但我们所做的任何理论判断都可能是错的。论证的作用是让我们注意所讨论的情况的不同方面，以便促进经验自我和先验自我的协调。这种协调表现在一种感受中，亦即表现在对一个人的义务的直接意识中。这种直接的意识使理论探讨和论证停止了，否则理论的探讨和论证就可能会无限地延续下去。

　　费希特不认为任何一个对其义务有直接意识的人会恰恰因为这是他的义务而决意不去履行该义务。"这样一个准则是邪恶的；但邪恶这个概念本身是自相矛盾的。"[②] 不过，"没有任何一个人的善心是坚定不移的，甚至就我们所知，也没有任何一个有限存在者的善心是坚定不移的"。[③]

---

①　《费希特全集》，第四卷，第169页；《费希特文集》，第二卷，第563页。
②　同上，第四卷，第191页；同上，第二卷，第585页。
③　同上，第四卷，第193页；同上，第二卷，第587页。

良心本身不可能出错，但它可能被蒙蔽或者甚至消失掉。因此，尽管我 67
们对义务观念与某种特殊行动之间的关联的意识可能被遮蔽了，但义务观
念可能仍然保留了下来。粗略地说，我有可能不会使我的经验自我有机会
与纯粹自我相契合。[①] 再者，对义务的意识可能实际上消失了，在这种情
况下，"我们要么按照自利的准则去行动，要么按照盲目的冲动去行动，
这种盲目的冲动在任何地方维护我们那不受法则约束的意志"。[②] 因此，
即便排除了邪恶的可能性，认为良心绝对可靠的学说也不能排除做出错误
行动的可能性。因为，我可能要对这样的事情负责，即允许我的良心受到
蒙蔽或者甚至完全消失。

因此，按照费希特的看法，如果普通人选择使用这一绝对可靠的标
准（该标准并不依赖于伦理学知识）去评价他的特殊义务，那么他就已经
掌握这一标准了。但是哲学家可以探究此标准的根据。而且我们已经看
到，费希特提供了一个形而上学上的解释。

6. 因此，在实际的道德生活中，良心就是最高的裁判者。但它的命
令并不是任意的、反复无常的。因为费希特所说的这种"感受"实际上表
达了我们隐含的意识，即某个特殊行动究竟属不属于满足纯粹自我的根本
冲动的那一系列行动。因此，即便良心能够充分地指导我们的道德行为，
也没有理由说哲学家不可能从理论上表明某种行动属于或不属于通向自我
的道德目标的那一类行动。哲学家不能演绎出特殊个体的特殊义务。这是
良心要做的事。但是在普遍原则或普遍规则的范围内，对道德基本原则做
一种哲学上的应用是可能的。

举例来说。我有要去行动的义务，因为只有通过行动我才能实践道
德法则。而身体是行动的一个必要工具。因此，一方面我不应该把我的身
体视为仿佛它本身就是我的终极目的。另一方面，我应该把我的身体视为
我行动的必要工具来保全和养护。因此，例如自我伤害就是错误的，除非
这是保全整个身体所必需的。然而，在这样或那样的特殊情况下自我伤害

---

① 例如，如果我并没有真正地把握情况，而是只看到其中的某个片面，那么这种情况
就可能发生。

② 《费希特全集》，第四卷，第194页；《费希特文集》，第二卷，第588页。

68　是否正当，这是良心应该判断的事，而不是哲学家应该判断的事。我只能根据不同的方面来考虑这一情况，然后按照我对我的义务的直接意识去行动，根据费希特的看法，这一直接的"感受"不会出错。

同样的，一个人可以制定关于认识能力的使用的一般准则。费希特对学者使命的崇高敬意表现在，他坚持认为下述二者需要结合起来：一个是思想与研究的完全自由，另一个是"我所有的知识、思想和研究必须以认识我的义务为终极目标"①这样一种信念。这样综合起来的准则就是：学者应该以献身于义务的精神去从事他的研究，而不仅仅是出于好奇心或者为了有事可做。

7. 因此，哲学家可以将某些一般性的行为准则作为对道德基本原则的应用。但一个人的道德使命是由无数特殊义务组成的，良心则是这些义务的可靠引导者。因此，对于那些为了实现道德的世界秩序——理性在世界中的完全统治——而汇聚起来的行动，每个单独的个体都有其实际要履行的道德使命，每个人也都有他要做出的贡献。要实现这一理想目标，道德劳动的分工可以说是必要的。我们可以这样重新表述道德的基本原则："你要一直履行你的道德使命。"②

现在，费希特对实在的洞见的大致轮廓应该清楚了。根据我们的看法，终极的实在可以被描述为绝对自我或无限意志，它自发地向完全地意识到自己是自由的这一目标努力，向完全的自制努力。但在费希特看来，自我意识必须表现为有限的自我意识这种形式，而且无限意志的自我实现也只有通过有限意志的自我实现才能发生。因此，无限活动自发地将自身表现在诸多有限自我或诸多理性而自由的存在者之中。但是如果没有非我，则自我意识就是不可能的，因为有限自我必须从非我那里返回自身。而且有限的自由意志要通过行动才能实现，这就要求要有一个世界，在这个世界中、通过这个世界，行动才是可能的。因此，如果绝对自我或无限意志要通过诸有限自我来意识到它自身的自由，那么它就必须设定世界、设定自然界。而且，诸有限自我在一个共同目标下负有的道德使命，可以

---

① 《费希特全集》，第四卷，第300页；《费希特文集》，第二卷，第694页。
② 同上，第四卷，第150页；同上，第二卷，第544页。

被视为绝对自我或无限意志向它的目标迈进所经由的途径。自然界仅仅　69
是表现道德意志的条件，尽管是一个必要条件。在经验实在中，真正有重
要意义的是人类的道德活动，而道德活动本身就是对无限意志的表达，是
无限意志自发地、必然地采取的形式，这种无限意志是作为一种活动或行
动，而非作为一个行动的存在者。

8. 现在，我们可以转向法权理论以及对国家的演绎，也就是说，考
虑人的道德生命在其中得以发展的框架。但是，由于法权理论和政治理论
处理的是人与人之间的关系，因而也就预设了复数性的自我。所以，先简
要地谈谈费希特对复数性的自我所做的演绎是恰当的。

正如我们已经看到的一样，如果要产生自我意识，那么绝对自我就
必须把它自己限制在有限自我的形式中。但是，"没有任何一个自由的存
在者能够在不同时意识到其他类似存在者的情况下意识到它自身"。[1] 只
有通过将我自己与其他在我看来有理性的、自由的存在者区别开来，我才
能意识到我自己是一个确定的自由个体。交互主体性是自我意识的一个条
件。因此，如果要产生自我意识，那么就必须要有由许多自我组成的共同
体。理智的存在是多样性的。事实上，它是"一种封闭的多样性，也就是
说，是一个由许多理性存在者所组成的系统"。[2] 因为，它们都是对唯一
的绝对自我、唯一的无限活动的限制。

反过来，一个人认识到自己是许多理性存在者所组成的共同体或系
统中的一员，又需要感性世界作为其先决条件。因为，我察觉到我的自由
可以说是表现在与其他人的行动捆绑在一起的行动中。而要使这样一个由
行动所组成的体系成为可能，就必须要有一个共同的感性世界，使不同的
理性存在者能在其中表达自身。

9. 现在，如果我不把自己视为许多自由的理性存在者所组成的共同
体中的一员，那么我就不能意识到自己是自由的，既然如此，我也就不能
把无限自由的整体单独归诸自己。"由于我也承认他人的自由，因此我在

---

[1]　《费希特全集》，第二卷，第143页；《费希特文集》，第四卷，第143页。
[2]　同上。

行使自己的自由时限制我自己。"① 同时，我也必须设想，共同体中的每一个成员都限制着对其自由的外在表达，以便其他所有成员也能表达他们的自由。

70　　理性存在者所组成的共同体中的每一个成员都限制着对其自由的表达，以便所有其他成员也能够表达他们的自由——这就是法权概念。费希特这样表述法权（Rechtsregl）的原则或规则："通过所有与你相关联的人的自由来限制你的自由。"② 在费希特看来，法权概念本质上是一个社会性的概念。它是与下述观念一起产生的：其他理性存在者能妨碍我自己的活动，而我本身也能妨碍他们的活动。如果我撇开除我之外的所有理性存在者只考虑我自己，那么我就有了**权力**（power），而且可能也有了运用这些权力或其中一些权力的道德义务。但是，在这种情况下说我有**权利**（right）去运用这些权力，这是不恰当的。比如，我有言论自由的权力。但如果我撇开除我之外的所有理性存在者，在费希特看来，说我有言论自由的权利就是荒谬的。因为，除非我设想其他理性存在者的存在能够妨碍我运用这种权力来自由地表达我心里的想法，否则言论自由这个概念就是没有意义的。类似地，除非是在社会情境中，否则谈论私有财产权就是没有意义的。的确，如果我是唯一的理性存在者，那么我应该有义务去行动，去使用物质事物，以便在它们中、通过它们表达我的自由。我应该有财产。但是，只有我设想其他人类并认为我必须把类似的权利归于他们时，严格意义上的私有财产权概念才产生。在社会情境之外，私有财产权能意味着什么呢？

　　现在，虽然诸自由自我所组成的共同体的存在要求其中的每一个成员都把法权规则视为行为所遵循的原则，但没有任何个人意志必然受这一规则所支配。然而费希特辩称，如果把许多意志联合为一，就能产生一个经常受此规则引导的意志。"如果一百万人在一起，很可能每个人都希望自己拥有最大的自由。但如果我们把所有人的意志联合到一个概念中，作为一个意志，那么这个意志就会把可能的自由总和分成相等的部分。其

① 《费希特全集》，第三卷，第8页；《费希特文集》，第二卷，第12页。
② 同上，第三卷，第10页；同上，第二卷，第14页。

目标是使所有人都具有这样的自由：每个人的自由都被其余一切人的自由所限制。"① 这种联合表现为相互承认彼此的权利。正是权利的相互承认使私有财产权产生，后者被视为对某些事物的独占权。②"**通过相互承认（彼此的权利），独占权才得以成立，而如果没有这一条件，就没有独占权。一切财产都基于从许多意志到一个意志的这种联合。"**③

10. 如果法权的稳定性依赖于持续不变的共同承认，那么相关的人之间就需要相互忠诚和相互信任。但这些都是人们无法确定的道德状况。因此，必须有某种能够强制我们去尊重权利的权力。而且，这种权力必须表达出人的自由：它必须是被自由地建立起来的。这样，我们就需要一份契约，缔约各方借此同意，任何侵犯他人权利的人都应根据强制性法律而被处罚。但是，这样的契约要想有效，只有当它采取这样一种社会契约的形式时才是可能的：凭借这种契约，国家被建立起来④且被赋予了必要的权力，以使国家能够实现公共意志所期望的目标，这一目标就是法权系统的稳定性，以及对所有人的自由的保护。这样，全部意志联合而成的一个意志，就以具体地体现在国家中的公共意志这种形式表现出来。

不管是在费希特的公共意志理论中，还是在其社会契约观念中，卢梭⑤的影响都很明显。但是费希特引入这些观念并不仅仅是出于对这位法国哲学家的敬重。因为费希特对国家的演绎在于以一个渐进的论证表明，国家是维持法权关系的必要条件，如果没有这种法权关系，一个由自由人所组成共同体就是不可设想的。这个共同体本身被描述为作为无限自由的绝对自我要自我实现所必需的条件。这样，国家就必须被解释为对自由的表现。而卢梭的社会契约理论和公意理论有助于这一目的。

费希特的确把国家说成一个整体，并且将它与自然界的一个有机产

① 《费希特全集》，第三卷，第106页；《费希特文集》，第二卷，第110页。
② 值得注意的是，在费希特看来，对一个事物的合法所有权实际上就是对该事物采取某些行动的专属权利。例如，农民对土地的财产权就是他拥有在上面播种、耕地、放牧等等的专属权利。
③ 《费希特全集》，第三卷，第129页；《费希特文集》，第二卷，第133页。
④ 费希特区分了社会契约的不同阶段，而最高阶段就是他所谓的联合契约，凭借该契约，政治社会中的诸成员形成了一个有组织的整体。
⑤ 参见《科普勒斯顿哲学史》第6卷，第3章和第4章。

品相比较。因此，我们不能说费希特的政治思想中缺乏国家有机论。可是他也强调，国家不仅表现自由，国家的存在同时也是为了创造这样一种状态：在该状态下，每个公民都可以在与他人的自由调和一致的情况下行使其自由。此外，就其被设想为一种强制力而言，国家只有在假设的意义上才是必要的。也就是说，"国家是必要的"是基于如下假设：人的道德发展尚未达到这样的高度，即每一个社会成员都单纯地基于道德动机而尊重他人的权利与自由。如果上述条件得到满足，那么作为强制力的国家就不再必要了。由于国家的功能之一是促进人的道德发展，因此我们的确可以说，在费希特看来，国家应努力促使这些条件的达成，以便它自己能够让位。用马克思主义者的话来说，费希特期待国家消亡，或者至少把这视为一种理想的可能性。因此，他不会把国家本身当作目的。

基于这样一些前提，费希特理所当然拒绝专制主义。但可能有点令人惊讶的是，作为一个同情法国大革命的人，他也拒绝民主。"没有任何国家能以**专制**或**民主**的方式来统治。"① 但他把民主理解为由全体人民来直接统治。他对民主的反驳是，在一种字面意义上的民主政治里，没有任何权威能迫使大众遵守自己的法律。尽管许多公民作为个人都有良好的意愿，但没有任何力量能阻止他们的共同体退化为一群不负责的人和任性无常的乌合之众。然而，即使避免了不合格的专制与民主这两种极端形式，我们也不能说出什么形式的制度是最好的。这是一个政治问题而非哲学问题。

同时，费希特反思到公民权威滥用权力的可能性，这使他非常强调建立一个最高法院或法庭——"监察院"——的期望。该机构并不拥有一般意义上的立法、行政或司法的权力。其职能是监督我们遵守法律和宪法，当公民权威严重滥用权力时，监察官有权通过颁布国家禁令来暂停公民权力的职能。然后必须采用公民投票的方式，来确定不同情形下，人民对于改变宪法、法律或政府的意愿。

费希特并没有把国家神化的倾向，这点表现得很清楚。但是，到目前为止我们对费希特的政治理论所做的概述可能会使人认为，他致力于通

----

① 《费希特全集》，第三卷，第160页；《费希特文集》，第二卷，第164页。

过捍卫纯粹的自由放任政策来使国家的职能最小化。但这一结论并没有描绘出他的真实想法。他的确主张，建立国家的目的是为了保障公共安全、维护法权系统。由此推论出的结论是，对个人自由的干涉应该被限制在达到上述目的所必需的范围内。但是，建立和维护法权系统并使之符合共同利益，这些事情可能需要大量的国家活动。例如，如果实际情况是大部分人都不能靠自己的劳动为生，那么坚持说每个人都有靠自己劳动为生的权利就是没有意义的。此外，尽管国家并不是道德法则的源泉，但提升那些促进道德发展的条件却是国家的工作，因为如果没有这些条件就没有真正的自由。尤其是，国家应该致力于发展教育事业。

11. 因此，如果我们在费希特的《锁闭的商业国》一书中发现他设想了一种计划经济，那么这也并不是多么令人吃惊的事。他预先假定所有人不只有生存的权利，而且有过上一种体面生活的权利。于是就产生了这个问题：如何最有效地实现这一权利。首先，就像柏拉图在许多个世纪以前所认识到的一样，必须有劳动分工，分工产生了主要的经济阶级。[①] 其次，必须维持和谐或平衡的状态。如果其中一个经济阶级不合比例地壮大，那么整个经济就可能被颠覆。在《伦理学体系》一书中，费希特强调，个体有义务按照他自己的才能和所处的社会环境来选择自己的职业。在《锁闭的商业国》一书中，费希特关注的毋宁说是共同利益，而且他强调，为了共同体的利益，国家必须监督和调节劳动分工。当然，如果环境改变了，那么国家的法规也需要变更。但是，监督和规划在任何情况下都是必不可少的。

在费希特看来，平衡的经济一旦被建立，除非国家有能力防止它被任何个人或群体扰乱、颠覆，否则就无法维持。他由此得出结论，所有与其他国家的商业关系都应该由国家掌控或由国家来严格控制。"在理性国家中，不允许个体公民与外国国民直接进行贸易往来。"[②] 费希特所向往的是自足的经济共同体这种意义上的封闭经济。[③] 但如果必须要与其他国

73

74

---

① 费希特认为有三个主要的经济阶级。第一，那些生产人们生活所需的原材料的生产者。第二，把这些原材料加工成诸如衣服、鞋子、面粉等商品的人。第三，商人。

② 《费希特全集》，第三卷，第421页；《费希特文集》，第三卷，第451页。

③ 费希特提倡"锁闭"的商业国不完全是出于经济上的原因。跟他之前的柏拉图一样，他认为根据真正的哲学原则来看，与其他国家无限制的交往会妨碍国民的教育。

家进行贸易往来，也不应该由私人来开创或交由个人来判断。

因此，费希特所设想的是一种国家社会主义。他认为计划经济适合为人们的较高理智与道德发展提供所需的物质条件。事实上，费希特用"理性国家"（der Vernunftstaat）这个概念所指的是根据他自己的哲学原则指导的国家。如果一个国家特别青睐某一特定哲学体系，对此结果我们可能不会特别乐观。但在费希特看来，一个真正熟悉先验观念论原则的统治者不会通过限制私人自由来滥用自己的权力，他对权力的使用只是为了达到一个目标，这个目标即是对自由的表达。

12. 从经济学的观点看，费希特可以说是德国最早的社会主义作家之一。但就政治方面而言，他从早期的世界主义态度转变为后期的德意志民族主义。在《自然法权基础》中，他认为公共意志这一观念导向了所有人的意志在一个普遍共同体中的联合，而且他期待各个国家形成一个联盟。在他看来，只有通过建立一个世界性的共同体，法权系统才能真正地稳定。在某种程度上，他一直保有这一比较宽泛的观点。因为他的理想一直是把所有人都提升到精神自由的境界。但他又想到，拿破仑背叛了那曾经激起他的青年热情的法国大革命的理想，德国人比法国人更有资格领导人类朝这一理想前进。毕竟，如果不是德国人最适合理解知识学的原则，因而最适合启蒙人类并通过实例来教导人类，那么拯救的真理该如何起作用呢？换句话说，他认为德国人肩负一种文化使命。而且他相信，如果德意志民族无法实现政治上的统一，那么这一使命也不能有效地完成。文化与语言的统一是联系在一起的，如果没有政治统一作为支撑，任何文化都无法统一或延续。因此，费希特期待形成一个统一的德意志帝国，以结束当时德国人分成许多个国家的分裂状况。他期待出现一个领导人，这个领导人将实现这样一种政治统一：把德国人统一在一个"理性国家"中。

如果我们参照 20 世纪上半叶的德国历史来回顾费希特的希望与梦想，那么很明显，它们会显示出某种灾难性的、不祥的征兆。但是，正如我们已经说过的一样，我们应该牢记他所处时代的历史环境。无论如何，对此事的进一步反思将留给读者。

第四章

费希特（三）

费希特早期的宗教观——第一版《知识学》中的上帝——被指控为无神论及费希特的回应——《人的使命》一书中的无限意志——1801—1805年存在哲学的发展——《宗教学说》——后期著作——对费希特存在哲学的解释与批判

　　1. 1790 年，费希特写了一些札记，亦即《论宗教与自然神论的格言》76（*Aphorismen über Religion und Deismus*），其中清楚表现了纯粹的基督徒的虔诚言行与思辨哲学之间的张力，或者用更老生常谈的话来说，表现了宗教的上帝与哲学的上帝之间的张力。"基督教似乎更多是为了心灵而设计的，而不是为了知性。"[①]心灵寻求一位能回应祈祷、会同情也会爱人的上帝；而基督教满足了这种需求。但是知性，正如费希特称之为自然神论的那种观点所主张的那样，为我们呈现的是一个不变的必然存在者的概念，它是世界上所发生的一切事实的终极原因。基督教为我们提供了一位拟人化的上帝的图像，这幅图像非常适合宗教情感，也非常适应宗教的迫切需求。思辨哲学为我们提供的是不变的第一因这一观念，以及由决定论统治的有限存在者所组成的系统这一观念。知性所提供的这种观念并不能满足心灵的需求。当然，如果思辨哲学保留宗教的主观有效性，那么在这个意义上，二者是兼容的。对于那些对哲学知之甚少或者根本不知道哲学的虔诚基督徒而言，也不存在任何问题。但是，如果一个人一方面心里

[①] 《费希特全集》，第五卷，第 5 页（F.梅迪卡斯所编《费希特文集》未收录）。

渴望一位由人的观点所设想的上帝，而同时，对哲学反思的爱好又是他本性的一部分，这样的人要怎么办呢？我们大可说，他应该限制哲学反思。"但是，即便他希望如此，他能做到吗？"[①]

77　但是，费希特的反思使他走向康德的上帝和宗教观念，而非自然神论的上帝和宗教观念，后者属于前康德时代。在他的《试评一切天启》（*Versuch einer Kritik aller Offenbarung*，1792）中，他试图发展康德的观点。特别是，他在"神学"和宗教之间做了某种区分。道德法则的可能性这一观念要求我们相信这样的上帝，即他不只是支配自然、综合德性与幸福的力量，而且是道德理想的完美化身，是至圣的存在和至上的善。但是，赞同有关上帝的命题（例如"上帝是神圣且公正的"）与宗教并不是同一回事，"根据宗教（religio）这个词的意思，宗教应该是某种约束我们的东西，而且这约束也的确比我们可能受到的其他约束更为强烈"。[②]而这种约束源于我们接受理性的道德法则就是上帝的法则，就是神的意志的表达。

毋庸置疑，费希特并不是想要表明道德法则的内容是由神的意志任意规定的，以至于如果没有天启我们就不能认识道德法则的内容。他也不是要用他律概念、一种权威主义伦理学的概念，来替代康德实践理性的自律概念。因此，为了证明其立场的合理性，他诉诸这样一个观念，即人有根本的恶，也就是说，由于自然冲动和激情的力量，人有根深蒂固的恶的可能性，因而模糊了他对道德法则的认识。上帝是道德立法者，人应该服从上帝至圣的意志，这样的观念有助于人践行道德法则，并且能为宗教所特有的附加成分——约束——提供基础。再者，由于我们对上帝及其所制定的法则的认识可能是模糊的，所以上帝将自身启示为道德立法者，如果这种启示是可能的，那么它就是我们想要的。

这样看来，费希特似乎远远超越了康德。其实二者的差异可能比乍看之下所显示出来的要小得多。费希特并未确定要在哪里找到天启。但他给出了一个一般性的标准，以确定所谓的天启是否真的如它自己所宣称的

---

① 《费希特全集》，第五卷，第8页。
② 《费希特全集》，第五卷，第43页；《费希特文集》，第一卷，第12页。

那样是天启。例如，如果某一天启所宣称的内容与道德法则相抵触，那么它就不可能是天启。又如，任何所谓的天启，如果超越了道德法则是上帝意志的体现这一观念，那么它也不可能是天启。因此，费希特其实并未真正超出康德的宗教观念的限制。而他后来表示出的对基督教教义的同情，在他这一阶段的思想中并不存在。

78

显而易见，我们可以反对费希特的这一立场，即若要确定某一天启是否真的是天启，我们需要先认识道德法则。因此，除了要践行作为上帝神圣意志之表现的道德法则这一观念之外，天启并未给我们增加任何别的东西。的确，这一附加成分构成了宗教特有的要素。但是，根据费希特的前提，似乎可以推论说，宗教可以说是对人类弱点的一种让步。因为需要通过对神圣立法者的服从来克服的，恰恰是人类的软弱。因此，如果费希特不打算放弃康德的实践理性的自律这一观念，同时又希望保留并支持宗教观念，那么他必须修改他关于上帝的观念。如同我们接下来将马上看到的，他的先验观念论体系（至少就其最初的形式而言）使得他除此之外别无选择。

2. 在费希特对《知识学》所做的初次说明和解释中，他极少提及上帝。也的确没有多少机会提及上帝。因为，费希特关心的是从内在于意识的第一原理中演绎或重构意识。正如我们已经看到的一样，纯粹自我并不是意识背后的一个存在者，而是内在于意识、作为意识之基础的一个活动。而我们领会纯粹自我所凭借的理智直观，也不是对上帝的一种神秘领会，而是对将自身显示为一种活动的纯粹的自我-原则（I-principle）的一种直观把握。因此，如果我们强调费希特知识学的现象学方面，那么把他的纯粹自我描述为上帝就如同把康德的先验自我描述为上帝一样，二者都是不合理的。

现象学方面确实不是（费希特知识学的）唯一方面。由于费希特剔除了自在之物并把批判哲学转变为观念论，因此，他必须赋予纯粹自我一种本体论的地位和作用，即康德并没有赋予作为意识统一的逻辑条件的先验自我的那样一种地位和作用。如果自在之物被剔除掉，那么感性存在物所具有的全部实在性都必须从主体的终极原则中推导出来；也就是说要从绝对自我之中推导出来。但是，"绝对"一词应该这样来理解，即它主要指的是，从内在于意识的原理出发对意识所做的先验演绎中最根本的东西，而不应该把它理解为超越一切意识的存在（Being）。要在先验观念论体系中假定后者这样的存在，就相当于放弃了将存在还原为思维这一意图。

　　当然，越是彰显绝对自我理论的形而上学意义，可以说它就越是带有神的特性。因为，如此一来，它就表现为那在自身中产生自然世界和有限自我的世界的无限活动。虽然费希特所做的主要是把康德的体系转变为观念论并从先验自我中演绎出经验，但他恐怕不会把这样的自我描述为上帝。因为，正如对"自我"一词的使用所显示的，纯粹、先验或绝对自我的概念可以说与人的意识牵连在一起，以至于将自我描述为上帝必然会显得非常不合适。

　　再者，对费希特来说，"上帝"一词意味着一种人格性的、具有自我意识的存在。但绝对自我并不是一个自我意识着的存在。一种作为意识之基础的活动，一种作为朝向自我意识的努力的活动，它本身不可能是有意识的。因此，绝对自我不可能等同于上帝。更重要的是，我们甚至不能思考上帝这一观念。意识这一概念中包含着主体与对象、自我与非我的区分。自我意识预设了对非我的设定，而且它自身就包含了作为主体的我与作为对象的我之间的区分。但是关于上帝的观念是关于这样一个存在的观念：在其中没有上述区分，它全然独立于世界且具有完全的自明性。我们不能思考这样一个观念。当然，我们可以谈论它；但我们不能说我们是在设想它。因为，一旦我试图思考我们所谈论的，我们必然引入上述已经在语言上被否定了的区分。因此，一个没有任何事物与之对立的主体的观念就是"不可思考的上帝观念"。①

　　应该注意的是，费希特并没有说上帝是不可能存在的。让-保罗·萨特（Jean-Paul Sartre）说，自我意识必然包含一个区分，而在无限的自我意识中主体和对象完全一致、不包含任何区分，因而无限的自我意识是一

① 《费希特全集》，第一卷，第254页；《费希特文集》，第一卷，第448页。

个矛盾的观念；如果有神论被理解为隐含着这样一种矛盾观念，那么萨特就打算把上述说法作为一种对无神论的证明。但费希特非常谨慎，他避免说上帝不可能存在。看起来，他为超越人类思维与概念的存在者留下了可能性。无论如何，费希特并未主张无神论。

可是，费希特被指控为无神论也是很容易理解的。我们接下来将简要考察那场著名的无神论争论，这场争论导致他不得不放弃耶拿大学的教席。

3. 费希特在其论文《关于我们信仰上帝统治世界的根据》（1798）中详细阐述了他的上帝观念。首先让我们假定，我们是从普通意识的观点——这也是经验科学的观点——来看世界。从这个观点来看，也就是说从经验意识的观点来看，我们发现我们自己是世界、宇宙中的存在者，而且我们也不能通过任何对于一个超自然存在者的形而上学证明来超越这个世界、宇宙。"世界之所以存在，仅仅因为它是存在的；世界之所以是这样，仅仅因为它就是这样。根据这种观点，我们从一个绝对存在出发，而这个绝对存在就是世界：这两个概念是同一的。"[1] 从科学的观点看，把世界解释为神性理智的创造物"只是没有意义的废话（totaler Unsinn）"。世界是一个自我组织的整体，它自身中就包含了发生在其中的一切现象的根据。

现在，让我们从先验观念论的观点来看世界。这时，世界被视为仅仅是为了意识而存在的，是由纯粹自我所设定的。但在这种情形下，就不会产生在自我之外寻找世界的原因这一问题了。因此，不管是从科学的观点出发，还是从先验观念论的观点出发，我们都无法证明一个超验的神圣创造者是存在的。

但是，还有第三种观点，亦即道德的观点。从这个观点来看，世界被视为"为了我们（履行）义务而存在的感性材料"。[2] 自我被视为属于超感性的道德秩序。这种道德秩序就是上帝。这"活生生的、发挥作用的道德秩序本身就是上帝。我们不需要其他的上帝，也不可能设想任何其他

---

① 《费希特全集》，第五卷，第179页；《费希特文集》，第三卷，第123页。
② 同上，第五卷，第185页；同上，第三卷，第129页。

的上帝"。^① "这是真正的信仰；这种道德秩序就是**上帝**……它是由正确
的行动所确立的。"^② 说上帝是实体，是人格性的，或者以先见之明行使
着仁慈的统治，这些都是没有意义的废话。信仰上帝的旨意，就是相信道
德行动总是有好的结果，而恶行绝不会有好的结果。

这样的说法使他被指控为无神论并不完全令人惊讶。因为对费希特
的大部分读者来说，上帝似乎被还原为一种道德理想。而这并非有神论说
到上帝时一般所指的东西。毕竟也有具有道德理想的无神论者。然而，费
希特对于被指控为无神论者感到很愤慨，并相当详细地回应了这一指控。
他的回应并未达到他想要的效果——洗清他在反对者眼中的罪名；但这
与我们的主旨无关。我们关心的只是他所说的。

首先，费希特解释说，他不能把上帝描述为人格性的或描述为实体，
因为在他看来，人格性本质上是有限的，而实体意味着某种在时空中延
伸的物质性事物。事实上，事物或存在物的任何属性都不能被用作谓词
来描述上帝。"如果以一种纯粹哲学的方式，我们应该这样来描述上帝：
他……并不是一个存在物，而是**一种纯粹的活动**，是超感性世界秩序的
生命和原理。"^③

其次，费希特坚称他的批评者误解了他以道德的世界秩序所意指的
内容。他们将他的说法解释为，上帝是一种道德秩序，在某种意义上类似
于家庭主妇在安排房间里的家具和其他物品时所创造出来的那种秩序。但
他的真正意思是说，上帝是一种主动安排秩序的行动，一种建构的秩序
（ ordo ordinans ），一种活生生的、主动的道德秩序，而不是被建构的秩序
（ ordo ordinatus ），不是某种只是由人的努力所建构起来的事物。上帝是一

① 《费希特全集》，第五卷，第186页；《费希特文集》，第三卷，第130页。
② 同上，第五卷，第185页；同上，第三卷，第129页。在此有必要注意一下德文原文：
"Dies ist der wahre Glaube; diese moralische Ordnung ist das Göttliche, das wir annehmen.
Er wird construirt durch das Rechtthun."（这是真正的信仰；这种道德秩序就是上帝，是
我们所接受的。它是由合法的行动所确立的）。从语法上说，Er（它）应该指 der wahre
Glaube（真正的信仰），不可能指 dies moralische Ordnung（这种道德秩序）。因此，除
非我们打算说费希特完全忽略了语法规则，否则我们必须认识到，他并没有说那与道德
秩序同一的上帝只不过是人创造出来或建构起来的。
③ 《费希特全集》，第五卷，第261页。（F.梅迪卡斯所编《费希特文集》未收录费希特
的《司法责任》"Gerichtliche Verantwortungsschrift" 一文）。

种主动安排秩序的行动（ein tätiges Ordnen），而不是一种被安排出来的秩序（Ordnung），一种人所建构起来的秩序。[1] 而被视为根据义务而行动的有限自我，是"那个超感性的世界秩序中的一个成员"。[2]

在费希特将上帝视为道德的世界秩序这种观念中，我们或许可以看到两条思想路径的融合。首先，有这样一种观念，一切理性存在者以动态的方式实现统一。在《全部知识学的基础》中，费希特没什么机会详细讨论复数性的自我。因为他关心的主要是在我们已经解释过的那种意义上对"经验"做抽象演绎。但正如我们已经看到的一样，在《自然法权基础》中，他坚持复数性的理性存在者是必要的。"人只有在众人之中才能成为人；由于他只能是人，不能是任何别的东西，所以如果他不是人，那么他就不会存在，因此，**如果要有任何人存在，则必须有复数性的众人存在**。"[3] 因此，费希特自然不得不反思人与人之间的结合或统一。在《伦理学》中，他关心的主要是道德法则本身以及个人的道德性；但他表达了这样的信念，即所有理性存在者都有一个共同的道德目的，他也提到，道德法则把个体的人当成其自身在感性世界中达到自我实现的工具。从这一想法就比较容易过渡到如下观念：道德的世界秩序在理性存在者中、通过理性存在者实现其自身，并且把诸理性存在者统一到自身之中。

第二条思想路径是费希特强烈的道德主义宗教观。当他写那篇引发无神论争论的文章时，他像他之前的康德一样，倾向于把宗教与道德等同起来。真正的宗教不是祈祷，而是履行个人义务。费希特的确承认道德生命有可以辨识出来的宗教层面，亦即这样一种信念：无论现象使人想到什么，我们都相信履行自己的义务总会产生好的结果，因为履行义务可以说构成了自我实现的道德秩序的一部分。但是，如果根据费希特对宗教所做的道德主义解释，那么对他来说，对这种道德的世界秩序的信仰自然就是对上帝的信仰，特别是，根据他的前提，他不可能把上帝视为一个人格性的超验存在者。

---

① 《费希特全集》，第五卷，第382页；《费希特文集》，第三卷，第246页。
② 《费希特全集》，第五卷，第261页。
③ 《费希特全集》，第三卷，第39页；《费希特文集》，第二卷，第43页。

这种道德主义的宗教观在一篇名为《私人论文》（1800）的文章中得到了清楚的表达。费希特声称，宗教的地位或位置是在对道德法则的服从中找到的。而宗教信仰就是对道德秩序的信仰。从纯粹自然和非道德的观点来看，人的行动所依赖的是自然秩序，也就是自然界的稳定性和统一性。在道德行动中，他所依赖的是一种超感性的道德秩序，在该秩序中他的行动扮演着某种角色，且该秩序也确保了他的行动会有良好的道德效果。"任何关于神性存在者的信念，如果它所包含的不仅仅是这种道德秩序概念，那么就某种程度而言，它就是想象与迷信。"[①]

那些把费希特描述为无神论者的人从某种观点来看显然是非常合理的。因为费希特拒绝肯定有神论通常而言所意指的东西。可是他对无神论指控的愤然反驳也是可以理解的。因为，他并未断言除了有限的自我和感性世界之外，没有任何东西存在。至少，作为实践信仰的对象，存在着一个超感性的道德世界秩序，该秩序在人之中、通过人实现它自身。

4. 但是，如果道德世界秩序真的是一种能动的秩序，是一种真正主动的、安排秩序的行动，那么它显然必须具有本体论地位。在《人的使命》（1800）一书中，道德世界秩序表现为永恒的、无限的意志。"这个意志把我与它自身联结起来，也把我与其他像我这样的有限存在者联结起来，并且是所有有限存在者之间的共同中介。"[②]它就是无限的理性。而动态的、创造性的理性是意志。费希特也把它描述为创造性的生命。

如果我们照字面意思来理解费希特的表述，那么，我们可能倾向于在一种有神论的意义上解释他的无限意志学说。他甚至提出"崇高而有生命的意志——没有任何名称能够称谓它，没有任何概念能够指向它"。[③]但他仍然主张，人格性是某种受限制的、有限的东西，不能应用于上帝。无限者与有限者的差异是性质上的差异，而非程度上的差异。此外，费希特反复强调，真正的宗教在于完成个人的道德使命。可是，履行个人的道德义务进而完成个人的道德使命这样的观念，无疑被注入了这样一种精

---

① 《费希特全集》，第五卷，第394—395页；《费希特文集》，第三卷，第258页。
② 同上，第二卷，第299页；同上，第三卷，第395页。
③ 同上，第二卷，第303页；同上，第三卷，第399页。

神，即虔诚地依赖于神性意志。

　　为了真正认识《人的使命》一书在费希特后期哲学发展中所扮演的角色，了解如下这点很重要，即他把无限意志的学说描述为关于信仰的。这部多少有些怪异、夸大的作品的引言中这样写道：它并不是为专业哲学家而写的，其对话部分中的**"我"**也不应该被简单地视为代表作者自己；此作品分为三部分，分别命名为**"怀疑""知识"**与**"信仰"**。在第二部分中，观念论被解释为这样的意思：如果一个人能够拥有关于自己的自我的任何观念的话，那么不仅外部对象，包括一个人自己的自我都是只对意识而存在的。由此推出的结论是，一切事物都被还原为印象或图像（Bilder），而这些图像所描绘的内容并不构成任何实在。"一切实在都变成了一场奇妙的梦，没有被梦着的生活，也没有正在做梦的心灵；一切实在都变成了一场在关于自身的梦中编织起来的梦。**直观**就是这个梦；**思维**，这个我所想象的一切存在与实在的根源，这个我的存在、我的力量与我的目的的根源，则只是关于这场梦的梦。" 换句话说，主观观念论把一切事物都还原为表象，没有任何执行这种表象活动的事物，也没有任何被表象的事物。因为，当我试图去把握那个自我——所有表象向着这一自我的意识而存在——的时候，这自我必然也变成表象。因此知识，也就是观念论哲学，无法发现任何持久的事物，也无法发现任何存在。但心灵不能停留在这样一个立场上。而且，基于意识到"我自身作为一个从属于道德命令的道德意志"，实践或道德信仰断言无限意志（它为有限自我提供了基础，且以它唯一能够采取的方式创造了世界）是在"有限理性之中"。

84

　　正如我们已经提到的一样，对费希特而言，这种动态泛神论的观念论是关于信仰而非关于知识的。为了恰当地履行我们的道德使命，我们需要信仰一种活生生的、主动的道德秩序，这种道德秩序只能被解释为无限的动态理性，亦即无限意志。它是表象领域背后唯一真实的存在，它通过有限自我创造和维持表象领域，而这些有限自我只是作为无限意志的表现而存在的。费希特后期哲学的发展在很大程度上是被这样一种需求所决定的，即**思考**这一关于绝对存在的概念并赋予它哲学形式。在《人的使命》

一书中，这种需要仍然处于道德信仰的范围内。

5. 在他写于 1801 年的《知识学阐释》[1]中，费希特明确地说："一切 **85** 知识都预设了……它自身的存在。"[2] 因为知识是"**自在自为**的存在"[3]：它 是存在之"自我洞察"[4]，因而是对自由的表现。因此，绝对知识预设了绝 对存在：前者是后者的自我洞察。

在此，我们看到费希特所采取的立场与其知识理论的早期形式相比 有明显的逆转。最初他主张一切存在都是对意识而存在的。因此他不可能 承认有一个在意识背后或超越意识的绝对神性的存在。因为对这样一个存 在的设想，恰恰会使得它是受限制且有所依赖的。换句话说，在他看来， 绝对存在这一观念是自相矛盾的。可是现在，他却主张这样一个存在是居 于首位的。绝对存在在绝对知识中成为"自为"的存在。因此后者必须预 设了前者。而这一绝对存在就是神。

当然，这并不意味着在费希特看来绝对存在是一个人格性的上帝。这 存在"洞察它自己"，它在人对实在的认识中、通过人对实在的认识，形 成对它自己的认识或意识。换句话说，绝对存在在一切有限理性存在者身 上表现它自身，同时又在它自身中产生出一切有理性的存在者，因而一切 有理性存在者对绝对存在的认识就是绝对存在对自身的认识。同时，费希 特又坚称，绝对存在不可能被有限心灵完全理解或领悟。在这个意义上， 上帝超越于人的心灵。

显而易见，这里有一些困难。一方面，绝对存在被说成是在绝对知 识中洞察自身的。另一方面，绝对知识的可能性又似乎被排除掉了。因 此，如果我们排除基督教有神论（这种有神论认为，上帝享有独立于人类 精神的完备的自我认识），那么从逻辑上说，费希特似乎应该采纳黑格尔 对哲学认识的构想，即哲学认识是对绝对者之内在本质的洞察，是绝对者 对自身的绝对认识。但事实上，费希特并未采纳这一观点。直到最后，他

---

① *Darstellung der Wissenschaftslehre.*
② 《费希特全集》，第二卷，第 68 页；《费希特文集》，第四卷，第 68 页。
③ 同上，第二卷，第 19 页；同上，第四卷，第 19 页。
④ 同上。

仍然主张自在的绝对存在超越了人的心灵所能达到的范围。我们所认识的是映像、图像，而非自在的实在。

费希特在 1804 年所做的关于《知识学》的演讲中强调绝对存在是光这一观念，[①] 这一观念在形而上学上回到了柏拉图以及柏拉图主义的传统。这一有生命的光在其放射过程中把自己分为存在与思维（Denken）。但费希特坚持认为，概念性的思维绝不能把握自在的绝对存在，后者是不可理解的。这种不可理解性就是"对概念的否定"。[②] 有人可能希望费希特由此推出这样的结论，即人的心灵只能以否定的方式接近绝对者。但事实上，他做了许多积极肯定的陈述，例如，他告诉我们，存在、生命和实在是同一的，**自在的**绝对存在绝不能被分割。[③] 只有在它的表象、在光的放射中，分割才被引入。

在根据 1805 年在埃朗根的演讲出版的演讲录《学者的本质》（1806）一书中，他再次告诉我们，这唯一的神性存在是生命，这生命本身是不变的、永恒的。但它外显于贯穿在时间之中的人类生命里，人类的生命是"一个无止境地自我发展的生命，它在无限的时间之流中朝向一个更高的自我实现而前进"。[④] 换句话说，上帝的外在生命以实现一个理想为目标；如果用拟人化的语言来表达，则这个理想可以被描述为"上帝在创造世界时所怀有的理念和根本想法，上帝为世界制定的目的与计划"。[⑤] 在这个意义上，上帝的理念就是"所有表象的终极的、绝对的基础"。[⑥]

6. 上述思想在《极乐生活指南或宗教学说》（1806）一书中有更详细的叙述，该书包含他在柏林的一系列演讲。上帝是绝对存在。这样说就等于说上帝是无限的生命。因为"存在与生命是同一的"。[⑦] 这自在的生命本身是唯一的、不可分的、不变的。但它向外表现或显示它自身。它只能

---

① 这一观念在 1801 年出版的《知识学》（*Wissenschaftslehre*）一书中就已提及。
② 《费希特全集》，第十卷，第 117 页；《费希特文集》，第四卷，第 195 页。
③ 同上，第十卷，第 206 页；同上，第四卷，第 284 页。
④ 同上，第六卷，第 362 页；同上，第五卷，第 17 页。
⑤ 同上，第六卷，第 367 页；同上，第五卷，第 22 页。
⑥ 同上，第六卷，第 361 页；同上，第五卷，第 15 页。
⑦ 同上，第五卷，第 403 页；同上，第五卷，第 115 页。

通过意识才能向外表现或显示它自身，而意识就是上帝的外在存在。"存在向外存在（ist da），而存在的外在存在必然是意识或反思。"① 在这种外在显示中，区别或分割就显现出来了。因为意识涉及主体与对象之间的关系。

这里所讨论的主体显然是受限制的或有限的主体，亦即人的精神。但对象是什么呢？它的确是存在。因为意识（亦即上帝的此在）就是对存在的意识。但自在的存在，那直接的无限生命，超越了人类心灵的理解范围。因此，意识的对象必定是绝对者的映像、图像或图式。而这就是世界。"这意识中究竟有什么东西呢？我想你们每个人都会回答说：有世界，而且除了世界什么都没有……在意识之中，上帝的生命不可避免地被转变成一个持续存在的世界。"② 换句话说，存在以世界这种形式被意识客观化了。

尽管费希特坚持认为绝对者超出了人类心灵所能理解的范围，但他却说了很多关于绝对者的话。虽然有限的精神不能认识自在的无限生命，但它至少可以认识到意识世界是绝对者的映像或**图式**。因此，有两种主要的生命形式对人敞开。人可以沉浸于假象生命（das Scheinleben），亦即有限的、易变的生命，以满足自然冲动为目标的生命。但由于人类精神与上帝的无限生命是合一的，因此它绝不可能满足于对有限的、感性的事物的喜好。的确，人们无止境地寻求连续的有限满足，这表明，即便是假象生命，也可以说是受到了人对无限与永恒的渴望的驱策与鼓动，而这种渴望是"一切有限存在者最内在的根源"。③ 因此，人能够上升到本真生命（das wahrhaftige Leben），这种本真生命的特征就是对上帝的爱。因为，正如费希特所指出的那样，爱是生命的核心。

如果有人问这种本真生命是由什么构成的，费希特仍然会主要从道德的角度来回答。这就是说，本真生活主要在于个人履行其道德使命，借助于履行其道德使命，个人从感性世界的奴役中被解放出来，而且在履行

---

① 《费希特全集》，第五卷，第539页；《费希特文集》，第五卷，第251页。
② 同上，第五卷，第457页；同上，第五卷，第169页。
③ 同上，第五卷，第407页；同上，第五卷，第119页。

其道德使命时，个人为实现理想目标而奋斗。可是，费希特早期解释宗教时那种明显的道德主义气息渐渐消失了，或者至少是减少了。宗教观不再只是被等同于道德观。因为宗教观包含这样的根本信念：唯独上帝存在，上帝是唯一的、真正的实在。的确，自在的上帝对有限的心灵而言是隐匿了的。但是虔诚的人认识到，上帝的无限生命内在于他自身之中，他的道德使命对他来说就是神圣的天职。在他通过行动来创造性地实现理想或价值时，[①] 他看到了上帝的生命的映像或**图式**。

88

　　虽然《宗教学说》一书充满宗教气息，但它有一种明显的倾向，即使宗教观从属于哲学观。这样，根据费希特的看法，宗教观包含这样一种信念，即绝对者是一切复数性的、有限的存在者的基础；哲学则把这一信念转变成知识。正是基于这种看法，费希特才试图表明基督教教义与他自己的体系是一致的。当然，这种尝试可被视为越来越认可基督教神学的表现；但也可视为一种"去神学化"的尝试。例如，在第六个演讲中，费希特引用了《约翰福音》的序言，并论证说，有关上帝的神圣之言的教义如果被翻译成哲学语言，就会与他自己有关上帝的在场的理论相一致。圣约翰说一切事物都是在上帝的语言中、通过上帝的语言被创造出来的；从思辨哲学的观点看，圣约翰的意思不过是指，世界及世界中的一切存在，只存在于作为绝对者的在场而存在的意识领域内。

　　无论如何，由于存在哲学的发展，费希特对宗教的理解也随之发展。从宗教的观点看，道德活动就是爱上帝、实现上帝的意志，这是由对上帝的信仰所支撑的。我们只有在上帝（亦即无限生命）中、通过上帝才能存在，这种与上帝融为一体的感觉对于宗教或极乐生活（das selige Leben）是不可或缺的。

　　7.《极乐生活指南》中包含了一系列通俗演讲，它并非为专业哲学家而写的著作。很明显，费希特关心的是，既要教化和鼓舞他的听众，也要向他的听众澄清他的哲学并不与基督教相矛盾。但该著作的基本理论是费

---

① 　在费希特所谓的高等道德里，人是有创造性的，人主动追求实现理想价值。人并不像在低等道德里一样，仅仅满足于履行其生命状态中的许多连续义务。宗教增加了相信上帝是唯一的实在这样的信仰，也增加了神圣的使命感。高等道德的生活被视为唯一的、无限的神圣生命的表现。

希特的后期著作所共有的：提出它们的确不只是为了教化听众。因而，在
《意识事实》（1810）一书中，他告诉我们："知识当然不仅仅是关于它自
身的知识……它是关于存在的知识，亦即关于那唯一真实的存在、关于
上帝的知识。"① 但这一知识的对象本身并未被领悟到；它可以说是被分裂
成种种形式的知识。而"对这些形式之必然性的证明，恰恰就是哲学或知
识学"。② 类似地，我们在《知识学纲要》（1810）一书中读到："只有一
个唯一的存在纯粹凭借其自身而存在着，亦即，上帝……不可能有任何
新的存在者在他之内或在他之外产生。"③ 唯一能外在于上帝的事物就是存
在自身的**图式**或图像，它是"上帝在他的存在之外的存在"，④ 是上帝在意
识中的自我外化。如此一来，知识学所重构或演绎的整个生产性活动，就
是对上帝之映像或图式的描绘，是上帝的生命自发地自我外化。

89

在 1812 年的《伦理学体系》中，费希特说，虽然从科学的观点来看，
世界是基本的，概念是从属性的反思或图像；但从伦理学的观点来看，概
念是基本的。事实上"概念是世界或存在的根据"。⑤ 这一主张如果从语
境中抽离出来，则显得与我们探讨过的学说（亦即存在是基本的）相矛
盾。但费希特解释说："我们探讨的问题，亦即概念是存在的根据，可以
以这种方式表达：理性或概念是实践性的。"⑥ 他进一步解释说，虽然事实
上概念或理性本身是一个更高的存在的图像，亦即上帝的图像，但"伦理
学不能也不必对这点有所认识……伦理学必定对上帝没有任何认识，而
把概念本身视为绝对者"。⑦ 换句话说，正如知识学中所阐明的一样，有
关绝对存在的学说超出了伦理学的范围，后者处理的是概念的因果关系，
是理念或理想的自我实现。

8. 费希特后期的哲学有时候被描述为意在建立一个全新的体系，该
体系包含了与早期自我哲学的断裂。但费希特自己坚持说根本并非如此。

---

① 《费希特全集》，第二卷，第685页（F.梅迪卡斯所编《费希特文集》未收录）。
② 同上。
③ 《费希特全集》，第二卷，第696页；《费希特文集》，第五卷，第615页。
④ 同上。
⑤ 同上，第十一卷，第5页；同上，第六卷，第5页。
⑥ 同上，第十一卷，第7页；同上，第六卷，第7页。
⑦ 同上，第十一卷，第4页；同上，第六卷，第4页。

在他看来，存在哲学是对其早期思想的发展，而非断裂。如果像他的大部分批评者所指出的那样——他最初认为，世界是有限自我本身的创造物，那么其后期关于绝对存在的理论确实包含对该观点的彻底变革。但是，他从未有这样的意思。在他看来，意识的两极——有限主体及其对象，一直是不受限制的或无限的原理的表现。而他后期认为意识领域是无限生命或无限存在之在场，这种有关意识领域的学说是对其早期思想的发展，而非否定。换句话说，存在哲学是对知识学的补充，而不是要取代知识学。

我们的确可以说，除非费希特打算为一种很难摆脱唯我论含义的主 90 观观念论做辩护，否则他最终不得不越过他最初为自己设定的限制，绕到意识背后，在绝对存在中寻找意识的根据。此外，他明确承认，因为绝对自我超越了以它自己为基础而建立起来的主客关系，所以它必然是主观性与客观性的同一。因而，根据其哲学中形而上学比重的增大，他应该理所当然地倾向于不再把"自我"一词视为能够描述其哲学之终极原则的恰当术语。因为我们很容易把这个词同那个与客体相区别的主体概念联系起来。从这种意义上说，他后期的哲学是对其早期思想的发展。

但是，我们也可以说，存在哲学是以一种并不真正融洽的方式叠加在知识学之上的。按照知识学的说法，世界只对意识存在。而这一观点实际上依赖于这样的前提：存在必须被还原为思维或意识。然而，费希特有关绝对存在的哲学思想明显包含了存在之于思维的逻辑优先性。的确，在其后期哲学中，费希特并未否认他早期关于世界只在意识领域内具有实在性的观点。相反，他重申了这一点。他所做的是，把整个意识领域描述成自在的绝对存在的外化。但要理解外化这一观念是很困难的。如果我们严肃对待他的这一陈述——绝对存在是而且永远是唯一的且不变的，那么我们就很难解释说，费希特说的是将存在**变成**有意识的。如果意识领域是上帝的永恒反思，如果意识领域是永恒地源于上帝的神圣自我意识，如同普罗提诺的努斯（Nous）永恒地从太一中流溢而出，那么，这似乎蕴含着，必然一直有人的精神存在。

当然，费希特可以把绝对存在描述为在人的精神中、通过人的精神迈向自我意识的一项无限活动。但如此一来，理所当然就会把无限生命设想为是直接把自己表现在客观的自然界中的，而客观的自然界是人的精神生命的必要条件。换句话说，理所当然地就会朝黑格尔的绝对观念论的方向前进。但这将导致知识学中出现比费希特打算做出的改变更大的变革。

91　他的确说过，"直观"这个物质世界的是一个唯一的生命，而不是个体本身。但他始终主张，世界作为上帝的映像或**图式**，只有在意识领域内才有实在性。而由于自在的绝对存在是没有意识的，所以这里的意识只能指人的意识。除非抛弃这种主观观念论的成分，否则就不可能过渡到黑格尔的绝对观念论。

的确还有另外一种可能性，亦即把绝对存在设想为永恒的自我意识。但费希特恐怕不可能采取这种传统有神论的路径。因为他对自我意识之本质的看法使他不可能把自我意识归诸太一。因此，意识必然是派生出来的。这就是人的意识。但没有任何存在能离开上帝。因此，人的意识在某种意义上，必然是绝对者对其自身的意识。但在什么意义上呢？对我来说，似乎没有任何现成的清楚答案。原因在于，不能简单地把费希特后期的存在哲学叠加在知识学之上。必须要做更大幅度的修正。

有人可能会反对说，如果把费希特哲学解释为，需要从黑格尔绝对观念论的角度或者从有神论的角度来进行修正，那么就无法合理地看待其哲学的本质特征。从某种意义上说确实如此。因为，在这几章里我们已经注意到，费希特有其对于实在的特殊伦理洞见。我们已经了解到，无限意志把自己表现在有限自我中，自然界成为诸有限自我履行其道德使命的场所并为他们履行道德使命提供材料。我们也已经了解到，这些使命都趋向于一个普遍的道德秩序的实现，这可以说就是无限意志自身的目标。这种对于实在的崇高洞见（亦即费希特动态伦理观念论的主要思路）并非我们要讨论的。但费希特并未把他的哲学只当作给人留下深刻印象的洞见，或者只当作诗，而是当作有关实在的真理。因此，对其理论的批判是非常恰当的。毕竟，受到批判的不是他关于实现一个普遍理想、一个道德秩序的洞见。这种洞见也许具有一种永恒的价值。对于那些仅仅依据经验科学来解释实在的观点，这种洞见可以作为一种矫正。我们也的确能从费希特那里得到刺激和灵感。但为了得益于他，我们却必须抛弃该洞见的理论框架中的许多事物。

上面已经谈到，费希特恐怕不会采取传统有神论的路径。但有些学者主张，他后期的哲学实际上就是一种有神论。为了论证这一观点，这些学者可以援引那些表现了费希特坚定信念的论述，这些陈述不单单是附带意见（obiter dicta）或是为了使他的那些较为正统的读者或听众们安心而说的言论。例如，费希特经常主张，绝对存在是不变的，它也不可能进行任何自我分割。它是永恒的、不可改变的太一；但并不是静态无生命的太一，而是充满无限生命的太一。的确，创造只有在自发的意义上才是自由的；但是，创造并未使上帝发生任何变化。费希特的确拒绝以任何人格性的语言来描述上帝，尽管他时常借用基督教的语言并把上帝称为"他"。但由于他把人格性视为必然有限的，所以他显然不可能将它归结于无限存在。但这并不意味着他认为上帝在人格性之下的层次。上帝是超越人格性的，而不是低于人格性的。用经院哲学的话来说，费希特没有与人格性这一概念相类比的概念，这使他不可能使用有神论的术语。但是，那个超越区别领域（这区别在有限存在者之间必然存在）的绝对存在的概念，显然在朝着有神论方向靠拢。在费希特对实在的描述中，自我不再居于核心地位：其位置已被那本身不会发生任何变化也不会进行任何自我分割的无限生命所取代。

就目前所论及的范围而言，上述说法是非常合理的。费希特拒绝用人格性来描述上帝，这确实是因为在他看来人格性包含有限性。上帝是超越人格性领域的，而不是达不到该领域。然而也正是因为费希特没有任何清晰的类比观念，他的思想陷入彻底的含混中。上帝是无限的存在。因此，不可能有任何存在产生于上帝之外。如果有这样的存在，那么上帝就不是无限的了。绝对者是唯一的存在。这一思想路径明显指向泛神论。但是，费希特却坚决主张，意识领域以及意识对有限自我与外在世界所做的区分在某种意义上是外在于上帝的。但究竟在什么意义上呢？费希特当然可以说，上帝的存在与上帝的在场二者之间的区别只有对意识才产生。但这样一来，不可避免地会产生下述问题：诸有限自我到底是不是存在者

92

呢？如果他们不是存在者，就会导致一元论。那么我们就无法说明意识以及由意识引起的区分是如何产生的。然而，如果诸有限自我是存在者，那么除非我们诉诸类比的理论，否则我们如何使这种观点与上帝是唯一的存在者这种说法协调一致呢？费希特希望同时保留两种观点。亦即，他想同时主张，意识的领域以及意识对有限自我及其对象所做的区分是外在于上帝的；以及，上帝是唯一的存在。因此，关于有神论与泛神论之间的争论，他的立场不可避免地仍然是含混的。当然，这并不是要否认费希特存在哲学的发展使其思想与有神论之间的相似性远比他早期著作所显示出来的相似性要多。但在我看来，如果一位学者赞赏费希特对先验反思方法的运用或者赞赏他的伦理学观念论，进而将其后期哲学解释为明显的有神论表述，那么我认为他的这一观点超出了历史事实。

最后，如果有人问，费希特是不是在其存在哲学中放弃了观念论，那么答案应该可以清楚地从我们已经谈到的内容里得出。费希特并未否定知识学，从这个意义上说他保留了观念论。当他说，是那唯一的生命而不是个别主体"直观"（因而创造了）物质世界，他显然是在解释这一事实：物质世界是作为某种给定的东西、作为已经建构起来的对象显现给有限主体的。但他从一开始就宣称，这是决定性的事实，是观念论需要去解释而非否定的东西。然而，他主张存在是居于首位的，意识与知识具有派生性的特征，这些却是对观念论的偏离。因此，我们可以说，就这些主张出自其思想的紧迫之处而言，费希特的观念论倾向于超越自身。但这并不是说，费希特曾清楚明确地表示要与观念论决裂。无论如何，我们有足够的理由认为，虽然最近有一种强调费希特后期思想的倾向，但他关于实在令人印象深刻的洞见是其伦理观念论体系，而不是他关于绝对存在和上帝的在场所说的一些晦涩难懂的话。

第五章

谢林（一）

生平与著作 —— 谢林思想中的连续阶段 —— 早期著作与费希特的影响

1. 弗里德里希·威廉·约瑟夫·冯·谢林（Friderich Wilhelm Joseph Von Schelling）是一个路德教派博学牧师的儿子，于 1775 年生于符腾堡公国的莱昂贝格。他是一个早慧的孩子，15 岁时就获得了图宾根大学新教神学基金会的奖学金并就读于该大学，在那里他与黑格尔和荷尔德林成为朋友，他们都比谢林年长 5 岁。17 岁时，他写了一篇关于《创世记》第三章的论文，1793 年发表了一篇题为《论神话》（"Ueber Mythen"）的论文。随后，他于 1794 年接着发表了一篇题为《论一般哲学形式的可能性》（"Ueber die Möglichkeit einer Form der Philosophie überhaupt"）的论文。

在这一时期，谢林或多或少是费希特的追随者，这一事实很明显地表现在他于 1795 年出版的著作 ——《自我作为哲学的本原》（*Vom Ich als Prinzip der Philosophie*）—— 的标题上。同年他又发表了《关于独断主义与批判主义的哲学通信》（*Philosophische Briefe über Dogmatismus und Kritizismus*），其中独断论以斯宾诺莎为代表，而批判哲学则以费希特为代表。

虽然谢林的反思以费希特的思想为出发点，但谢林很快就表现出思想的独立性。特别是，他不满意费希特把自然仅仅看作道德行动的工具。他自己的看法是，自然是绝对者的直接显现，是自组织的动态的、目的论式的系统，该系统可以说是向上运动着，以期达到意识的产生，实现自然在人之中并通过人认识自身。他的这种自然观表现在他的一系列论述自然哲学的著作中。1797 年他发表了《导向自然哲学的诸理念》(*Ideen zu einer Philosophie der Natur*)，1798 年发表了《论世界灵魂》(*Von der Weltseele*)，1799 年发表了《自然哲学体系初稿》(*Erster Ertwurf eines Systems der Naturphilosophie*)与《自然哲学体系初步纲要导论或论思辨物理学概念》(*Einleitung zu dem Entwurf eines Systems der Naturphilosophie oder über den Begriff der spekulativen Physik*)。

95

　　值得注意的是，最后一本著作的书名提到了思辨物理学。在《论世界灵魂》的全称中也出现了一个类似的术语，世界灵魂被称为对"高级物理学"的假设。我们恐怕很难想象费希特会如此关注思辨物理学。但是，这一连串有关自然哲学的作品的出版并不表明谢林与费希特思想完全决裂了。因为在谢林 1800 年发表的《先验观念论体系》(*System des transzendentalen Idealismus*)中，费希特知识学的影响依然是很明显的。谢林在其论述自然哲学的著作中，是从客观走向主观、从最低层次的自然走向为意识做准备的有机领域，而在《先验观念论体系》中，他以自我为出发点，继而追溯了自我的客观化过程。在他看来这两种观点是互补的，下述事实表明了这一点：在 1800 年他还发表了《动态过程的一般演绎》(*Allgemeine Deduktion des dynamischen Prozesses*)，随后在 1801 年又发表了一篇简短的作品——《论真正的自然哲学概念》(*Ueber den wahren Begriff der Naturphilosophie*)。同年他还发表了《对我的哲学体系的阐述》(*Darstellung meines Systems der Philosophie*)。

　　1798 年，谢林受聘为耶拿大学教授。虽然他才 23 岁，但他的著作使他不仅得到了歌德的推荐，也得到了费希特的推荐。1802 年到 1803 年，他和黑格尔合作编辑了《批判哲学杂志》。在耶拿担任教授期间，他与浪漫主义圈子的人（如施莱格尔兄弟、诺瓦利斯）成为朋友。1802 年谢林发表了《布鲁诺对话：论事物的神性原理和本性原理》(*Bruno, oder über das göttliche und natürliche Prinzip der Dinge*)以及一系列《学术研究方法讲演录》(*Vorlesungen über die Methode des akademischen Studiums*)，在这些讲演录中，他讨论了科学的统一性以及哲学在学术生活中的地位。

　　我们已经提到，谢林的《先验观念论体系》是以自我为出发点，而且在重构自我的自我客观化（例如道德）时借用了费希特知识学中的概念。但这种工作是在艺术哲学中达到了顶峰，谢林赋予艺术哲学非常重要的意义。1802 年到 1803 年的冬天，他在耶拿讲授艺术哲学。这一时期，他把艺术哲学视为理解实在之本质的钥匙。单是这一事实就足以显示出谢林的观点和费希特的观点之间的显著差异。

1803 年，在卡罗琳与 A. W. 施莱格尔合法地解除了他们的婚姻关系后，谢林同卡罗琳结婚；这对夫妻一同前往维尔茨堡，谢林在维尔茨堡的大学里做过一段时间演讲。大约是在这段时期，他开始关注宗教问题，并开始留意格尔利茨的神秘主义鞋匠雅各布·波墨的神智学言论。[1] 1804 年，他发表了《哲学与宗教》(*Philosophie und Religion*)。

1806 年，谢林离开维尔茨堡前往慕尼黑。1809 年，他发表了《关于人类自由的本质及其相关对象的哲学研究》(*Philosophische Untersuchungen iiber das Wesen der menschlichen Freiheit*)，其中表现了他对自由的反思，以及对人类的自由与绝对者之间的关系的反思。但此时，他身上的光芒已趋于暗淡了。上文中提到，他曾与黑格尔短暂合作过，共同编辑一本哲学杂志。但在 1807 年，以前籍籍无名的黑格尔出版了他的第一本伟大著作《精神现象学》。这部作品不仅促成了其作者向德国哲学界的领袖地位蹿升的第一阶段，同时也代表了黑格尔与谢林在思想上的决裂。特别是黑格尔对谢林的绝对者学说表达了多少有些刻薄的意见。而谢林一点也不是感觉迟钝的人，对于这件被他视为背叛的事，他非常介意。在随后的年月里，由于眼看着他的对手声誉日隆，他开始痴迷于这样的想法：他从前的朋友已把一种劣等哲学巧妙地出售给易受欺骗的大众。他的确因为黑格尔在德国哲学界上升到卓越的地位而感到难堪和沮丧，这可能有助于解释为何他在一段引人注目的井喷似的创作活动之后很少再发表作品。

然而，谢林仍在继续演讲。他 1810 年在斯图加特所做的一系列演讲的演讲稿就刊印收集在他的作品集里。1811 年，他写了《世界时代》(*Die Zeitalter*)，但这部著作一直没有完成，他在世时也没有出版。

---

[1]　关于雅各布·波墨（Jakob Boehme，1575—1624）见《科普勒斯顿哲学史》第三卷，第270—273 页。

从 1821 年到 1826 年这段时期，谢林在埃朗根做演讲。1827 年他回到慕尼黑担任哲学教授，他在这里热情地开展契合其本意的工作——逐渐削弱黑格尔的影响。他已逐渐相信必须在否定哲学与肯定哲学之间做出区分，前者是纯粹抽象的概念建构，后者讨论的是具体的实在。不消说，黑格尔的体系被宣称为前一种哲学的范例。

谢林最重要的对手 ① 死于 1831 年，这有利于他的工作。10 年之后，也就是 1841 年，他被任命为柏林大学的哲学教授，并负有这样的使命：通过详细阐述他自己的宗教体系来削弱黑格尔主义的影响。在普鲁士的首都，谢林开始像一位先知、一位宣布新时代来临的人一样做演讲。在他的听众里有教授、政治家以及许多日后声名卓著的人，例如索伦·克尔凯郭尔（Sören Kierkegard）、雅各布·布克哈特（Jacob Burckhardt）、弗里德里希·恩格斯（Friedrich Engels）以及巴枯宁（Bakunin）等。但这些演讲并没有像谢林所期望的那么成功，听众也开始减少。1846 年他决定不再演讲，只偶尔在柏林科学院开设讲座。不久后他退休回到慕尼黑，忙于准备出版他的手稿。1854 年，他在瑞士的拉加茨去世。他的《天启哲学》（*Philosophie der Offenbarung*）和《神话哲学》（*Philosophie der Mythologie*）在他逝世之后才出版。

2. 并不存在一个密切关联的体系以供我们称其为谢林的哲学体系。因为，从早期深受费希特影响的立场直至晚期讨论天启哲学和神话哲学的演讲（这些演讲在他逝世后才出版），他的思想经历了一系列阶段。关于他的思想应该精确地区分为多少个阶段，历史学家们并没有普遍一致的意见。其中一小部分人满足于谢林自己所做的否定哲学和肯定哲学的区分；但这一区分无法涵盖在他着手阐述他最后的宗教哲学之前他思想中各个阶段的多样性。因此，我们通常会做进一步的区分。然而，虽然在谢林的思想中确有不同阶段，但如果把这些阶段视为如此多的独立体系则是错误的想法。因为，这些阶段之间具有明显的连续性。也就是说，对一个已被采纳的立场的反思促使谢林提出进一步的问题，而要解决这些问题则要求他

---

①　黑格尔本人似乎并不十分关心个人的争斗这事本身：他专注于诸种观念以及阐述他所相信的真理。但谢林把黑格尔对其观念的批评看作对他本人的侮辱。

对其思想做出新的变更。他在晚年的确强调否定哲学和肯定哲学之间的区分。虽然他把自己以前的许多思想都视为否定哲学，但他是在反对黑格尔的论争过程中强调这一区分的；他想要做的与其说是如此彻底地拒绝所谓的否定哲学，不如说是把否定哲学纳入肯定哲学中来，使它从属于肯定哲学。此外，他还宣称在他早期的《关于独断主义和批判主义的哲学通信》中至少能找到肯定哲学的一些暗示，甚至在他的第一篇哲学论文里，他偏好具体事物和历史事件的倾向就已经表现出来。

1796 年，当谢林 21 岁时，他为自己的哲学体系起草了一份计划。所计划的体系将以这样一种自我观念为出发点：自我通过把非我设定为思辨物理学的领域，从而成为一个绝对自由的存在者。随即就进入到人的精神领域。历史发展的原理必须被建构起来，关于道德世界、上帝，以及一切精神性存在之自由的观念也应该被发展出来。此外，应该显示出美的观念的核心重要性，理性的最高行动的审美特征也应该被显示出来。最后，必须要有一种新的神学，以便统一哲学与宗教。

这个计划表很有启发性。一方面，他说明了谢林思想中不连续的成分。因为他打算以自我为出发点这一事实表明他受到了费希特的影响，但这种影响随着时间的推移逐渐减小。另一方面，这一计划也表明了谢林哲学思考中连续性的成分。因为该计划设想了自然哲学、历史哲学、艺术哲学、自由哲学、宗教与神话哲学的发展，这些论题将依次成为他关注的对象。换句话说，虽然谢林最初给人的印象是作为费希特的追随者，但在他哲学生涯的起步阶段，他的兴趣与心灵倾向就已经显露出来了。

这一切的结论是，如果花时间讨论谢林哲学究竟可以分为几个阶段或者究竟有几个"体系"，这是在浪费时间。谢林哲学当然分为不同阶段，但只要对其思想起源进行解释就能合理地处理这种区分，而这种解释也 99 并不认为谢林是从一个自我封闭的体系跳到另一自我封闭的体系。总之，谢林的哲学毋宁说是一种哲学探索，而非一个或者说一系列已完成的哲学体系。在某种意义上，其旅程的起点和终点是一致的。我们已经提到，他在 1793 年发表了一篇名为《论神话》的文章。晚年，他又回到了这一主题，并就这一主题做了更详细的演讲。但在这二者之间，我们发现了一个无法停歇的反思历程——从费希特的自我哲学，经由自然哲学和艺术哲学，到关于宗教意识的哲学以及一种思辨的有神论，而这全部历程都由有限者与无限者之间的关系这一主题联系起来。

3. 在他的论文《一般哲学的形式的可能性》（1794）中，谢林沿着费希特的思路主张：作为一门科学，哲学必须是一个逻辑上统一的命题体系，该体系是从一个对无条件者进行表达的基本命题中发展出来的。这个无条件者就是自我设定的自我。因此，"这个基本命题只能是这样的：我是我"。[①] 在《自我作为哲学的本原》（1795）中，这一命题以更一般性的形式被表述为："我是我，或者，我存在。"[②] 从这一命题出发，谢林进入对非我的设定，并认为自我与非我是互为条件的。没有任何一个主体是没有对象的，也没有任何一个对象是没有主体的。因此，必须有一个中介性的因素、一个共同的产物，把二者联结起来；这就是表象（Vorstellltng）。这样，我们就有了一切科学或知识的三个基本要素，亦即主体、对象与表象。

在此，费希特的影响是很明显的。但值得注意的是，谢林从一开始就强调绝对自我和经验自我之间的区别。"完整的科学体系是从绝对自我开始的。"[③] 它不是一个东西而是无限的自由。它确实是一，但用以描述它的那种统一性超越了用以描述某个种类中的个体成员的那种统一性。绝对自我不是也不可能是任何种类中的一个成员：它超越了种类的概念。再者，它超越了概念思维所能把握的范围，而只能在理智直观中被领会。

100 凡此种种都未与费希特相矛盾；然而重点是，谢林的形而上学兴趣从其哲学生涯的起步阶段就显露了出来。由于从康德哲学出发，费希特开始时很少凸显其观念论的形而上学意蕴，以至很多人认为他是以个体自我

---

① 《谢林文集》，第一卷，第 57 页。参考文献中给出的谢林著作的卷数与页码指的是曼弗雷德·施罗特（Manfred Schröter）（慕尼黑，1927—1928）所编的《谢林文集》中的卷数和页码。（译者在翻译过程中，部分原文沿用或参考了国内已有中译本的翻译，如《先验观念论体系》中的内容沿用或参考了商务印书馆 1997 年出版的石泉、梁志学先生译本的译文，《布鲁诺对话，或论事物的神性原理和本性原理》沿用或参考了商务印书馆 2008 年出版的邓安庆先生译本的译文。——译者注）

谢林认为自我（ego）只有作为我（I）才能被给出，因此他更喜欢用"我是我"（Ich ist Ich）而不是"自我是自我"（das Ich ist das Ich）。

② 《谢林文集》，第一卷，第 103 页。

③ 同上，第 100 页。

为出发点的，有鉴于此，谢林一开始就强调绝对者的观念，即便他在费希特的影响下把它描述为绝对自我。

值得注意的是，在《关于一般哲学形式的可能性》中，谢林沿着费希特的思路演绎出了表象。但他真正的兴趣是本体论。在其早期著作《知识学》中，费希特宣称哲学的任务是对经验进行说明，而经验指的是由那些伴随着必然性感受的表象所构成的系统。他的思路是，说明自我是如何通过生产性想象力的无意识活动引出这些表象的，以至于对经验性的意识来说，世界不可避免地显得具有独立性。但在其《关于独断主义与批判主义的哲学通信》（1795）一文中，谢林坦率地宣称："一切哲学的主要任务在于解决世界的存在这个问题。"① 当然，在某种意义上，这两种说法是一回事。但是，说哲学的任务在于说明那些伴随着必然性感受的表象所构成的系统，与说哲学的任务在于说明世界的存在，两种说法所强调的重点存在巨大的差异。无论如何，借助于一些后见之明，我们可以在谢林早期思想所笼罩的一切费希特外衣下识认到其心灵包含同样的形而上学倾向，正是这种倾向使他后来声称，哲学的任务是回答这一问题，即为什么存在某些东西而不是什么都没有。的确，费希特本人发展了他自己的哲学中的形而上学意蕴。但当他这样做时，谢林却指责他是剽窃。

谢林的《哲学通信》是一篇富有启发性的文章。某种意义上，它是在为费希特辩护。因为谢林对比了以费希特为代表的批判哲学和以斯宾诺莎为代表的独断论哲学。而他站在费希特一边。可是，该著作也显示出作者对斯宾诺莎的深刻同情，而无论如何，它也透露出作者对费希特的潜在不满。

谢林说，从长远来看，独断论包含对非我的绝对化。人沦为仅仅是 101
无限客体（斯宾诺莎的实体）的分殊，自由也被排除在外。的确，斯宾诺莎的思想旨在通过"对绝对客体的宁静的自我屈从"② 达到灵魂的平静安宁，这种思想具有一种感性魅力，而且对某些心灵有极强的吸引力。但从

---

① 《谢林文集》，第一卷，第237页。这部著作与《哲学通信》一样都将在下文中提到。

② 同上，第一卷，第208页。

根本上说，它意味着消灭作为自由的道德主体的人。独断论没有为自由留下余地。

但这并不意味着我们可以从理论上驳倒独断论。康德哲学"只是反对独断论的孱弱武器"，[①] 其所能达到的最多只是消极的反驳。例如，虽然康德指出不可能在本体论领域取消自由，但他承认自己无法为自由提供任何积极的理论证明。然而，"甚至完备的批判哲学体系也无法从理论上驳倒独断论"，[②] 即使它能敏锐地对独断论造成一些打击。这并不令人惊讶。谢林主张，这是因为只要我们仍停留在理论层面上，独断论与批判哲学所导向的结论就大致是一样的。

首先，两个体系都试图从无限者过渡到有限者。但是，"哲学不能从无限者进入有限者"。[③] 当然，我们可以创造理由来解释，为什么无限者必须把自己显现在有限者中，但这些理由只能掩盖我们无力跨越这鸿沟这一事实。因此，看来我们必须绕到另一条路上才能前进。但是，当我们已经不再相信传统的后天证明时，如何才能做到这一点呢？显然，我们需要的是抑制该问题。也就是说，如果能在无限者中看到有限者，也能在有限者中看到无限者，那么，通过理论论证或证明的方式来跨越二者之间鸿沟的问题就不会再出现了。

理智直观满足了这一要求，在理智直观中，直观活动与被直观的自我是同一的。但独断论和批判哲学以不同的方式解释理智直观。独断论将理智直观解释为这样一种直观：它能够直观到自我与那被设想为绝对客体的绝对者之间的同一性。批判哲学则解释说，理智直观能够揭示自我与那作为绝对主体、被设想为纯粹的自由活动的绝对者之间的同一性。

102　　　然而，虽然独断论与批判哲学以不同的方式解释理智直观，但这两种解释却导向了大致相同的理论结论。在独断论中，主体最终被还原为客体，伴随着这种还原，意识的一个必要条件被取消掉了。在批判哲学中，客体最终被还原为主体，伴随着这种还原，意识的另一个必要条件被取消

---

① 《谢林文集》，第一卷，第214页。
② 同上，第一卷，第220页。这里指的当然是费希特的观念论。
③ 同上，第一卷，第238页。

掉了。换句话说，独断论和批判哲学都指向从理论上消灭有限自我或有限主体。斯宾诺莎把有限自我还原为绝对客体；费希特把有限自我还原为绝对主体，或者更确切地说（因为把绝对自我说成一个主体是不恰当的），还原为无限活动或无限努力。在这两种情形下，自我可以说都被淹没在绝对者之中。

虽然从纯粹理论的观点看，这两种体系由不同的路径导向了大致相同的结论，但是它们的实践或道德要求是不同的。它们对人的道德使命提出了不同的观念。独断论要求，有限自我必须舍弃自己，任由神性实体的绝对因果关系摆布，并且放弃自己的自由，以便上帝能够占据最重要的位置。这样，在斯宾诺莎哲学里，自我被迫承认一个已经存在的本体论情形，亦即它只是无限实体的一个分殊，而且要放弃自己。然而，批判哲学要求，人应该通过持续的自由活动认识到存在于自身之中的绝对者。也就是说，对费希特来说，有限自我与绝对者的同一性不仅仅是一种现存的、只需被认识到的本体论情形。它是人们应该通过道德活动而实现的目标。而且，它是一项一直在后退的目标。因此，即使费希特的哲学在理论层面上指向自我与绝对者的同一这一理想，但在实践层面上，它要求持续不断地进行自由的道德活动，也要求持续不断地为自己的道德使命尽责。

因此，在这个意义上，对有限自我而言，在独断论与批判哲学之间做选择就是在非存在与存在之间做选择。也就是说，或者选择这样的理想：舍弃自我、被吸收进非人格性的绝对者之中，并把人格性的自由视为幻觉抛弃掉；或者选择这样的理想：持续不断地按照个人使命来自由行动，越来越接近成为道德主体，这种道德主体自由升华，超越了只是作为对象的层次。"存在！是批判哲学最高的要求。"[1] 在斯宾诺莎那里，绝对客体势如破竹；在费希特那里，自然被还原为只是为了自由的道德主体而存在的工具。

显然，如果一个人接受了批判哲学的要求，那么他必然因此拒绝独断论。但是，如果一个人"能够容忍这样的观念：努力地取消自己，取消

103

---

[1] 《谢林文集》，第一卷，第259页。

自身所有的自由因果性，并作为一个无限客体的分殊而存在——在这一客体的无限性中，他迟早发现自己在道德层面上已经毁灭了"，[①] 那么在他看来，即使在道德或实践层面，独断论也的确无法被驳倒。

这样解释独断论和批判哲学之间的争论，显然是附和费希特的下述看法，即一个人选择哪种哲学取决于他是哪种人。此外，如果我们愿意的话，可以把谢林的观点与远为晚近的观点联系起来。谢林的观点是，无论是独断论还是批判哲学，我们都不能从理论层面上将它们驳倒，只有在实践层面上才能在二者之间做出选择；而在比谢林生活的年代晚很多的近代，有时也出现如下看法：我们无法在纯粹理论层面上选择一种形而上学体系，但是，当这些形而上学体系作为形成了不同行为模式的背景并且也倾向于促进这些行为模式的时候，我们就可以用道德标准来评判这些形而上学体系。然而，与我们当前的目的有关的是注意到此事：虽然写作《哲学通信》是为了支持费希特，虽然谢林表面上站在费希特这边，但是，这篇文章仍暗含如下这种虽未明确说出但仍十分清楚的批评，亦即，斯宾诺莎的哲学与费希特的先验观念论都片面夸大了某一方面。谢林认为，斯宾诺莎把客体绝对化了，而费希特则把主体绝对化了。他隐含的意思是，绝对者必须超越主体性与客体性的区分，必须是主体与客体的同一。[②]

换句话说，隐含的意思是，必须做某种综合，以调和斯宾诺莎与费希特相互冲突的看法。我们的确能够在《哲学通信》中发现谢林在某种程度上同情斯宾诺莎，这种同情与费希特的精神是不相容的。如果我们发现谢林很快就致力于发表自然哲学的著作，那么这也并不令人惊讶。因为在他所预示的综合中，斯宾诺莎主义成分将自然视为一个具有本体论地位的有机整体，而这种看法是费希特所拒绝的。自然将被解释为绝对者直接的客观显现。可是这一综合如果要成为一种综合，就必须把自然描述为精神的表现和显现。如果该综合并不想要代表一种向前康德思想的回归，那么它就必须是观念论的。但它不能是这样一种主观观念论，即自

---

① 《谢林文集》，第一卷，第263页。
② 费希特自己后来宣称，绝对自我是主客体的同一。但他确实在一定程度上是受谢林的批评所影响才这么说的。无论如何，在谢林看来，费希特观念论的特征在于总是过分强调主体和主体性。

然在其中被视为只是自我设定的一个障碍，以便自我可以有某种有待克服的事物。

这些评论或许已经超出了我们在"谢林的早期著作"这一标题下所要讨论的内容。但我们已经提到，在写作《哲学通信》不久之后的 1776 年，谢林在为自己草拟的计划中明确地设想要发展思辨物理学或自然哲学。非常明显的是，在谢林所谓的费希特时期里，费希特对自然的片面看法已让他感到不满。

第六章

谢林（二）

自然哲学的可能性及其形而上学根据 —— 谢林自然哲学的总体概述 ——
先验观念论体系 —— 艺术哲学 —— 作为同一的绝对者

　　1. 谢林主张，是反思的加深导致了主观与客观、观念与实在之间的
裂缝。如果我们不考虑这种反思性的活动，那么我们必然会认为人与自
然是一体的。也就是说，我们必然认为，人在直接感受的层面上经验到了
人与自然的统一性。但是，通过反思，人区分了外在对象与自己的主观表
象，而且人也变成自己的一个对象。总之，对于客观外在的自然世界与主
观表象、自我意识的内在生命之间的区分而言，以及对于自然与精神之间
的区分而言，是反思为这些区分提供了根据并使它们能够长久存在。如此
一来，自然变成了外在性的，变成了精神的对立物，而人作为具有自我意
识的反思性存在，就与自然疏离了。

　　如果反思被终止于自身之内，那么它就会变成"一种精神疾病"[①]。因
为人注定要行动，而人越是在自我反思中转向自身，他的行动性就越少。
然而，使人与动物区别开来的恰恰是人的反思能力。上文所说的那种客观
与主观、实在与观念、自然与精神之间的裂缝，并不能通过返回到直接性
的感受，返回到比方说人类的童年时代来克服。如果要连接分裂的因素、
恢复原初的统一性，那么这一目标就必须在一个比感受更高的层次上被实
现。也就是说，必须在哲学形式下，通过反思自身来实现。毕竟，是反思

---

① 《谢林文集》，第一卷，第663页。

引发了这个问题。在常识层面上，没有实在秩序与观念秩序之间的分裂，也没有事物与其在心灵之中的表象之间的分裂。引发了这个问题的是反思，因而解决这个问题的也必须是反思。

面对这个问题，我们的第一个念头就是从因果作用的角度来解决这 106 个问题。事物独立于心灵而存在，并且在心灵中引发了它们自身的表象：在因果关系上，主观的东西依赖于客观的东西。但这么说只会引发进一步的问题。因为，如果我声称外在事物独立于我而存在，又在我的心灵中引发了它们自身的表象，那么我必定是把自己放在高于事物和表象的位置上。这种观点隐含着我断定自己是精神。那么这马上就会产生新的问题：外在事物如何能够对精神起到一种决定性的因果作用？

我们的确可以试着从另一方面处理这个问题。我们可以按照康德的观点说，主体把它的认知形式加到一些给定的经验质料之上，并由此创造了现象实在，而不是说事物作为原因产生了它们自己的表象。但这样我们就保留了自在之物。而自在之物是无法设想的。因为事物若离开了康德所说的主体加于事物之上的形式，可能会是什么呢？

然而，对于解决主观与客观、观念与实在之间的符合性问题而言，除了诉诸因果作用的观念外，还有两种值得注意的尝试。斯宾诺莎认为，那唯一无限的实体的不同属性有平行的样态，他以此来解释这种符合性；莱布尼茨则诉诸前定和谐理论。但这两种理论都不是真正的说明。因为，斯宾诺莎并没有对实体的样态做出说明，而在谢林看来，莱布尼茨只是假定了一个前定和谐。

可是，斯宾诺莎和莱布尼茨都隐约觉察到这样一个真理，即观念与实在从根本上说是同一的。这正是谢林所要展示的真理。他必须表明，自然是"可见的精神"，而精神是"不可见的自然"。[①] 也就是说，谢林必须表明，客观的自然界如何彻头彻尾就是观念的——客观的自然界是一个统一的动态系统和目的论系统，该系统可以说是向着这样一个目标而发展，即在人的精神中、通过人的精神回到自身。因为，通过这样一幅自

① 《谢林文集》，第一卷，第706页。

然界的图像，我们可以看到，表象的生命并不只是某种与客观世界相对立的、不相容的事物，正是因为将其设想为与客观世界相对立的，继而才产生了主观与客观、观念与实在之间相符合的问题。表象的生命是自然对自身的认识；它是自然之潜能的实现，借此，沉睡的精神才苏醒过来，恢复了意识。

但我们能否表明自然界实际上是一个目的论系统，表现着终极的目的？我们的确不能同意对世界做一种纯粹的机械论解释是适当的。因为，当我们考虑到有机体时，我们不得不引入终极目的的观念。人的心灵也无法满足于两个壁垒森严的领域（即机械论领域与目的论领域）之间的二分状态。人的心灵不得不把自然界视为自我组织的整体，在其中我们能区分出不同层次。但是问题又来了：如果这样的话，我们是否只是把目的论加入自然界中呢，即首先加入有机体里，然后加入整个自然界。毕竟，康德承认，我们不得不把自然思考为好像它是一个目的论系统。因为，关于自然，我们有一个调节性的目的理念，由该理念产生了某些启发性的判断准则。但康德并不承认这样一个主观性的理念能够证明有关自然本身的任何事物。

谢林相信，一切科学研究都预设了自然的可理解性。他坚持认为，每一项实验都涉及了向自然提出它不得不回答的问题。此步骤预设了这样的信念：自然遵循理性的要求，它是可理解的，而且在这个意义上它是观念性的。只要我们采取前面已经概述过的那种关于世界的一般观点，那么这一信念就是合理的。因为，这样一来，自然作为一个可理解的目的论系统这一观念就表现为自然在人之中、通过人而达到自我反思、自我认识。

但对于这种一般性的自然观，我们显然可以要求持有者给出能够证明其合理性的理由。对谢林来说，终极的合理性证明就是有关绝对者的形而上学理论。"迈向哲学的第一步甚至达到哲学的必不可少的条件是要理解观念秩序中的绝对者同时也是实在秩序中的绝对者。"[1] 绝对者是主观性

---

① 《谢林文集》，第一卷，第708页。

与客观性的"纯粹同一"。[1] 这种同一性反映在自然与自然在人之中、通过人而达到的自我认识的相互贯通之中。

绝对者自身是一个永恒的认识行动，在其中没有任何时间序列。可是，在这个唯一的行动中，我们可以区分出三个片段或阶段，前提是我们不把它们视为在时间上一个接着另一个的。在第一阶段，绝对者在观念性的自然中，在自然的普遍模式中——谢林借用斯宾诺莎的术语称之为能动的自然（Natura natrans）——将自身客观化。在第二阶段，客观性的绝对者被转变为主观性的绝对者。而第三阶段则是这样的综合，"在其中这两类绝对性（绝对的客观性和绝对的主观性）再次回到同一种绝对性"。[2] 这样，绝对者就是一个永恒的自我认识行动。

108

绝对者之内在生命的第一阶段表现或显现在被动的自然（Natura naturata）中，这样的自然是由诸特殊事物构成的系统。它是能动的自然的表征或现象，因此也被说成是"外在于绝对者的"。[3] 绝对者之内在生命的第二阶段（亦即从客观性转变为主观性的阶段）被向外表现在表象世界中，这是人类认识的观念世界凭借能动的自然在人的心灵中、通过人的心灵被表象出来，而特殊表象也可以说被纳入共相之内，也就是被纳入概念层次。因此我们有两种统一体，谢林将它们称为客观的自然界与表象的观念世界。与绝对者之内在生命的第三阶段相对应的第三种统一，则是被领会到的实在与观念之间的相互贯通。

我想我们很难说，谢林非常清楚地阐明了无限者与有限者之间的关系，以及绝对者本身与其自我显现之间的关系。我们的确已经看到，被他视为能动的自然之表征或现象的被动的自然，是外在于绝对者的。但谢林也说到，绝对者把自己扩展到特殊事物里。谢林显然想区分不变的绝对者本身与有限的特殊事物所构成的世界。但他同时又想主张绝对者是无所不包的实在。我们后面将会再回到这个问题上来。但现在，我们可以先满足于对绝对者的这种一般性描述：它是永恒的本质或理念，它先

---

[1]　《谢林文集》，第一卷，第712页。
[2]　同上，第一卷，第714页。我用"absoluteness"（绝对性）来翻译Absoluthheit。
[3]　同上，第一卷，第717页。

是将自身客观化于自然界中，再作为表象世界里的主观性回到自身，然后在哲学反思中、通过哲学反思认识到自身即是实在与观念、自然与精神的同一者。①

109　　谢林为自然哲学或所谓高级物理学之可能性所做的证明因而显然具有某种形而上学特征。自然（亦即被动的自然）必须彻头彻尾是观念性的。因为它是能动的自然、观念的自然之表征或现象，是绝对者之"向外的"客观化。而由于绝对者始终是一，是客观性与主观性的同一者，因而被动的自然必然同时又是主观性的。这一真理可以说是显现在自然界逐渐向表象世界过渡的过程中。而这一过程的顶点则是这样一种洞见：人对自然界的认识就是自然界对自身的认识。客观的东西与主观的东西之间确实不再存在裂缝。从先验的观念看，它们是同一个。沉睡的精神变成苏醒的精神。在作为纯粹本质的绝对者超时间的生命中，可区别的三个阶段被显现在时间顺序中，而这时间顺序与绝对者本身的关系，则类似于后件与前件的关系。

　　2. 发展一种自然哲学，就是发展一种对于自然界的系统性的、观念性的解释。在《蒂迈欧篇》里，柏拉图概括性地描述了一种从基本性质来解释物体的理论。谢林所关心的是同样的事。纯粹实验性的物理学不配被称为一门科学。它"不过是汇集了一些事实，一些关于被观察的事物的报告，一些在自然条件或人为条件下所发生的事"。谢林的确承认，我们所知的物理学并不在上述意义上是纯粹实验性或纯粹经验性的。"现在所说的那种物理学，是经验主义（Empirie）与科学的混合物。"但在谢林看来，下述观点仍能占有一席之地，即对物质及物体（无机的和有机的）的基本类型做纯粹理论性的解释或演绎。此外，这种思辨物理学将不会简单地把自然力量（例如引力）假定为给定的东西。它将从基本原理出发解释它们。

　　根据谢林的意思，这种解释至少不涉及对自然界的基本层面提供想象的、任意的演绎。毋宁说，这种解释意在让自然界在心灵清醒的注视下

---

① 谢林所描述的自然哲学的形而上学基础对黑格尔的思想产生了深刻影响。但在这里讨论这个问题可能不太合适。

解释它自己。思辨物理学或高级物理学的确无法解释产生自然的那种根本的生产性活动。这是形而上学的任务，而非自然哲学本身的任务。但是，如果自然系统的发展是观念性的自然（亦即能动的自然）之必然的、渐进的自我表现，那么我们必定有可能系统地追溯这一观念性的自然将自身表现在被动的自然中所经历的诸阶段。这就是思辨物理学的任务。谢林显然清楚地意识到，我们正是通过经验才开始认识到自然力量以及有机物、无机物的存在。哲学家的任务并不是把经验事实首次地告知我们，或者去拟定一种只有通过经验性的探究才能发展的先验自然历史。他所关心的是展示自然中根本的、必然的目的论模式，这里的自然指的是首先在经验及经验探究中被得知的那种自然。我们或许会说，他所关心的是向我们解释事实的原因。

把自然展示为一个目的论系统，展示为永恒理念必然的自我展开，这包含了这样一种看法：对于低层次事物的解释总要在对于高层次事物的解释中去寻找。例如，虽然从时间的角度来看，无机物先于有机物，但从哲学的角度看，后者在逻辑上先于前者。也就是说，低层次事物是作为高层次事物的基础而存在的。这在整个自然界中都是真实的。唯物主义者往往把高层次事物还原为低层次事物。例如，他们试图根据机械因果关系来解释有机生命，而不引入终极目的概念。但他们的观点是错误的。如果我们引入终极目的概念，那么情形并不是像他们通常所想的那样：拒绝机械律或者把机械律视为在有机领域内不起作用的。毋宁说，情形是这样的：把机械领域视为如果要在有机体的产物中实现自然界的目的所必须设定的环境。这之间存在着连续性。因为，低层次事物是高层次事物的必要基础，而后者把前者纳入自己之内。但也有一些新的事物出现，而这些新层次将解释它所预设的层次。

当我们理解了这一点，我们也就明白："机械构造与有机领域之间的对立消失了。"[1] 因为，我们把有机体的产生视为自然界（根据机械律）通过无机领域的发展而无意识地达到的目的。这样，说无机物是有机物的**缺**

---

[1] 《谢林文集》，第一卷，第416页。

111　**减**就比说有机物是无机物的**增添**更加准确。然而，即便是这种说法也会被误解。因为，机械构造与有机领域之间的对立之所以被克服，与其说是由于主张前者是为了后者而存在的，还不如说是由于主张作为一个整体的自然界是一个有机的统一体。

　　作为自然界的基础并把自己"扩展"到现象世界的那种活动，是无限的或不受限制的。因为，正如我们已了解到的一样，自然界是无限绝对者的自我客观化，这个无限绝对者是一种永恒的**行动**，是一种活动或意志。但是，如果要有任何客观的自然系统，那么这一不受限制的活动必须要受到牵制。也就是说，必须有一种牵制或限制的力量。正是无限制的活动与牵制力之间的相互作用，产生了最低层次的自然——也就是世界的一般结构及物体的序列，① 谢林称之为自然的第一潜能（Potenz）。因此，如果我们认为引力相当于牵制力，斥力相当于无限制的活动，那么二者的综合就是物质（仅就其质量而言）。

　　但是不受限制的活动的驱动力再次肯定自己，不过又在另一点上受到牵制。在自然界的建构中，第二种统一或潜能是普遍的机械构造，在此标题下，谢林演绎出了光，以及物体的动态进程或动态规律。"动态进程不是别的，就是物质的第二次建构。"② 也就是说，物质的原初建构可以说是在较高的层次上被重复了。在较低层次上，我们有引力与斥力的初级运作，以及它们在作为质量的物质中的综合。而在较高层次上，我们发现同样的力把它们自己展现在磁力、电力、化学过程或物体的化学性质这些现象中。

　　自然界的第三种统一或潜能是有机体。在这一层面上，我们发现同样的力进一步地在感受性、应激性以及再创造力这些现象中实现自己的潜能。自然界的这种统一或层次被描述为前二者的综合。因此，我们不能说自然界在任何层面上是纯然没有生命的。它是一个有生命的有机统一体，它在层次的攀升中实现自己的潜能，直到把自己表现在有机体中。但我们

① 《宇宙的总体结构及物体序列》（*Der allgemeine Weltbau und die Körperreihe*）；《谢林文集》，第一卷，第718页。
② 《谢林文集》，第二卷，第320页。

必须补充的一点是，有机领域自身中也明显存在可以区分的不同层次。在
较低层次上，再创造性特别明显，而感性相对而言还不够发达。个体有 112
机物可以说是淹没在其种类中。在较高层次上，感性生命比较发达，个体
有机物可以说更像一个个体，而不仅是一个无限类别中的特殊成员。在人
这有机体中则达到了最高层次，这个层次最清楚地表现了自然的观念性，
形成了向表象世界或主观性世界过渡的过渡点，而这个表象世界或主观性
世界即是自然对它自己的反思。

谢林对自然界的阐释自始至终都使用了力的两极性这个观念。但是
"这两种相互冲突的力……导致了**组织原理**（organizing principle）的观
念，组织原理使世界成为一个系统"。① 对于这一原理，我们可以很方便
地用来已久的"世界灵魂"这个名字称呼它。它的确不能通过经验探究
来发现，也不能从现象所具有的性质的角度来描述。它是一项假设，是
"高级物理学为了解释普遍存在的有机体所做的一项假设"。② 所谓的世界
灵魂，本身并非一个有意识的理智。它是一个组织原理，把自身显现在自
然中，并在人的自我中、通过人的自我达到意识。除非我们假定它，否则
我们就不能把自然界看成是统一的、自我发展的超级有机体。

读者可能想知道，谢林的自然理论与下述这种进化论，即主张形式
的转变或较高形式的事物是从较低形式的事物中产生出来的这种进化论，
二者之间的关系如何？我们显然可以论证说，突现进化论与谢林的解释不
但非常契合，而且谢林把世界视为一个自我发展的有机统一体这一观点
也需要这样一种进化论。他确实明确提到进化论的可能性。例如，他注意
到，即使人的经验并未揭示出任何从某个物种转变到另一个物种的例子，
但是缺乏经验证据并不能证明这样一种转变是不可能的。因为，很可能这
样的变化只有在一个非常长的时间周期里才会发生，而这个时间周期超过
了人的经验所能涵盖的范围。可是谢林继续说，"无论如何，让我们略过
这些可能性"。③ 换句话说，虽然他承认突现进化论的可能性，但他主要

---

① 《谢林文集》，第一卷，第449页。

② 同上，第413页。

③ 同上，第一卷，第417页。

关心的并不是自然界的历史起源，而是一种观念的或理论性的解释。

113　　　这种解释的确包含丰富的思想。它是许多关于世界的思辨的回响。例如，力的两极性这种在该解释中无处不在的观念让我们回想起古希腊关于自然的思辨，而把自然视为沉睡的精神这种理论则让我们回想起莱布尼茨哲学的某些方面。谢林对自然的解释也等待着后来的思辨对它的回响。例如，谢林的自然哲学与柏格森对无机物的描述之间就有着某种家族相似性，后者把无机物描述为生命冲力（elan vital）在其向上飞升过程中所抛出的熄灭的火花。

　　　但从科学思维的角度来看，谢林对自然的解释不可避免地显得如此异想天开和武断，以至于似乎没有任何理由让我们在这里花费篇幅来进一步地详细处理它。① 并不是这个哲学家没能把他所了解的科学中的理论与假设整合到他的自然哲学里。与此相反，他借用了许多从同时代物理学、电动力学、化学以及生物学吸收来的观念。但是这些观念都被纳入辩证的框架下，它们经常经由对类比的应用而结合在一起，无论这些类比应用得如何巧妙，甚至有时可能还带有暗示性，但往往都显得像是幻想或牵强附会。因此讨论其细节更多地属于专门性的讨论应该处理的事——比方说，专门讨论谢林，讨论他与诸如牛顿这样的科学家以及与诸如歌德这样的同时代作家之间的关系——而不是一般性的哲学史所应该处理的事。

　　　但是这样说并不是要否认谢林自然哲学的一般概述所具有的重要性。因为它清楚地表明德国观念论并不包含一般意义上的主观主义。自然界是绝对者直接的、客观的显现。它的确彻头彻尾是观念性的。但这并不意味着自然界在任何意义上是人类自我的创造物。它是观念性的，这是由于它表现了永恒的理念，并且朝向在人类心灵中、通过人类心灵而达到的自我反思。当然，谢林把绝对者视为主观性与客观性之同一，这一观点要求绝对者的自我客观化（亦即自然界）应该将这种同一性显示出来。但这种同一性是通过自然目的论的模式显示出来的，而不是通过把自然界还原为人

———————————

① 谢林对自然的详细阐释在他关于这一主题的不同著作中或多或少有些差异。

的观念。自然界在人的心灵中、通过人的心灵而被表象，这预设了世界的客观性，尽管它也同时预设了世界的可理解性及其自我反思的内在倾向。　114

此外，如果我们撇开谢林关于磁力、电力等的幻想性思辨，也就是说撇开他对自然所做的理论性建构中的细节，那么他关于自然的一般性观点，亦即把自然视为绝对者的客观显现，视为一个目的论系统，仍然拥有持久的价值。这种观点显然是一种形而上学解释，因此它几乎不可能给那些拒斥一切形而上学的人留下什么好印象。但他对自然的概括并不是不合理的。如果我们同谢林以及后来的黑格尔一样，接受一个精神性的绝对者这样的观念，那么我们就会期待在自然中找到一个目的论模式，尽管这未必蕴涵着我们可以以在谢林看来思辨物理学所能做到的那种方式演绎出自然界的力和自然现象。

3. 谢林的自然哲学表现了他与费希特的分歧以及他对德国观念论哲学的发展所做的原创性贡献，因此，乍看之下，我们难免会对下述情况感到惊讶，即他在 1800 年发表了《先验观念论体系》，在其中他以自我为出发点，进而详细阐述"自我意识的连续历史"。[①] 因为这看起来像是把一个由费希特的影响所启发的与自然哲学不兼容的体系，加到自然哲学里。但是在谢林看来，先验观念论构成了对自然哲学的必要补充。在知识本身里，主体和客体是统一的：它们就是一体的。但如果我们想要解释这种同一性，那么我们首先必须撇开这种同一性。那么，我们就面临两种可能。要么我们可以从客观出发走向主观，追问无意识的自然界如何能被表象。要么我们可以从主观出发走向客观，追问一个客体如何能成为对主体存在的事物。在第一种情形里我们发展自然哲学，展示自然界如何发展出能够让其在主观层次上自我反思的条件。在第二种情形里我们发展先验观念论体系，展示意识的终极内在原理如何产生出客观世界，将客观世界作为其达到自我意识的条件。这两条反思路径是且必须是互补的。因为如果绝对者是主观性与客观性的同一者，那么必定从其中任何一极出发都能发展出一种与从另一极出发相匹配的哲学。换句话说，谢林坚信，自然哲学与　115

---

① 《谢林文集》，第二卷，第331页。

先验观念论体系之间的互补性，显示了绝对者作为主体与客体、观念与实在的同一者的本性。

由于先验观念论被描述为关于知识的科学，因此它并不思考在整个知识领域背后是否存在一个本体论意义上的实在界这个问题。因此其第一原理必然内在于该领域中。如果我们想要通过先验演绎从主观出发进入客观，那么我们必须以主体与客体的原初同一为出发点。这种知识领域内的同一就是自我意识，在其中主体与客体是相同的。自我意识被谢林描述为自我。但"自我"这个术语并不意指个体自我。它指的是"**一般性的自我意识**的行动"。[①] "作为我们的出发点的自我意识是**唯一的绝对行动**。"[②] 这绝对行动是一项把自己生产为对象的活动。"自我不是别的什么东西，而是一种成为其自身的对象的生产活动。"[③] 它事实上是"一种理智直观"。[④] 因为自我是通过认识它自己而存在的，而这种自我认识就是理智直观的行动，理智直观是"一切先验思维的器官"，[⑤] 它自由地产生后者的对象，对象如果不是这样产生的就不会存在任何对象了。理智直观与先验思维的对象的产生是同一回事。因此，先验观念论体系必然表现为自我意识的一项生产或一项建构。

与费希特相比，谢林在更广泛的意义上使用理智直观这个观念。但其先验观念论的一般模式显然是基于费希特的思想。自我本身是一项不受限制的行动或活动。但它若要成为自己的对象，就必须通过设定某些与自己相对的事物（亦即非我）来限制这一活动。它必须在无意识状态下做这事。因为，除非我们假定非我是在无意识状态下产生的，而且这种产生也是必然的，否则的话，我们就无法在观念论框架内解释非我的被给予性。非我是自我意识的必要条件。在这个意义上，对构成了自我的这种无限或不受限制的活动的限制，必须一直保留着。但在另一种意义上，这种限制必须被超越。也就是说，自我必须能从非我中抽离出来并返回到自身中。

① 《谢林文集》，第二卷，第374页。
② 同上，第二卷，第388页。
③ 同上，第二卷，第370页。
④ 同上。
⑤ 《谢林文集》，第二卷，第369页。

换句话说，自我意识将表现为人的自我意识这种形式，后者预设了自然，亦即非我。

在先验观念论体系的第一部分（这部分相当于费希特在《知识学》中对意识所做的理论演绎），谢林追溯了意识在三个主要时期或阶段中的历史。虽然费希特的许多论题在此再次出现，但谢林自然而然地尽力使他对意识之历史的探究与他的自然哲学相对应。第一个时期是从原始感觉到创造性直观。这与自然哲学中的物质构造阶段相对应。换句话说，我们把物质世界的产生视作精神的无意识活动。第二个时期是从创造性直观到反思。在这个时期，自我在感觉层面上是有意识的。也就是说，感觉对象表现为与创造性直观的行动相区别的。谢林演绎了空间、时间、因果关系的范畴。开始有一个宇宙对自我存在。谢林也致力于对有机体的演绎，后者被视为自我回到自身的必要条件。自我之回到自身在第三个时期达到顶点，这顶点就是自我通过绝对抽象的行动，在反思中把自己与对象或非我区别开来，认识到自己是理智。自我变成了自己的客体。

绝对抽象的行动，只能被解释为自我决定的意志的一种行动。这样，我们就过渡到作为一种主动的、自由的力量的自我或理智这样的观念，也就是过渡到先验观念论体系的第二部分或实践部分。在处理了由其他自我、其他自由意志的意识所扮演的角色后，在自我意识的发展这一问题中，谢林接着讨论了自然冲动与被视为理想化活动（eine idealisierende Tätigkeit）的意志之间的区别，这种意志也就是力图按照一个理想去校正或改变对象的意志。这理想属于主观性这一边：它其实就是自我自身。因此，自我力图在客观世界中实现这个理想时，也实现了它自己。

这种想法为讨论道德打下了基础。谢林问道，这个意志，也就是作为自我决定或自我实现活动的自我，如何能够成为作为理智存在者的自我的对象呢？也就是说，自我如何能够意识到作为意志的它自身呢？答案 117 是，通过这样一个要求，即要求自我应该只意欲自我决定，而不意欲其他任何东西。"这要求不是别的，正是康德以这种方式所表述的绝对命令或道德法则：你只应该意欲其他理智存在者也能够意欲的东西。但一切理智存在者都能意欲的只有纯粹的自我决定、对道德法则的纯粹遵守。因此，通过道德法则，纯粹的自我决定……成为自我的对象"①。

但是，自我决定或自我实现只有通过在世界中的具体行动才能达到。谢林就继续演绎出作为道德行动之条件的法权体系和国家。当然，国家是由人手、由精神活动建立起来的。但它是多数个体和谐地实现自由的一个必要条件。而且，虽然它是由人手建立起来的一个组织，但它应该成为第二个自然界。在我们的一切行动中，我们依赖自然的统一性，受自然法则支配。而在我们的道德行动中，我们应该能够依赖社会中的理性法则的统治。也就是说，我们应该能够依赖理性国家，而理性国家的特征就是法治。

但是，即便是秩序最好的国家，也暴露在其他国家反复无常、自私自利的意志之下。于是问题就出现了：政治社会如何能从这种不稳定、不安全的情况中被解救出来（如果这是可能的）？答案只有在"一个超越各个国家的组织，亦即一切国家所组成的联邦"②（这联邦将消除国家间的冲突）中才能找到。只有通过这种方式，政治社会才能成为第二个自然界，成为我们所能依赖的东西。

然而，为了达到这个目的，必须满足两个条件。第一，真正理性的制度之基本原则必须被普遍认可，以使各个国家在保障、保护彼此的法律与权利上面有共同的利益。第二，各国必须像其公民服从本国的法律那样服从共同的根本法律。事实上这意味着，这样的联邦必须是"国家的国家"③，至少从理想上来说，它是一个拥有最高统治权的世界组织。如果能实现这一理想，那么政治社会将成为使普遍的道德秩序得以完全实现的一个安全环境。

118　　如果要实现这一理想，那么显然它必须在历史中被实现出来。于是问题出现了：我们能否在人类历史中看出任何以实现这一理想为目标的必然趋势？在谢林看来，"历史的概念中包含着无限进步的概念"。④ 如果这

---

① 《谢林文集》，第二卷，第573—574页。
② 同上，第二卷，第586页。
③ 同上，第二卷，第587页。
④ 同上，第二卷，第592页。

一说法意味的是，通常使用的"历史"一词必然包含着朝向某个预先确定的目标无限迈进这样一种概念，并将之作为历史自身的意义的一部分，那么这一说法显然会遭到质疑。但是谢林是从其关于绝对者的理论出发来看待历史的。"历史整体是绝对者不断启示、逐渐显现的过程。"① 由于绝对者是观念与实在的纯粹同一，因而历史必定是朝向创造第二个自然界的目标而迈进的运动，而创造第二个自然界也就是在一个合理组织的政治社会框架下，创造一个完善的道德世界秩序。又由于绝对者是无限的，因而这种进步运动必定是无止境的。如果绝对者的真实本性被完全地启示出来，那么人类意识的观点，即预设了主体与对象之区分的那种观点，就不会存在了。因此，绝对者在人类历史中的启示，原则上必须是无限的。

但如此一来，难道我们不会面临一个两难困境吗？一方面，如果我们声称人的意志是自由的，那么难道我们不应该承认人能够阻挠历史的目的，而那个朝向一个理想目标的必然进步也并不存在？另一方面，如果我们声称历史必然朝某个方向前进，难道我们不应该否定人的自由，并把自由这种心理感受说成是幻想？

为了解决这个问题，谢林诉诸他所谓的自由行动的绝对综合。个人自由地行动着。任何个人都可能为了纯粹私人的、自私的目的而行动。但同时，存在一种隐藏着的必然性，它使表面上不相关甚至时常冲突的诸行动达至一种综合。即使一个人按照纯粹自私的动机来行动，他仍然无意识地对实现人类历史的共同目的有所贡献，即使这违背了他的意志。②

到目前为止，我们已简略地探讨了先验观念论体系的部分内容，这些内容所涉及的问题，大致是费希特在其意识的理论演绎、实践演绎及其有关法权理论和伦理学的著作中所讨论的问题，虽然谢林的确做了一些改变，引入并发展了他自己的观念。但谢林还添加了第三部分，这是他自己对先验观念论的特殊贡献，也凸显了他与费希特在一般观点上的差异。自然哲学探究沉睡的或无意识的精神。在迄今为止我们所概述的先验观念论

119

① 《谢林文集》，第二卷，第603页。
② 如果我们愿意，那么我们可以把这种观点称为神圣天意的学说。但无论如何，现阶段我们不能认为谢林把绝对者视为人格性的上帝。绝对综合的实现是绝对者之本性（即观念与实在的纯粹同一）的必然表现。

体系里，我们看到有意识的精神把自身客观化于道德行动中，客观化于创造一个道德的世界秩序——第二个自然界——的活动中。但我们仍需找到这样一种直观，在此直观中，意识与无意识的同一、实在与观念的同一，以一种具体的方式呈现给自我本身。在先验观念论体系的第三部分，谢林将他所要寻找的东西置于审美直观中。这样，先验观念论在被谢林赋予了重要意义的艺术哲学里达到顶点。如果如下说法不会被看作隐含了谢林打算降低道德行动的重要性，那么我们可以说，与费希特相比，谢林强调的重点从伦理学转到了美学，从道德生活转到了艺术创造，从为了行动而行动转到了审美静观。

从某种观点看，这样的处理方式会是颇为合意的：先处理《先验观念论体系》第三部分中的艺术哲学，然后再处理谢林关于《艺术哲学》的演讲中的美学思想。因为在这时候他已经发展了有关绝对者的理论，这一事实反映在这些演讲中。但更为方便的方法是在一节中概述他对于艺术的看法，不过我将提及这些思想的历史发展。

4. 在《先验观念论体系》中我们读到："客观世界只是精神原始的、尚无意识的诗篇；哲学的普遍工具论（即整个大厦的拱顶石）乃是**艺术哲学**。"[1] 但是，认为艺术哲学是"哲学真正的工具论"[2] 这种观点仍然需要一些解释。

首先，艺术以创造性直观的能力为基础，后者是先验观念论不可或缺的工具。正如我们已经了解的一样，先验观念论包含了意识之历史。但该历史的各阶段并不是从一开始就像许多已经建构好的对象那样呈现在自我眼前，只需要我们去看它们就可以了。自我或者说理智必须创造这些阶段，亦即，它必须以一种系统的方式把它们再创造出来，或者借用柏拉图哲学的术语说，以一种系统的方式把它们回忆起来。而再创造或回忆这一任务是由创造性直观的能力来完成的。审美直观是同一种能力的活动，虽然它可以说是指向外部而非内部。

其次，审美直观显示了无意识与意识、实在与观念的统一这一基本

120

---

① 《谢林文集》，第二卷，第349页。
② 同上，第二卷，第351页。

真理。如果我们从创造性的艺术家与天才这方面来考虑审美直观，那么我们就会看到，在一种真正的意义上，他们知道自己在做什么：他们是有意识地、有意地在行动。当米开朗琪罗创作摩西雕像时，他知道他想要做什么。可是，我们同样也可以说，天才的行动是无意识的。天才并不能被还原为可以通过教导而传授的技术上的熟练：创造性的艺术家可以说是通过他而起作用的那种能力的表现工具。在谢林看来，在自然中起作用的也是同一种能力。换句话说，这同一种能力在创造自然界——精神之无意识的诗歌——时是无意识地在行动，而在创造艺术作品时则是有意识地在行动。也就是说，它通过艺术家的意识来行动。这证明了无意识与有意识、实在与观念的终极统一。

我们也可以从另一个角度来考虑这个问题。我们可以追问，为什么我们对一件艺术品的静观伴随着"无限满足的感受"，[1] 为什么"每一个进行创造的冲动，都随着产品的完成而归于平息"，为什么"一切矛盾都消除了，一切谜底都解开了"。[2] 换句话说，为什么在静观一件艺术品时，心灵（无论是艺术家自己的还是其他人的）享有一种对终极目的性的感受，感受到不应该再增添或消减任何东西，感受到问题被解决了（即使无法把问题表述出来）。在谢林看来，答案是，完成了的艺术作品是理智将自身的最高客观化呈现给自身，也就是无意识与意识、实在与观念、客观与主观的同一。但由于理智或自我并不知道这种反思，它只是感受到了一种无限的满足感，好像某种未被表述出来的奥秘被启示出来了一样，并且把艺术作品的产生归因于某个通过它而起作用的能力。

这样，艺术哲学就是《先验观念论》的顶点。我们要记住，先验观念论从关于所谓的理智或自我的观念出发，后者被视为自我意识的一种绝对行动，在该行动中主体与对象是一体的。但此绝对行动是一种创造性的活动：它必须创造它的对象。而最高的对象化产物就是艺术作品。的确，自然哲学中被考察的有机体是实在与观念之同一的部分显现。但它被归结为一种无意识的创造能力，这种创造能力并不是自由地起作用的；而艺术

---

① 《谢林文集》，第二卷，第615页。
② 同上。

121

作品则是对自由的表现：是自由的自我把自己显示给自己。

正如在上一节中所说的，先验观念论从知识领域内的第一内在原则出发，亦即从成为其自身的对象的绝对行动出发，而不考虑在这一绝对行动或自我背后是否存在着一个实在。① 但是在谢林开始做那一系列最终被集结为《艺术哲学》出版的演讲时（1802—1803），他已经发展了他有关绝对者的理论，而且我们发现他强调艺术作品的形而上学意义，把艺术作品视为无限绝对者的有限显示。绝对者是观念与实在的"无差别"（也就是说，是观念与实在的终极同一），而"这种观念与实在的无差别作为无差别，是通过艺术表现在观念世界中的"。② 谢林并未否定他之前关于艺术的说法。但在这些演讲中，他超越了他在《先验观念论体系》中自己加给自己的费希特式限制，坦率地采用了形而上学式的观点，后者正是他的思想特征。

在《布鲁诺》（1802）一书中，谢林引入了神性理念这一观念，并且声称事物之所以是美的，是由于它们分有了这些理念。这一理论在他关于艺术的演讲中再次出现。这样，他告诉我们说："美存在于此：特殊事物（实在的事物）是如此地与其理念一致，以至于无限的理念进入到有限者之中，**在具体事物中**被直观到。"③ 这样，审美直观是在理智的有限产物中直观到无限者。此外，事物与其永恒理念的契合就是它的真理。因此，美与真④ 在终极意义上是一体的。

现在，如果创造天才在艺术作品中展示了一个永恒的理念，那么他必定类似于哲学家。但这并不意味着他是哲学家。因为他并不是在抽象形式中领会到永恒的理念，而只是借助于一个象征性的媒介才领会到永恒的理念。艺术创造要求呈现出一个象征性的世界，一个在普遍与特殊之间作为纽带的"诗意地存在"⑤ 的世界。象征所表现的既不是普遍本身，也不是特殊本身，而是二者的统一。因此，我们必须区别象征与映像。因为映

122

---

① 类似地，自然哲学从被设定的无限活动出发，这一无限活动在自然界中显示自身。
② 《谢林文集》，第三卷，第400页。
③ 《谢林文集》，第三卷，第402页。
④ 这里指的显然是经院哲学所谓的本体论上的真，区别于逻辑上的真。
⑤ 《谢林文集》，第三卷，第419页。

像总是具体的、特殊的。

这个诗意地存在着的象征世界是由神话所提供的，神话是"一切艺术的必要条件和基本材料（Stoff）"。[①] 谢林详细讨论了希腊神话，但他并没有把在他看来构成了艺术创造之材料的象征世界限制在希腊神话中。例如，他把他所说的犹太教神话和基督教神话也囊括在内。基督教思想建构了它自身的象征世界，这世界已被证明是艺术家丰富的材料来源。

谢林在解释诗意存在的象征世界时对神话的强调可能显得太过狭隘了。但它证明了谢林对神话的一贯兴趣，他认为神话同时是对神的富于想象力的解释、暗示或表现。晚年，他区分了神话和启示。但对神话之意义的兴趣是其思想中的一个持续存在的要素。后面，我们将联系他后期的宗教哲学，再回到这一主题。

在这一对谢林的审美哲学的概述中，"艺术"与"艺术家"这两个术语是在比日常英语更宽泛的意义上被使用的。但是，我认为在这里花费篇幅来处理谢林对各类特殊艺术的讨论并没有多大益处；他把特殊艺术区分为属于实在系列的（如油画和雕塑）和属于观念系列的（如诗歌）。[②] 就一般目的而言，了解到谢林是如何把美学理论作为其哲学整体不可分割的一部分就足够了。康德在第三批判中的确讨论了审美判断，我们可以说他把审美作为批判哲学不可分割的一部分。但康德哲学体系的性质使他不可能以谢林的方式发展出一种艺术形而上学。康德的确承认，从主观的视角而言，我们可以看到本体世界的一丝迹象，能看到所谓超感性的基质的一丝迹象。但在谢林看来，天才艺术家所创造的作品就清楚明白地揭示了绝对者的本性。在他对天才的颂扬中，在他把艺术天才部分等同于哲学家的观点中，以及他对审美直观之形而上学意义的坚持中，我们能清楚地看到他与浪漫主义的亲缘关系。

5. 在前述各章里，我们频繁提及谢林有关绝对者的理论：绝对者是主观性与客观性、观念与实在的纯粹同一。从某种意义上说，这些提及为

---

① 《谢林文集》，第三卷，第425页。
② 对此主题感兴趣的读者可查阅谢林《艺术哲学》的第三部分，或者，例如查阅伯纳德·鲍桑葵（Bernard Bosanquet）的《美学史》（*History of Aesthetic*）。

123

时过早了。因为谢林在《我的哲学体系的阐释》（1801）一书的序言中说到要详细阐明"绝对同一的体系"。[①]这种说法表明，他并不认为自己只是在重复自己已经说过的东西。同时，这所谓的同一体系可视为在探讨和阐述这样一种信念的形而上学含义，这种信念就是自然哲学和先验观念论是互补的。

谢林说："哲学的观点就是理性的观点。"[②]也就是说，对事物的哲学性认识就是认识在理性之中的事物。"我以理性（Vernunft）来指称绝对理性或被设想为主观与客观的全然无差别性的理性。"[③]换句话说，哲学就是认识事物与绝对者之间的关系，或者，既然绝对者是无限的，那么哲学就是认识有限者与无限者之间的关系。而绝对者应该被设想为主观性与客观性的纯粹同一或无差别（没有任何差别）。

在试图描述有限者与无限者的关系时，谢林的处境是非常艰难的。一方面，不能有任何事物处于绝对者之外。因为它是无限实在，必须把一切实在都包含在它自身之内。因此，它不能是宇宙的外在原因。"绝对同一不是宇宙的原因，而是宇宙本身。因为一切存在的事物都是绝对同一本身。而宇宙就等于一切存在的事物。"[④]另一方面，如果绝对者是纯粹的同一，那么一切区别都必须外在于它。"只有在绝对整体之外，量的差异才是可能的。"[⑤]因此，有限的事物必须在绝对者之外。

谢林不能说绝对者在自身之外以某种方式继续着。因为他主张说："一切哲学的根本错误就是这样一个命题：绝对同一实际上走到了自身之外……"[⑥]因此他不得不说，只有从经验意识的观点看，才有主体与客体的区别，才有实际存在的有限事物。但这么说无济于事。因为，这么说并没有解释经验意识的观点为什么会出现，也没有解释经验意识的本体论地位。谢林当然可以说，量的差异"只在表象中"[⑦]被设定，且"主观性与

124

---

① 《谢林文集》，第三卷，第9页。
② 同上，第11页。
③ 同上，第10页。
④ 同上，第25页。
⑤ 同上，第21页。
⑥ 同上，第16页。
⑦ 同上，第23页。

客观性之间的对立并不能以任何方式影响到"① 绝对者。不过，如果表象终究是某种东西，那么根据谢林的前提，它必须内在于绝对者。如果它不是内在于绝对者的，那么绝对者必须是超越的且不能等同于宇宙。

谢林在《布鲁诺》一书中致力于强调神性理念的理论，该理论继承了柏拉图主义和新柏拉图主义的传统。至少从某种观点来看，绝对者就是诸理念之理念，有限事物有其在神性理念中的永恒存在。然而，即便我们打算承认这种神性理念的理论与把绝对者视为纯粹同一的观点（谢林在《布鲁诺》中再次重申了该观点）是兼容的，但有限事物的时间状态以及它们在量上的差异仍然需要解释。布鲁诺在对话中告诉琉善（Lucian），个别的有限事物"只有对你而言"② 才是分离的，对于一块石头而言，并没有任何事物从绝对同一的混沌中走出来。但我们仍可以追问：如果绝对者是纯粹同一，那么经验意识及其所包含的区别如何能在绝对者之内产生？而如果绝对者是整体，那么经验意识及其所包含的区别如何能在绝对者之外产生？

谢林的一般观点是，作为主观与客观之同一的绝对理性就是自我意识，亦即主体与客体在其中融为一体的绝对行动。但理性本身并不具有真实的自我意识：它只是主体与客体、观念与实在之间的"无差别"或缺乏差异。它只有在人的意识中、通过人的意识才能达到真实的自我意识，而其直接的对象乃是世界。换句话说，绝对者在两种"潜能"序列中显示自身或显现出来：其一是实在序列，这是自然哲学所探讨的对象；其二是观念序列，这是先验观念论所探讨的对象。从经验意识的立场来看，这两种序列是有区别的。我们一方面有主观性，另一方面有客观性。二者一起构成了"宇宙"，意即存在着的一切事物，也就是绝对者。但是，如果我们试着超越存在着区别的经验意识立场，以便把握绝对者本身而不是绝对者的表象，那么我们只能把绝对者设想为无差别者或者一切差异或区别的消失点（vanishing-Point）。如此一来，这一概念的确就没有任何积极内容了。但这只是表明，通过概念思维，我们能领会的只是绝对者的表象以及

125

---

① 《谢林文集》，第三卷，第23页。
② 同上，第155页。

显现于其"外在"存在中的绝对同一，而不能领会绝对者本身。

在谢林看来，关于同一性的理论使他能超越实在论和观念论之间的一切争论。因为这些争论假定了经验意识在实在与观念之间所做的区分，这一区分只能通过使其中一个从属于另一个或把其中一个还原为另一个来克服。但我们一旦理解到，实在与观念在绝对者之中是一体的，那么这种争论就失去了意义。这样，同一性体系可称为实在观念论（Realidealismus）。

不过，虽然谢林自己对同一性体系很满意，但其他人对该体系却没有那么欣赏。这位哲学家决心解释他的立场，以便反驳在他看来批评者对他的误解。此外，他对自身立场的反思也促使他去发展新的思想路径。由于他坚持认为，有限者与无限者之间的关系，以及诸事物所构成的世界的存在问题，是形而上学的根本问题，所以他几乎不可能满足于同一性体系。因为同一性体系似乎蕴涵着宇宙是绝对者的自我实现这样的意思，然而它同时又主张潜能与行动之间的区别是外在于绝对者本身的。因此，对于有限者与无限者之间的关系，显然需要给出更令人满意的解释。但对谢林进一步的哲学旅程的概述，最好留到下一章。

第七章

谢林（三）

宇宙堕落的观念——人与上帝的人格性与自由；善与恶——否定哲学与肯定哲学之间的区别——神话与天启——对谢林的总体评价——对谢林的影响以及与谢林相近的思想家的说明

1. 在《哲学与宗教》（1804）一书中，谢林解释说，把绝对者描述为纯粹同一，既不意味着它是一切融合在一起的现象所构成的无形式的质料，也不意味着它是空洞的非存在。说绝对者是纯粹的同一，意思是说它是一个绝对单纯的无限者。我们只能在概念思维中通过排除和否定有限事物的属性来接近它；但这并不蕴涵着它本身就没有任何实在性。其所蕴涵的乃是：我们只有通过直观才能领会它。"那个作为观念，同时也直接地是实在的绝对者，它本身的本质不可能通过一些解释而被认识，而是只能通过直观被认识。因为，只有复合物才可以通过描述而被认识，但单纯的东西则必须被直观"，[1] 这种直观无法通过教导来传授。但是，接近绝对者的消极方法使这种直观行动——灵魂通过其自身与神性实在的根本统一而实现的直观行动——更加容易。

作为观念的绝对者把自身直接地显示或表现在永恒的观念中。严格来说，其实只有一个唯一的理念，即绝对者直接的、永恒的反思，这反思源于绝对者，就像光从太阳中流溢出来一样。"一切观念都是那个唯一的理念。"[2] 而我们之所以能谈论复数性的观念，是由于自然界及其包含的所

---

① 《谢林文集》，第四卷，第15—16页。
② 同上，第四卷，第23—24页。

有等级永恒地呈现在这个唯一的理念中。这个永恒的理念可以被描述为上帝对自身的认识。"不过这种自我认识不能被视为仅仅是绝对观念的偶性或属性，而必须看作就其自身而言就是一个实在的绝对者。因为绝对者不可能是任何不像它自身那样具有绝对性的事物的观念上的根据。"①

127　　　在发展这种神性理念的理论时（正如我们已经了解到的，《布鲁诺》一书首次阐述了该理论），谢林把注意力放在这一理论在希腊哲学中的起源上。毫无疑问，他心中也有基督教关于神言的教义；不过他把永恒理念描述为第二个绝对者，较之于基督教三位一体教义中的第二位格，这样的描述与普罗提诺的努斯理论更为类似。再者，关于通达绝对者之消极路径的观点，以及关于对至高无上的上帝的直观性领会的观点，也可以回溯到新柏拉图主义，虽然第一个观点与神性理念的理论一样，无论如何都会在经院哲学中重现。

　　虽然谢林关于永恒理念的理论有其值得尊敬的历史渊源，但这理论本身并不能解释有限事物的存在。因为呈现在永恒理念中的自然界是能动的自然（Natura naturans），而不是被动的自然（Natura naturata）。谢林明智地主张说，从理念出发，我们所能演绎出的只有其他理念。因此，他求助于雅各布·波墨的思辨，引入了宇宙堕落的概念。只有从一种疏远上帝的堕落和对上帝的突然脱离（Abbrechen）中，我们才能发现世界的起源，这种堕落与脱离也可以被描述为一种撕裂（Sprung）。"绝对者和现实事物之间不存在连续的过渡，因此我们只能这样来设想感性世界的起源，即感性世界是通过一种撕裂而完全丧失了绝对性。"②

　　谢林并不是说，绝对者丧失了它的一部分，或者其中一部分分离出去了。堕落是由于从一个映像中出现了其模糊的映像，就像伴随着物体的影子一样。一切事物都有其存在于理念和神性观念中的永恒观念。因此，任何有限事物的核心的、真正的实在性都在神性理念中，这样，有限事物的本质毋宁说是无限的而非有限的。然而，仅将它作为有限事物来考察的话，那么它就是某个映像的映像（亦即，它是理想的本质的映像，而理想

---

① 《谢林文集》，第四卷，第21页。
② 同上，第四卷，第28页。

的本质本身反映了绝对者）。它那作为一种特殊的有限事物的存在，是对其真正的核心的疏离，是对无限性的否定。的确，有限事物并不全然是虚无。正如柏拉图所说，它们是存在与非存在的混合物。但特殊性和有限性表现了否定性的元素。因此，被动的自然——特殊有限事物之系统——的产生，是从绝对者中的堕落。

然而，我们不能认为，宇宙的堕落、映像之映像的产生，是在时间中发生的事。它是"与绝对者本身、与理念世界一样永恒的（在时间之外的）"。[①] 理念是上帝的永恒映像。感性世界是由影子、映像之映像所组成的无限连续序列，其中没有任何可以指明的开端。这意味着，我们不能把上帝解释为任何有限事物的直接原因。任何给定的有限事物（例如人）的起源，都能根据有限的原因来解释。换句话说，事物只是构成感性世界的无穷因果链中的一环。这就是为什么一个人可以在心理上把世界看成唯一的实在界。因为这个世界拥有相对的独立性和自立性。但这种观点正是一个堕落的造物的观点。如果站在形而上学和宗教的立场上，那么我们必须从世界的这种相对独立性中看到其堕落本质的明显迹象，以及世界与绝对者之疏离的明显迹象。

现在，如果宇宙的创造不是一个处于时间中的事件，那么自然就会得出这样的结论：宇宙的创造是永恒理念必然的、外在的自我表现。在这种情况下，宇宙的创造在原则上就是可演绎的，尽管有限的心灵无法实际完成这项演绎。但我们已经了解到，谢林拒绝认为世界（即使是在原则上）可以从绝对者那里演绎出来。"堕落不可能像人们所说的那样，能够得到解释。"[②] 因此世界的起源必须归因于自由。"堕落之可能性的根据在自由之中。"[③] 但这是在什么意义上说的呢？一方面，这种自由不可能由世界本身来行使。谢林有时可能会说，世界好像突然脱离了绝对者。不过由于这里讨论的问题正是世界的存在和起源，所以我们恐怕不能设想世界是自由地从绝对者那里撕裂出来的。因为根据之前的假设，世界还

---

① 《谢林文集》，第四卷，第31页。
② 同上，第四卷，第32页。
③ 同上，第四卷，第30页。

尚未存在。另一方面，如果我们在有神论的意义上把世界非时间性的起源归结为上帝的自由创造活动，那么我们就没有明显的理由来提及宇宙的堕落了。

在处理这个问题时，谢林似乎把堕落与一种双重生命联系起来，而这种双重生命是由被谢林视为"另一个绝对者"[①] 的永恒理念所引导的。如果把这种双重生命仅仅视为绝对者的永恒反思，仅仅视为绝对理念，那么它的真正生命就在绝对者自身之中。但如果把它视为"实在"、第二个绝对者、灵魂，那么它只能努力创造，而且它只能创造现象、映像的映像、"感性事物的虚无"。[②] 然而，我们所能解释的，也就是说能从第二个绝对者中演绎出来的，只是诸有限事物的可能性。它们的实存应归因于自由，归因于同时也是一种断裂的自发运动。

这样，就宇宙的创造是一种离心运动而言，它是一种堕落。绝对同一在现象层面上（尽管不是在它自身的层面上）被分化或分裂成碎片。但还有一种向心运动，即向上帝回归的运动。但这并不意味着特殊的有限物质事物因此就回归到神性理念中去了。我们已经了解到，没有任何特殊的感性事物是以上帝为直接原因的。类似地，没有任何特殊的感性事物（只就其自身而言的话）直接地回归到上帝。它的回归是间接的，亦即要借助于这样一种转变：在人的自我或理性中、通过人的自我或理性，实在的转变为观念的，客观性转变为主观性。这是因为人的自我或理性能够在有限者中看到无限者，从而把一切映像解释为对上帝的范本的模仿。至于有限自我本身，从某种观点看，它代表了"那个与上帝相距最远的点"。[③] 因为，绝对者在现象界的映像所具有的那种表面上的独立性在自我意识的自我控制与自我肯定上达到顶峰。可是自我在本质上与无限理性是合一的，它能够升华并超越其自我本位的观点，回归到它曾疏离的，它的真正中心。

上述看法决定了谢林的一般历史观，下述这段经常被引用的话可以清楚地说明这种历史观。"历史是在上帝的精神之内书写的一部史诗。这

---

① 《谢林文集》，第四卷，第31页。
② 同上，第四卷，第30页。
③ 同上，第四卷，第32页。

部史诗分为两个主要部分：第一部分表述人类脱离他们的中心，直至最为遥远的地方；第二部分表述人类的回归。前者相当于历史的《伊利亚特》，后者相当于历史的《奥德赛》。在第一部分那里是离心运动，在第二部分那里是向心运动。"①

在设法处理一与多、无限者与有限者的关系这个问题时，谢林显然涉及了恶的可能性这个问题。有关堕落与疏离的观念容许这种可能性。因为人的自我是一个堕落的自我，可以说是被卷入特殊性之中的自我；而自我之被卷入特殊性、自我从其真正中心的疏离，使得自私、纵欲等成为可能。但是，如果绝对者是整体，那么人如何可能真正自由呢？如果恶的可能性真的存在，那么在绝对者自身中难道不应该有其根据吗？如果绝对者自身之内包含着恶的可能性根据，那么关于绝对者或上帝的本性，我们必然会推出什么样的结论呢？在下一节里，我们将考察谢林对这些问题的反思。

130

2. 谢林在其《论人类自由的本质及其相关对象的哲学研究》（1809）一书的序言中坦率承认，《哲学与宗教》一书不够清晰。因此，他打算根据人类自由的观念对他的思想做另一种阐释。② 他说，考虑到有人将他的体系指控为泛神论，以及指责他的体系没有为人类自由这一概念留下余地，所以上述重新阐释就显得尤其必要。

关于泛神论这一指控，谢林评论说，这是个含混的术语。一方面，它可以被用来描述下述理论：可见世界，亦即被动的自然，与上帝是同一的。另一方面，它也可能被理解为指称这样一种理论：有限事物绝不存在，存在的只是上帝这一纯然无差别的统一体。但就这两种意义而言，谢林的哲学都不是泛神论。因为，他既不主张可见世界与上帝是同一的，也没有传授无世界论——宣称世界不存在的理论。自然界是第一原则的结果，而非第一原则本身。但它是一个实在的结果。上帝是有生命的上帝，而非无生命的上帝：神性的存在显现它自身，它的显现是实在的。然而，

---

① 《谢林文集》，第四卷，第47页。
② 修订过的体系在《斯图加特私人讲演录》（1810）中也阐释过，该《讲演录》与《哲学研究》一起收录在其文集的第四卷中。

如果泛神论被解释为意指一切事物都内在于上帝，那么谢林就非常乐意被称为泛神论者。但他进一步指出，圣保罗（St. Paul）本人宣称我们的生命、活动与存在均在上帝之中。

为了澄清他的立场，谢林重新阐释了同一性原理。"古代逻辑学意味深长地把主词和谓词区分为前件和后件（antecedens et consequens），并因此表达出同一律的真实意涵。"[1]上帝与世界是同一的；但这样说就意味着上帝是根据或前件，世界是后件。这里所说的统一体是一个创造性的统一体。上帝是自我启示或自我显示的生命。尽管被显示的东西是内在于上帝的，但它仍然可以与上帝区别开来。虽然后件依赖于前件，但如果同一指的是二者没有任何区别的话，那么后件与前件就不是同一的。

谢林坚称，这种理论绝不含有任何否定人类自由的意思。因为，这理论本身并没有谈及后件的本性。如果上帝是自由的，那么他的映像，亦即人类精神，也是自由的。如果上帝不是自由的，那么人类精神也是不自由的。

这样，在谢林看来，人类的精神必定是自由的。因为，"作为实在的、有生命的概念，自由是一种为善与为恶的能力"。[2]而人显然拥有这种能力。但是，如果作为后件的人拥有这种能力，那么，难道作为前件的上帝不应该也拥有这种能力吗？这样问题就出现了，我们是否不得不推出"上帝也能作恶"这样的结论？

为了回答这个问题，让我们更仔细地观察一下人类。谢林主张说，虽然我们把人说成是有人格的，但人格性并不是从一开始就被给定的东西，而是某种有待我们去赢得的东西。"一切诞生都是由黑暗进入光明的诞生"，[3]这个一般性的命题对于人格性的诞生也成立。在人里面可以说有一种黑暗的根基：无意识、生命或强烈的欲望、自然冲动。而人格性正是建立于这一根基之上。人能够遵循感性欲望和盲目冲动，而不遵循理性：他能够肯定自己是一个特殊的有限存在，而不接受道德法则的约束。但他

---

① 《谢林文集》，第四卷，第234页。
② 同上，第四卷，第244页。
③ 同上，第四卷，252页。

也能使其自私自利的欲望与冲动服从于理性意志，从而发展其真正的人格。但他只能通过冲突、斗争与升华才能达到这一结果。因为，人格性的黑暗根基总是一直存在的，虽然它能逐渐被升华、融入从黑暗到光明的运动中。

就人而言，谢林对此主题所说的显然包含了许多真理。但由于受波墨著作的影响，也由于他自身理论——人的精神与上帝之间的关系——的迫切需求，他把人格性这一概念应用于上帝本身。在上帝之中，存在着他自身的人格性存在之根据，^① 但这根据本身却是非人格性的。我们可以把它称为意志，但它是一个"不包含知性的意志"。^② 它可以被理解为是对人格性存在的一种无意识的欲望或渴望。而人格性的上帝的存在，必须被理解为理性的意志。非理性的或无意识的意志可以被称为"上帝中的利己主义"。^③ 如果上帝只有这种意志，那么就不会有创造性的行动。但理性的意志就是爱的意志，这样，它就是"扩展性的"，^④ 自我传达的。

上帝的内在生命因而就被谢林设想为自我创造的动态过程。在神性存在的终极黑暗深渊里，亦即在本原性的根据或原初根据（Urgrund）里，不存在任何差别，只有纯粹的同一。但这种绝对无差别的同一本身并不如此这般地存在。"也就是说，如果我们想要从本质过渡到存在的话，那么我们必须设定分割与差别。"^⑤ 上帝首先把自己设定为客体，设定为无意识的意志。但他只有同时也把自己设定为主体、爱的理性意志，这样他才可能把自己设定为客体、无意识的意志。

因此，上帝与人在获得人格性这点上有一种相似性。我们甚至可以说，"上帝创造了他自己"。^⑥ 但二者的人格性仍有巨大差异。如果理解了这种差异，那么就可以看出来，上帝能否作恶的答案是，他不可能作恶。

就上帝而言，获得人格性并不是一个时间性的过程。虽然我们可以

132

---

① 应该注意的是，对谢林来说，上帝在这里是一个人格性的神，而不再是一个非人格性的绝对者。
② 《谢林文集》，第四卷，第251页。
③ 同上，第四卷，第330页。
④ 同上，第四卷，第331页。
⑤ 同上，第四卷，第316页。
⑥ 同上，第四卷，第324页。

区分上帝的不同"潜能"，也能区分出其生命的不同阶段，但这里面并不存在任何时间上的前后相继性。这样，如果我们说上帝首先把自己设定为无意识的意志，然后把自己设定为有理性的意志，那么毫无疑问，这之中并不涉及时间上前后相继的行动。"这两个行动乃是同一个行动，是绝对同时发生的行动。"① 对谢林而言，上帝之无意识的意志并不在时间上先于有理性的意志，二者之间的关系，就像在基督教神学的三位一体理论中，圣父并非在时间上先于圣子一样。因此，虽然我们可以在上帝的人格性的"形成"过程中区分出不同的瞬间，区分出其中一瞬间在逻辑上先于另一瞬间，但其中不存在任何时间意义上的形成过程。上帝是永恒的爱，"在爱中，不可能存在任何作恶的意志"。② 因此，上帝作恶在形而上学上是不可能的。

但在上帝的外在显示中，低层次的意志与高层次的意志这两个原则是可分离的，而且必须是可分离的。"如果这两个原则的同一性在人的精神中也像在上帝中一样是不可分离的，那么就没有区别了（亦即，人的精神与上帝就没有任何区别了）；也就是说，上帝就不会显示出它自身了。因此，在上帝中不可分割的那个统一，在人之中必须是可分离的。这正是善与恶的可能性。"③ 这种可能性在上帝中有其根据，但如果作为一种已实现的可能性，它只出现在人这里。或许我们可以这样表述：虽然上帝必然具有完整的人格性，但人却不必如此。因为人格性的基本元素在人这里是可分离的。

133　　然而，如果我们就此推论说，谢林赋予了人类完全无差别的自由，那么这将是错误的。他太偏爱前件与后件的观点，以至于无法承认这样的自由概念：自由是"一种全然未被决定的力量，它能够在两个互相矛盾的事物中意欲其中一个而不被任何根据所决定，只是由于那个事物是它所意欲的"。④ 谢林拒绝了这种自由概念，并且在人类的理知本质或理知特征

① 《谢林文集》，第三卷，第 326 页。
② 同上，第四卷，第 267 页。
③ 同上，第四卷，第 256 页。
④ 同上，第四卷，第 274 页。

中找到人之所以能够做出连续选择的决定根据，人类的理知本质和个性与其特殊行动之间的关系就构成了前件与后件的关系。然而，他并不打算说上帝通过在永恒理念中设想一个人，从而预先决定了这个人的行动。因此，他不得不把人的这种理知个性描述成，是由自我的一种原初性的自我设定所导致的，是自我自身原初性的自我选择的结果。这样，他既可以说一个人的行动在原则上是可以预测的，又可以说他的行动是自由的。这些行动是必然的，但这种必然性是一种内在的必然性，是由自我的原初性选择所强加的必然性，而不是由上帝外在地强加的必然性。"那个内在的必然性本身是自由的，从本质上说，人的本质就是**他自身的行动**；必然性与自由相互内在，它们是同一个实在，只有当我们从不同方面来看它时，这同一个实在才表现为一个或另一个……"[①] 这样，如果按照历史情形来看，那么犹大对基督的背叛就是必然的、不可避免的；但他对基督的背叛同时也是"自愿的、完全自由的"。[②] 与此类似，彼得对基督的拒绝以及他对这种拒绝感到懊悔，也都是必然的；但拒绝与懊悔都是彼得自己的行动，是自由的行动。

　　如果这种理知个性被赋予一种纯粹心理学的解释，那么，无论如何都可以把它解释得似乎很合理。一方面，我们经常说一个人不可能以这样或那样的方式行动，因为这样的行动方式与他的个性完全矛盾。而如果他终究还是以这种方式行动了，那么我们往往会说，他的个性并不是我们所设想的那样。另一方面，我们不仅通过他人的行动来了解他人的个性，而且也要通过自己的行动来认识自己的个性。我们可能希望得出这样的结论：每个人都可以说有一种隐藏的个性，这个性在人的行为中逐渐显示自身，以至于人的行为与其个性的关系，类似于后件与根据或前件的关系。但是上述结论的确可能被这样反驳：这结论预设了个性从一开始就是固定不变的东西（通过遗传、环境、很早的经验等得到固定），不过这种预设是错误的。但是，只要把这种理论说成是一种心理学理论，那么它就是经验科学所研究的对象。显然有些经验材料对它有利，即便另一些经

---

① 《谢林文集》，第四卷，第277页。
② 同上，第四卷，第278页。

验材料与它冲突。因此，这是一个如何衡量、解释及整合可利用的证据的问题。

但谢林并不仅仅把他的理论呈现为一种经验性的假说。它是一种形而上学理论。至少它部分地依赖于形而上学理论。例如，同一性原理就对它有影响。绝对者是必然性与自由的同一，这种同一反映在人之中。他的行动既是必然的，也是自由的。谢林由此得出结论说，决定一个人的特殊行动的，亦即他的理知本性，必定可以说本身就有其自由的一面，因为它是自我之自我设定所导致的结果。但自我的原初性选择既不是一个有意识的行动，也不是在时间中的行动。在谢林看来，这种选择是外在于时间的，并且它决定了所有的意识，虽然个人的行动因出于其自身的本性或自我所以是自由的。但是要看出这种原初性的意志行动可能是什么，却是极其困难的。谢林的理论与萨特在其存在主义哲学中对自由的解释，有某种相似之处；但前者的背景更具形而上学性。谢林根据他的同一性理论及其对根据与后件这一观念的偏爱，发展了康德对理知领域与现象领域的区分，结果产生了极其含混的理论。显然，谢林一方面希望避免加尔文主义的上帝预定论，另一方面，他又希望避免关于中立的自由（liberty of indifference）的理论，但同时他又想承认上述两种立场中所表达出的真理。但我们恐怕很难说他的反思得出的结论是十分清楚的。谢林的确没有说哲学中的一切事情都可以弄得非常清楚。但麻烦的是，除非我们弄清楚一个人正在说的是什么，否则我们很难去评价他所说的是不是真的。

对于恶的本质，谢林在为之寻找令人满意的描述方式时遇到了相当大的困难。由于他并不把自己视为否认世界与上帝有任何区别这种意义上的泛神论者，所以他觉得他可以肯定恶的积极实在性，同时又不会让他自己得出神性存在本身就带有恶这样的结论。可是，他把世界与上帝的关系解释为后件与根据或前件的关系，这种解释蕴涵着这样的意思：如果恶是一种积极的实在性，那么它的根据必定在上帝之中。而由此可以推导出的结论是："为了让恶不存在，上帝不应该是他自己。"① 在斯图加特演讲

---

① 《谢林文集》，第四卷，第295页。

中，谢林试图通过这种说法——恶"从某种观点看是不存在的，而从另一种观点看是极为实在的存在"[1]——来在肯定恶的积极实在性与否定恶的积极实在性之间，采取一条中间道路。或许我们可以说他是在摸索经院哲学家的描述方式，这种描述方式把恶描述为一种缺乏状态，虽然这种缺乏状态是实在的。

无论如何，世界中的确存在恶，不管其确切本质是什么。因此，人类在历史中向上帝的回归，必定表现为善逐渐战胜恶的形式。"善必定从黑暗中被实现出来，以便它能够永恒地与上帝同在；恶必定会从上帝中被分离出去，使之被抛入非存在。因为这是创造的终极目的。"[2] 换句话说，已在上帝之中被永恒地实现了的事情——理性的意志对较低层次的意志或欲望的彻底胜利，正是人类历史的理想目标。在上帝之中，较低层次的意志的升华是永恒的和必然的。而在人之中，这种升华却是一个时间性的过程。

3. 我们在前面已经注意到谢林坚持这样的说法，即从观念中只能演绎出观念。因此，如果我们发现他晚年强调局限于概念世界与本质世界的否定哲学与强调实存的肯定哲学之间的区别，这就不足为奇了，我们在论述其生平与著作的那一章也已经提到过这种区别。

谢林主张说，一切配得上哲学这一名称的哲学，都是关于实在的第一原理或终极本原的。然而，否定哲学只发现这一本原是一种至上的本质，是绝对理念。而从一个至上的本质出发，我们只能演绎出其他本质，从绝对理念出发，我们也只能演绎出其他理念。我们不能从一类本质（What）推演出一类实在（That）。换句话说，否定哲学全然无法解释这存在的世界。其对世界的演绎并不是对存在之物的演绎，而只是对"如果事物存在，那么它们必定是什么"的演绎。对于外在于上帝的存在，否定哲学所能说的只是："如果它存在，那么它只能这样存在，只能如此这般。"[3] 其思想是在假设的领域内运作的。这一点在黑格尔的体系里尤其

---

[1] 《谢林文集》，第四卷，第296页。
[2] 同上。
[3] 《谢林文集》，第五卷，第558页。

明显，在谢林看来，黑格尔的体系绕过了存在的秩序。

　　然而，肯定哲学并不只是从作为理念、作为本质的上帝开始，而毋宁说是从"作为纯粹实在"[①] 的上帝、作为实存意义上的纯粹行动或纯粹存在的上帝开始。它从这个至上的存在行动过渡到上帝的概念或本性，表明上帝不是一个非人格性的理念或本质，而是一个创造性的人格性存在，是实际存在着的"存在之主宰"（Lord of being），[②] 其中"存在"意指的就是世界。这样，谢林就把肯定哲学与作为一个人格性存在的上帝概念联系起来了。

　　谢林的意思并不是说他是第一个发现肯定哲学的人。相反，他认为整个哲学史显示了"否定哲学与肯定哲学之间的斗争"。[③] 但这里所用的"斗争"一词不应该被误解。毋宁说它所强调的是重点和优先性的问题，而不是两个无法调和的思想路线之间的殊死搏斗。因为我们不能简单地拒斥否定哲学。没有任何体系是可以在没有任何概念的情况下被建立起来的。即便肯定哲学家把强调的重点放在实存上，但他显然不会而且也不能轻视一切对于存在事物的思考。因此，我们必须"肯定二者之间的联系，肯定二者是统一的"，[④] 也就是说，肯定哲学和否定哲学是相互联系的，是统一的。[⑤]

　　但现在谢林想问，我们如何从否定哲学过渡到肯定哲学呢？这种过渡不能仅仅通过思维来完成。因为概念思维关注的是本质和逻辑演绎。因此，我们必须诉诸意志，"这意志以内在必然性要求上帝不应该只是一个观念"。[⑥] 换句话说，对上帝的存在的最初肯定所基于的是意志所要求的一个信仰行动。自我意识到其堕落的情况，意识到其疏离状态，它也意识到这种疏离状态只有通过上帝的活动才能克服。因此，它要求上帝不应该只是

---

① als reines Dass；《谢林文集》，第五卷，第746页。
② 《谢林文集》，第五卷，第746页。
③ 同上。
④ 同上。
⑤ 谢林的区分在某些方面类似于现代哲学家——尤其是吉尔松教授（Professor Gilson）——在本质主义与存在哲学之间所做的区分；但存在哲学指的并不是"存在主义"，而是那种从根本上强调实存意义上而非本质意义上的存在的哲学。但这种相似性程度有限。
⑥ 《谢林文集》，第五卷，第746页。

一个超越现世的理想，而且也应该是一个实际存在的人格性上帝，一个人们通过他可以得救的上帝。费希特的理想道德秩序不能满足人的宗教需求。作为肯定哲学之基础的信仰，是对一位人格性的、创造性的、救赎的上帝的信仰，而不是对费希特的理想道德秩序或黑格尔的绝对理念的信仰。

137

　　至少在乍看之下，谢林似乎在重复康德关于实践信仰或道德信仰的理论。但谢林明确表示，他把批判哲学看作消极的哲学思考的一个范例。康德的确在信仰中肯定了上帝的存在，但只是把上帝作为一种悬设，也就是说，作为一种可能性。再者，康德所肯定的上帝，可以说是用来整合德性与幸福的工具。康德意义上的宗教，亦即那种在纯粹理性的限度之内的宗教，并没有给真正的宗教留下任何余地。但真正虔诚的宗教徒意识到他对上帝的深切需要，而且渴望上帝是一位人格神，他被这样的意识和这种渴望引导着。"因为有人格者寻求有人格者。"[1] 真正虔诚的宗教徒并不断言上帝只是把幸福赐予那些有德性的人的工具：他所寻求的是上帝本身。自我"需求的是上帝自身。他，正是他，自我想要拥有，是行动的上帝，是施行天意的上帝，是因其本身是实在的所以能对抗堕落这一事实的上帝……只有在这样的上帝中，自我才能看到**真正的**、至高无上的善"。[2]

　　这样，肯定哲学与否定哲学的区别，就变成了具有真正宗教性的哲学与不能吸收宗教意识也不能满足宗教需求的哲学之间的区别。谢林讨论这个问题时非常明确地提到了康德。"正如你们所知道的，渴望真正的上帝，渴望通过他而获得救赎，只是表达了对**宗教**的需求，没有表达任何别的东西……如果没有一个能动的上帝……就不可能有宗教，因为宗教预设了人与上帝之间真实且实在的关系；而且也不可能有任何被上帝眷顾的历史……在否定哲学的终点，我所拥有的只是宗教的可能性，而非实在的宗教，只是'纯粹理性限度内'的宗教……随着过渡到肯定哲学，我们才首度进入宗教的领域。"[3]

　　这样，如果肯定哲学断言上帝的存在是第一原理，如果不能通过思

---

[1] 《谢林文集》，第五卷，第748页。

[2] 同上。

[3] 《谢林文集》，第五卷，第750页。

维过渡到肯定哲学，只有通过信仰所产生的意志行动才能过渡到肯定哲学，那么，谢林显然不能通过为否定哲学补充一种传统意义上的自然神学来实现从否定哲学到肯定哲学的过渡。但同时，可能会存在那种（我们或许称之为）对意志之行动的合理性的经验性证明。因为宗教徒所需要的是一位启示他自身并且完成他对人的救赎的上帝。而对上帝存在的证明（如果我们可以这样说的话）所采取的形式乃是，显示出宗教意识的历史发展，亦即人对上帝的需求与上帝对这种需求的回应之历史发展。"肯定哲学就是历史性的哲学。"[①] 这就是为什么谢林在其晚期著作中致力于研究神话和天启。他是在试图展示上帝逐渐对人启示其自身的过程，展示上帝逐渐展开的神圣救赎。

但这并不是说谢林放弃了他早期的一切思辨，转而对神话和天启的历史做经验性的研究。正如我们已经看到的一样，他的论点是否定哲学和肯定哲学必须结合。他并未放弃他早期有关宗教的思辨。例如，在题为《对肯定哲学本原的另一种演绎》（1841）这篇论文中，谢林把"无条件者"[②] 作为他的出发点，进而演绎出上帝的内在生命的不同阶段。他的确强调实存意义上的存在的优先性，但他早期宗教哲学的总体框架以及上帝的生命内的不同阶段、宇宙堕落、向上帝回归等观念，仍然被保留下来了。虽然在其有关神话与宗教的演讲中，他关心的是对其宗教哲学予以经验上的证实，但他从未脱离观念论者的这样一种倾向，即把上帝与世界的关系解释为根据或前件与后件之间的关系。

读者可能会同克尔凯郭尔一样对谢林的下述做法感到失望，亦即，在区分了否定哲学和肯定哲学之后接着就专注于研究神话和天启，而不是根据这种区分来彻底地重新思考他的哲学。可是，我们能够理解谢林的立场。宗教哲学已占据了他思想中的核心位置。自我显示的、非人格性的绝对者，已变成自我启示的、人格性的上帝。谢林迫切地想要表明，人对上帝的信仰从历史的观点看是合理的，而宗教意识的历史同时也就是上帝向人自我启示的历史。

---

① 《谢林文集》，第五卷，第753页。
② 同上，第729页。

4. 然而，如果我们说谢林的神话哲学与天启哲学是经验性的研究，那么"经验性"一词必须在一种相对的意义上来理解。谢林并没有为了纯粹的经验主义而放弃演绎的形而上学。绝非如此。例如，他预设了对那 唯一的上帝中的三种"潜能"的演绎。他也预设了如果有一个自我显示的上帝，那么绝对存在者的这一必然本性将会逐渐被启示出来。因此，当谢林转而研究神话和天启的时候，可以说他已经拥有了他将要发现的框架。之所以说这种研究是经验性的，是因为它的材料是由通过经验调查而得知的实际宗教史所提供的。但解释的框架却是由形而上学的必然演绎所提供的。换句话说，谢林开始在宗教史中寻找那唯一的人格性上帝的自我启示，而这人格性上帝之统一并不排除三种可区分的潜能或阶段。在从古代东西方的神话到基督教的三位一体教义这样一条（宗教信念的）发展线路中，谢林的确毫无困难地找到了这种上帝概念的表现。同样地，他也毫无困难地在其中找到了堕落以及返回到上帝这些观念的表现。

一旦假定了谢林的前提，那么上述步骤当然是合理的。因为，正如我们已经看到的，他从未打算放弃形而上学——抽象的理性哲学，这种形而上学所显示给我们的，用现代术语来说就是，如果有某种事项存在，那么它必定是什么样的。因此，在谢林看来，形而上学的预设是非常必要的。因为哲学就其作为一个整体而言，是否定哲学与肯定哲学的结合。可是，谢林的神话和天启哲学之所以对宗教史研究的发展影响程度有限，毫无疑问，他的步骤是原因之一。这并不是说形而上学预设是不合法的。我们认为形而上学预设合法或不合法，显然取决于我们对形而上学的认知价值所持的观点。但是很容易理解的是，那些希望把宗教史研究从观念论形而上学的预设中解放出来的人，他们是以怀疑的眼光来看待谢林的神话哲学与天启哲学的。

谢林对神话和天启做了区分。"万事万物各有其时。神话宗教必定最先出现。在神话宗教中，我们所拥有的是盲目的（因为它是由一个必然进程所产生的）、不自由的、非精神性的宗教。"[①] 神话并不是想象力之任

---

① 《谢林文集》，第五卷，第437页。

140　意的、随心所欲的产物。但它们也不是天启，意即，它们不是一种被自由地给予的关于上帝的知识。当然，它们也可以是有意识的精心创造的结果，但从根本上说，它们是无意识的必然过程的产物，是前后相继的形式，在其中，那种对于上帝的领会把自身强加于宗教意识之上。换句话说，神话相当于上帝中黑暗的或较低层次的原理，它根植于无意识领域中。然而，当我们从神话过渡到天启时，我们就"过渡到了一个完全不同的领域"。① 在神话中，心灵"与一个必然过程有关，但在这里则与只作为绝对自由的意志的结果而存在的事物相关"。② 因为天启概念预设了一种行动，上帝通过这种行动"自由地把他自己给予人类或已经把自己给予人类"。③

由于神话宗教和启示宗教都是宗教，因此，谢林坚持认为一定可以把它们纳入一个共同的观念中。事实上，宗教意识的整个历史就是上帝的第二个系谱或上帝的第二个起源史，意即，在宗教史中，自在的上帝④之永恒的、非时间的形成或产生过程被表象在时间中。由于神话植根于无意识中，因而它表现了上帝生命中的一个阶段。它在逻辑上先于天启，并且为后者做准备。但它本身并不是天启。因为天启从本质上而言是上帝自由地把自身显示为无限的、人格性的、自由的创造者和存在之主宰。而且由于它是上帝的一个自由行动，因而它不仅仅是神话的一个逻辑后承。同时，天启也可以被描述为神话的真理。因为神话可以说是笼罩在天启真理之外的通俗成分。哲学家能在异教中找到对真理的神话性描述或神话性预示。

换句话说，谢林想把宗教意识的整个历史描述成上帝对自身的启示，然而，他同时又想为基督教特有的天启概念留下余地。一方面，就弱意义上（我们或许可以这样称呼它）的天启而言，它贯穿了整个宗教史。因为它是神话的内在真理。另一方面，强意义上的天启则是在基督教中被发现

---

① 《谢林文集》，第六卷，第 396 页。
② 同上。
③ 同上，第六卷，第 395 页。
④ 这里指的是上帝内在生命中可以从逻辑上被辨识出来的"潜能"。

的。因为正是在基督教中，这种内在真理才首次得见天日，清楚地呈现出来。这样，基督教为神话提供了真理，我们可以把它说成是历史性宗教的顶峰。但这并不蕴涵着，基督教是神话自动产生的一个结果。正如我们已经了解到的，神话本身是一个必然过程。但是，人格性的上帝是在基督中、通过基督，自由地启示他自身的。显然，如果谢林想把整个宗教史描述为神的生命在时间中的表象，那么他很难避免这样一种主张：异教神话与基督教之间有一种必然联系。前者把上帝表象为无意识的意志，后者则把上帝表象为自由意志、爱的意志。但是，谢林坚持认为天启概念就是上帝之自由行动的概念，他试图据此维护神话与天启之间存在本质性的区别这样一种观点。说天启是神话的真理，意思是说，天启是神话所朝向的目标，是神话这通俗外衣之下的事物。但是，真理是在基督中、通过基督，才得以清楚地启示出来的，且它是被自由地启示出来的。天启的真理不能仅凭对异教神话所做的逻辑演绎而被认识到。

141

　　然而，虽然谢林的确试图承认神话与天启的区分，但仍然有更为重要的论点要强调。如果我们所说的天启的基督教只是意味着一个与异教事实相对的事实，那么我们就为一个更高的立场留下了余地，这个立场就是既能理解神话又能理解天启的理性立场。这个更高的立场也就是肯定哲学。但谢林很谨慎地解释说，他所指的并不是从宗教之外对宗教做出理性主义的解释。他指的是一种宗教意识活动——通过这种活动，宗教得以从内部理解它自身。这样，对谢林而言，宗教哲学不仅仅是哲学，而且也是宗教。它预设了基督教，而且如果没有后者它就无法存在。它是在基督教内部而不是在其外部产生的。"因此，哲学意义上的宗教**在历史上**是以天启宗教为中介的。"① 但它不能完全等同于作为事实的基督教信仰与生命。因为它把这些事实当作自由的反思性理解所要探讨的题材。因此，与单纯根据权威来接受原初的基督教天启这一倾向相比，哲学宗教可称为"自由"宗教。"自由宗教只是以基督教为**中介**；而不是被后者直接**设定**的。"② 但这并不意味着哲学意义上的宗教拒斥启示。信仰寻求理解；但从

---

① 《谢林文集》，第五卷，第437页。
② 同上，第440页。

内部而来的理解并不把被理解者视为无效的而取消掉。

　　这一理解过程或者说自由反思过程有其自身的历史，其范围从经院神学和形而上学直至谢林自己后期的宗教哲学。在这种哲学中，我们能清楚地看到谢林对一种更高的智慧的渴望。在其精神特质中，一直存在着某种诺斯替派的成分。正如他对普通物理学不满，于是阐述了一种思辨的或更高级的物理学一样，在晚年，他也阐述了一种有关上帝的本性、上帝的自我启示的神秘的或更高的知识。

　　因此，当我们发现谢林对基督教的发展史所做的解释，在某些方面让我们想起 12 世纪弗洛雷斯的约阿希姆修道院长（Abbot Joachim）的理论时，我们就不会感到惊讶了。在谢林看来，基督教教义的发展经历了三个主要时期。第一个时期是彼得时期，这一时期的特征是律法与权威观念占主导地位，与之相关的是上帝之中的存在的终极根据，这一终极根据本身被等同于三位一体理论中的圣父。第二个时期是保罗时期，这一时期从新教改革开始。这一时期以自由观念为特征，与之相关的是上帝之中的理想原则，该原则等同于圣子。谢林展望了第三个时期——约翰时期，这一时期是在更高层次上对前两个时期进行综合，它把律法与自由统一在一个基督教团体中。与第三个时期相关的是圣灵、上帝的爱，它被解释为上帝的内在生命中前两个阶段的综合。

　　5. 如果我们把谢林的哲学之旅视为一个整体，那么显而易见的是，在他的出发点和他最后到达的终点之间存在着巨大的差异。可是，在这之间也存在某种连续性。因为我们可以看到新的问题是如何从他已经采取的立场上产生出来并呈现在他面前的，我们也看到对这些问题的解决如何要求他采取新的立场，而这个新的立场就会涉及对原有立场的修正或者从新的观点来展示原有的立场。再者，虽然其哲学思考出现过多次变化，但其中仍有某些贯彻始终的根本问题足以将这些多变的哲学思考统一起来。

　　除非我们打算说这样一种观点是合理的，即一个哲学家应该阐述一个严格封闭的体系且绝不更改，否则，我们就没有理由反对上述发展历程本身。我们的确可以论证说，谢林并没有做出太多改变。因为即使当他采用的一个新观念或一系列新观念已经表明抛弃那些已经使用的观念是更明智的选择时，他也往往选择保留后者。这种特征可能不是谢林所特有的：在任何一个经历过种种不同思想阶段的哲学家那里，我们大概都可以找到这种特征。但是，这导致我们在评价谢林某个特定时期的确切立场时，往往会遇到一些困难。例如在他的后期思想中，他强调上帝的人格性本质，强调上帝的创造行动的自由性。我们自然会把他思想中神学方面的演变描述为从泛神论到思辨性的有神论的变迁。可是他对上帝之自由的坚持，却是伴随着他对宇宙堕落观念的保留，伴随着他固执地倾向于把世界与上帝的关系看成类似于逻辑上的后件和前件的关系。因此，虽然在我看来，按照新的观念而不是按照那些为过去所保留下来的观念来描述他的后期思想更为恰当，但是他也为那些持有下述观点的人提供了支持材料，这种观点就是，即便在他哲学思考的最后一个阶段，他仍然是一个充满活力的泛神论者，而不是一个有神论者。当然，这个问题部分在于强调的重点，部分在于所用的术语。但重点是，我们之所以很难找到精确、恰当的描述术语，谢林本人要负大部分责任。然而，如果一个哲学家如此渴望综合两种表面上互相冲突的观点并表明它们实际上是互补的，那么在这种情形下，或许我们不应该期待任何其他东西。

我们几乎不必说谢林不是一个建立体系的哲学家，他并未为后代留下一个封闭而严密的体系，让后代要么接受它、要么抛弃它。但这并不必然蕴涵着他不是一个体系化的思想家。的确，他尤其容易受到那些他觉得在某些方面与他相契合的思想家的刺激，也往往会从这些思想家那里汲取灵感。例如，柏拉图、新柏拉图主义者、乔尔丹诺·布鲁诺①、雅各布·波墨、斯宾诺莎、莱布尼茨——更不用说康德和费希特——这些思想家，都被他当作灵感的来源。但是，这种从各种不同的来源吸收观点的开放性，并不伴随着任何能够把这些来源不同的思想融合为一个一贯整体的显著能力。再者，我们已经看到，他晚年表现出了一种强烈倾向，要逃入神智学与诺斯替派云雾迷蒙的领域中去。一个极度依赖波墨所做的思辨

---

① 谢林把绝对者视为纯粹同一这种理论，可以看作布鲁诺把无限者视为对立统一（coincidentia oppositorum）这种观点的延续，这种对立统一的观点本身又源于库萨的尼古拉（Nicholas of Cusa）。

144　的人，只能引起哲学家们有限的兴趣，这是可以理解的。然而，正如黑格尔所说的，我们有必要把谢林的哲学与对其哲学的模仿区别开来，这些模仿是由关于绝对者的语词混杂而成的，或者是用基于所谓直观洞见的含糊类比来代替持续的思考。因为，尽管谢林不是黑格尔意义上的建立体系的哲学家，但他的思考仍然是有系统的。也就是说，他实实在在地、持续不断地努力，以便能理解他的材料，能透彻地思考他提出的问题。他一直致力于要达到的以及他试图要传达的，也是系统的理解。至于他成功与否则是另一个问题了。

　　谢林晚期的思想相对而言被历史学家们所忽视。这是可以理解的。因为，一方面，如同我们在导言一章所提到的，如果我们选择把谢林主要看作德国观念论发展过程中连接费希特与黑格尔的纽带，那么谢林思想中的重要阶段就是自然哲学、先验观念论体系以及绝对者作为纯粹同一这些理论。另一方面，他的神话哲学与天启哲学（无论如何，它们属于形而上学观念论的势头已经耗竭的时期）在很多人看来，似乎不仅仅越过了一切可以被视为理性哲学的东西，而且从宗教历史在随后时代的实际发展来看也几乎没有考察价值。

　　然而，尽管这种忽略是可以理解的，但它可能也是令人遗憾的。至少，如果有人认为，就像我们可以对宗教做纯粹的历史和社会研究，可以对宗教意识做纯粹的心理学研究一样，我们同样也可以对宗教做哲学研究，那么这样的人就会为这种忽略感到遗憾。我们应该做的与其说是在谢林的思想中寻找解决问题的方式，不如说是在他的思想、他的出发点里寻找刺激与灵感，寻找独立反思的起点。可能这就是谢林整个哲学思考的特征。它的价值或许主要在于提示与激发。当然，只有那些对谢林的心灵有某种基本的同情而且理解他所提出的问题的人，才能感受到谢林思想的提示与激发作用。在缺乏这种同情和理解的情况下，自然就会倾向于把他一笔勾销，将他当作一个选择了错误的媒介来表达自己对世界的看法的诗人。

　　6. 有关谢林与以施莱格尔、诺瓦利斯、荷尔德林等为代表的浪漫主
145　义运动的关系，在导论那章我们曾提到了一些。我既不打算重复也不打

算进一步谈论在那里已经讨论过的东西。但是，在这一章的最后一节，谈谈谢林对德国内外的思想家的影响，可能是合适的。

谢林的自然哲学对洛伦兹·奥肯（Lorenz Oken, 1779—1851）有过一些影响。奥肯是一名医学教授，先后在耶拿、慕尼黑、苏黎世任教；但他对哲学有浓厚的兴趣，并且发表了一些哲学著作。例如，1808 年发表的《论宇宙》（ *Ueber das Universum* ）。在他看来，自然哲学就是关于上帝永恒地转化为世界的学说。上帝是整体，而世界是上帝的永恒表象。也就是说，世界不可能有一个开端，因为它是被表达了的神之思想。由于同样的原因，它也不会有尽头。但世界却可以有而且也确实有进化发展。

虽然谢林在他的演讲中借用了奥肯的某些观点，但他并不怎么赞同奥肯的哲学。奥肯也拒不接受谢林后期的宗教哲学路径。

我们也能在约翰·约瑟夫·冯·格雷斯（Johann Joseph von Görres, 1776—1848）这位慕尼黑重要的天主教哲学家[1]身上感受到谢林自然哲学的影响。但格雷斯主要作为一名宗教思想家闻名于世。起初，他多少有些倾向于谢林同一性体系的泛神论思想，但后来他阐述了一种有神论哲学，如其在四卷本的《基督教的神秘主义》（ *Christliche Mystik* ，1836—1842）一书中所做的那样，虽然他同谢林一样也被神智学思辨深深地吸引。格雷斯也写过一些讨论艺术与政治问题的著作。他的确曾积极投入政治生活，并且对教会与国家之间的关系问题有浓厚的兴趣。

格雷斯放弃了谢林的同一性体系所代表的立场，但卡尔·古斯塔夫·卡鲁斯（Karl Gustav Carus, 1789—1860）并未放弃该立场，后者是一名医生，同时也是一位终其一生都在为泛神论辩护的哲学家。他之所以在哲学史上有一定的重要性，主要是由于他论灵魂的著作《灵魂》（ *Psyche* ，1846），在该著作中，他主张说，开启灵魂之意识生活的钥匙，要到无意识领域中去寻找。

我们再转过来看弗朗茨·冯·巴德尔（Franz von Baader, 1765—1841），他跟格雷斯一样，是天主教思想家圈子里的重要成员，而且也在

---

[1]　在德国南部比在德国北部更能明显地感受到谢林哲学的影响。

146 慕尼黑写作，我们在他身上发现交互影响的明显范例。也就是说，尽管巴德尔受到谢林的影响，但他反过来也影响了谢林。因为正是巴德尔向谢林推荐了波墨的著作，因而帮助谢林确定了其思想方向。

　　巴德尔确信，自弗朗西斯·培根与笛卡尔的时代以来，哲学已变得离宗教越来越远了，而真正的哲学应该有其在信仰中的基础。在建构自己的哲学时，巴德尔吸收了像埃克哈特（Eckhart）、波墨这样的思想家的思辨。在上帝自身中，我们就能区别出高层次和低层次的原理，感性世界虽然被视为上帝的自我显示，但它仍代表一种堕落。此外，正如在上帝中，高层次原理永恒地胜过低层次原理，光明永恒地胜过黑暗，在人之中也应该有一种精神化过程——借此过程，世界向上帝折返。显而易见，巴德尔与谢林拥有饮着同一精神源泉的相似灵魂。

　　巴德尔的社会著作与政治著作有一定的重要性。在这些著作中，他对于把国家视为社会契约或个人之间订立契约的结果这种理论，表达了坚定的反对意见。与之相反，他认为国家是一个自然的机构，意即，它基于人的本性并且是从人的本性出发而被建立的：它并不是契约的产物。可是，巴德尔也猛烈抨击那种认为国家是终极的主宰权力的看法。只有上帝才是终极主宰；敬重上帝与普遍的道德法则、尊重作为上帝之映像的人，这是防止专制暴政的唯一实在可行的措施。如果这些防护措施被忽视了，那么无论主权被看作属于君主还是属于人民，都会出现专制暴政和党同伐异的情形。巴德尔以基督教国家的理想来对抗无神论的或世俗的国家权力。权力集中是世俗的或无神论的民族国家的特色，这一特色导致国内的不公以及对外的战争，唯有将宗教与道德渗透到人类社会整体中才能克服这种情况。

　　我们恐怕很难说卡尔·克里斯蒂安·弗里德里希·克劳泽（Karl Christian Friedrich Krause, 1781—1832）是谢林的弟子。因为他声称自己是康德真正的精神继承者，在慕尼黑时，他与谢林的关系一点也不融洽。但他常常说，通向他自己哲学的路径必须经过谢林，他的一些观念也与

147 谢林类似。他主张，身体属于自然领域，而精神或自我则属于精神领域，也就是"理性"领域。这种观点的确是康德对现象领域与本体领域所做的

区分的一种回响。但克劳泽认为，虽然精神与自然彼此是有区别的，而且在某种意义上是对立的，但二者也是相互作用的，因此我们必须在一个完美的本质——上帝或绝对者——那里寻找二者的根据。克劳泽还阐述了一种"综合的"秩序，这种秩序从上帝或绝对者那里出发，推进到衍生出来的本质——精神或自然，再推进到有限事物。他坚持认为，历史的目标是人类的联合统一，在放弃了通过共济会来达到这一目标的打算之后，他发布了一份人类联盟宣言（Menschheitsbund）。在德国，他的哲学被三位伟大观念论者的体系掩盖了，但或许多少有些令人惊讶的是，他的哲学在西班牙产生了广泛的影响，在那里，克劳泽主义成了一个时髦的思想体系。

在俄国，泛斯拉夫主义群体对谢林很感兴趣，而西化派则更多的受到黑格尔的影响。例如，在 19 世纪早期，M. G. 巴甫洛夫（M. G. Pavlov, 1773—1840）就在莫斯科阐述过谢林的自然哲学，而谢林后期的宗教思想则对俄国著名哲学家弗拉基米尔·索洛维约夫（Vladimir Soloviev, 1853—1900）产生过一些影响。当然，把索洛维约夫称为谢林的弟子是不准确的。他还受到其他非俄国思想家的影响，除此之外，他无论如何是一个原创性的哲学家，而不是任何人的"弟子"。但他对神智学思辨[①] 的偏好表明他与谢林之间有一种明显的精神类似性，而且他深刻的宗教思想的某些方面也与这位德国哲学家所采取的立场非常相似。

在英国，谢林的影响几乎可以忽略。诗人柯勒律治（Coleridge）在他的著作《文学传记》（*Biographia Listeraria*）中评论说，在谢林的自然哲学和先验观念论体系中，他发现了许多与他自己所拟定的思想的"亲切吻合"，他在贬低费希特的基础上赞扬谢林，并且还讽刺了前者。但我们恐怕很难说这个国家的职业哲学家会热衷于谢林。

在当代，对谢林宗教哲学的兴趣在一定程度有所复兴。例如，谢林 148 的宗教哲学对新教神学家保罗·蒂利希（Paul Tillich）思想的发展起到促进作用。如果撇开克尔凯郭尔的态度，那么我们在谢林对否定哲学和肯定

---

① 索洛维约夫尤为强调在圣经中以及在（比如说）波墨的著作中出现的神智（Wisdom 或 Sophia）观念。

哲学所做的区分中，在他对自由的坚持、对存在的强调中，都可以看到对某些存在主义论题的预示。然而，虽然这种解释有一定的合理性，但是，想要在过去的杰出心灵中找到对后来观念的预示这种欲望不应该蒙蔽我们并使我们忽视观念论运动与存在主义运动在哲学氛围上的巨大差异。无论如何，谢林最值得注意的一点可能是，他把形而上学观念论中非人格性的绝对者转变成向宗教意识启示自身的、人格性的上帝。

第八章

施莱尔马赫

生平与著作——基本的宗教经验及其解释——人的道德生活与宗教生活——最后的评论

1. 由于三位伟大的德国观念论者关注的是绝对者、无限者与有限者之间的关系以及精神的生命，因此他们自然会将注意力投向宗教，将其视为有限的精神与神性实在之间的关系的一种表达。而且，由于他们三位都是哲学教授并且都建构了自己的哲学体系，因此他们也自然会按照这些体系的基本原理来解释宗教。这样，费希特根据其伦理观念论的思想，就倾向于把宗教还原为伦理学，[①] 而黑格尔则倾向于把宗教描述成一种知识形式。即便是谢林，虽然就像我们已经看到的一样，他的思想逐渐演变成一种关于宗教意识的哲学，而且强调人需要一个人格性的上帝，但是，他也倾向于把宗教意识的发展解释为一种更高层次的知识的发展。然而，在施莱尔马赫身上，我们看到了一种从神学家与牧师的观点出发来研究宗教哲学的进路，虽然他对哲学有着浓厚的兴趣，但他身上仍然保留着虔信派的熏陶留下的印记，他所关心的是在宗教意识与形而上学和伦理学之间做出明确的区分。

弗里德里希·丹尼尔·恩斯特·施莱尔马赫（Friedrich Daniel Ernst Schleiermacher）于 1768 年 11 月 21 日出生在布雷斯劳。他的父母把他的学校教育托付给摩拉维亚兄弟会（Moravian Brotherhood）。虽然失去了对

---

① 正如我们在阐述费希特哲学时提到的一样，这种倾向在其后期思想中被大大弱化了。

某些基督教根本教义的信仰，但随后他仍然进入哈勒大学学习神学；不过在大学的前两年，相比于纯粹的神学学科，他对斯宾诺莎和康德更感兴趣。1790 年，他通过了在柏林的考试，随后在一个家庭里做家庭教师。1794 年到 1795 年年底，他在兰茨贝格担任牧师，该地位于奥得河畔的法兰克福附近；1796 年到 1802 年，他在柏林的教会中任职。

150

在柏林期间，施莱尔马赫开始与浪漫主义圈交往，尤其是与施莱格尔。他与浪漫主义者一样关注整体，而且他还对斯宾诺莎有着极为深刻的同情。同时，他早年就被柏拉图对世界的看法所吸引，后者把世界看作真正存在的观念王国的可见映像。他把斯宾诺莎的自然视为在现象世界中显示自身的实在。但是，作为斯宾诺莎的仰慕者，他面临着使自己的哲学见解与宗教相调和的任务，因为宗教传道正是他的本职工作。而且，这不仅仅是要无愧于他作为一名新教牧师的职业良知，正如我们已经提到过的，他是一名虔诚的宗教徒，他身上仍然留存着他的家庭、他早期的老师们为他刻上的那份持久的虔诚印记。因此，他必须为他所怀有的宗教意识构想出一份理智的框架结构。这样，1799 他发表了《宗教讲演录》（*Reden über die Religion*），这本著作随后又出了几个不同的版本。

在这本著作之后，他在 1800 年接着出版了《独白》（*Monologen*）一书，在其中探讨了有关个人与社会的关系的一些问题；1801 年他又出版了他的第一本讲道集。不过，施莱尔马赫不是我们通常所说的那种正统的新教神学家；1802 年到 1804 年，他是在隐退中度过的。1803 年，他出版了《对迄今为止的伦理学说的批判纲要》（*Grundlinien einer Kritik der bisherigen Sittenlehre*）。这段时间，他还致力于将柏拉图对话录翻译成德文，并附上导言和注释。其中第一部分于 1804 年面世，第二部分和第三部分则分别于 1809 年和 1828 年面世。

1804 年，施莱尔马赫接受了哈勒大学的教职。当拿破仑关闭这所大学时，他仍留在镇上当牧师。可是，1807 年他又回到柏林，在那里参与了政治生活，并参与了柏林大学的筹建。1810 年，他被任命为这所大学的神学教授，此后他一直担任此教职，直到 1834 年去世。1821 年到 1822 年，他出版了《基督教信仰》（*Der christliche Glaube nach den*

Grundsätzen der evangelischen Kirche），1830 年到 1831 年，该书又发行
了第二版。他还出版了新的讲道集。他在大学里所做的演讲的主题不仅
涉及神学也涉及哲学和教育，这些讲演录在他逝世后才出版。

2. 施莱尔马赫主张，思维与存在是相关联的。但是思维与存在相关
联的方式有两种。首先，思维可以使自己符合存在，就像在科学知识或理
论知识中那样。与我们的科学概念与判断所构成的整体相符合的存在，就
被称为自然界。其次，思维可以设法让存在与思维相符合。这在作为道德
活动之根据的思维那里已经得到了证实。因为，通过道德行动，我们寻求
实现我们的道德理想和道德目的，以这样一种方式，我们努力使存在符合
我们的观念，而不是相反。"以认识为目的的思维把自身与自身所预设的
存在关联起来；作为我们的行动之根据的思维，则把自身与一个通过我们
的行动才会出现的存在关联起来。"[1] 而在思维所引导的行动中表达自身的
那个整体，就被称为精神。

这样，至少乍看起来，呈现给我们的是一种二元论。一方面我们有
自然界，另一方面我们有精神。不过，虽然对于无法超越一切区别与对立
的概念思维来说，精神与自然界、思维与存在、主体与客体是有区别的，
是不同的概念，但这二元论并不是绝对的。终极的实在是精神与自然界在
宇宙或上帝中的同一。概念思维不能领会这种同一。但这种同一能被感受
到。施莱尔马赫把这种感受与自我意识联系起来。这种自我意识的确不是
反思性的自我意识，反思性的自我意识能够在其不同瞬间或不同阶段中领
会到自我的同一。但有一种"直接的自我意识，这种直接的自我意识等同
于感受"[2]，它是反思性自我意识的基础。换句话说，有一种根本的直接感
受，在那个层面上，概念思维的区别与对立尚未出现。我们可以称之为一
种直观。但是如果我们把它称为直观，我们必须明白，它绝不是一种清楚
的理智直观。毋宁说，它可以说是自我意识中的感受基础，它不能与对自

① O.布劳恩（O. Braun）和 J.鲍尔（J. Bauer）所编的《施莱尔马赫文集》，第59页。
参考文献中给出的施莱尔马赫著作的卷数与页码指的是 O.布劳恩和 J.鲍尔所编的施莱尔
马赫文集（共四卷，莱比锡，1911—1913）中的卷数和页码。该版本是一个选集。以下
简称《施莱尔马赫文集》。——译者注）
② 《施莱尔马赫文集》，第三卷，第71页。

152　我的意识相分离。也就是说，对于神性整体，自我并不享有把它当作直接的、唯一的对象的那样一种理智直观，但是自我感受到它自身对那超越一切对立的整体的依赖。

　　这种对依赖的感受就是自我意识的"宗教方面"①：实际上这就是"宗教感受"②。因为宗教的本质"既不是思维也不是行动，而是直观与感受。它力图直观宇宙……"。③ 按照施莱尔马赫对"宇宙"一词的使用，它指的就是无限的神性实在。因此，对他来说，宗教在本质上或根本上乃是对于无限的依赖这样一种感受。

　　在这种情况下，显然有必要在宗教与形而上学、伦理学之间做出明确的区分。形而上学和伦理学"与宗教确实有相同的主题，亦即宇宙及人与宇宙的关系"。④ 但它们的研究进路却完全不同。施莱尔马赫说，形而上学"从它自身中编造出宇宙及其规律"，⑤ 这话明显是就费希特的观念论而言的。伦理学"从人的本性及其与宇宙的关系中发展出一套义务系统；它命令人做某些行动，禁止人做另一些行动……"。⑥ 但宗教并不关心形而上学演绎，也不是要用宇宙来推导出义务准则。它既非知识亦非道德：它是感受。

　　因此，我们可以说，施莱尔马赫拒斥了康德和费希特表现出的那种把宗教还原为道德的倾向，正如他拒绝任何把宗教的本质表现为一种理论知识形式的做法；他选择追随雅可比（Jacobi）的思路，亦即在感受中寻找信仰的基础。但施莱尔马赫与雅可比之间有一个非常重要的区别。雅可比把一切知识都奠基在信仰之上，而施莱尔马赫则希望把理论知识与宗教信仰区别开来，在感受中为后者找寻特定的基础。我们还可以补充说，虽然对施莱尔马赫而言，宗教意识与审美意识的距离比它与理论知识的距离更近，但是作为宗教意识之基础的那种感受，亦即对无限者的依赖，却是

---

① 《施莱尔马赫文集》，第三卷，第72页。
② 同上。
③ 《施莱尔马赫文集》，第四卷，第240页。
④ 同上，第235页。
⑤ 同上，第236页。
⑥ 同上。

宗教意识所特有的。因此，施莱尔马赫避免了浪漫主义那种混淆宗教意识与审美意识的倾向。

　　但是，我们不能从上述内容中推出如下结论：在施莱尔马赫看来，宗教一方与形而上学和伦理学一方，彼此之间没有任何联系。相反，形而上学与伦理学在某种意义上是需要宗教的。如果没有宗教对无限整体的根本直观，那么形而上学将会悬置在空中，只能作为一种纯粹的概念建构。而伦理学如果没有宗教，则只能给我们提供一个非常不充分的关于人的观念。因为，从纯粹伦理学的角度看，人是自由且自主的，是其命运的主宰者；然而，宗教直观则向人揭示了他对无限整体、对上帝的依赖。

　　当施莱尔马赫声称宗教信仰奠基于对无限者的依赖这样一种感受时，"感受"一词显然应该理解为，它标示出了这种依赖感受的直接性，而不应该理解为它排除了一切理智活动。因为，正如我们已经了解到的，他也谈论"直观"。但这种直观并不是把上帝领会为一个被清楚设想的客体：这种直观是自我的一种意识，亦即自我意识到，就一种不确定的、非概念性的意义而言，它本质上是依赖于无限的存在的。因此，这种依赖的感受需要概念层次上的解释。这就是哲学化的神学的任务。当然，我们可以论证说，施莱尔马赫对基本宗教经验所做的说明已经包含了显而易见的解释成分。因为，对康德的道德主义和费希特的形而上学思辨的拒绝，以及"神圣的、被拒绝的斯宾诺莎"[①]的思想对他的启发与影响，使得他把自我感受到的那个它所依赖的东西与无限整体、神圣的宇宙视为同一。"宗教是对无限者的感受与欣赏"；[②] 对于斯宾诺莎，我们可以说，"无限者既是其起点也是其终点；宇宙是其唯一的、永恒的爱……"[③]。这样，对"依赖"这种基本的宗教感受的描述，最初受到了被浪漫化的斯宾诺莎的影响和启发。然而，我们也不应该过高地估计斯宾诺莎的影响。因为，斯宾诺莎把"上帝的理智的爱"设定为心灵攀登的顶峰，而施莱尔马赫则是在宗教的世界观的根基中找到了对无限者的依赖这样一种感受。于是，问题产

---

① 《施莱尔马赫文集》，第四卷，第243页。
② 同上，第242页。.
③ 同上，第243页。

生了，我们如何思考或设想依赖这种直接的意识呢？

　　马上就会出现一个困难。基本的宗教感受是一种对无限者的依赖，在这无限者之中没有任何对立，无限者即是一个自我同一的整体。但是，概念思维却立即引入了区别与对立：无限的统一体被分割为上帝的观念和世界的观念。世界被认为是包含了一切对立与差异的整体，而上帝则被设想为一个单纯的统一体，作为一切对立与区别的对立面而存在。

　　由于概念思维无法完全撇开它所必然会引起的那些区别，所以它必须设想上帝与世界是相互关联的。也就是说，它必须设想上帝与世界之间的关系是一种相互蕴涵的关系，而不仅仅是一种共存的关系，甚至也不是世界依赖上帝这种单向度的依赖关系。"没有世界就没有上帝，没有上帝也就没有世界。"[①] 可是，这两个观念，亦即对于上帝的观念和对于世界的观念，不能被视为是同一的："因此，这两个观念既不是完全同一的，也不是完全分离的。"[②] 换句话说，由于概念思维必然要通过这两个观念来设想宇宙，所以二者不应该被混淆。存在的宇宙的统一性，必须根据它们之间的相互关系而不是它们之间的同一性来设想。

　　至少乍看之下，这会让我们以为，对施莱尔马赫而言，上帝与世界的区别只对人的反思才存在，而事实上它们没有区别。然而，实际上施莱尔马赫既想避免把世界还原为上帝，也想避免把上帝还原为世界。一方面，一种简单地否定有限事物的实在性的无宇宙论（acosmistic theory）并不忠实于基本的宗教意识。因为这种理论没有留下任何它所依赖的东西，所以这种理论会不可避免地曲解宗教意识。另一方面，简单地把上帝与由有限事物构成的时空系统视为同一的，就没有为一个根基性的、未分化的统一体留下任何空间。因此，上帝与世界的区别必定远远超出了概念思维的一个缺陷所表达的东西。的确，概念思维完全不可能达到对整体、对神性宇宙的充分理解。但是，它能够而且应该矫正它的那种把世界的观念与上帝的观念完全分离开来的倾向，办法是：设想这两个观念是互相关联的，把世界与上帝的关系看作后件与前件的关系，看成一个无差别的统

────────────

① 《施莱尔马赫文集》，第三卷，第81页。
② 同上，第三卷，第86页。

一体的必然的自我显示，或者用斯宾诺莎的术语来说，就好像是被动的自然与能动的自然之间的关系一样。这可以说就是概念思维所能做到的极致了，也就是说，既避免了完全分离，也避免了完全同一。神性实在超越了我们的概念所能达到的范围。

施莱尔马赫的宗教哲学真正有趣和重要的特征是，对他来说，宗教 155 哲学是对一种根本的宗教经验的阐明。在解释这一经验时，他明显受到斯宾诺莎的影响。像斯宾诺莎一样，他坚称上帝超越了人类的所有范畴。由于上帝是无差别、无对立的统一体，因此，人类思维的任何范畴（例如人格性）都不能真正应用到他身上。因为范畴是与限制相关的。同时，上帝不应该被设想为静态的实体，而应该被设想为必然在世界中显示它自身的无限生命。在这方面，施莱尔马赫更接近费希特的后期哲学而不是斯宾诺莎的体系；而把上帝或绝对者视为无差别的自我同一，把世界与上帝的关系视为后件对前件的关系，这种理论则类似于谢林的思辨。但是，施莱尔马赫恐怕不会完全赞同谢林后期的诺斯替主义。对施莱尔马赫而言，宗教实际上在于对"依赖于无限者"这种基本感受的拥有。它关乎心灵感受，而不关乎理解，它是信仰而不是知识。

3. 虽然施莱尔马赫拒绝把人格性归诸上帝（除非是在一种象征性的意义上），但是，当他考虑作为道德主体的人类时，他特别强调个体人格的价值。整体、普遍者的确内在于一切有限个体中。由于这个原因，包含对一个有限自我的神化这种思想的纯粹自我主义，不可能是人的道德理想。可是每个个体都是上帝的一个特殊显示，他有他自己特殊的禀赋，有他自己的特殊性（Eigentümlichkeit）。这样，发展其个人才能就是他的义务。教育的目的应该是塑造充分发展且协调整合的个体人格。人在他自身中结合了精神和自然，他的道德发展要求二者相协调。从形而上学的观点看，精神与自然在终极意义上乃是一体的。因此，如果我们（譬如说）把理性与自然冲动泾渭分明地区别开来，以至于蕴涵着道德在于漠视或反对一切自然冲动这种意思，那么人类的人格就不能得到适当的发展。道德理想并不是冲突，而是协调与整合。换句话说，施莱尔马赫完全不认同康德那严格意义上的道德，也不认同他肯定理性与爱好或冲动之间的对立那种

156   倾向。如果上帝可以说是对一切差别与对立的积极否定，那么，人的道德使命就包含着，通过理性、意志与冲动在一个完备人格中的协调而在有限的形式中表达出神圣的本质。

　　然而，虽然施莱尔马赫强调个体人格的发展，但他也坚称个人与社会并不是对立的概念。因为特殊性"只有在与他者的关系中才存在"。[①] 一方面，把一个人与其他人区别开来的独特要素预设了人类社会。另一方面，社会作为一个由相互区别的个人所组成的共同体也预设了个体间的差异。因此，个人与社会是相互蕴涵的。而自我表达或自我发展不仅仅要求发展一个人的个人禀赋，也要求对他人人格的尊重。换句话说，每个人都有一个独特的道德使命，但是这一道德使命只能在社会中完成，亦即，只能通过作为共同体的成员来完成。

　　如果我们追问施莱尔马赫所描述的道德与基督教特有的道德之间的关系，那么答案是，二者有形式上的差异，但并无内容上的不同。基督教道德的内容不可能与"哲学的"道德内容相矛盾，但它有其自身的形式，这种形式是基督教意识特有的要素所提供的，也正是这些特有的要素使基督教意识与一般的宗教意识区别开来。基督教意识的特有标记在于"一切与上帝的契合都以基督的救赎行为为条件"。[②]

　　对于历史性的宗教，施莱尔马赫的态度多少有点复杂。一方面，他拒绝普遍的自然宗教这种观念，认为应该用历史性的宗教来取代它。因为只有后者才真正存在，而前者是虚构出来的。另一方面，施莱尔马赫在一系列历史性宗教中看到了一个永远不可能被全面地把握到的理想正逐渐显示出来。教义在某种意义上说是必需的，即作为宗教意识的具体的、象征性的表达。可是，教义同时也会成为妨碍精神的自由运动的枷锁。像基督教这样的历史性宗教把它们的起源及推进都归因于宗教天才，类似于归因于艺术天才一样；这宗教之所以永存不朽，是由于其信徒沉浸在这种天才的精神中，沉浸在他生机勃勃的活动中，而不是由于信徒们对某套教义的

157   赞同。的确，随着时间的推移，施莱尔马赫越来越强调教会的观念，特

———————————

① 《施莱尔马赫文集》，第二卷，第 92 页。
② 同上，第三卷，第 128 页。

别是强调基督教信仰；但他以前是而且也仍然是那种有时候会被称为自由主义神学家的学者。他就是这样对德国新教圈产生了重要影响，虽然近年来新教正统派的复兴已对这种影响提出了严峻的挑战。

4. 当施莱尔马赫试图解释他所理解的基本宗教意识时，他当然想要建立一种系统的哲学、一个融贯的整体。但我们恐怕很难说这种哲学没有任何内在的紧张与压力。浪漫化了的斯宾诺莎——那个沉迷于对无限者的激情的人——的影响促使他走向了泛神论。然而，他想要解释的那种基本感受或直观，其本质却与纯粹的一元论相悖，这种感受或直观的本质要求上帝与世界之间要有某种区别。因为，除非我们假定了某种区别，否则我们如何能够合理地说有限的自我意识到了它对无限者的依赖呢？再者，尽管施莱尔马赫思想中的泛神论一面不利于对个人自由的认可，但在他的道德理论以及他对人与人之间关系的解释中，他需要而且也使用了自由这一观念。换句话说，他在其道德行为理论和社会理论中对个人的强调抵消了其形而上学中的泛神论成分。神性宇宙的理论并没有产生这样的问题——被反映在政治的极权主义里。相反，除了承认教会是有别于国家的一个社会，他还强调了"自由社会"的观念，这是一个让每个个体人格所独有的特性能够自由表达的社会组织。

然而，施莱尔马赫哲学中的张力并不是其哲学所特有的。因为任何哲学，只要它试图把神性整体的观念与个人自由结合起来，试图把终极同一的观念与对不同的有限个别者的价值之完全承认结合起来，那么它一定会发现自己陷入了类似的困境中。施莱尔马赫主张说普遍者在特殊者中、通过特殊者而存在，但他恐怕不能凭借这样一种说法来避免上述问题。因为他决心要证明，对于一个与时空中的世界不同的实在的依赖是正当的。必须有某种东西在世界"背后"。但世界不能是某种外在于上帝的东西。因此，他不得不进入谢林所选择的路径。或许我们可以说，施莱尔马赫 158 深刻地意识到（这是一种类似神秘主义的意识）太一是多的基础并在多中表达自身，这一点正是其哲学的根基。当他试图把这种意识理论化地表达出来时，困难就产生了。但如果要公平地评价他，则要记得，他很爽快地承认不可能有任何充分的理论解释。上帝是"感受"与信仰的对象，而不是知识的对象。宗教既不是形而上学也不是道德哲学。而神学是象征性的。施莱尔马赫与伟大的观念论者之间的确有明显的类似性，但毫无疑问他不是个理性主义者。在他看来，宗教是人的精神生活的基本要素；他坚持认为，宗教基于对依赖感受的直接直观。对他而言，这种绝对依赖的感受可以说是哲学反思的养料。当然，我们不能把这种观点概括为只是一个人的温和偏见——为心灵的虔诚感受赋予一种宇宙性的意义，而这些感受却是反思性的理性所拒绝的——从而轻易地把它抛弃掉。因为，无论如何我们可以论证说，思辨的形而上学，至少就某些部分而言，是对某种先行领悟——多依赖于——的反思性阐明，这种领悟因缺乏适当的语词来描述，所以被称为直观。

第九章

黑格尔（一）

生平与著作 —— 早期的神学著作 —— 黑格尔与费希特和谢林的关系 ——
绝对者的生命与哲学的本质 —— 意识现象学

1. 格奥尔格·威廉·弗里德里希·黑格尔（Georg Wilhelm Friedrich
Hegel）于 1770 年 8 月 27 日出生于斯图加特，他是德国最伟大的观念论
者，同时也是西方最杰出的哲学家之一。[①] 他父亲是公务员。在斯图加特
求学的岁月里，这位未来的哲学家并没有显出什么不同，但也正是在这一
时期，他第一次感受到希腊精神的魅力，索福克勒斯的戏剧（尤其是《安
提戈涅》）给他留下了特别深刻的印象。

1788 年，黑格尔成为图宾根大学新教神学院的一名学生，在那里他
与谢林和荷尔德林成为朋友。他们一同研究卢梭，并一同分享了对法国大
革命之理想的热情。但在学校时，黑格尔并未给人留下具备某种特殊才能
的印象。当他 1793 年离开大学时，他的毕业证书提到他的优良品格，提
到他具备相当不错的神学和语言学知识，但也提到他对哲学的理解不够充
分。黑格尔并不像谢林那般早慧，他的思想需要更多的时间才能成熟。然
而，这幅图画还有另外一面。他已经开始把注意力转向哲学与神学之间的
关系，但他并未把他简短的笔记或注解拿给他的教授看，这些教授并没有
在任何方面表现出什么过人之处，他对他们没有太大信心。

离开大学之后，黑格尔以当家庭教师谋生，先是在瑞士的伯尔尼

---

① 康德在这一年提交了他的就职论文。同样是在这一年，荷尔德林在德国出生，华兹
华斯在英国出生。

（1793—1796），后来又去了法兰克福（1797—1800）。尽管这些年表面上看起来很平凡，但它们构成了他哲学发展的一个非常重要的时期。1907年，赫尔曼·诺尔（Hermann Nohl）首次出版了黑格尔这一时期的论文，题名为《黑格尔早期神学著作》（*Hegels theologische Jugendschriften*），下一节我们将会涉及书中的某些内容。的确，如果只有这些论文的话，那么我们将对他后来发展出的哲学体系一无所知，而且也没有充足的理由在哲学史上为他留下一席之地。在这个意义上说，这些论文的价值不大。但是，当我们根据对黑格尔发展出的体系的认识再来回顾他早期的著作时，我们就能看到他的问题有某种连续性，也能更好地理解他是如何得出他的体系的，以及他的主导观念是什么。正如我们所看到的，这些早期著作被描述为"神学的"。虽然后来黑格尔的确成了一位哲学家而不是神学家，但是，他坚持认为哲学与神学的主题是一致的，二者的主题都是绝对者，或者用宗教语言来说，是上帝以及有限者与无限者的关系，从这个意义而言他的哲学一直是神学。

　　1801年，黑格尔在耶拿大学获得了一个职位，他发表的第一部著作《费希特与谢林哲学体系的差别》（*Differenz des Fichteschen und Schellingschen Systems*）也在同一年面世。这部著作给人的印象是，他在各方面都是谢林的追随者。他与谢林合作编辑《批判哲学杂志》（1802—1803）进一步强化了这种印象。但黑格尔在耶拿的讲演（这些讲演的讲演稿直到本世纪才出版[①]）表明他已经规划出他自己独立的立场。1807年，他出版了他的第一部伟大著作《精神现象学》（*Die Phänomenologie des Geistes*），在该著作中公众才第一次清楚地看到他与谢林的分歧。本章第五节我们将会进一步提及这部名著。

　　耶拿战役结束了黑格尔在耶拿大学的生活，在这场战役后，他发现自己实际上很贫困，于是，从1807年到1808年，他在班伯格担任一份报纸的编辑。随后，他被任命为纽伦堡文科中学的校长，他一直在这个职位上待到1816年。（他在1811年结了婚。）在担任文科中学校长期间，

---

① 指20世纪。——译者注

他提倡古典学研究，不过我们知道，他并未因此妨碍学生们对母语的学习。他也给学生讲授哲学入门课，虽然看起来这更像是要遵从他的赞助人尼特哈默尔（Niethammer）的意愿，而不是他自己热心于把哲学引入学校的课程。我们可以想象，大部分学生必定都体验过在理解黑格尔的意思的过程中所遇到的巨大困难。可是，这位哲学家追求他自己的研究和反思，正是在他逗留于纽伦堡的这段时间，他出版了他最重要的哲学著作之一——《逻辑学》（*Wissenschaft der Logik*，1812—1816）。

在黑格尔发表这部作品的第二卷和最后一卷那年，他接到了三份分别来自埃朗根、海德堡和柏林的邀请，要他接受哲学教席。他接受了海德堡大学的邀请。他在普通学生中似乎没有多大的影响力，但他作为哲学家的声誉却在稳步上升。1817 年，《哲学科学全书纲要》（*Enzyklopädie der philosophischen Wissenschaften im Grundriss*）的出版进一步提高了他的声誉；在这部著作中，他根据其体系的三大主干（逻辑学、自然哲学与精神哲学）概述了他的体系。我们还可以注意到的是，正是在海德堡，黑格尔首次讲授美学。

1818 年，黑格尔接受了来自柏林的再次邀请，此后他一直担任柏林大学的哲学教席，直到 1831 年 11 月 14 日他因霍乱逝世。这一时期，他不仅在柏林哲学界，而且在整个德国哲学界达到了无可匹敌的地位。就某种程度而言，他被视为官方哲学家。但他作为一名教师的影响力当然不是由于他与政府的关系，也不是由于出色的口才。作为一名演讲者，他比谢林逊色。毋宁说，他的影响力是由于他明确且坚定地专注于纯粹思维，以及他把广阔的领域纳入他的辩证法范围内这种出众的能力。在他的学生看来，包括人的历史、人的政治生活与精神成就在内的实在界的内在本质与历程，都在黑格尔的指导下向他们显示出来。

黑格尔在柏林大学的哲学教席上任职这段时间，他发表的作品相对较少。他的《法哲学原理》（*Grundlinien der Philosophie des Rechts*）发表于 1821 年，《哲学科学全书纲要》的新版出版于 1827 年和 1830 年。他去世时，《精神现象学》正在修订。不过毫无疑问，他这段时间一直都在讲课。他的讲稿（其中部分是根据学生们整理的笔记）在他逝世后出版。

在这些讲稿的英译本中，讨论艺术哲学的有四卷，讨论宗教哲学和哲学史的各三卷，讨论历史哲学的有一卷。

在荷尔德林看来，黑格尔是一个具有平和且平凡的理解力的人。至少在日常生活中，他从未给人留下才华横溢的印象。他是个勤勉认真的人，做事有条不紊，也喜欢交际，从某种观点看，他实在是个诚实的中产阶级大学教授，一个好公务员的好儿子。可是，关于宇宙与人类历史的运动与意义的一种深刻洞见激发了他，使他献身于阐述此种洞见。这并不是说他是我们通常所说的那种梦想家。至少就哲学而言，诉诸神秘直观与感受这样的做法是他所厌恶的。他坚信形式与内容是统一的。他相信，对哲学而言，内容与真理只有在其系统的概念形式中才存在。凡是现实的就是合理的，凡是合理的就是现实的；我们只能在对实在所做的理性重构中才能领会到它本身。虽然黑格尔几乎没有采纳那些通过诉诸神秘的洞见而走了捷径的哲学，也没有采纳那些在他看来旨在教诲而不是系统地理解的哲学，但实际上，他呈现在人类面前的那幅关于宇宙的图画仍然是人们在哲学史中所能看到的最宏伟、最令人印象深刻的图画之一。从这个意义上说，他是一个伟大的梦想家。

2. 我们已经了解到，黑格尔还在学校时就已经被希腊精神所吸引。在大学时，这份吸引力明显地影响到黑格尔对基督教的态度。他从图宾根的教授那里听到的神学大多是基督教教义中适合于启蒙运动观念的部分，也就是带有一些圣经超自然主义成分或色彩的理性主义有神论。但是就像黑格尔所描述的一样，对他来说，被如此理解的宗教不但枯燥贫乏，而且也脱离了他们那一代人的精神和需求。他把这种宗教与希腊宗教做了不利的比较，希腊宗教根植于希腊民族精神中，并且构成了希腊文化不可分割的一部分。他认为，基督教是一种经书式宗教（book-religion），所提到的这本经书（也就是圣经）是异族的产物，它与日耳曼精神并不协调。当然，黑格尔并不是提议用原汁原味的希腊宗教来代替基督教。他想说的是，希腊宗教是一种民族宗教，它与民族的精神气质密切相关并且构成了该民族的一个文化要素，然而基督教，至少就他的教授呈现在他面前的基督教而言，却是从外部加诸而来的事物。此外，他认为基督教仇视人的自由与幸福，而且漠视美。

黑格尔早期表达出的那种对希腊精神与文化的热情很快就因为研究康德而改变。虽然他并没有放弃对希腊精神的赞美，但他开始认为希腊精神缺乏道德深度。在他看来，康德提供了道德深度与诚挚，与此同时，康德还阐述了一种道德宗教，这种道德宗教不需要承受教条和圣经崇拜带来的重负。显而易见，黑格尔的意思并不是说人类必须等到康德的时代才有了道德深度。相反，他认为基督教的创立者像康德一样强调道德。他在伯尔尼当家庭教师时写了《耶稣传》（*Das Leben Jesu*，1795），在这本书里，他把基督描绘为纯粹的道德教师，而且几乎是康德伦理学的阐释者。基督的确坚持认为自己拥有个人使命；但在黑格尔看来，只不过因为犹太人习惯于把一切宗教和道德洞见都当作天启，都当作是有某种神圣的起源，所以基督才被迫这么做。因此，为了劝服犹太人听从于他，基督必须把自己描绘为上帝的使者或信使。但他真正的意图既不是要把自己变成上帝和人之间唯一的中介，也不是要把天启的教条强加于人。

那么，基督教是如何被转变成一种威权主义的、教会组织的、教条化的系统呢？黑格尔在《基督教的实证性》（*Die Positivität der christlichen Religion*）一书中思考了这个问题，这本书的前两部分完成于 1795 年到 1796 年间，第三部分晚了些，是在 1798 年到 1799 年写成的。正如人们所料，黑格尔把基督教的这种转变大部分归于使徒们以及基督的其他门徒。他把这种转变的结果描述为人与其真正自我的疏离。通过把教义强加给信徒，思想自由丧失了；通过把道德法则视为外在强加的法则，道德自由消失了。此外，人被视为与上帝相疏离的。人只能凭借信仰、凭借教会的圣礼（至少在天主教是这样）才能实现与上帝的和解。

然而，在法兰克福时期，黑格尔对基督教的态度发生了某些变化，这表现在他的《基督教的精神及其命运》（*Der Geist des Christentums und sein Schicksal*，1800）里。在这篇文章中，犹太教及其律法主义的道德成了反面角色。因为在犹太人看来，上帝是主人，而人是必须执行主人的意志的奴隶。而在基督看来，上帝是爱，活在人心中；人与上帝的疏离就如同人与人的疏离一样，被爱的结合与爱的生命克服了。康德对法则与义务的坚持、对战胜激情与冲动的强调，现在在黑格尔看来表现了一种不适当的道德观念，而且其中包含着犹太人的观点中特有的主奴关系色彩。然而基督却超越了犹太人的律法主义和康德的道德主义。当然，黑格尔承认要有道德努力，但他的理想是，道德不应该再是一种对法则的服从，而应该成为那本身分有了无限神性生命的一个生命的自发表现。就道德的内容而言，基督并未废除道德，但他剥除了其律法主义的形式，用爱的动机取代服从法则的动机。

我们要注意，黑格尔的注意力已经指向了异化以及恢复已丧失的统一性这些论题。当他对比基督教与希腊宗教并批判前者时，他已经对任何一种把神的实在视作遥不可及的、纯粹超验的存在这类观点感到不满。在旅居伯尔尼的最后一段时间，他写了一本献给荷尔德林的诗集，题为《埃莱夫西斯》(*Eleusis*)，在这本诗集中他表达了自己对无限整体的感受。在法兰克福时，他把基督描绘成一个布道者，这个布道者宣扬通过爱的生命来克服人与上帝之间、无限者与有限者之间的鸿沟。绝对者是无限的生命，爱就是意识到了这个生命的统一，意识到了自身与这个无限生命的统一，也意识到了自身通过这个无限生命与其他人之间的统一。

1800 年，黑格尔仍在法兰克福时，他写了一些札记，这些札记后来被诺尔命名为《体系的片段》(*System-fragment*)。因为，根据黑格尔写给谢林的一封信中所提及的内容，诺尔和狄尔泰认为现存的札记描绘了一个完整的体系的梗概。这一结论所依据的证据似乎不够充分，至少，如果"体系"一词是按照黑格尔后来发展出的哲学来理解的话的确如此。可是这些札记仍然是相当重要且值得提及的东西。

165　　黑格尔正在努力尝试解决如何克服对立的问题，尤其是有限者与无限者之间的对立。如果我们把自己置于旁观者的立场上，那么生命的运动在我们看来似乎就是诸多有限个体的无限的、有组织的多样性状态，亦即自然界。我们的确可以很方便地把自然界描述为了反思和理解而设定的生命。但个体事物（它们组织起来就是自然界）是变动无常的、处于消逝中的。因此，思维作为一种生命形式，把事物之间的统一性看作一种无限的、创造性的生命，这种生命不被那影响着有限个体的必死命运所影响。

这创造性的生命就被称为上帝，它被设想为包含了诸多有限事物在自身之内，而不仅仅是概念的抽象。它也必须被界定为精神（Geist）。因为它既不是诸有限事物之间的外部连接者，也不是生命的纯粹抽象概念，不是一个抽象的共相。无限生命可以说是从内部把诸有限事物统一起来，但并没有毁灭它们。它是诸多有限事物的鲜活的统一。

这样，黑格尔就引入了一个在他发展出来的哲学中具有重要地位的术语——精神。但产生了这样一个问题：我们是否可以凭借概念思维统一无限者与有限者，既不使其中一方被消解于另一方之中，与此同时又真正地把二者统一起来。在所谓的《体系的片段》中，黑格尔主张说这是不可能的。也就是说，如果概念思维否定有限者与无限者之间存在鸿沟，那么它不可避免地倾向于把二者无差别地合并起来，或者把其中一个还原为另一个；而如果概念思维肯定二者是统一的，那么它不可避免地倾向于否定二者之间的区别。我们可以看出必须要有这样一种综合，这种综合所做的统一并没有排除掉区别，但是我们无法真正设想这种综合。要把多统一到一中而又不消解多，这种统一只有通过把它活出来才能达到，也就是说，通过人从有限生命到无限生命的自我提升才能达到。而这样的生命历程就是宗教。

由此得出的结论是：若缺失了宗教，哲学就会停滞，在这个意义上，哲学是从属于宗教的。哲学向我们展示了克服有限者与无限者之间的对立所需要的是什么，但它本身无法满足这种要求。为了满足此要求我们必须转向宗教，也就是转向基督教。犹太人把上帝客观化为一个位于有限者之上且外在于有限者的存在。这是错误的无限者观念，是一个"坏的"无限者。然而，基督却在他自身中发现了无限的生命，这无限生命是其思想和行动的根源。这才是正确的无限者观念，亦即把无限者视为内在于有限者并且把有限者包含在自身中。但这种综合只有像基督把它活出来那样才能达到——这就是爱的生活。有限者与无限者之间的中介是爱，而不是反思。黑格尔的确在此预示了通向他日后的辩证法的路径，但他同时也声称，完全的综合是超越反思的。

然而，如果我们预设了哲学要求克服它自己所设定的对立，那么就只能期盼哲学自身试着来满足这一要求。即使我们说爱的生活、宗教生活满足了这一要求，哲学也会试着去理解宗教做了什么，它是如何做的。这样，如果黑格尔不久就试图通过反思去完成他以前声称不可能完成之事，也就没什么好奇怪的了。要完成此任务，他所需要的是新的逻辑，这种逻辑能追随生命的运动，而不会让对立的概念停留在无法弥合的对立状态中。采纳这种新的逻辑意味着黑格尔从神学家过渡到哲学家，或者更准确地说，他从认为宗教是至高无上的、哲学缺了宗教就会停滞这种看法，过渡到思辨哲学是至高无上的真理这种看法。但问题仍然是一样的，亦即有限者与无限者之间的关系。把无限者视为精神这种观点也没有改变。

3. 大约来到耶拿六个月后，黑格尔发表了其著作《费希特与谢林哲学体系的差别》（1801）。其直接目的有两重：其一，指出这些体系确实不同，而不是像某些人认为的那样，是相同的；其二，指出谢林的体系代表了某种超越了费希特的体系的进步。不过，黑格尔对这些问题的讨论，很自然地使他对哲学的本质与目的进行了全面的反思。

黑格尔主张哲学的根本目的是克服对立与分裂。"分裂（Entzweiung）是**哲学需要**的来源。"[1] 如同黑格尔所说的那样，在经验世界，心灵发现差异、对立以及表面上的矛盾，它寻求建构一个统一的整体，以克服和谐的总体所经受的分裂。的确，分裂与对立在不同的文化时期以不同的形式呈现给心灵。这有助于解释不同体系所具有的独特特征。例如，在某个时期，心灵所面对的是灵魂与身体的分裂与对立；而在另一时期，同一类问题呈现为主体与客体、理智与自然之间的关系。但无论问题是以哪一种或哪几种特定的方式呈现出来，理性（Vernunft）的根本兴趣都是一样的，亦即达到一种统一的综合。

这实际上意味着："绝对者就是为了意识而被建构起来的；这就是哲

---

① 赫尔曼·格洛克纳（Hermann Glockner）所编《黑格尔文集》，第44页。除非另作说明，否则所给参考文献中黑格尔著作的卷数与页码指的都是赫尔曼·格洛克纳所编《黑格尔文集》的纪念版（26 vols, Stuttgart, 1928）中的卷数与页码。（以下简称《黑格尔文集》。此外，译者在翻译过程中，部分原文沿用或参考了国内已有中译本的翻译，如《精神现象学》沿用或参考了人民出版社2013年出版的先刚先生译本的译文，《小逻辑》沿用或参考了商务印书馆1997年出版的贺麟先生译本的译文，《法哲学原理》沿用或参考了商务印书馆1961年出版的范扬、张企泰先生译本的译文等。——译者注）

学的任务。"① 因为，综合最终必须把整个实在界包含在内。它不能通过取消有限者的一切实在性，或者通过把无限者还原为诸多有限的个别事物，从而达到克服有限者与无限者之间的对立这一目的，而必须通过可以说是把有限者整合到无限者中来实现这一目的。

但是立即就出现了一个困难。如果绝对者的生命是由哲学所建构的，那么其建构工具就是反思。然而，反思本身就倾向于作为知性（Verstand）而起作用，因而它会设定对立并使之一直存在。因此，必须使它与先验直观相结合，先验直观发现观念的事物与实在的事物、理念与存在、主体与客体是相互贯通的。这样，反思就被提升到理性的层次，而我们就有了一种思辨性的知识，它"必须被设想为反思与直观的同一"。② 黑格尔这么写，显然是受到了谢林的影响。

现在，如同黑格尔所了解的，在康德的体系中，我们一再地面对现象与本体、感性与知性等无法调和的二元论或对立状态。因此，对于费希特试图矫正这种状态的做法，黑格尔表示高度认同。例如，他晚期完全同意费希特剔除不可知的自在之物的做法，认为后者的体系是真正的哲学思考中的一项重要尝试。"如同在谢林的哲学里一样，在费希特的哲学里，哲学的绝对原理、哲学唯一的实在根基与稳固的立足点是理智直观，或者用反思性的语言来说，是主体与客体的同一性。在知识中，这种直观变成了反思的对象，这样，哲学的反思本身就是一种把自己变成自己的对象并与这对象统一的先验直观。因此，它就是思辨。所以，费希特的哲学是一项真正的思辨产物。"③

然而，虽然费希特明白思辨哲学预设了一个终极的统一，而且这种预设是从同一性原理出发，但"同一性原理并不是其体系的原理：当其体系开始建构时，同一性就消失了"。④ 在意识的理论演绎中，所演绎出来的只是对于客观世界的观念，而不是世界本身。留给我们的只有主观性。

---

① 《黑格尔文集》，第一卷，第50页。
② 同上，第69页。
③ 同上，第143—144页。
④ 同上，第122页。

在意识的实践演绎中，呈现给我们的的确是一个实在的世界，但是自然界被设定为仅仅是自我的对立物。换句话说，留给我们的是一个尚未解决的二元论状态。

而在谢林这里，情况就很不一样。因为"同一性原理是谢林**整个体系**的绝对原理。哲学与体系相吻合：同一性既没有在各个部分中丧失，更不会在结果中消失"。[①] 也就是说，谢林是从作为主观性与客观性之同一的绝对者这个观念开始的，而且该观念一直作为其体系的各个部分的主导观念。在自然哲学里，谢林指出，自然界不只是观念的对立者，而是，虽然它是实在的，但它也彻头彻尾是观念性的：它是可见的精神。在先验观念论体系里，谢林指出主观性是如何把自身对象化的，观念的如何同时也是实在的。这样，他的全部体系自始至终都主张同一性原理。

在黑格尔那些讨论费希特与谢林体系的著作中，的确有他与谢林之间产生分歧的迹象。例如，显然，对黑格尔来说，理智直观并不意味着对一个黑暗的、无法测度的深渊的神秘直观，也不意味着一切差异的消失点，毋宁说是理性的洞见，洞见到那些相对立的事物是那个唯一的、无所不包的绝对者的生命之某一片段。但由于写作这本书的目的是要证明谢林的体系比费希特的体系更具优越性，所以黑格尔自然没有明确表示他与谢林之间的分歧。然而他自己立场的独立性在他耶拿时期的讲演中已经清楚地显露出来了。

例如，黑格尔在耶拿的讲演里论证说，如果把有限者与无限者设定为彼此对立的，就像两个对立的概念那样，那么就没有从一边过渡到另一边的通道了。综合也就不可能了。但实际上，如果不同时思考无限者，我们就不能思考有限者：有限者这个概念不是一个自足的、孤立的概念。有限者受到不同于它自身的对象的限制。用黑格尔的话来说，它受到否定的影响。但有限者又不仅仅是否定。因此，我们必须否定这否定。而在否定这否定时，我们就肯定了有限者不仅仅是有限的。也就是说，有限者是无限者生命中的一个片段。由此可以推论出，要建构绝对者的生命（这是

---

① 《黑格尔文集》，第一卷，第122页。

哲学的任务），就是要在有限者中、通过有限者来建构它，也就是要表明，绝对者如何必然在人类心灵中、通过人类心灵，把自己表现为精神、表现为自我意识。因为，虽然人类心灵是有限的，但它同时又不只是有限的，它能够达到这样的立足点——在这一立足点上，它可以说是绝对者认识自身的工具。

当然，就某种程度而言，这与谢林的哲学是一致的。但二者之间也存在重大差异。对谢林而言，绝对者本身是超越概念思维的，我们必须通过否定的方法接近绝对同一者，这种否定的方法也就是要抛开有限者的属性或区别性特征。[①] 对黑格尔而言，绝对者不是一个我们不能进一步言说的同一者：绝对者是其自身在有限者中、通过有限者而自我表现或自我显示的整个历程。因此，我们在《精神现象学》的序言中发现他强烈拒斥谢林对绝对者的看法，这就不足为奇了。序言中的确没有提到谢林的名字，但所指的对象是非常清楚的。谢林自己清楚这点，他感到深受伤害。黑格尔说到，用以建构绝对者的是单调的形式主义和抽象的普遍性。所有的重点都放在了带着空洞的同一形式的普遍者之上。"而且我们看到，思辨的沉思被等同于将有区别与有规定性的东西消融，或者说，等同于将其干脆地、不加证明地抛入空虚的深渊。"[②] 认为某物在绝对者中，就是认为该物被消融进无差别的自我同一的统一体中。但是，"把'在绝对者中一切同一'这一知识拿来对抗那种有确定性的、完成了的知识，或者至少是对抗那些寻求、要求完成的知识——或是把绝对者说成黑夜，就像人们通常所说的一切牛在黑夜里都是黑的那个黑夜一样——这就是空洞知识的幼稚性"。[③] 我们之所以能认识绝对者，并不是通过把自己投入神秘的黑夜里。我们只有通过理解绝对者的确定内容，理解绝对者在自然界与精神中的自我发展的生命，才能逐渐认识它。在其自然哲学和先验观念论中，

① 不用说，这指的是谢林在十九世纪初持有的哲学观念。
② 《黑格尔文集》，第二卷，第21页；《精神现象学》，第79页。此处或以后提到《精神现象学》一书时，指的是 J. B. 贝利（J. B. Baillie）所翻译的此书的英文版。但这并不意味着我一定会照搬这个版本的译文。其他地方提到英文标准译本的时候也是这样，列出这些标准译本只是为了方便读者，但我不一定会参照它们的译文。
③ 《黑格尔文集》，第二卷，第22页；《精神现象学》，第79页。

谢林的确思考了确定的内容，而且关于这些确定的内容，他还试图系统地证明观念与实在是同一的。但他设想自在的绝对者是一个空洞的同一者，是一切差别的消失点，至少就概念思维而言是如此。而在黑格尔看来，绝对者不是一个不可测度的实在，就好像是存在于其确定的显示之上、存在于其确定的显示之后一般：绝对者**就是**它自身的自我显示。

4. 上述这点对理解黑格尔非常重要。哲学的主题的确是绝对者。但绝对者是整体，是整个实在界，是宇宙。"哲学关心的是真，而真即是全体。"[①] 再者，这整体或全体是无限的生命，是一个自我发展的过程。绝对者是"它自己的生成过程，是一个将其终点预设为其目的，并以其终点为其出发点的圆圈。它只有通过自身的发展并达到了自身的终点，才能成为具体或现实的"。[②] 换句话说，实在是一个目的论过程；理想的结果预设了整个过程并把意义赋予它。我们的确可以说，绝对者"本质上是一个结果"。[③] 因为如果我们把这整个过程看作一个本质的自我展开、看作一个永恒理念的自我实现，那么我们就能明白，正是这一过程的结果或终点揭示了绝对者究竟是什么。没错，这整个过程就是绝对者；但是在一个目的论过程中，显示出其本质和意义的是终极目的。哲学对这个目的论过程的理解，必须采取一种系统性的理解形式。"只有真理存在于其中的那种真正形式才是真理的科学体系。"[④]

现在，如果我们说绝对者是整个实在界，是宇宙，那么，我们似乎倒向了斯宾诺莎主义，倒向了那种认为绝对者是无限实体的主张。但在黑格尔看来，这是一种对绝对者的很不恰当的描述。"在我看来——我的这种看法的正确性只有通过对体系本身的阐述才能证明——一切问题的关键在于：不仅把真实的东西理解、表述为**实体**，而且也将其理解、表述为**主体**。"[⑤] 但是，如果绝对者是主体，那么它的客体是什么呢？唯一可能的答案是，它自己就是自己的客体。在这种情况下，它是那思考着它自身

---

① 《黑格尔文集》，第二卷，第 24 页；《精神现象学》，第 81 页。
② 同上，第 23 页；同上，第 81 页。
③ 同上，第 24 页；同上，第 81 页。
④ 同上，第 14 页；同上，第 70 页。
⑤ 同上，第 22 页；同上，第 80 页。

的思维，是自我思考的思维（self-thinking Thought）。这么说就等于说绝 171
对者是精神，是无限的自明主体或无限的自我意识主体。在黑格尔看来，
"绝对者是精神"这一陈述是对绝对者的最高定义。

当黑格尔说"绝对者是自我思考的思维"时，很显然他是在重复亚
里士多德对神的定义，当然，他自己很清楚这一点。但如果我们认为黑格
尔所想的是超验的神，那就大错特错了。正如我们已了解到的，绝对者是
整体，是整个实在；而这个整体是一个过程。换句话说，绝对者是一个自
我反思的过程：实在逐渐认识它自身。而实在是在人的精神中、通过人的
精神认识自身的。自然界总的来说是人类意识的一个必要前提：它提供了
客观领域，如果没有这样一个领域，那么主观领域就不可能存在。但二者
都是绝对者的生命片段。在自然界中，绝对者可以说是把自己转化到或表
现在客观性之中。黑格尔不可能主张自然界是非实在的，或者只是主观主
义意义上的观念。在人类意识这个领域中，绝对者回到了它自身中，也就
是说回到了精神中。而人的哲学反思即是绝对者之自我认识。也就是说，
哲学史是一个这样的过程：通过这个过程，绝对者——实在整体——逐
渐思考它自身。哲学的理性逐渐明白，宇宙的整个历史以及人类的整个历
史乃是绝对者的自我展开。而这一洞见即是绝对者对它自身的认识。

我们也可以用另一种方式来说这件事。黑格尔同意亚里士多德的看
法：上帝是自我思考的思维，[①]而这一自我思考的思维就是作为世界的目
的因引导着世界的终极目的或终点。但是，对亚里士多德来说，自我思考
的思维可以说是一个已经建构起来了的自我意识，它并不依赖于世界；然
而，对于黑格尔来说，自我思考的思维并不是一个超验的实在，而毋宁说
是宇宙对它自身的认识。实在的整个过程是一个以实现自我思考的思维为
目标的目的论运动；就这个意义而言，自我思考的思维就是宇宙的终极目
的或终点。但它是一个内在于这整个过程之中的目的。绝对者——宇宙
或整体——的确可以被定义为自我思考的思维。但它是一种逐渐开始思
考自己的思维。就这个意义而言，我们可以说（正如黑格尔所说的那样），

---

① 黑格尔经常把绝对者说成"上帝"。但他对宗教语言的使用并不必然意味着他把绝
对者看作有神论意义上的人格性的神。这个问题我们以后会讨论。

绝对者本质上是一个结果。

172　　　　因此，说绝对者是自我思考的思维就是断言观念与实在是同一的，断言主观性与客观性是同一的。但这是差别中的同一，而不是空洞的、无差别的同一。精神在自然里看到了它自身：它把自然看作绝对者的客观显示，这种客观显示是绝对者自身之存在的一个必要条件。换句话说，绝对者认识到它自己是整体，是它自己的整个变化过程；但同时它也明白自己生命各个阶段的区别。它认识到自己是有差别的同一，认识到自己是把各个可区分的不同阶段都包含在自身之中的统一体。

　　　　正如我们已经了解到的一样，哲学的任务是解释绝对者的生命。也就是说，哲学必须系统地展示出宇宙理性在自然界及人的精神领域中的动态结构以及目的论过程或目的论运动，而其顶点乃是绝对者对自身的认识。当然，这并不是说哲学要重新去做经验科学或历史已经完成的工作，或者说哲学要比它们做得更好。哲学已经预设了这些知识。毋宁说，哲学的任务是弄清楚那内在于通过其他方式获得的认识材料的基本目的论过程，弄清楚赋予这些材料形而上学意义的那种基本过程。换句话说，哲学必须系统地展示出无限理性在有限者中、通过有限者而完成的自我实现活动。

　　　　现在，如果就像黑格尔相信的那样，凡是合理的就是现实的、凡是现实的就是合理的，意即实在是无限理性、自我思考的思维实现自身所必须经历的过程，那么我们可以说，自然与人的精神领域就是永恒理念或永恒的本质在其中显示自身的场所。也就是说，我们可以区分被实现的理念或本质以及使它们得以实现的场所。这样，我们就有了这样一幅图画：永恒理念或逻各斯（Logos）在自然以及精神中显示自身。在自然里，逻各斯可以说是过渡为客观性，过渡为物质世界——过渡到它自身的对立面。在精神（人的精神领域）中，逻各斯回复到自身中，意即它将自身显示为它本质之所是。这样，绝对者的生命包含三个主要阶段：逻辑上的理念、概念或总念（Notion），① 自然界，精神。而哲学体系也将分为三个主要部

————

① "理念"（Idea）一词在黑格尔那里有不同意义。它可以指逻辑理念，也可称为概念（Concept, Begriff）或总念（Notion）；也可以指实在的整个过程，该过程被视为理念之实现；或者它也可以主要指这一过程的终端。

分：一是逻辑学，对黑格尔来说这就是形而上学，意即它研究的是"自 173
在的"绝对者的本性；二是自然哲学；三是精神哲学。这三个部分共同构
成了对绝对者的生命的哲学解释。

如果我们谈论永恒理念在自然和精神中"显示其自身"，那么很显然
我们有这样的意思：逻各斯拥有属于它自身的、独立于诸事物的本体论地
位。当黑格尔使用宗教语言（就像他经常做的那样）并把逻辑理念说成是
自在的上帝时，他不可避免地给人留下这样的印象：对他来说，逻各斯是
把自身外在地显示于自然界中的一个超验的实在。但是他如此频繁地使用
宗教语言并不必然证明上述推断是正确的。不过，我不打算在这里讨论这
个有争议的问题。我们可以先将下述问题悬置起来：那构成黑格尔逻辑学
中最高范畴的自我思考的思维，能否被恰当地视为是独立于有限事物而
存在的？现在只需注意到哲学的三个主要阶段每个都与绝对者相关就足够
了。逻辑学研究的是"自在"的绝对者；自然哲学研究的是"自为"的绝
对者；精神哲学研究的是"自在自为"的绝对者。它们共同构成了对绝对
者生命的完整解释。

当然，哲学必须以概念的形式展示此生命。哲学没有其他的形式可
以用来呈现此生命。如果绝对者的生命是一个自我实现的必然过程，那么
这种必然性必须反映在哲学体系中。也就是说，哲学必须表明概念 A 产
生了概念 B。如果绝对者是整体，那么哲学必须是一个自足的体系，该体
系必须显示出绝对者既是起点也是终点这一事实。一种真正充分的哲学将
是整个真理体系，是全部真理，是对绝对者生命的完全的、概念性的反
思。事实上，它将是绝对者在人的心灵中、通过人的心灵对自身的认识；
它将是实在整体的自我传达。因此，根据黑格尔的原则，并不需要比较绝
对哲学与绝对者——就好像前者是对后者所做的纯粹外在的解释，以至
于我们必须比较二者，来看看哲学是否与它所描述的实在相符。因为，绝
对哲学**就是**绝对者对自身的认识。

但是，如果我们说哲学必须以概念的形式来展示绝对者的生命，那 174
么马上就会出现一个困难。正如我们所了解的一样，绝对者是差别中的同
一。例如，它是无限者与有限者之差别中的同一，是一与多之差别中的同

一。但是无限者与有限者的概念，就像一与多的概念一样，看起来是互相排斥的。因此，如果哲学运用的是定义清晰的概念，那么它如何能够解释绝对者的生命呢？而如果哲学运用的是定义含糊的、不明确的概念，它又如何能够成为理解一切事物的一个适当工具呢？如果同谢林一样声称绝对者是超越概念思维的，岂不是更恰当？

在黑格尔看来，此种困难的确在知性（Verstand）层面上出现了。因为知性所设定并使之持存的概念是如此固定、如此静态的概念，以至于它自己不能克服自己所设定的这种对立。举一个我们前面已经提到的例子，就知性而言，有限者与无限者的概念无法取消地相互对立。如果是有限的，那么就不是无限的；如果是无限的，那么就不是有限的。但我们由此得出的结论是知性并不是对于发展思辨哲学而言充分而适当的工具，而不是得出结论说哲学是不可能的。显然，如果从广义上来把握"知性"这一术语，那么哲学就是理解。但是如果这一术语被把握为狭义的知性，那么以此方式运作的心灵就无法产生出（广义的）知性，而后者正是或者说应该是哲学的特征。

当然，黑格尔并不是要否认知性在心灵作为知性而运作这个意义上，在人的生活中有其用处。出于实践目的，坚持明晰的概念、坚持对立往往是很重要的。实在之物与表面之物之间的对立也许是一个很好的例子。而且，许多科学工作（例如数学）就是建立在知性之上的。但是当心灵试图去把握绝对者的生命、把握差别中的同一时，情况就不一样了。心灵不再满足于知性的层次——在黑格尔看来，这是表面层次。它必定更深入地穿透到作为实在的诸范畴的那样一些概念中去，然后它会看到，一个概念如何倾向于过渡到或唤起它的对立概念。例如，如果心灵可以说是真正透彻地思考了无限者这个概念，那么它就会看到，无限者会丧失其严格的自足性而有限者的概念就显现出来了。同样，如果心灵真正透彻地思考了那与现象相对的实在，那么它就会看到实在的一个荒谬或"矛盾"的性质——从来不会自我呈现或显示出来。此外，对于常识或实践生活而言，某一事物是区别于其他一切事物的；它是自我同一的，并且否定其他一切事物。只要我们不关心去思考上述观念真正意味着什么，那么这一观念就有其实际用处。但是，一旦我们真正试图思考它，那么我们就会看到，"一个完全孤立的事物"这样的概念是荒谬的，于是我们不得不否定原来的否定。

因此，在思辨哲学中，心灵必须把自身从狭义上的知性层次提升到辩证思维的层次，后者克服了知性概念的僵化，并且理解概念是可以产生或过渡到其对立面的。唯其如此，它才能把握绝对者的生命，因为在绝对者的生命中，一个阶段必然过渡到另一个阶段。但这显然还不够。如果对于知性而言，概念 A 和 B 是不可消除地对立着的，而对于更深层次的辩证思维而言，A 可以过渡到 B 且 B 可以过渡到 A，那么就必须有一个更高的统一或综合，这个统一或综合能够在不取消它们之间差异的同时把它们统一起来。理性的功能就是去把握这一差别中的同一。因此，哲学需要通过辩证思维把知性提升到理性或思辨思维的层次，后者能够领会差别中的同一。①

可能我们不需要再做此补充说明：从黑格尔的观点看，这不是要凭空产生一种新的逻辑，以便他能建立一种已经预先形成的关于实在的任意看法。因为他由衷地相信，辩证思维能够更深刻地理解实在的本性，这种理解超过了狭义的知性所能达到的程度。例如，对黑格尔来说，情况并不像下述这样：只是因为一个预先形成的信念认为无限者在有限者中、通过有限者而存在，所以就坚称有限者的概念必须过渡到或唤起无限者的概念。因为，他相信如果不把有限者与无限者联系起来，我们就无法真正地思考有限者。不是我们对概念做了什么，好像跟它玩了把戏一样；而是概念自身不再僵化，并且在心灵专注的凝视下解体了。此事实向我们显示了有限者的本性：它具有形而上学意义。

176

在他对辩证思维所做的解释中，黑格尔对"矛盾"一词的使用相当令人困惑。他说，通过他所谓的否定的力量，会从一个知性概念中产生出一个矛盾。也就是说，当概念丧失其严格性与自足性而过渡到其对立面

---

① 康德与黑格尔对"知性"和"理性"这两个术语的使用并不完全相同。除此之外，康德对理性漫无边际的遐想表示怀疑，但他承认理性的实践功能；与康德相比，黑格尔则贬低知性，但却承认知性的实践用途；二者的这些差异比较清楚地显示了他们各自对思辨形而上学的态度。

时，概念中所隐含的矛盾就变得明显了。此外，黑格尔毫不犹豫地说，矛盾似乎不仅仅呈现在概念思维或我们关于世界的论述中，而且也呈现在事物本身中。如果辩证法反映了绝对者的生命，那么从某种意义而言，的确必须是像上述这样。而且，对黑格尔的思想而言，对矛盾所扮演的角色的坚持并不仅仅是偶然附带的。因为矛盾的产生可以说是辩证运动的原动力。对立概念之间的冲突、这种冲突在一个综合中的解决、这一综合又产生出另一个新的矛盾——这一特征驱使心灵不停歇地迈向一个理想的终点，一个包罗万象的综合的、完备的真理体系。但是，正如我们已经注意到的一样，这并不意味着矛盾与冲突只限于对实在界的讨论。例如，当哲学考察人类历史时，也发现了一种正在进行的辩证运动。

黑格尔如此使用"矛盾"一词使得一些批评他的人指责他说：他通过主张矛盾的概念或命题能够并列，从而否定了逻辑的不矛盾律。对这一指控的反驳通常是指出，在黑格尔看来，正是由于心灵不可能满足于纯粹的矛盾，所以这才迫使它迈向了一个能克服矛盾的综合。但是如此回答可能会招致这样的反驳：黑格尔并不认可费希特的这种倾向，即认为在辩证思维过程中产生的矛盾或二律背反只是表面的。相反，黑格尔坚持它们的实在性。而在综合里，所谓的互相矛盾的概念都被保存下来了。然而反过来看，也可以回答说，虽然这些互相矛盾的概念都被保存下来了，但它们并不是被保存在互相排斥的关系中。因为在更高级的综合里，它们将会被显示为本质上必不可少的、互补的环节。就此意义而言，矛盾被消解了。因此，简单地断言黑格尔否定了不矛盾律，是一种很不准确的看法。黑格尔所做的是为此原则提供一个动态的解释，以取代知性层次所特有的静态解释。虽然这一原则在辩证思维中起作用，但它是作为一个运动的原则在起作用。

这项讨论仍可继续延伸下去。但是，如果我们不先考察黑格尔在致力于展开其辩证哲学而非抽象地谈论辩证思维时，他实际上是从什么意义上来理解"矛盾"这一术语的，那么这种延伸的讨论就将是不得要领的。而众所周知的事实是，这样一个考察的结果表明，黑格尔在使用这一术语时并没有一个单一、精确且不变的意义。有时我们的确发现了言语上的矛盾。他说存在（Being）这个概念引发了并转变为非存在（Not-Being）这个概念，而非存在这个概念又转变成存在这个概念。而这一辩证的来回震荡就产生了生成（Becoming）这个概念，这个概念综合了存在与非存在。但是，正如我们在下一章里讨论黑格尔的逻辑学那节将会看到的一样，无论我们赞同还是反对黑格尔所说的，这一辩证活动的意义都是很容易理解的。况且，黑格尔所谓的矛盾，更多的时候指的是"对立"（contrary），而不是"矛盾"（contradiction）。这一观念指的是，一个对立者要求另一个与之对立的事物；不论这种观念是真的还是假的，都不等于对不矛盾律这一原理的否定。此外，所谓的相互矛盾或对立的概念，可能只是彼此互补的概念。一个片面的抽象概念引发了另一个片面的抽象概念。二者的片面性在综合里被克服了。再者，认为每一事物都是矛盾的这个陈述有时可能也带有这样的意思：一个处于完全孤立状态的、脱离其基本关系的事物将是不可能的，而且是"矛盾的"。理性不能停留在完全孤立的有限事物这样的观念里。在此，也不存在对不矛盾律这一原理的否定。

　　在差别中的同一这一阶段的辩证发展中，我们已经使用了"综合"这个词。但是，事实上"正题""反题""合题"这些术语更能体现费希特的特征，而不是黑格尔的，后者很少使用这些术语。可是，对黑格尔体系所做的最粗略的考察将显示出他预设了三段式。这样，绝对者的生命就被构造为这样三个主要阶段：逻辑理念、自然、精神。而每一个阶段又被划分为三段式。再者，这整个体系是一个必然的发展，或者以必然的发展为目标。也就是说，对哲学反思而言，一个阶段把自己显示为通过一种内在必然性而要求下一阶段的出现。这样，至少在理论上，如果我们从逻辑的第一个范畴出发，那么辩证发展的内在必然性就迫使心灵不仅朝向逻辑的最终范畴前进，而且也朝向精神哲学的终极阶段前进。 178

　　对于黑格尔所设想的三段式发展，我们或许会认为它是不必要的，而且有时还会产生高度人为的后果，不过我们显然必须承认，事实上黑格尔就是按照三段式来发展他的体系的。然而，他按照这种模式来发展他的体系固然是事实，但这显然并不蕴涵着这种发展一直具有黑格尔暗示它所应该具有的那种必然性。如果它不具有这种必然性，这也是很容易理解的。因为，例如当黑格尔关注的是在艺术或宗教中的精神生命时，他面对着他从相关来源中接受的诸多历史材料，继而根据辩证模式来解释这些材料。显而易见的是，可以有很多种方式来组合及解释这些材料，其中任何一种方式都不具有严格的必然性。要发现最好的方式，毋宁说是通过反思与洞见，而不是通过严格的演绎。这样说并不必然是指责黑格尔实际上的做法。因为，实际上他对大量材料的解释有时可能是对我们有所启发的，而且也时常能激发我们的灵感，即便当我们不同意这些解释时也是如此。可是，虽然他宣称哲学是一个必然的演绎体系，但其辩证法各阶段间的过渡却并不总是有他所声称的那种逻辑形式，虽然我们持续观察到的这同一种外在模式（亦即三段式的排列）往往掩盖了其中潜在的复杂性。

　　当然，当黑格尔宣称哲学是或者应该是一个必然的演绎体系时，他真正的意思并不是说这是一种能由机器计算出来的演绎体系。如果哲学是一种能由机器计算出来的演绎体系，那么它将属于知性的领域而不是属于理性的领域。哲学所关心的是绝对精神的生命，而如果要辨识出此生命（比如说在人类历史中）的展开，那么先验演绎显然是不够的。经验性的材料不能由哲学来提供，虽然哲学辨识出了在此材料中把自身实现出来的目的论模式。可是黑格尔体系的整个辩证运动应该，至少从理论上说应该，通过自己的内在必然性把自己强加到心灵之上。否则该体系很难像黑格尔所声称的那样，自己就能证明自己。不过，显而易见的是，黑格尔是带着某些信念来思考哲学的：比如，凡是合理的就是现实的、凡是现实的就是合理的，又如，实在界是无限理性的自我显示，以及无限理性是在历史过程中实现自身的自我思考的思维。黑格尔的确主张说，这些信念的真实性已在其体系中被证明出来。但我们也可以论证说，这体系其实是依赖于这些信念的；这一观点也是下述事实——黑格尔对其一般形而上学框架所做的经验性证明没能打动那些并不赞同其最初信念的人，或者至少没能打动那些对其最初信念不抱有同情理解的人——的主要原因之一。因为他们觉得，黑格尔对这些材料的解释受制于一个预先设想的框架，而且即使这一体系是一项卓越的杰作，它充其量也只不过表明了：如果我们已经决定了整个实在界具有某种性质，那么我们应该依据什么路线来解释实在界的种种不同方面。当然，如果这一体系真的表明黑格尔对实在界之过程的解释是唯一满足理性要求的解释，那么上述批判就是无效的。但如果没有确定"理性"一词的含义（而这样做又是以待解决的问题为论据了），那么该体系是否能表明黑格尔的体系是唯一满足理性要求的体系，就也许很值得怀疑了。

我们或许想要忽略或撇开黑格尔关于体系之辩证发展所具有的内在必然性的理论，而去认为，他的哲学不过是心灵满足于下述这种冲动的方式：想要从概念上掌控全部经验材料之财富，或者想要解释世界整体以及人与世界整体的关系。这样，我们就能把它与其他对宇宙的宏观解释或宏观洞见相比较，试着寻找评判它们的标准。虽然这个步骤在许多人看来都是非常合理的，但是它并不符合黑格尔自己对其哲学的评估。因为，即使他并不认为他提出的哲学体系就是在其终极形式中的全部真理，但他的确认为该体系代表了绝对者之不断发展着的自我认识到当时为止所达到的最高阶段。

这或许看起来是个特别奇怪的概念。但我们必须记住，黑格尔认为绝对者是差别中的同一。无限者在有限者中、通过有限者而存在，无限理性或无限精神在有限精神或有限心灵中、通过有限精神或有限心灵认识它自己。但是，并不是每一种由有限心灵发展出来的思维，都可以说构成了无限的绝对者的自我认识发展中的一个阶段。人对绝对者的认识才是绝对者对自身的认识。然而，我们不能说任何一个有限心灵对绝对者的认识，都与绝对者对自身的认识相同。因为后者超越了任何一个或一群被给定的有限心灵。例如，柏拉图和亚里士多德去世了。但是按照黑格尔对哲学史的解释，他们各自对实在的领会中的基本要素，经过许多个世纪已被吸收进整个哲学的辩证运动内并且持续存在于其中。这一发展运动才是绝对者发展着的对它自身的认识。这运动并不是脱离一切有限心灵而存在的，但很明显，它并不局限于任何一个或一群被给定的心灵范围内。[①]

5. 因此，我们可以说，人类的心灵上升到了分有绝对者的自我认识

180

---

① 我并不是要暗示说，对黑格尔而言哲学是领会绝对者的唯一方式。艺术与宗教也可以做到。但在当前语境下，我们所关心的只是哲学。

这个高度。有些学者或多或少基于有神论的观点来解释黑格尔。也就是说，他们对黑格尔的理解是，黑格尔认为上帝完美地洞见自身这件事是全然独立于人的，虽然人能够参与、分有这种自我认识。但我在此对黑格尔的解释是，他的意思是说，人对绝对者的认识与绝对者对其自身的认识是同一个事情的两个方面。然而，即使根据这样的解释，我们仍然可以说，有限的心灵上升到了参与、分有神的自我认识的高度。因为，正如我们已经了解到的一样，并不是人心灵中的每一种观念或思维都可以被视为绝对者之自我认识的一个阶段。并不是每个层次的意识都参与、分有了上帝的自我意识。要达到这种参与、分有，有限的心灵必须提升到黑格尔所谓的绝对知识的层次。

在这种情况下，要追溯意识从低层次上升到高层次的连续阶段是可能的。这也就是黑格尔在《精神现象学》中所做的，这部著作也可以说成是一部关于意识的历史。如果我们考察的是心灵及其活动本身，没有将之与任何对象联系起来，那么我们所涉及的就是心理学。然而，如果我们将心灵设想为本质上与外在或内在的对象相关联，那么我们所关心的就是意识。现象学就是讨论这种意识的科学。黑格尔以自然的、非科学的意识为出发点，进而追溯此意识的辩证运动，从而表明，较低层次的意识是如何根据更为充分的观点而被包含进较高层次的意识中，直到我们抵达绝对知识的层次为止。

从某种意义上说，《精神现象学》可视为一篇哲学导论。也就是说，它系统地追溯了意识发展到我们可以恰当地称之为哲学意识的过程。但是，它并不是对哲学思考做一种外在准备这种意义上的哲学导论。黑格尔并不相信这个意义上的哲学导论是可能的。无论如何，该著作本身就是持续的哲学反思的一个杰出范例。我们或许可以说，它是哲学意识对自身的起源所做的现象学反思。此外，即使这一著作在某种意义上是黑格尔的体系所要求的那种观点的一个导论，其中也仍有一项重叠。黑格尔的体系为意识现象学找到了一席之地，《精神现象学》包含了大量对黑格尔后来更为详细地处理的材料的概述。宗教意识就是一个恰当的例子。最后，无论我们如何发挥想象力，都不可能把《精神现象学》说成是一部易于掌握的哲学著作这个意义上的哲学导论。相反，它是一部深刻的作品，而且常常很难理解。

与意识的三个主要阶段相对应，《精神现象学》被分为三个主要部分。第一个阶段是意识到对象作为与主体相对立的感性事物。黑格尔用"意识"（Bewusstsein）命名这一阶段。第二阶段是自我意识（Selbstbewusstsein）。在这个阶段，黑格尔谈论了很多关于社会意识的内容。第三个阶段是理性，它被表述为前两个阶段在一个更高的层次上的合题或统一。换句话说，理性是客观性与主观性的合题。无须说，这部著作中的每一个主要部分都有其进一步的划分。而黑格尔的一般步骤是，首先在一个给定的层次上描述意识的自发性态度，然后对它进行分析。分析的结果是将心灵驱入下一个层面，而这下一个层面被视为更为充分的态度或观点。

黑格尔以他所说的感性确定性为出发点，感性确定性是感官对特殊对象所做的不加批判的领会，对于朴素的意识而言，这种领会似乎不仅是最确定、最基本的知识，而且也是最丰富的知识。但他论证说，分析的 182 结果表明它实际上是一种特别空洞且抽象的知识。虽然朴素的意识相信自身是通过感观领会而直接获悉某一特殊事物，但是，当我们试图说出我们所获悉的是什么时，也就是说，当试图描述那个我们声称自己直接获悉的特殊对象时，我们发现只能用普遍性的术语来描述它，而这些术语也能应用于其他事物。当然，通过使用像"这个""这里""现在"这样的语词，也许还伴随着一个指示性的手势，我们似乎可以试着把一个对象固定下来。但过了片刻，同样的语词又可以应用到其他对象上。黑格尔论证说，的确，即使要赋予像"这个"这样的语词某项真正的特定含义都是不可能的，无论我们多么希望这样做，也无论我们如何试图这样去做。

我们可能想说，黑格尔只是让我们注意语言的某一特征。当然，他很清楚地知道自己是在谈论有关语言的事。但他关心的主要是认识论。他想要表明，"感性的确定性是最卓越的知识"这种观点是一种臆造的观点。他由此得出结论说，意识的这一层次在迈向成为真正的知识的道路上，必须过渡到知觉的层次，在知觉中，对象是被视为诸不同属性或性质之核心的某项事物。但对这一层次的意识所做的分析表明，只要我们仍然停留在感觉层次，就无法以任何令人满意的方式来调和在上述关于对象的看法中所假定的这两种成分——统一性与多样性。因此，心灵是历经了种种不同阶段才过渡到科学性的理解这一层次，科学性的理解诉诸超现象的或无法观察的实体去解释感性现象。

例如，心灵把感性现象看作对隐藏着的力量的显示。但是，黑格尔主张说，心灵无法停留在此而不继续朝着关于规律的观念前进。然而自然规律是我们整理及描述现象的方式；它们并非解释性的。因此，它们无法履行它们被要求去履行的职能，亦即解释感性现象。黑格尔的意思显然不是要否定自然规律的概念在适当的层面上具有有用的功能。但自然规律没有提供在他看来心灵所寻求的那种知识。

183　　最后，心灵发现，那被要求去解释感性现象的整个超现象领域都是知性自身的产物。这样，意识就转回到现象背后的实在之中，也就是转回到它自身中，进而成为自我意识。

黑格尔以欲望（Begierde）这一形式开启对自我意识的探讨。自我仍然关心外在对象，但这种关心以欲望为特征：自我要使对象从属于自己，要使它有助于满足自己，要占有它，甚至消耗它。这种看法的确能够在有生命的事物及无生命的事物的关系上得到表现。但是，当自我面对另一个自我时，这种看法就崩溃了。因为在黑格尔看来，他者的在场对自我意识而言是必不可少的。只有自我在自己与他者中辨认出自我性，才可能产生成熟的自我意识。因此，它必须表现为真正的社会意识或我们-意识（we-consciousness）的形式，在自我意识的层面上承认差别中的同一。但是在意识的这个阶段的辩证演化中，成熟的自我意识并不是直接达到的。而黑格尔对意识发展之相继阶段的研究成为《精神现象学》中最有趣、最有影响力的部分之一。

我们已经提到过，另一个自我的存在是自我意识的一个条件。但是，当一个自我面对另一个自我时，其最初的自发反应是维护自己的存在而对抗他者。这一个自我意欲取消或消灭其他的自我，以便能成功地维护它自身的自我性。但如果按字面意义摧毁其他自我，那么反而会使它无法达成自己的目的。因为对自身的自我性的意识必须要以另一个自我对这种自我性的承认为条件。这样就产生了主奴关系（master-slave relationship）。主人就是那个成功地从他人那里获得了承认的人，亦即他把自己作为他人的价值强加给他人。奴隶就是那个在他人中看到自己的真正自我的人。

然而吊诡的是，最初的情况发生了变化。而它必定要这样改变，因为有矛盾隐藏在其中。一方面，由于主人不承认奴隶是实在的人，因而主人无法得到他对自身的自由的承认，而他对自身的自由的承认是他最初所要求的，也是其自我意识的发展所必需的。这样，他就把自己贬低到一种低于人的境况中。另一方面，奴隶由于执行了主人的意志，从而通过转变物质事物的劳动而把自己对象化。这样，他就塑造了自己并上升到了真正的实存的层次。[①]

184

显然，主奴关系这个概念有两个方面。它可被视为意识的抽象辩证发展中的一个阶段。此外，它也可以在与历史的关联中得到考察。但这两方面绝不是不相容的。因为人类历史本身展现了精神的发展，展现了精神在其迈向自己的目标过程中的阵痛。因此，如果黑格尔从主奴关系的主要形式过渡到一项关于意识的看法或陈述，并且赋予该看法或陈述一个带有明确的历史相关性的名字，亦即斯多亚主义的意识，那么，我们无须对此感到惊讶。

在斯多亚主义的意识中，奴隶关系中的固有矛盾并未被真正克服，它们只是在下述这种程度上被克服了：主人［以马可·奥勒留（Marcus Aurelius）为代表］与奴隶［以爱比克泰德（Epictetus）为代表］都遁入心灵内部，他们高扬真正的内在自由、高扬内在的自我满足，而并未改变具体的主奴关系。因此，在黑格尔看来，对具体的、外在的事物的这种消极态度，很容易就过渡到怀疑主义的意识，对这种意识而言，只有自我是持续存在的，其他一切都遭到它的怀疑和否定。

但怀疑主义的意识隐含着一个潜在的矛盾。因为怀疑主义者不可能消除自然的意识，因而同一种态度中就同时存在着肯定与否定。而当这种矛盾按其必然性变得明显起来时，我们就过渡到黑格尔所谓的"不幸意

---

① 由于显而易见的原因，黑格尔对主奴关系的深刻分析包含着一些卡尔·马克思所青睐的反思方式。

识"（das unglückliche Bewusstsein），① 这是一种分裂的意识。在这一层次上，斯多亚主义的意识与怀疑主义的意识都未能成功克服的主奴关系以另一种形式返回。在本来的主奴关系中，真正的自我意识的两种要素，亦即既在自身中也在他者中得到承认的自我性与自由，被分裂在两个个体意识之间。主人只承认自身中的自我性和自由，不承认奴隶的自我性和自由；而奴隶则承认主人具有自我性和自由，不承认自己有自我性和自由。然而，在所谓的不幸意识中，这种分裂是在同一个自我中发生的。例如，自我意识到一个变化的、不一致的、变幻无常的自我与一个不变的、理想的自我之间的鸿沟。从某种意义上说，前者似乎是一个虚假的、应当被否定的自我，后者才是真正的但尚未达到的自我。这个理想的自我可以被投射到一个彼岸世界的领域中去，从而被等同于绝对完美者，也就是那个被认为是独立于世界与有限自我而存在的上帝。② 这样，人的意识就被分裂、自我异化、变得"苦恼"起来。

　　自我意识中隐含的矛盾或分裂在《精神现象学》的第三阶段被克服了，在这个阶段，有限的主体上升到普遍的自我意识这一层次。在这一层次上，自我意识不再表现为这种片面的意识形式，亦即把自己视为一个个别的主体，受到其他具有自我意识的存在者的威胁并与这些存在者相冲突。而是充分承认自己与他人都具有自我性；这种承认至少隐含着：自我意识觉悟到那在有限自我中、通过有限自我而存在的普遍者的生命，亦即无限的精神，这使有限自我聚合在一起，而不是将它们取消。对于发展完全的道德意识而言，那唯一的理性意志在社会秩序里诸多具体的道德使命中表达自身，在这种道德意识里，那种对精神的生命特征亦即对差别中的同一的觉悟，现在只是含蓄地、不完全地呈现出来；只有在一个发展成熟的宗教意识中，那种觉悟才获得一个更高的、更为明确的表达，对这种宗教意识而言，那唯一的神性生命是内在于一切自我之中的，这生命把那些自我都包含到自身中来，同时又保持了它们之间的区别。在与上帝结合这

---

①　das unglückliche Bewusstsein 也可译作"苦恼意识"。——译者注
②　黑格尔，这位路德派信徒，倾向于以一种多少有些辩证的方式，把不幸的或分裂的意识与中世纪的天主教教义，特别是其禁欲主义的理想联系起来。

一观念里，不幸或分裂的意识中的分裂被克服了。真正的自我不再被视为一个实际的自我无望地与之疏离开来的理想，而毋宁可以说是实际的自我的生命内核，这个真正的自我在其有限的显现中、通过其有限的显现表达它自身。

如同我们已经了解到的一样，黑格尔把意识现象历史的第三阶段概括性地称为理性，并将之描述为意识与自我意识的合题，亦即前两个阶段的合题。在狭义的意识阶段，主体意识到感性对象是外在于它自身、与它自身异质的事物。在自我意识阶段，主体的注意力转回到作为有限自我的自身中。在理性层次上，主体把自然界视为无限精神的客观性表达，而主体与无限精神是统一的。但这种意识可以表现为不同的形式。在发展成熟的宗教意识中，主体把自然界视为上帝的造物和上帝的自我显现，主体在其存在深度上与上帝统一起来，而且通过上帝而与其他自我统一起来。宗教对于实在的这种洞见是真实的。但是在宗教意识的层次上，真理在比喻性或表象化（Vorstellung）的思想中得到表达，而在"绝对知识"（das absolute Wissen）这一最高层次上，同样的真理以哲学思考的形式被反思性地领会。有限主体明确意识到，它最内在的自我是那无限的、普遍的精神之生命的一个片段，是绝对思维里的一个片段。就这样，有限主体把自然界视为它自己的客观化表现，把自然界视为它自己的生命之所以作为实际存在的精神的先决条件。当然，这意思并不是说，如此考察的有限主体把自然界视为它自身的产物。毋宁说，这里的意思是说，由于有限主体意识到它自身不仅仅是有限的，意识到它自身是绝对精神最内在的生命的一个片段，因而把自然界视为精神之自我实现过程中的一个必然阶段。换句话说，绝对知识是这样一个层次，在这个层次里，有限主体参与并分享了那自我思考的思维——绝对者——的生命。或者用另一种方式来说，绝对知识是这样一个层次，在这个层次上，绝对者、整体在哲学家的有限心灵中、通过哲学家的有限心灵把自身思考为差别中的同一。

如同在意识现象学的前两个主要阶段中一样，黑格尔也是通过一系列次级的辩证阶段来发展第三个阶段（亦即，理性的阶段）的。他首先处理的是观察的理性，认为它无论如何都瞥见了自身在自然中的反映（例如通过终极目的这个观念），然后它向内转到了形式逻辑和经验心理学的研究中，最后它在一系列实践伦理态度中展现自己，这些实践伦理态度的范围则从对幸福的追求一直延伸到对实践理性所指令的普遍道德法则所做的批判，这种批判是由于承认下述事实：一个普遍的法则若要能够起作用需要许多限制条件，以至于它往往失去了全部的明确意义。这就促使这一阶段过渡到现实社会中具体的道德生活。在这里，黑格尔是由非反思的伦理生活过渡到文化形式，在非反思的伦理生活中，人们只是按照共同体的习俗与传统来生活，而在文化形式中，个体离开了那种非反思的背景而对之做出评判。这两个阶段在发展成熟的道德意识中被综合起来，在这个意识看来，理性的公共意志并不是某种凌驾于社会中的个体之上的事物，而是一个共同的生命，这生命把个体作为自由人结合在一起。我们可以说，在第一个环节里，精神是非反思的，就像在那所谓的智者时代之前的古希腊德性里一样。在第二个环节里，精神是反思的，但同时它离开了它对之做出评判的实际社会及其传统。在极端情形中，例如在雅各宾派统治的恐怖时代，它以抽象自由的名义消灭了实际的个人。而在第三个环节里，精神被认为是以伦理的形式肯定了它自己。它表现为一个共同体这种形式，该共同体作为一个活生生的统一体展现了自由的个人的普遍意志。

在这个活生生的统一体中，共同体的每一个成员对于他人而言都是一个自由的自我，然而，这个统一体要求明确地承认差别中的同一，要求明确承认这样一种生命观念：这生命呈现在万事万物中，作为它们的内在联结者，但没有取消它们作为个体的地位。也就是说，这个统一体要求我们明确承认这样一个具体的普遍者观念：这普遍者把自己区别分化为自己的特殊者，或者说在自己的特殊者中显现自己，同时又把它们统一在自身之内。换句话说，道德辩证地过渡到宗教，道德意识辩证地过渡到宗教意识，对宗教意识而言，这个活生生的统一体是以上帝的形式而被明确承认的。

因此，在宗教里，我们看到绝对精神逐渐明确意识到它自身。不过宗教当然有它自己的历史，在其历史中，我们看到辩证法的早期阶段被重复着。因此，黑格尔从他所谓的"自然宗教"过渡到艺术宗教或美的宗教；自然宗教以知觉对象或自然的形式来看待神，而在艺术宗教或美的宗教里，就像在希腊宗教里一样，神被视为与身体联结着的自我意识。例如雕像就代表了拟人化的神。最后，在绝对宗教（基督教）里，绝对精神被确认为它之所是，亦即精神；自然被视为神的造物，被视为神言的表现；而圣灵被视为内在于诸有限自我，并把它们结合在一起。

但正如我们已经了解到的一样，宗教意识以图像的形式来表达它自己。它需要被转变为哲学上的纯粹概念，而这同时也表达了从信仰到知识或科学的过渡。也就是说，从关于超验的人格性上帝的图像式观念（超验的人格性上帝通过一次独特的道成肉身与恩典的力量来拯救人）过渡到绝对精神、无限的自我思考的思维这一概念；绝对精神、无限的自我思考在自然界（自然界是绝对精神的客观化表现，也是其自我实现的条件）里认识了它自己，并且在人类文化史中那些相继的形式与层次上，认识到自己的长途冒险之旅。黑格尔并不是说宗教是不真实的。相反，他认为，绝对宗教（基督教）就是绝对的真理。但它是以与宗教意识相关联的想象或图像的形式来表达的。在哲学里，这真理变成了绝对知识，它是"精神以精神的形式认识它自己"。[①] 也就是说，就人的精神上升到其有限性之上而把它自己等同于纯粹思维而言，绝对者、整体在人的精神中、通过人的精神而逐渐认识它自己。我们不能把上帝与人等同起来。因为上帝是存在，是整体，而人不是。但整体实际上是在人的精神中、通过人的精神而逐渐认识到它自己的；在图像思维[②]的层次上，整体是在宗教意识的进化中认识自己的；在科学或纯粹概念知识的层次上，整体是在哲学史里——哲学史有其理想目标，即在绝对者认识自身的形式中完全地把握关于实在界的真理——认识它自身的。

因此，在《精神现象学》中，黑格尔是从人类最低层次的意识开始，继而辩证地迈向这样一个层次——在这一层次上，人类心灵达到了绝对的观点，并成为那无限的、自我意识的精神的工具或媒介。从逻辑上说，

---

① 《黑格尔文集》，第二卷，第610页；《精神现象学》，第798页。
② 也可译作"表象思维"。——译者注

一个层次与下一个层次之间的联系往往是很松散的。显然，有些阶段与其说是由于辩证发展的需要而提出的，不如说是由黑格尔对不同文化阶段、不同文化时期的精神与态度所做的反思而提出的。此外，黑格尔所探讨的某些主题让现代读者觉得多少有些古怪。例如，他对骨相学做了批判性的处理。可是，如果我们把这部著作看作是在研究人类精神的长途漂泊之旅，亦即是在研究从一个被证明为片面、不充分的看法或观点过渡到另一个看法或观点的运动，那么我们就会觉得这部著作不但令人印象深刻，而且也具有迷人的魅力。而意识之辩证运动的各阶段与历史上的各种态度（启蒙运动的精神、浪漫主义的精神等）之间的关系又增添了它的趣味。我们可能会质疑黑格尔对各个时代、不同文化的精神所做的概括与解释，而且也可能会觉得他对哲学知识的着力吹捧有其滑稽可笑的一面；但无论一个读者有何保留，也不论他有多么不赞同黑格尔，只要他真正试图深入理解黑格尔的思想，那么除了说《精神现象学》是思辨哲学最伟大的作品之一以外，他几乎不可能得出其他结论。

第十章

黑格尔（二）

黑格尔的逻辑学——理念或自在的绝对者的本体论地位及其向自然的过渡——自然哲学——作为精神的绝对者；主观精神——法权概念——道德——家庭与市民社会——国家——对黑格尔政治哲学观念的解释性评论——战争的作用——历史哲学——对黑格尔历史哲学的一些评论

1. 正如我们已经了解到的一样，黑格尔拒绝了谢林在所谓的同一性体系里提出的观点。谢林主张，对概念思维来说，自在的绝对者是一切差异的消失点，是一种绝对的自我同一，除非用否定性的术语，否则我们就无法恰当地描述它，如果要对它有肯定的、积极的领会，那么就只有在神秘的直观中才是可能的。黑格尔相信思辨理性能够深入绝对者的内在本质中——这本质把它自己显现在自然界与人类精神的历史中。

对黑格尔来说，在哲学的各部分中，与揭示绝对者的内在本质相关的是逻辑学。对任何一个习惯于把逻辑学视为纯粹的形式科学，认为它全然游离于形而上学之外的人来说，黑格尔的这种观点都会看起来是怪异的甚至荒谬的。但我们应该记住，对黑格尔来说，绝对者就是纯粹的思维。我们可以在脱离其外在表现或自我显现的情况下，就其本身来考察这种思维。而这种探讨自在的纯粹思维的科学就是逻辑学。此外，由于纯粹思维可以说是实在界的实体，所以逻辑学必然与形而上学相一致，也就是说，它必然与探讨自在的绝对者的形而上学相一致。

如果我们把黑格尔的逻辑概念与康德的先验逻辑联系起来看，情况可能会更加清楚。在康德哲学中，把形态与形式赋予现象的范畴是人类思维的先验范畴。人类心灵并不创造自在之物，但它决定了现象世界或显象世界的基本特征。因此，根据康德的前提，我们没有合理的根据去假定人类心灵的范畴可以应用到自在的实在界；人类心灵的认知功能被限制于现象世界。但是，正如我们在导论那章阐述过的一样，由于不可知的自在之物被剔除，以及由于批判哲学被转变为纯粹观念论，因而范畴变成了创造性思维的范畴。而如果我们要避免那种有导致唯我论风险的主观主义立场，那么创造性思维就必须被解释为绝对思维。因此，范畴就变成了绝对思维的范畴，变成了实在界的范畴。而研究范畴的逻辑学就变成了形而上学。它揭示了那在自然界和历史中显现自身的绝对思维的本质或本性。

现在，黑格尔谈到自在的绝对者就是自在的上帝。逻辑学的主题是"毫无蔽障的、自为的真理本身。因此，我们也可以这样说，它的内容是对上帝的呈现，呈现出在创造自然界和有限的精神之前，上帝在他的永恒本质中是怎样的"。[①] 这种说法往往使人想到一幅非常古怪的图画：逻辑学家洞察一位超验的神的内在本质，然后根据诸范畴所构成的体系来描述它。但黑格尔对宗教语言的使用可能会误导读者。我们必须记住，虽然他所说的绝对者在不能等同于任何特殊的有限实体或一组实体这个意义上当然是超越的；不过，这里所说的超越与基督教的上帝超越了被创造的宇宙这种意义上的超越并不相同。黑格尔所说的绝对者是整体，这个整体被描述为：就有限的精神达到"绝对知识"的层次而言，它在有限的精神中、通过有限的精神而逐渐认识它自己。因此，逻辑就是绝对者对于自在的自身的知识，是从它在自然界及历史里具体的自我显现中抽象出来的知识。也就是说，逻辑是绝对思维对于其自身的本质所具有的知识，而这种本质则具体地存在于实在界的进程之中。

如果我们对"范畴"一词的使用多少比黑格尔本人对该词的使用更为宽泛，那么我们可以说，他的逻辑学是由范畴构成的体系。但如果我们这样说，那么我们必须明白，整个范畴体系是对自在的绝对者所做的一种

---

① 《黑格尔文集》，第四卷，第46页；W. H. 约翰斯顿（W. H. Johnston）与 L. G. 斯特拉瑟斯（L. G. Struthers）所译《逻辑学》英译本，第一卷，第60页。（以下简称《逻辑学》。——译者注）。

渐进的定义。黑格尔从存在概念开始，因为在他看来，存在是最不确定的、逻辑上在先的概念。然后他接着展示出这一概念如何必然地过渡到诸相继的概念，直到我们达到绝对理念——自我认识或自我意识、自我思考的思维这一概念或范畴。不过，绝对者当然不是一串或一系列范畴或概念。若我们问绝对者是什么，那么我们可以回答说，它是存在。如果我们继续追问存在又是什么，那么我们最终将不得不回答说，存在是自我思考的思维或精神。表明实际情况正是如此的那个过程（就像逻辑学家所展现的那样）显然是一个时间性的过程。但是，自在的绝对者并不是（以比较粗糙的方式来说）早上七点的时候作为存在而开始，晚上七点的时候又作为自我思考的思维而结束。说绝对者是存在，就是说它是自我思考的思维。但是逻辑学家对这一事实的证明，他对存在之意义所做的系统性的辩证阐释，这是一个时间性的过程。他的工作可以说是要表明整个范畴体系乃是转回它自身的。起点即是终点，终点即是起点。也就是说，第一个范畴或概念隐含了其他一切范畴或概念，且最后一个范畴或概念是对第一个范畴或概念的最终表达，前者给出了后者的真实意义。

如果我们使用黑格尔经常使用的宗教或神学语言来进行表述，那么要点就很容易理解了。上帝是存在，他也是自我思考的思维。但"也"这个词其实并不恰当。因为说上帝是存在就是说他是自我思考的思维。哲学家对这一事实所做的系统展示是一个时间性的过程。但这种时间性显然并不影响自在的神的本质。黑格尔所说的绝对者与基督教神学的上帝之间当然有很大的不同。不过，虽然黑格尔的绝对者被说成是它自己的变化过程，但我们在逻辑里所关心的并不是这个实际过程，不是逻各斯的实现；我们关心的是"自在的"绝对者、逻辑理念。而这并不是一个时间性的过程。

我们可以通过前三个范畴来例证黑格尔逻辑学的辩证运动。对绝对者而言，在逻辑上在先的概念是存在概念。但是纯粹的存在（reines Sein）这一概念或范畴是纯然不确定的。然后，这个纯然不确定的存在概念过渡到非存在的概念。也就是说，如果我们试图思考没有任何确定性的存在，那么我们就会发现我们是在思考无（nothing）。心灵从存在过渡到非

存在，又从非存在返回到存在：它无法停留在任何一方，而双方都可以说
是消失在对方之中。"因此，它们的真理就是这种一方直接消失于另一方
192 之中的**运动**。"[1] 这一从存在到非存在、从非存在到存在的运动就是生成
（becoming）。这样，生成就是存在与非存在的合题，它是它们的统一与
真理。因此，必须把存在设想为生成。换句话说，作为存在的绝对者就是
作为生成、作为自我发展的过程的绝对者。[2]

按照我们通常看待事物的方式，矛盾会使我们完全停下来。存在与
非存在是互相排斥的。但是，我们这样想是因为，我们认为存在就是确定
的存在，而非存在就是不具有这种确定性。不过，在黑格尔看来，纯粹的
存在是不确定的、空虚或空洞的；正是由于这个原因，它才被说成要转
向它的对立面。但在黑格尔看来，矛盾是一种积极的力量，它把正题或反
题显示为一个更高的统一或合题中的抽象环节。而将存在概念与非存在概
念统一起来的正是生成概念。但这统一反过来又产生了一个"矛盾"，使
得心灵被驱策着继续前进，去探索存在的意义、自在的绝对者的本性或
本质。

存在与非存在或无与生成构成了黑格尔逻辑学第一部分的首个三段
式，亦即所谓的存在逻辑（die Logik des Seins）。这一部分关注的是自在
的存在（being-in-itself）这个范畴，该范畴不同于关系范畴。在逻辑学的
这一部分，三种主要的范畴是质的范畴、量的范畴以及度的范畴，其中质
的范畴包含了上面提到的三段式。度的范畴被认为是质的范畴与量的范畴
之合题。因为它是一个关于特定的量的概念，而特定的量是由对象的本质
亦即由它的质所决定的。

在逻辑学的第二个主要部分——本质逻辑（die Logik des Wesens）
里，黑格尔演绎出了成对的关系范畴，诸如本质与存在、力与表现、实体
与偶性、原因与结果、作用与反作用。这些范畴被称为反思范畴，因为
它们符合反思性意识，这种意识可以说穿透存在的表面而直接洞察到了

---

[1] 《黑格尔文集》，第四卷，第89页；《逻辑学》，第一卷，第95页。
[2] 这种说法与他以前所说的——逻辑上的绝对者的本质是非时间性的——并不矛盾。
因为我们在这里关心的并不是绝对者之自我实现的实际过程。

存在。例如，本质被认为是居于表象背后的，力量被认为是展现在其表达中的实在。换句话说，在反思性意识看来，自在的存在经历了自我分裂，分裂成彼此相关的范畴。

但是，本质逻辑留给我们的并不是分裂为内在本质与外在现象的存在。因为其最后一个主要的次级领域是关于现实性（die Wirklichkeit）的范畴，这个范畴被描述为"本质与实存的统一。"① 也就是说，现实的事物是内在本质的外在存在，是完全表现出来了的力量。如果我们把存在与表象、与其外在显现等同起来，那么这是一种片面的抽象。但是，如果我们把存在等同于潜藏在现象之下的隐秘本质，那么这同样是一种片面的抽象。现实性的存在是内在本质与外在表象的统一，它是本质对其自身的显现。而且本质必须显现它自身。

正是在现实性范畴这个概括性的标题之下，黑格尔演绎出了实体与偶性、原因与结果、作用与反作用或相互作用这些范畴。正如我们已经说过的一样，黑格尔的逻辑学是对自在的绝对者之本质所做的一种渐进的定义或规定，因此，人们可能会有这样的印象：对他来说，只有一个唯一的实体，也只有一个唯一的原因，那就是绝对者。换句话说，人们可能会有这样的印象：黑格尔欣然接受了斯宾诺莎主义。但这却是误解了他的意思。例如，对实体范畴与原因范畴的演绎并不是想要暗示（比方说）不可能会有有限的原因这样的东西。因为现实性的绝对者就是那自我显现的本质，而这一显现就是我们所知的宇宙。绝对者不仅仅是一。它是一，但它也是多，它是差别中的同一。

黑格尔从本质逻辑又转向概念逻辑（die Logik des Begriffs），这是他这本书的第三个主要部分。在存在逻辑里，乍看之下，每一个范畴都是独立的，就好像是自身成立的一样，即使思维的辩证运动破坏了这种表面的自足性。在本质逻辑里，我们关心的是明显彼此关联着的范畴，诸如原因与结果或实体与偶性。这样我们就是在中介性的领域内。但是每对相关范畴中的一方都被认为是以"另一方"为中介的，也就是说，是以某种不同

---

① 《黑格尔文集》，第四卷，第662页；《逻辑学》，第二卷，第160页。

于自己的事物为中介的。例如，原因是通过转向其对立面（也就是说转变成结果）而成为原因，而结果被认为是某种不同于原因的事物。类似地，

194　结果是通过它与某种与它不同的事物（亦即原因）之间的关系而成了一个结果。直接的领域与那以他者为中介的中介领域的合题，就是自我中介的领域。当一个存在被设想为过渡到了它的对立面，然而即便是在这个自我对立中，它也仍然保留了其与自身的同一性，那么我们就说这个存在是自我中介的。而自我中介就是黑格尔所谓的概念或总念（the Concept or the Notion）。[①]

不用说，概念逻辑有三个主要的次级部分。在第一个部分里，黑格尔把概念视为"主观性"，视为思想的形式方面。这部分大致相当于通常意义上的逻辑。黑格尔试图展示出下述这种关于存在的一般观念（存在从它自身中走出，然后在较高层次上又回复到它自身）如何在逻辑思维的运动中以一种形式化的方式得到证明。这样，普遍概念的统一性在判断中被分裂了，而在三段论里的一个更高层次上又被重建起来。

考察了作为主观性的概念后，黑格尔继续考察作为客观性的概念。就像在概念逻辑的第一个领域或第一个部分里他发现了三个环节（普遍概念、判断、三段论推理）一样，在第二个领域或第二个部分，他也发现了三个阶段，亦即机械论、化学论和目的论。这样，他预先处理了自然哲学中的主要观念。但他在这里关注的毋宁是客观性这一概念，而不是要把自然界当作一个从经验上被给予的、现存的实在来考察。绝对者的本质是这样的：它包含着自我客观化的概念。

根据黑格尔辩证法的特征，概念逻辑的第三阶段显然是主观性与客观性在更高层面上的合题或统一。在这个阶段上，概念被称为理念。在理念中，形式与质料、主观性与客观性这些片面因素被整合到一起。但理念也有其阶段或片段。在概念逻辑最后的次级部分中，黑格尔依次考察了生命、知识以及它们在绝对理念中的统一，这也可以说成是主观性与客观性富于理性生命的统一。换句话说，绝对理念是自我意识、人格性、自我思

[①]　由于 concept 一词在英文中有太多限制，因此黑格尔的 Begriff 经常被译为 Notion。

考的思维的概念或范畴，这样的概念或范畴在其对象中认识自身，并且认识到它的对象就是它自身。这样，它就是精神的范畴。用宗教的语言来说，它是自在自为的上帝的概念，它认识到它自己就是整体。

因此，在经历了一长段辩证的漫游之后，存在最终揭示出它自己是绝对理念，是自我思考的思维。绝对者是存在，这一陈述的意义现在已经详细阐明了。"只有绝对理念是存在，是永恒的生命，是自知的真理，而且是全部真理。它是哲学的唯一主题与内容。"① 当然，黑格尔的意思不是说，只有前面所考察的逻辑理念才是哲学的唯一主题。但是，哲学关心的是实在界整体，关心的是绝对者。而实在界，意即自然界及人的精神领域，是逻辑理念或逻各斯的自我实现所经历的过程。因此，哲学所关心的总是理念。

2. 现在，如果我们把逻辑理念或逻各斯说成是在自然界中、在人的精神领域中显现或表达它自己，那么我们显然面临这样的问题：此逻辑理念或自在的绝对者的本体论地位是什么？它是一个独立于世界而存在且在世界中显现其自身的实在吗？或者它不是这样一个实在？如果它是，那么，怎么会有一个实际存在的理念呢？如果它不是，那么，我们怎么能说这个理念显现或实现其自身呢？

黑格尔在《哲学科学全书纲要》中逻辑学② 部分的结尾处宣称，理念"在其绝对自由的状态中……决定让它的特殊性环节……直接性的理念，作为对它的反映，自由地从它自身中外化出去成为自然界"。③ 因此，在这段引文里，黑格尔似乎不只是暗示说自然界在本体论上源于理念，而且也想表明，理念自由地设定了自然界。如果按照字面意义来理解其含义，那么我们显然必须把理念理解为人格性的、创造性的神的名称。因为说任何其他意义上的理念"决定"要做某事都是荒谬的。

---

① 《黑格尔文集》，第四卷，第328页；《逻辑学》，第二卷，第466页。
② 《哲学科学全书纲要》中所包含的逻辑学部分通常称为《小逻辑》，以区别于《大逻辑》，亦即黑格尔的《逻辑学》。上一节的引文都出自《大逻辑》。
③ 《黑格尔文集》，第六卷，第144页；《哲学科学全书纲要》（以下简称《哲学全书》），第191页。由于《哲学全书》被区分为带编号的几部分，所以不需要提及任何特殊的英译本。只要一看所提到的《黑格尔文集》中的相关卷数，就可以知道指的是海德堡版（《黑格尔文集》第六卷）还是柏林版（《黑格尔文集》第八、九、十卷）。

　　但如果我们把黑格尔的体系作为一个整体来看，则会认为这段引文可以说代表了一种侵入，亦即基督教的宗教意识所特有的说话方式侵入了黑格尔的体系中，不过我们不应该过于强调这段引文的字面意义。看起来

196 足够清楚的是，根据黑格尔的观点，关于上帝之自由创造的教义属于宗教意识的比喻式或图像式语言。它的确表达了一条真理，但并不是以纯粹哲学所习惯的用语表达出来的。从严格的哲学观点看，自在的绝对者必然把自己显现在自然界中。显然，并没有任何外在于它的事物迫使它这么做。这种必然性是自然的内在必然性。在逻各斯的自我显现中，唯一的自由是自发性的自由。由此可知，从哲学的观点看，说自在的绝对者存在于创世之前是没有意义的。如果说在本体论上自然界源自理念，但这并不蕴涵着后者在时间上先于前者。[①] 此外，虽然有些学者以有神论的意义来解释黑格尔，也就是说，他们认为，黑格尔主张自在的绝对者是一个人格性的上帝，独立于自然界和人的精神领域而存在，但我不认为这种解释是正确的。没错，有些段落可以用来支持上述观点。但这些段落同样也可以被解释为表达了宗教意识，被解释为是对真理所做的图像式或比喻式的表述。黑格尔整个体系的性质表明，绝对者只有在人的精神中、通过人的精神才达到真正的自我意识。正如我们已经解释过的一样，这并不意味着人的意识可以干脆就等同于神的自我意识。因为，只有当人的心灵上升到超于纯然的有限性和特殊性，并达到了绝对知识的层次，我们才能说绝对者在人的心灵中、通过人的心灵认识它自身。但重点在于，如果绝对者只有在人的精神中、通过人的精神才成为真实的存在，那么，说自在的绝对者、逻辑理念"决定"要设定自然界（这是人的精神领域存在的客观前提），就是不恰当的。如果使用了这样的语言，那么可以说是对宗教意识特有的思维模式的让步。

　　然而，如果我们排除了对自在的绝对者做有神论的解释这种做法，[②]那么我们应该如何设想从逻辑理念到自然界的过渡呢？如果我们将之设想

---

① 例如，参看《黑格尔文集》，第九卷，第 51—54 页；《哲学全书》，第 247 页。
② 就宗教意识及其特有的表达而言，黑格尔当然是承认有神论观点的。但我们这里处理的是严格的哲学观点。

成是一种真正的本体论过渡，也就是说，如果我们设想有一个实际存在的
理念必然把它自己显现在自然界里，那么，说得委婉点，我们显然是把一
个多少有些古怪的论点归之于黑格尔。我们使黑格尔当即暴露在谢林反
驳"否定哲学"时所做的批评面前，亦即，从理念出发我们只能演绎出理
念，绝对不可能从一个理念演绎出一个实际存在的世界。

　　因此我们可以理解，为什么有些作者努力要完全排除下述想法：从
本体论上说，自然界源于理念。绝对者是整体，是宇宙。而这整体是一
个目的论过程，是自我思考的思维的自我实现活动。我们可以抽象地考
察这一过程的根本性质。这样，它就表现为逻辑理念的形式。但它并不是
作为逻辑上先于自然界且是自然界之动力因的那样一个实际存在的实在
（subsistent reality）而存在。毋宁说理念反映了该过程的目标或结果，而
不是处于该过程开端的一个实际存在的实在。因此这里并不存在自然界在
本体论上源自作为其动力因的逻辑理念这样的问题。而所谓的从理念到
自然界的演绎真正说来只是展示了如下事实，或者说展示了如下所谓的事
实：自然界是要实现实在界的整个过程的目标（宇宙在人的精神中、通过
人的精神认识它自己）所必需的一项前提。

　　在本书的作者看来，必须接受上述解释所持有的观点，因为上述解
释否定了这样的想法：逻辑理念是一种独立存在的实在，它完全与世界区
别开来，或者说它是外在于世界的动力因。在黑格尔看来，无限者在有限
者中、通过有限者而存在；普遍者可以说是在特殊者中、通过特殊者而运
作并具有自身的存在。因此，在他的体系里，一个超越世界的动力因，意
即一个完全独立于世界的存在，是没有立足之处的，可是，虽然无限者在
有限者中、通过有限者而存在，但显然，有限事物是生灭无常的。它们可
以说是一个无限生命的暂时性的显示。黑格尔确实倾向于把逻各斯说成好
像它是一个有节律地脉动着的生命、一个动态的理性或思维。的确，它只
在它的显示中、通过它的显示才存在。但由于它是一个持存的生命，是那
把自己实现为其潜在之所是——亦即精神——的存在，所以我们自然会
把暂时性的显现看作是在本体论上依赖于那唯一的内在生命的，把二者的
关系看作似乎就是"外在"与"内在"的关系。这样，黑格尔就可以说逻

198 各斯自发地把自己表现在自然界中，或者过渡到自然界中。因为存在、绝对者、无限的整体不仅仅是诸有限事物的集合，而且是唯一的无限生命，是自我实现的精神。它是诸普遍者之普遍者；即使它只有在特殊者中、通过特殊者才存在，但它是持存的，而特殊者并不是。因此，我们完全有理由说，逻各斯在有限事物中表现或显现其自身。由于绝对精神是通过其自身的发展过程而逐渐成为自身的，因而物质性的自然界自然地被认为成绝对精神的对立面，而这对立面又是实现绝对精神的自我发展过程的终极目的所需要的一项先决条件。

这种解释路径看起来似乎试图达成两项目标。一方面，它承认逻辑理念并不是这样一个实际存在的实在：它从自然界的外部创造自然界。另一方面，它声称形而上学家们所把握到的那种作为存在之本质结构或本质意义的逻辑理念表示了一种形而上学的实在，虽然这种形而上学的实在只在它自己的显现中、通过它自己的显现才存在，但就某种意义而言，它在逻辑上是先于其显现的。但我不认为我们可以把形而上学从黑格尔哲学中排除出去，或者把某些超越的成分完全剔除掉。在我看来，这么做将会使黑格尔关于无限绝对者的理论变得毫无意义。绝对者是其自身的发展过程，在这个意义上说，绝对者的确是整体，是宇宙；但是在我看来，我们无法避免在内在与外在之间做出区分，也就是说，我们必定要区分那唯一的无限生命、自我实现的精神，与它的种种有限的显现——它在它们之中、通过它们而有其生命和存在。在这种情形中，我们同样可以说，这些有限的显现是从那个将其自身表现在它们之中的唯一生命那里获得了它们的实在性。如果在黑格尔的立场中有某些含混的成分，那么这也没什么好奇怪的。因为，如果他的立场中没有这样的成分，那么他的哲学恐怕就不会引起那些相异的解释了。

3. 黑格尔说："自然界本来是**自在的**，是在理念中的，是神性的……但是当它实际存在时，它的存在并不符合它的概念。"[1] 用宗教的语言来说，在上帝心灵中的自然观念是神性的，但当这一观念客观化为实际存在

---

[1] 《黑格尔文集》，第六卷，第147页；《哲学全书》，第193页。

的自然时，我们就不能再称之为神性的了。由于物质世界是最不像上帝的，因此观念被表现在物质世界中就意味着它只是被不充分地表现着。在物质世界中，上帝不可能被充分地显现出来。用哲学的语言来说，绝对者被定义为精神。因此，只有在精神领域中，它才能充分地显现它自身。自然是精神领域存在的前提，但它本身并不是精神，虽然在其理性结构中它带有精神的印记。人们可以同意谢林的说法：它是沉睡的精神或可见的精神。但它不是精神本身，不是那已被唤醒而对自己有所意识的精神。

精神是自由的：自然界毋宁说是必然性的领域而不是自由的领域。自然界也是偶然性（Zufälligkeit）的领域。例如，它并未以任何清楚一致的方式，展示出由一种纯粹的理性模式设定出的区别。比如说，自然界里有一些"怪物"，它们并不清楚地符合任何一个特殊种类。而且甚至有这样的自然物种，它们看起来是起因于自然界某一部分的醉舞或狂欢，而不是起因于任何理性的必然性。自然界似乎是在它所产生的多彩多姿的形式里乱闯，就好像是在特定的诸物种中众多的个体成员之间乱闯一样。它们规避了一切逻辑演绎。显然，对于任何给定的自然对象，我们都可以根据物理因果性来做出经验性的解释。但是，这与对之做逻辑演绎不是一回事。

显然，如果没有特殊事物，自然界就不可能存在。例如，如果没有任何特殊的有机物，那么内在目的论就不可能存在。普遍之物只有在其特殊事物中、通过其特殊事物才能存在。但这并不蕴涵着任何给定的个体事物都可以从其所从属的特定类型的概念中逻辑性地演绎出来，或者从其他任何一个更普遍的概念中逻辑性地演绎出来。这不单单是这样一个问题，亦即，对于有限的心灵而言，要演绎出特殊事物是很困难的或者说实际上是不可能的，而对于无限的心灵而言，这种演绎原则上是可能的。因为，黑格尔似乎说的是，自然界里的特殊对象即使是在原则上也无法演绎出来，即便它们可以在物理上得到说明。对此比较悖论性的说法是，自然界里的偶然性是必然的。因为如果没有偶然性，便不可能有自然界。但偶然性仍然是实在的，意即它是自然界里的一个无法被哲学家剔除的因素。为了忠实于总念（Notion）之决定作用，黑格尔把它归结为"自然界的**无**

能"。[①] 他在这里所说的是自然界把诸多特定类型混合起来从而产生出过渡类型的那种方式。但重点是，他把偶然性归结为自然界本身的无能，而
200 不是归结为有限心灵无法对自然界做出纯粹理性的解释。根据黑格尔的原理，他是否应该承认自然界里的偶然性，这是可以讨论的；但他的确承认自然界里的偶然性，这却是无可置疑的。这就是为什么他有时候会说自然界是一种从理念中的堕落（Abfall）。换句话说，偶然性代表了自然界与理念之关系的外在性。因此自然界"不应该被神化"。[②] 黑格尔说，把上帝创造的诸如天体这样的自然现象看作是比人类精神的创造物（例如艺术作品或国家）具有更高的意义，这其实是一种错误。黑格尔的确继承了谢林的观点，亦即赋予自然界一种它在费希特哲学中未曾享有的地位。但对于浪漫主义者神化自然的做法，他并没有表现出任何赞同的倾向。

虽然黑格尔拒绝任何神化实际存在的自然界的做法，但事实仍然是，如果自然界是实在的，那么它必然是绝对者生命中的一个环节。因为绝对者是整体。这样，黑格尔就陷入了一种困难的境地。一方面，他无意否认有一个客观的自然界。主张有一个客观的自然界存在，这的确是他的体系所必须坚持的观点。因为绝对者是主观性与客观性的差别中的同一。如果有实在的主观性，那么必定也有实在的客观性。另一方面，他又难以解释，偶然性如何能在绝对观念论的体系中占据一席之地。黑格尔有一种明显的柏拉图主义倾向，这种倾向表现在他可以说是区分了自然界的内在与外在，前者指的是自然界的理性结构及其对理念的反映，后者指的是自然界的偶然性方面；在此区分的基础上，他把自然界的外在一面降低到不合理性的、非实在的领域中去。如果我们能辨识出黑格尔的这种倾向，那么我们就能够理解为什么偶然性在他的体系中难以解释。的确必须有一个客观的自然界。因为理念必须表现为客观的形式。然而，不可能存在一个没有任何偶然性的客观自然界。但哲学家黑格尔除了牢记偶然性成分存在且必须存在之外，并不能巧妙处理这成分。黑格尔教授对于那些他无法处理的成分，往往是将它们作为不合理性的因而也是非实在的东西消解掉。因

---

① 《黑格尔文集》，第九卷，第63—64页；《哲学全书》，第250页。
② 同上，第六卷，第147页；同上，第193页。

为凡是合理性的都是现实的，凡是现实的都是合理性的。显然，一旦黑格尔承认了偶然性，那么他就被迫或者承认某种二元论，或者轻描淡写地处理自然界里的偶然性成分，就好像它并不是"真正实在的"一样。

无论情形可能是怎么样的，就哲学家黑格尔所能处理的方式而言，自然界"必须被视为由诸阶段所构成的一个系统，其中一个阶段必然是从另一个阶段发展而来的"。[①] 但对下述这点我们必须有很清楚的理解，亦即这个由自然界里的诸阶段和诸层次所构成的系统是诸概念的一项辩证发展，而不是自然界的一项经验性的历史。我们发现黑格尔以一种漫不经心的方式把进化假说消解掉了，这的确或多或少是件好笑的事。[②] 但是这类物理假说无论如何是与黑格尔所阐述的自然哲学不相干的。因为这类假说引入了时间上前后相继的观念，而这种观念在对自然界诸层次所做的辩证演绎中是没有立足之处的。如果黑格尔一直活到进化假说赢得广泛认可的时代，那么他可能会说："好吧，我得勇敢地承认我关于进化论的看法是错误的。但是无论如何，进化论只是一个经验性的假设，它被接受或被拒绝并不影响我的辩证法的有效性。"

不出所料，黑格尔的自然哲学总共分为三个主要部分。在《哲学全书》里，这三部分是数学、物理学和有机物理学，而在关于自然哲学的演讲录里则是机械学、物理学和有机学。不过在两种情况下，黑格尔都是从空间出发，他认为空间离心灵或精神最远，进而以辩证的方式推进到动物有机体，在黑格尔看来后者在自然界的所有层次中离精神最近。空间是纯然的外在性，而在有机体中我们发现了内在性。主观性可以说是把自己显现在动物有机体中，虽然并不是以自我意识的形式。自然界把我们带到精神的入口，但只是入口而已。

随同黑格尔进入其自然哲学的细节恐怕是没有价值的。但我们应该注意这一事实，即黑格尔并不是想以他自己的某种特殊的哲学方法来重新尝试科学家所做的全部工作。他所关心的毋宁是在由观察与科学所认识的自然界中找寻一个动态理性模式的范例。这有时候可能会导致这样一种匪

① 《黑格尔文集》，第六卷，第149页；《哲学全书》，第194页。
② 同上，第九卷，第59—62页；同上，第249页。

夷所思的企图，亦即要表明自然现象是它们之所是，或者说是黑格尔相信
它们之所是，因为它们是合乎理性的，也就是说，它们最好应该是它们之
所是。对于这种思辨物理学或高级物理学，我们可能会感到怀疑，同时，
对于这位哲学家倾向于从一个更高的立场上俯视经验科学，我们也会感到
有点可笑。但是我们也应该明白，黑格尔认为经验科学是理所当然的，即
使有时候在有争议的问题上他有所偏袒，但这并不总是为了他的声誉。问
题更多是在于如何把事实调和进一个概念框架内，而不是妄想以纯粹先验
的方式演绎出事实来。

4. "绝对者就是精神：这是对绝对者的最高定义。我们可以说，要找
到这种定义并理解其内容，就是过去一切文化与哲学的终极动机。一切宗
教与科学都努力要达到这一点。"① 自在的绝对者是精神，但它是潜在的而
非实在的精神。② 自为的绝对者——自然界——也是精神，但它是"自
我异化的精神"，③ 用宗教的语言来说（就像黑格尔所说的那样），它是上
帝的他在（God in his otherness）。只有当我们研究到人的精神时（这是黑
格尔在其体系的第三个主要阶段，亦即精神哲学的阶段所研究的）精神才
开始作为自身而存在。

无须说，精神哲学也有三个主要部分，或者说次级部分。"精神理论
的前两部分处理的是有限的精神"，④ 第三部分处理的是绝对精神，亦即作
为自我思考的思维而具体存在的逻各斯。在这一节，我们只关心第一部
分，亦即黑格尔称为"主观精神"的那部分。

根据黑格尔的无处不在的辩证规划，精神哲学的第一部分被划分为
三个主要的次级部分。在人类学这一题目里，他处理了作为感觉与感受主
体的灵魂（Seele）。灵魂可以说是从自然界过渡到精神的一个过渡点。一
方面，它揭示了自然界的观念性，另一方面它"只是沉睡的精神"。⑤ 也

----

① 《黑格尔文集》，第六卷，第 228 页；《哲学全书》，第 302 页。
② 若仅就其自身而言，那么逻辑理念是精神的范畴，是自我思考的思维的范畴，而不
是潜在的精神。
③ 《黑格尔文集》，第九卷，第 50 页；《哲学全书》，第 247 页。
④ 同上，第六卷，第 229 页；同上，第 305 页。
⑤ 同上，第六卷，第 232 页；同上，第 309 页。

就是说，它具有自我感受（Selbstgefühl），但并不具有反思性的自我意识。它沉浸在它的感受的特殊性里。正是由于它能够通过身体而得到具体表现，所以它是现实的；身体是灵魂的外在表现。在人类有机体中，灵魂与身体是其内在方面和外在方面。

　　黑格尔从这种严格意义上的灵魂概念转到意识现象学，扼要地重述他在《精神现象学》中已经探讨过的一些问题。人类学那一节所说的灵魂是从最低层次来考察的主观精神，是一个还没有差别的统一体。然而，在意识层次，主观精神面对着一个对象，首先是面对一个被认为是外在于、独立于该主体的对象，然后在自我意识中，面对自己。最后，主体被描述为上升到了普遍自我意识的层次，在这个层次上，它认识到其他自我与自己既是有区别的，也是同一的。因此，在这里，意识（就是说，对某些外在于主体的事物的意识）与自我意识就在一个更高的层次上达到了统一。

　　主观精神哲学的第三节被称为"心灵"或"精神"（Geist），这一节考察的是有限精神本身的活动能力或一般活动模式。我们不再只是关心沉睡的精神，亦即人类学一节里的"灵魂"，也不是像在现象学中那样，只关心与对象相关的自我或主体。我们从作为某关联关系中的一项的有限精神返回到自在的精神，而所返回到的这一层次是比灵魂更高的层次。就某种意义而言，我们考察的是心理学，而不是意识现象学。但我们现在讨论的心理学并不是经验性的心理学，而是对自在的有限精神逻辑上前后相继的诸活动环节所做的一种辩证的概念演绎。

　　黑格尔对有限精神或有限心灵的活动所做的研究既包括其理论方面，也包括其实践方面。例如，在理论方面，他探讨了直观、记忆、想象力以及思维，而在实践方面，他考察了感受、冲动及意志。他的结论是"现实的自由意志是理论精神与实践精神的统一，是**作为自由意志而自为地存在的自由意志**"。[1] 当然，他说的是，这意志意识到了自己的自由。这就是"作为自由**理智**的意志"。[2] 因此，我们可以说，自在的精神就是理性意志（der vernünftige Wille）。

---

[1] 《黑格尔文集》，第十卷，第379页；《哲学全书》，第481页。
[2] 同上。

但是"整整几个大陆，非洲和东方，都不曾有过这一观念，现在也仍然没有。希腊人和罗马人，柏拉图和亚里士多德，甚至斯多亚派都不曾有过它。相反，他们只知道，人实际上是由于其出身（作为雅典、斯巴达等地的公民）或通过性格、教育、哲学的力量而是自由的（有智慧的人甚至作为奴隶在枷锁中都是自由的）。这个观念是通过基督教而来到世上的，按照基督教教义，个人**本身**就有**无限**的价值……这就是说，自在的人注定达到最高的自由"。[①] 这个关于自由之实现的观念是黑格尔历史哲学中的一个关键性观念。

5. 我们已经了解到，自在的绝对者将自己客观化或表现在自然界里。自在的精神也这样把自己客观化或表现出来，这项行动可以说是由其直接性的状态发出的。这样我们就进入"客观精神"的领域，这是整个精神哲学的第二个主要部分。

客观精神的第一个阶段是法权（das Recht）的领域。作为意识到其自由的个体性的主体，人必定要对他作为自由精神的本性给出外在的表现；他必须"给自己一个外在的自由领域"。[②] 他通过在物质事物的领域中表达自己的意志来做到这一点。也就是说，他通过有效地占有或使用物质事物来表达自己的自由意志。人格性赋予人拥有或运用权利的能力，例如说财产权。物质性的东西，正因为其是物质性的而非精神性的，因而它不可能有权利；它是用来表达理性意志的工具。通过它的被拥有与被使用，事物的非人格性本质就被实际地揭示出来了，它的命运也得以完成。就某种意义而言，它的确是通过这样一种被置于与理性意志的关系里的方式而得到了提升。

一个人变成某事物的所有者，并非仅仅通过内在的意志行动，而是通过有效的占有（appropriation），通过把他的意志具体表现于该事物中。[③]

---

① 《黑格尔文集》，第十卷，第380页；《哲学全书》，第482页。

② 同上，第七卷，第94页；《法哲学原理》（以下简称《法哲学》），第41节。这里引用的《法哲学》指 T. M. 诺克斯（T. M. Knox）教授所译《法哲学》英译本 *The Philosophy of Right*（下同）。在提到《法哲学》时，"增补"一词指黑格尔在原文上所做的增补。在 T. M. 诺克斯教授所译英译本中，这些增补内容被刊印在诺克斯翻译的原文之后。

③ 黑格尔所说的是抽象意义上的财产权。无须说，一旦引入社会概念，那么合法占有的范围就会受到严格限制。

但他也可以从事物中撤回其意志，从而离弃它。这之所以是可能的，是因为事物是外在于他的。比如，一个人可以放弃他对一栋房子的权利。他同样也可以在某一限定的时间，为了某种特殊的目的而放弃对自己的劳动力的权利。因为，那时候他的劳动力就可以被视为某种外在的事物。但他不能通过把自己像个奴隶那样交出去而让渡自己的全部自由。因为，他全部的自由不是也不能被恰当地视为某种外在于他的事物。他的道德良心及宗教信仰也不能被当作某种外在于他的事物。[①]

在黑格尔多少有些古怪的辩证进程中，财产权的异化概念引导我们走向契约概念（Vertrag）。财产权的异化的确可以表现为一个人好像是从某物中撤回了他的意志，从而使事物变成无主的。我可以用这种方式转让一把伞。但这样，我们仍然停留在抽象的财产权概念这一领域中。我们要超越这个领域继续往前走，则是通过引入"在财产权上两个或多个个人的意志之间的统一"这一概念，也就是说要发展出契约这个概念。当一个人通过协议让渡、出售或交换了事物，则两个意志就达成一致了。但他也可以为了共同的目的同意一个人或更多人拥有或使用某些共同财产。在这里，以外在事物为中介的意志之结合就更明显了。

虽然契约依赖于意志的结合，但显而易见的是，我们无法保证诸契约当事人的个人意志愿意继续保持一致。就此而言，诸意志结合到一个共同的意志中是偶然发生的。在它自身中就包含了自身否定的可能性。这否定是在不法中实现的。不过不法概念经历了几个阶段，黑格尔依次考察了民事的不法（它只是对他人权利的错误解释，而不是对他人权利有邪恶的意图或不敬的结果）、欺诈、犯罪以及暴力。犯罪概念把他引到了惩罚这一主题，他把惩罚解释为取消不法行为，他解释说，甚至罪犯自己的潜在意志也要求这种取消。在黑格尔看来，不应该像对待一个必须被制止或被改造的野兽那样来对待罪犯。作为一个有理性的自由存在者，罪犯隐含地同意甚至要求通过惩罚取消他的罪过。

现在，我们很容易明白黑格尔是如何从契约概念引向不法概念的。

---

① 这指的是宗教作为某种内在事物的情形。至于在一个有序的社会中，当一个人的宗教信仰的外在表达对社会有危害时，他不能声称其宗教信仰的外在表达是不可侵犯的。

因为作为一个自由的行动，订立契约包含了违反契约的可能性。但是，不法概念如何能合理地被当作财产概念和契约概念在更高层面上的统一，这一点并不那么容易明白。不过，很明显，黑格尔的辩证法时常是这样一种理性反思过程，亦即从一个观念大致上自然地导向另一个观念，而不是一个具有严格必然性的演绎过程。即使他坚持遵守他统一的三段式架构，但这种坚持并没有多少意义。

　　6. 在不法中，存在着特殊意志与普遍意志的对立，后者即是公正的原则，它隐含在契约所表达的公共意志里。至少在犯罪这种不法形式中确实如此。特殊意志否定了法权，而在否定法权的时候，它也否定了意志这一概念或观念，后者是普遍的，是理性的自由意志本身。正如我们已经了解到的一样，惩罚是对这种否定的否定。但是惩罚是外在的，意即它是由一个外在权威所施加的。只有当特殊意志与普遍意志调和一致的时候，也就是说，只有当它成为它应该成为的事物时，意即与那超越了纯然特殊的、自私的意志之上的意志相一致时，对立与否定才可能充分地被克服。这样一个意志就是道德意志。这样，我们被引导着从法权的概念过渡到道德（Moralität）的概念。

　　黑格尔是在比通常用法更受限的意义上使用"道德"这个术语的，注意到这点很重要。没错，在日常语言中，人们可以在种种不同的意义上使用这一术语。但是，当我们想到道德时，我们通常想到的是履行积极的义务，特别是在一个社会场景中履行这些义务，然而，黑格尔则是对特殊的义务（例如对国家、家庭的义务）进行抽象，用"道德"这一术语指称他所谓的"意志的规定性（Willensbestimmtheit），就其在一般意志的内部而言"。[1] 道德意志是返回到自身的自由意志，也就是说，它意识到自身是自由的，而且只承认自己才是其自身的行动原则，其他任何外在权威都不是。这样，不仅自在的意志而且自为的意志都被说成是"无限的"或者普遍的。"就意志不仅**自在地**而且**自为地**是**无限的**而言，道德的立足点就是意志的立足点。"[2] 这个意志意识到了它自身以一种不受限制的方式

---

① 《黑格尔文集》，第十卷，第392页；《哲学全书》，第503页。
② 同上，第七卷，第164页；《法哲学》，第105节。

作为其行动原则的来源。黑格尔在引入了义务或应当（Sollen）这个主题时，确实谈到了这一点。因为那被视为特殊的有限意志的意志可能与那被视为普遍意志的意志并不一致，这样后者所意欲的，对前者而言就好像是一项要求或义务。而且正如我们不久将会看到的一样，他是从主体对其行动的责任这个角度来讨论行动的。但是在他对道德的讨论中，他关心的是自律的自由意志的主观方面，就是说，他关心的是道德（就该术语的广义而言）的纯粹形式方面。

当然，这种对道德做纯粹形式化的处理的思路是从康德哲学那里继承而来的一项不幸的遗产。因此，更重要的是要明白道德（按照黑格尔对这一术语的使用）是一个片面的、心灵不能安顿于其中的概念。当然，他并不是想要暗示说，道德只是由"内在性"构成的。相反，他的目的是要表明，纯粹形式的道德概念是不充分的。因此，我们可以说，他把康德的伦理学当作是完整的道德意识的辩证发展过程中的一个片面环节。这样，如果我们用"道德"这个术语意指人的整个伦理生活，那么说黑格尔使道德成为全然形式的、"内在的"或主观的这种说法就是完全错误的。因为他绝对没有这样做。可是，人们仍然可以论证说，从限制意义上的道德（Moralität）到具体的伦理生活（Sittlichkeit）的过渡中，道德意识中的某些重要成分被遗漏掉了，或者至少是被轻描淡写地略过了。

主观意志把自己具体化于行动中。但自由意志是自我规定的，它只有权把那些与它有某种关系的行动看作是它自己的行动，看作是它对之负有责任的行动。因此，我们可以说，黑格尔提出了这样的问题：对于什么样的行动，我们可以正当地说某个人对它负有责任？或者，一个人的行动确切来说是什么呢？但我们要记住的是，黑格尔考虑的是行动的普遍形式特征，在这个阶段他所关心的不是去指出一个人具体的道德义务何在。因为，就具体的道德义务而言，一个人既可能对善的行动负有责任，也可能对恶的行动负有责任。黑格尔可以说是走到了道德的善恶区分背后来探讨行动的特征，这些特征使我们可以谈论一个人的行动是道德的还是不道德的。

首先，主体在世界中引起的任何变化或改变都可以被叫作他的"行为"（Handlung）。但他有权只承认那些属于其意志的目的（Vorsatz）的行为才是他的行动（That）。外部世界是偶然性的领域，我不能对我的行动的不可预见的后果负责。当然，这并不意味着我可以拒绝对我的行动的一切后果负责。因为有些后果不过是我的行动所必然会呈现的外在形态，它们必须被看作是包含在我的目的之内的。但是如果认为我自己应该对世界中不可预见的后果或变化负责（就某种意义而言，这些后果或变化也是我的行动，但它们当然不包含在我的目的之内），那么这就与自我规定的自由意志这一观念相冲突了。

这样，目的就是道德的第一个环节。第二个环节是意图（Absicht），或者更确切地说，意图与福利或幸福（das Wohl）。我们通常把"目的"与"意图"当作同义词来使用，这种说法看起来好像是对的。但是黑格尔

208 区分了二者。如果我把一根燃着的火柴丢到壁炉里的可燃材料上，那么我这个行动自然的、可以预见的结果就是接着燃烧起来的火。我的目的就是把火点燃。但是，除非我想达到什么目的，比如说让自己暖和起来或者把房子烘干，否则的话我就不应该去做这件事。而我的意图与行动的道德特性相关。当然，它不是唯一与之相关的因素。黑格尔的意思绝不是说，任何一个行动都可以由某种善的意图来证明其为正当的。但意图仍然是道德中的一个环节或相关因素。

黑格尔认为意图是指向福利或幸福的。他坚称道德主体有权利追求自己的福利，有权利追求他作为一个人的种种需求的满足。当然，他并不是想表明利己主义就是规范或道德。但现在我们是离开了道德的社会框架及其在社会中的表现来考察道德的。当他坚称一个人有权利追求自己的福利时，他说的是，满足一个人作为人的种种需求是合乎道德的，而不是违背道德的。换句话说，他是在为以亚里士多德为代表的希腊伦理学所包含的一个观点做辩护，而反对康德的下述观点：如果是出于喜好而去执行某个行动，那么该行动就失去了道德价值。在他看来，那种认为道德在于与喜好或自然冲动持续不断地斗争的观点是完全错误的。

虽然个人有权追求自己的福利，但是道德当然不在于追求其特殊的善的特殊意志。可是特殊意志这个观念也必须保留下来，而不应该被简单地否定掉。因此我们必须进入这样的特殊意志观念中：特殊意志把自己看

成与理性意志相一致的，因而也就把自己看成与普遍意志相一致的，从而以普遍的福利为目标。特殊意志与自在的意志的结合（亦即，特殊意志与理性意志的结合）就是善（das Gute），我们可以将之描述为"自由之实现，世界的绝对终极目的"。[①]

理性意志是一个人真正的意志，是他作为一个理性的、自由的存在者的意志。要使他的特殊意志、他作为这个或那个特殊个体所具有的意志符合于理性意志（也可以说，符合于他真正的自我），这种要求就呈现为义务或责任。因此，由于道德是从一切具体的积极义务中抽象出来的，所以我们可以说，应该为了义务的缘故而履行义务。一个人应该使他的特殊意志契合于普遍意志，因为普遍意志才是他真正的意志；他应该这样做仅仅因为这是他的义务。不过，这当然并没有告诉我们一个人的意志在特殊情况下应该意欲什么。我们只能说，善的意志是由主体的内在确信也就是良心（Gewissen）所规定的。"良心表现了主观自我意识的这样一种绝对权利——在**自身中、通过它自身**知道什么是权利和义务，并且只承认被它这样认之为善的东西才是善的，而拒不承认任何其他的东西是善的，同时肯定它这样认识和意欲的善才是真正的权利和义务。"[②]

这样，黑格尔就把我们可能称之为新教对于内在性以及良心的绝对权威的坚持，并入他对道德的解释中。但是纯粹的主观主义与内在性实际上是他所讨厌的。他紧接着就进一步论证说，依赖纯粹主观的良心将会成为潜在性的恶。如果他满足于这样的说法，即一个人的良心是会犯错的，因而需要某些客观的规范或准则，那么他所阐述的就是一种常见的、容易理解的立场。但是他给人的印象是，他试图在纯正的道德内在性与邪恶之间建立一种联系，至少是建立一种可能的联系。不过，姑且不论他的夸张，他的主要观点是，在纯粹道德内在性的层面上，我们无法赋予道德确定的内容。如果要赋予道德确定的内容，那么我们必须转向有组织的社会。

因此，在黑格尔看来，抽象法权概念与道德概念就是片面的概念，

---

① 《黑格尔文集》，第七卷，第188页；《法哲学》，第129节。
② 同上，第七卷，第196—197页；同上，第137节。

它们必须被统一于伦理生活（die Sittlichkeit）这个更高层次的概念中。也就是说，在客观精神领域的辩证发展中，它们将自身呈现为具体伦理这一概念的不同发展环节或发展阶段，这些阶段必须同时被否定、保留与提升。

对黑格尔而言，具体的伦理就是社会伦理。规定一个人的义务的，是他在社会中的位置。因此，社会伦理是法权与道德这两个片面概念在更高层次上的合题或统一。

7. 黑格尔处理具体生活的方式是演绎出他所谓的"伦理实体"（die sittliche Substanz）的三个环节。这三个环节就是家庭、市民社会与国家。我们可能会期望他考察人在此社会环境中的具体义务。但实际上他所做的却是研究家庭、市民社会与国家三者的根本性质，进而表明其中一个概念是如何导向另一个概念的。他说，不需要再补充说一个人对他的家庭或对国家有这样或那样的义务。因为，通过对这些社会的本质进行研究，人对这些社会的义务将会是非常明显的。无论如何，如果认为这位哲学家应该草拟出一部关于特殊义务的法典，那么这种期望就是不恰当的。他关注的是普遍者，是概念的辩证发展，而不是道德教化。

家庭是"伦理实体"中的第一个环节，也是道德主观性与道德客观性之结合，它被称为"直接的或自然的伦理精神"。[①] 在社会领域中，人的精神可以说是从其自身的内在性中生发出来，首先把自己对象化于家庭中。这并不是说在黑格尔看来，家庭只是一个暂时的、过渡性的组织，当其他形态的社会得以完全发展之时，它就消失了。而是说，家庭是逻辑上在先的社会，因为它表现了普遍者在其逻辑上的第一个直接性环节。家庭成员被认为是一体的，他们主要是以情感（亦即，以爱）为纽带而结合在一起的。[②] 我们可以把家庭称为情感-整体（feeling-totality）。一个家庭就好像一个一体的人，他的意志表现在财产中，亦即表现在家庭的共同财产中。

① 《黑格尔文集》，第七卷，第237页；《法哲学》，第157节。
② 显而易见的是，黑格尔还没有愚蠢到会主张说，每个家庭都是由爱结合起来的这一点是一个经验事实。他讨论的是家庭这个概念或理念的本质，亦即它所应是。

　　但如果我们以这种方式来考察家庭，那么我们必须补充说，它自身之中就包含着消解自身的种子。我们既然认为家庭是一个情感-整体，认为它代表了普遍者的一个环节，那么家庭中的孩子就只是作为其成员而存在。他们当然是个体性的人，但他们只是自在的个体性的人，而非自为的个体性的人。然而，随着时间的推移，他们从家庭生活的一体状态过渡到个体性的个人状态，他们每个人都有自己关于生活的规划等。这就好像特殊者从家庭生活的普遍性中涌现出来，宣称自己是特殊者。

　　家庭这个相对而言无差别的统一体由于特殊性的涌现而破裂——这样的家庭概念本身并不是一个社会概念。毋宁说，它是一个消解或否定社会的概念。但这种否定自身又在黑格尔所谓的"市民社会"（die bürgerliche Gesellschaft）中被否定或被克服了，后者代表了社会伦理发展的第二个环节。

　　为了理解黑格尔所说的市民社会，我们首先可以描述一群复数的个人，他们各自追求自己的目标，努力去满足自己的需求。然后我们必须设想，为了能更好地促进他们的目标实现，他们以一种经济组织的形式结合起来。这将包含劳动分工以及经济阶级与经济团体的发展。此外，这种经济组织为了自身的稳定性，需要立法和执法机构，亦即法庭、法官与警察。

　　由于黑格尔是在国家这一标题下考察政治体制和政府，而不是在市民社会这个标题之下，因此我们或许会评论说，市民社会从未存在过。因为如果不是在国家之中，如何还可能会有法律与司法机关存在呢？答案当然是不可能。但黑格尔所关心的并不是要主张说市民社会曾恰恰以他所描述的形式存在过。因为对他而言，市民社会的概念只是关于国家本身的一个片面的、不充分的概念。它是"作为外部国家"[①]的国家。也就是说，它是略去了国家之根本性质的国家。

　　换句话说，黑格尔关心的是国家这个概念的辩证发展。他所做的是采用两个片面的社会概念，并表明二者所代表的观念在更高层面上被统一

---

① 《黑格尔文集》，第十卷，第401页；《哲学全书》，第523页。

在国家这个概念中。当然，在国家里家庭仍然存在。市民社会也同样存在。因为它代表了国家的一个方面，即便它只是一个局部的方面。但这并不蕴涵着，那孤立地被考察且被称作"市民社会"的这一方面，曾经恰如所述地那样存在过。国家这一概念的辩证发展是概念上的发展。它并不等同于下述这种说法：从历史上说，家庭先存在，然后是市民社会，然后才是国家，就好像这些概念是相互排斥的一样。如果我们以这种方式来解释黑格尔，那么我们或许会以为他关心的是要阐述一种彻底的极权主义国家理论，以反对比方说赫伯特·斯宾塞（Herbert Spencer）提出的那种理论，后者多多少少是符合市民社会这个概念的，尽管这种符合带着某些重要的限定条件。虽然黑格尔很可能会认为斯宾塞的社会理论是非常不充分的，但他认为，在国家里，市民社会这个概念所代表的特殊性环节仍然被保留着，而不是被简单地取消掉了。

8. 家庭代表了无差别的统一体这个意义上的普遍性环节。市民社会代表了特殊性环节。国家则代表了普遍与特殊的统一。我们在国家中所发现的并不是无差别的统一，而是有差别的普遍性，亦即差别中的统一。而且我们在其中发现的也不是纯粹的特殊性，[①] 而是特殊意志与普遍意志的同一。用另一种方式来说，在国家里，自我意识已经上升到普遍自我意识的层次。个人以这样一种方式——他的自我不是被取消而是被实现了——意识到他是整体的一分子。国家并不是与其成员相对立的一个抽象的普遍者，而是在他们之中、通过他们而存在。同时，成员们通过参与到国家的生命中从而被提升，超越他们纯粹的特殊性。换句话说，国家是一个有机的统一体。它是一个具体的普遍者，它在特殊者中、通过特殊者（这些特殊者既是相互区别的，同时又是合一的）而存在。

国家被说成是"有自我意识的伦理实体"。[②] 它是"作为向自身显现的、自知的实体性意志的伦理精神，这种伦理精神思考自身、认识自身，

---

① 从某种观点看，说市民社会代表了"纯粹的特殊性"有过分夸张之嫌。因为在市民社会中，随着诸特殊者的出现及其自我肯定而必然会出现的种种对立，在一定程度上已经被黑格尔所强调的同业公会克服了。而在同业公会中，追求一个共同目标的诸成员之间意志的结合也具有一定限度的普遍性，并且为过渡到国家概念做好了准备。

② 《黑格尔文集》，第十卷，第409页；《哲学全书》，第535页。

并实现一切它所认识的"。[①] 当国家被提升至普遍自我意识的层面时，国家就是理性意志之实际表现。因此，它就是客观精神的最高表现。而且客观精神领域的先于国家的诸环节被保留并综合到国家之内。例如，法权作为普遍意志的表达而被确立起来，并得以保持下去。道德也获得了它的内容。也就是说，一个人的义务是由他在社会组织中的身份所规定的。当然，这并不意味着一个人只对国家负有义务，而对他的家庭则没有义务。因为家庭在国家里并没有被取消掉：既然家庭是从属于国家生命的一个环节，那么它就是必不可少的环节。黑格尔也并不是想要暗示说，一个人的义务是由一个不变的社会身份一劳永逸地规定的。因为，虽然他坚称社会有机整体的福利是最重要的，但他也坚持认为，在国家中，个人自由原则与个人决定并没有被取消掉，而是被保留下来。套用布拉德雷（Bradley）的话说，关于"我的身份及其义务"的理论并不意味着要接受某种等级制度。

不过黑格尔是以至高无上的措辞来谈论国家的，这一点的确无可置疑。例如，他甚至把国家描述为"这个现实的上帝"。[②] 但有几个要点是我们必须记在心中的。首先，国家作为客观精神，必然在某种意义上是"神性的"。正如绝对者自身是差别中的同一一样，国家也是如此，虽然其范围要更受限制些。其次，我们必须记住的是，黑格尔自始至终都是在讨论国家的概念、国家的理想本质。他并不想说，处于历史中的国家可以不受任何批评。他的确非常清楚地表明了这一点。"国家不是艺术品，它处于世界中，因而也处于任意性、偶然性和错误等领域中；恶劣的行为可以在许多方面损坏国家的形象。但是最丑恶的人、罪犯、病人、有缺陷的人，毕竟也仍然是活人。尽管有缺陷，但积极的因素，即生命，依然延续着。这些积极的因素就是我们这里所要谈论的东西。"[③]

第三，我们必须记住的是，黑格尔坚持这样的事实，即成熟的或者说发展良好的国家保留了通常意义上的个人自由原则。他的确主张说，当

---

① 《黑格尔文集》，第七卷，第328页；《法哲学》，第257节。
② 同上，第336页；同上，第258节，增补。
③ 同上。

国家意志与特殊意志相冲突的时候，国家意志必须压倒个人意志。由于在他看来，国家意志，亦即普遍意志或公共意志在某种意义上是个人"真正的"意志，因此当个人把他的利益等同于国家利益时，就是实现了自由。因为自由意志潜在地就是普遍的，而由于它是普遍的，因此它意欲的乃是共同的善。在黑格尔的政治理论中，有很强的卢梭学说成分。可是，如果我们从黑格尔谈论国家权威及神圣性的那种夸张方式中得出结论说，他的理想是建立一个把个人自由和个人主动性都削减到最低限度的极权主义国家，那么，这种推论对黑格尔是不公平的。相反，在黑格尔看来，一个成熟的国家能够确保个人自由的最大限度的发展，而个人自由与普遍意志的至上权利是相容的。这样，他坚称，虽然为了国家的稳定性，其成员应该根据各自的身份和能力把普遍的目的当成自己的目的，[①] 但是国家为了其稳定性，也应该在真正意义上成为满足其成员之主观目的的机构。[②] 正如已经说过的一样，在国家这个概念中，公民社会的概念并没有被简单地消解掉。

在黑格尔对国家的探究中，他首先讨论的是政治制度。他表示君主立宪制是最合理的形式。但是，他又认为，团体国家（corporative State）比英国模式的民主制更为合理。也就是说，他认为公民应该作为团体或阶层之类从属于国家的整体的成员参与国家事务，而不是作为个体。或者，更确切地说，议员们应该代表团体或阶层而不是只作为个别的公民。这种观点似乎是黑格尔的辩证框架所要求的。因为被保留在国家中的公民社会概念是在团体这个观念中达到其顶点的。

经常有人说，黑格尔通过把君主立宪制演绎为最合理的政治组织形式，从而对那个时代的普鲁士王国推崇备至。然而，虽然他可能像费希特一样，逐渐把普鲁士当作最有希望培养出日耳曼人的政治自我意识的工具，但他强烈的历史意识不允许他持有下述这种观点：存在某种特殊的制度，使得任何民族（无论其历史、传统和精神如何）都能在采用该制度之

---

① 我们应该记住，黑格尔在一定程度上关心的是训练德国人，使他们达到政治上的自我意识。

② 《黑格尔文集》，第七卷，第344页；《法哲学》，第265节，增补。

后取得良好的效果。关于什么是理性的国家，他可能谈了很多，但他本人是非常理性的，以至于他绝不认为一种制度仅仅因为它最符合抽象理性的要求就能够强加于一切国家之上。"一项制度**只有**在与某个民族精神自身的发展相一致时，才能由此民族精神**发展**出来；并且与这精神一道经历由这一精神所决定的种种必然的形成阶段和变更。曾经制定了一切制度且仍在制定一切制度的，正是这个民族的内在精神和历史（而且，实际上这历史只是这一精神的历史）。"① 此外，"例如，拿破仑想为西班牙人提供一种先验的制度，但是这企图的结果很糟糕。因为一种制度不是单纯的人工制品；它是多少个世纪以来的作品，它是理念，是理性的意识，只要这一意识已经在某个民族中获得了发展……拿破仑为西班牙人提供的制度比他们之前拥有的制度更合乎理性，但西班牙人却把它当作与他们格格不入的东西而拒绝了"。②

黑格尔进一步发现，从某种观点看，追问到底君主制或民主制才是政府最佳的组织形式，乃是无谓的。事实上任何一种制度如果未能具体实现主观性原则（亦即，个人自由的原则），未能符合"成熟理性"③ 的要求，那么这种制度都是片面的、不充分的。换句话说，一种更为合理的制度意味着一种更为自由的制度，至少它必须明确允许个人人格的自由发展、尊重个人权利。黑格尔绝不是有时人们所以为的那么保守。他并不向往往昔的制度（ancien régime）。

9. 黑格尔政治理论的一般观念是值得我们注意的。他坚称哲学家关心的是国家的概念或理想本质，这点可能会让我们认为，在他看来，哲学家的任务是通过较为详细地描绘一个存在于柏拉图式的本质世界中的想象中的理想国家，从而为政治家们指出他们应致力的目标。但如果看看《法哲学》的序言，我们就会发现他明确否认哲学家的任务是要去做任何这一类的工作。哲学家关心的是理解现实，而不是提供政治方案与灵丹妙药。而从某种意义上说，现实的东西就是过去的东西。因为政治

---

① 《黑格尔文集》，第十卷，第416页；《哲学全书》，第540页。
② 同上，第七卷，第376页；《法哲学》，第274节，增补。
③ 同上，第七卷，第376页；同上，第273节，增补。

哲学出现在一种文化的成熟时期，当哲学家试图理解现实时，现实已经消逝到过去之中而让位于新形式的事物了。用黑格尔的名言来说："当哲学把它的灰色绘成灰色的时候，这一生活形态就变老了。把灰色绘成灰色不能使生活恢复活力，而只能使之被认识。密涅瓦的猫头鹰只在黄昏时候才起飞。"①

当然，有些思想家认为他们是在描绘一种永恒的模式、一种不变的理想本质。但在黑格尔看来，他们是错的。"甚至作为一种空洞的理想而广为流传着的柏拉图的《理想国》，本质上也无非是对希腊伦理生活的一种解释。"② 毕竟，"每个人都是他那个时代的产物，（而且）妄想一种哲学能够超越同时代的世界，这与妄想一个人可以跳出他自己的时代一样愚蠢"。③

有些人把黑格尔表面上推崇普鲁士王国这件事看得太认真了，黑格尔上述明确表达的观点显然可以作为对这些人的回应。因为我们很难想象这样的事：一个人非常了解（比方说）亚里士多德是在希腊城邦的旺盛生命力已经衰颓的时代对之推崇备至的，而他却会认为他自己同时代的国家代表了政治发展的最终与最高形式。即便黑格尔真是这么想的，在他的哲学之中也并没有任何论据能够为他的这种偏见辩护。相反，只要历史延续下去，我们就会期待客观精神领域再经历进一步的发展。

鉴于上述对政治哲学的解释，自然而然得出的结论是，这位哲学家所关心的是阐明在他所从属的文化或民族中运行着的理想。他是他那个时代之时代精神（die Zeitgeist）的阐释者。在他那里、通过他，一个社会的政治理想被提升到了反思性意识的层面。而一个社会唯有达到成熟的境地并可以说是在回顾自身的时候，也就是说，当一种生活形式已经实现了它自身而且已经准备好过渡到另一种生活形式中，或者说已经准备好为另一种生活形式让路时，才会以上述方式成为自我意识的。

---

① 《黑格尔文集》，第七卷，第36—37页；《法哲学》，序言。马克思同样著名的反驳是，哲学家的工作是改变世界，而不仅仅是理解世界。（黑格尔在这里化用了歌德《浮士德》中的名言："一切理论都是灰色的，只有生活之树长青。"——译者注）
② 《黑格尔文集》，第七卷，第33页；《法哲学》，序言。
③ 同上，第七卷，第35页；同上。

毫无疑问，在一定程度上这就是黑格尔的意思。他对柏拉图的《理想国》的评论表明了这层意思。但如果是这样，那么有人就会追问，他如何能同时又说政治哲学家关心的是国家的概念和本质呢？

我想这个问题必须参照于黑格尔的形而上学来回答。历史进程是精神或理性的自我实现活动。"凡是合乎理性的都是现实的，凡是现实的都是合乎理性的。"[1] 精神的概念乃是理性生命层面上的差别中的同一这一概念。因此，在国家中达到其顶点的客观精神是向着这样的目标而前进：在政治生活中显示差别中的同一。这意味着，一个成熟的或理性的国家将把普遍性与差异性的环节结合在自身之中。它将会把普遍的自我意识或具有自我意识的公共意志具体地表现出来。但这种具体的表现只有在相互区别的有限精神中、通过相互区别的有限精神才能产生，而这些相互区别的有限精神，由于是精神，所以都拥有"无限的"价值。因此，没有任何一个国家能够是完全成熟的或完全理性的（没有任何国家能与国家的概念相一致），除非它能把那种将国家视为有机整体的构想与个人自由原则调和一致。而当黑格尔这位哲学家反思过去与现在的种种政治组织时，他能看清楚它们距离理性国家的要求有多远。但是理性国家本身并不是存在于天界中的独立本质。它是精神或理性在人的社会生活中的运动的终极目的。黑格尔能在这一运动的基本轮廓中辨识出其终极目的，因为他理解实在的本性。但这并不意味着，作为一名哲学家，他比其他人处在更有利的位置上，更能预言未来或告诉政治家他们应该做什么。"哲学总是来得太迟，以至于无法如此做。"[2] 或许柏拉图的确曾告诉同时代的希腊人在他看来他们应该如何把城邦组织起来。但无论如何，他都太迟了。因为他所梦想着要重新组织的生活模式正逐渐冷却，而且不久之后就将熟透衰颓。乌托邦的蓝图被历史的运动击败了。

10. 每个国家在与其他国家的关系中都是一个独立自主的个体，而且要求被承认是如此。各个国家的相互关系的确在一定程度上是由条约及国际法规定的，而这又预设了这些条约与国际法是相关国家所接受的。但如

---

① 《黑格尔文集》，第七卷，第33页；《法哲学》，序言。
② 同上，第七卷，第36页；同上。

果有些国家拒不接受这些条约或国际法，或接受之后又撤回了，那么在任何争论中战争都将成为最终的裁定者。因为不存在任何凌驾于个别国家之上的最高权力。

现在，如果黑格尔只是记录他那个时代国际生活中的一个显而易见的经验事实，那么我们没有理由提出反对意见。但他接着为战争辩护，就好像战争是人类历史的一个本质特征一样。没错，他承认战争会伴随着大量的不正义、许多残忍的行为以及巨大的损耗。但他辩称，战争有其伦理的一面，它不应该被视为"一种绝对的恶，一种纯粹外在的、偶然发生的事实"。[1] 相反，它是一种理性的必然性。"有限的东西，如财产和生命，**被设定**为偶然的东西，这是**必然**的……"[2] 而这就是战争所做的。战争是这样一种状态："我们在其中严肃地对待暂时性的财产和事物所具有的虚无性，如果不是在这种状态下，那么这种虚无性不过是一句有教化意味的格言而已。"[3]

要注意的是，黑格尔不仅仅是说，在战争中，一个人的道德品质会以一种英雄的方式展现出来——这显然是事实。他也不只是说，战争使我们认识到有限者之短暂无常。他所宣称的是，战争是一种必然的理性现象。对他来说，战争事实上可以说是历史辩证地继续前进所凭借的工具。它防止了淤塞停滞，而且就像他所指出的那样，保存了健全的民族伦理。要使一个民族的精神重新焕发出活力，或者说要扫除一个腐败的政治有机体从而为一种更有活力的精神显现让位，所凭借的主要工具就是战争。因此，黑格尔拒绝了康德的永久和平理想。[4]

显然，黑格尔并没有经历过我们所谓的全面战争。浮现在他心灵中的多半是拿破仑战争和普鲁士为争取独立所做的奋斗。但是，当我们读到他谈论战争并抛弃康德的永久和平理想的这些章节时，难免会产生这种半是滑稽半是不悦的印象：一个大学教授以一种浪漫化的方式来描写人类历

---

① 《黑格尔文集》，第七卷，第 434 页；《法哲学》，第 324 节。
② 同上。
③ 同上。
④ 参见《科普勒斯顿哲学史》第 6 卷，第 185 页及 209 页。

史中的一个黑暗特征，并且为之披上了形而上学的外衣。[①]

11. 我们在上一节谈到国际关系以及作为历史辩证发展之工具的战争，这些内容把我们引向黑格尔的世界历史概念。

黑格尔区分了三种主要的历史类型，或者说区分了三种主要的史料编纂类型。第一种是"原初性的历史"，亦即历史学家对他眼前的事迹、事件与社会状态的描述。修昔底德的历史学就代表了这一类型。第二种是"反思性的历史"。一种延伸到历史学家的经验限制之外的一般性历史。比如说，用于说教的历史就属于这种类型。第三种是"哲学性的历史"或者说历史哲学。黑格尔说，这一术语仅仅指"对于历史的思想性考察"。[②]但我们很难说这种描述就其自身而言是有启发性的。而且就像黑格尔明确承认的那样，还必须以说明的方式对这种描述做进一步的解释。

说历史哲学是对历史所做的思想性考察就是说有一种思想被带入了这种考察之中。但是黑格尔坚称，这里所说的这种思想并不是预先设想好的，不是要求事实必须以某种方式适合于它的那样一种计划或方案。"哲学带给它（亦即，对于历史的思考）的唯一观念就是理性这一观念，理性是世界的主宰，世界历史因此是一个理性过程。"[③] 就哲学而言，这一真理是形而上学所提供的。但就历史本身而言，它只是一个假设。因此，"世界历史是精神的自我展开"这一真理必须被展示为对历史所做的反思的结果。在我们的反思中，历史"必须被当作它本来的样子，我们必须从历史的角度、从经验的角度去研究历史"。[④]

对于这一点，显而易见的批评是：即使黑格尔否认他有迫使历史适应某种预想模式的想法，但哲学家带入历史研究中的思想或观念显然必定会极大地影响到他对事件的解释。即便明面上声称这些观念是一项经验上可证实的假说，但哲学家（像黑格尔本人）既然相信该假说的真实性已在

219

---

① 为了对黑格尔公平起见，我们可以回顾这件事：当他由于拿破仑的胜利而失去了他在耶拿的教职与财产时，他自己感受到了战争的影响——展现有限者的短暂无常。
② 《黑格尔文集》，第十一卷，第34页；《历史哲学讲演录》，第8页。这里引用的《历史哲学讲演录》指J.西布利（J. Sibree）所译黑格尔《历史哲学讲演录》的英译本 *Philosophy of History*（下同）。
③ 《黑格尔文集》，第十一卷，第34页；《历史哲学讲演录》，第9页。
④ 同上，第十一卷，第36页；同上，第10页。

形而上学中得到了证实，那么他无疑会倾向于强调历史中那些看起来支持这种假说的方面。而且，对黑格尔主义者而言，这项假说事实上根本不是假说，而是一种已被证实的真理。

然而黑格尔说，即便是那些自称"公正"的历史学家也是带着他们的范畴来研究历史的。绝对的公正是一个神话。不可能有比已得到证明的哲学真理更好的解释原则。显然，黑格尔的总体思路大致就是这样。由于哲学家认识到实在界是无限理性的自我展开，因此他知道理性必定在人类历史中运转。可是我们不能预先说出它是如何运转的。为了要看出它是如何运转的，我们必须研究通常意义上的历史学家所描述的事件过程，从而试着在大量偶然发生的材料中辨识出有意义的理性过程。用神学的语言来说就是，我们预先知道上帝的旨意在历史中运转着。但是要看出来它是如何运转的，我们必须研究历史数据。

现在，世界历史是这样一个过程——通过这个过程，精神逐渐真正地意识到它自己是自由的。因此"世界历史就是自由意识的进展"。[1] 当然，只有在人的心灵中、通过人的心灵才能获得这种意识。通过人的意识而显示在历史中的神性精神就是世界精神（der Weltgeist）。因此，历史就是世界精神逐渐清楚地意识到自己是自由的所经历的一个过程。

然而，虽然世界精神只有在人的心灵中、通过人的心灵才能意识到自己是自由的，但历史学家关心的是民族而非个人。因此可以说，世界精神的具体发展是以民族精神为单位的。黑格尔这话在一定程度上是说，一个民族的文化不仅仅显示在其政治制度与传统中，而且也显示在其道德、艺术、宗教与哲学中。但一个民族的精神当然不仅仅存在于法律制度、艺术作品等等之中。它是一个活生生的整体，它是在一个民族中、通过一个民族而具有生命力的精神。而个人就其参与、分有了民族精神——它本身是世界精神之生命中的一个阶段或一个环节——这较为有限的整体而言，就是世界精神的承载者。

黑格尔的确声称："在世界历史中，我们研究的个体是民族，研究的

---

① 《黑格尔文集》，第十一卷，第46页；《历史哲学讲演录》，第19页。

整体则是国家。"①但他大致上可以互换地使用"国家"和"民族精神"这两个术语，因为对他而言，国家所指的远不仅仅是法律意义上的国家。在这一语境中，他所理解的国家是一个存在于其成员中、通过其成员而存在的整体，虽然这个整体并不等同于此时此地的任何一群公民所组成的群体，但这个整体把具体的形式赋予一个民族的精神与文化。

但应该注意的是，黑格尔之所以坚持认为世界历史关心的是国家，其中一个重要的原因是，在他看来，一个民族的精神只有在国家中、通过国家才可能自为地存在（亦即，意识到它自己）。因此，那些没有形成民族国家的民族，实际上被他排除在有关世界历史的考察之外。因为它们的精神只是隐含的：它们并不是"自为地"存在。

因此，每一个体现在一个国家中的民族精神都是世界精神的生命的一个阶段或环节。的确，这世界精神实际上是诸民族精神之间的相互作用所产生的**结果**。它们可以说是世界精神的自我实现过程中的诸环节。民族精神是受限制的、有限的，"它们在其相互关系中的命运与事迹揭示了关于这些民族精神之有限性的辩证发展。从这种辩证法中产生了**普遍精神**，即不受限制的**世界精神**，它宣告它对诸有限民族精神的判决，而它的判决就是最高的判决。它的判决是在**世界历史**中做出的，世界历史是世界的**审判法庭**"。②在黑格尔看来，这种对民族的判决是内在于历史中的。各民族的实际命运构成了对它的判决。

因此，精神在其朝向充分的、明晰的自我意识迈进的过程中，表现为有限的、片面的自我显示，亦即一些民族精神。黑格尔认为，在任何一个时代，都有一个特殊的民族以一种特有的方式代表了世界精神的发展。"这个民族在世界历史发展的这一时期就是处于支配地位的民族，**它能在世界历史中创立它自己的纪元，但仅此一次。**"③其民族精神发展、达到顶峰，然后衰退，在此之后，该民族就降格为历史舞台的背景了。毫无疑问，黑格尔想到的是（例如说）西班牙发展为大帝国并拥有自己特殊的标

221

---

① 《黑格尔文集》，第十一卷，第40页；《历史哲学讲演录》，第14页。
② 同上，第八卷，第446页；《法哲学》，第340节。
③ 同上，第七卷，第449页；同上，第347节。

志和文化然后衰落的经过。但接下来他干脆就假想，一个民族最多只能占据历史舞台的中心一次。当然，除非我们通过主张这样一种观点——一个享有第二个具有显著地位的时期的民族，其实不过是一个具有不同精神的不同民族——使得上述那种说法必定为真，否则的话，那种说法就是有争议的。无论如何，黑格尔想为每一个时代都找到一个特殊的世界历史民族，这种想法窄化了他对历史的构想。

然而，这么说并不是要否认黑格尔在历史哲学的演讲中涵盖了广阔的领域。由于他探讨的是世界历史，因此事实显然必定是这样。其作品的第一部分致力于探讨东方世界，包括中国、印度、波斯、小亚细亚、巴勒斯坦和埃及。第二部分探讨的是希腊世界；而第三部分探讨的是罗马世界，包括从基督教的兴起到它处于具有历史力量（eine geschichtliche Macht）的地位。第四部分则致力于探讨黑格尔所谓的日耳曼世界。这一时期的范围从拜占庭帝国直到法国大革命与拿破仑战争。第四部分中简略地探讨了伊斯兰教。

按照黑格尔的看法，东方人并未认识到人本身是自由的。由于缺乏这种认识，所以他们是不自由的。他们只认识到有**一个人**——专制君主——是自由的。"唯其如此，这样的自由只是任性、残忍或野蛮的激情，或者是这种激情中温和驯服的一面，但这种温和驯服只是自然界的一种偶然现象或一种任性的表现。因此，这个人只是一个专制君主，他并不是一个自由的人，不是一个真正的人。"[①]

222　　在希腊-罗马世界中产生了对自由的意识。但是古典时代的希腊罗马人只认识到某些人是自由的，亦即那与奴隶相对的自由人。即便是柏拉图和亚里士多德，也只是例证了对自由的意识的发展过程中这一不充分的阶段。

在黑格尔看来，首先达到自觉地意识到人本身是自由的这个层次的，是基督教影响下的诸"日耳曼"民族。然而，虽然此项原理在基督教的起始阶段就被认识到，但这并不意味着它立刻就能够被表现在法律、政府及

---

① 《黑格尔文集》，第十一卷，第45页；《历史哲学讲演录》，第18页。

政治组织与政治机构中。对精神自由的意识首先产生于宗教中，但是要经过漫长的发展过程，人们才能明白地、实际地认识到这一意识是国家的基础。而这一发展过程是在历史中被研究的。意识到精神之自由的内在意识必须使它自己明确地客观化，而在此，黑格尔将支配角色归于所谓的诸日耳曼民族。

现在我们已经看到，世界历史中被主要考察的部分是民族国家。但众所周知的事实是，黑格尔强调了他所谓的世界历史个人（die weltges-chichtlichen Individuen）的作用，如亚历山大大帝、尤利乌斯·恺撒、拿破仑等。而这看起来会使他陷入某种不一致中。但是民族精神与产生自民族精神的辩证发展的世界精神只有在人之中、通过人才能存在、生存和运转。而黑格尔认为，世界精神以某种显著的方式将某些个人作为它的工具。用神学的语言来说，他们是执行神的旨意的特殊工具。他们当然有其主观的情感和私人动机。例如，拿破仑在很大程度上就是受个人野心和狂妄自大的性格所支配。虽然像恺撒和拿破仑这类人的私人动机（不管是有意识的还是无意识的）对传记作家和心理学家来说是非常有意义的，但是对历史哲学家而言，这些动机并没有那么重要，而且也不太相干，历史哲学家感兴趣的是他们作为世界精神的工具所完成的事情。黑格尔说，世界上没有任何伟大的事业是在没有激情的情况下完成的。但历史上的伟人们的激情却被世界精神用作工具，用以展现出"理性的狡计"。无论恺撒渡过卢比孔河是受什么动机所驱使，他的行动都具有重要的历史意义，这意义可能远远超过了他自己所理解的任何事。无论恺撒个人曾感兴趣的是什么，宇宙理性或宇宙精神在其"狡计"中都利用这些兴趣来把罗马共和国变为罗马帝国，并把罗马精神推向其发展的顶峰。

如果我们把这些观点从一切可疑的形而上学中抽离出来，那么黑格尔显然表达了某些非常合理的东西。例如，声称历史学家们更感兴趣的是或者应该是斯大林实际上为苏联做的事，而不是对这位令人厌恶的暴君的心理状态进行研究，这种看法当然不是荒谬的。但是黑格尔的历史目的论观点当然还包括着：斯大林所做的事是**必须**被做的，而且这位苏联独裁者及其一切令人厌恶的个性都是世界精神手中的一件工具。[①]

12. 鉴于本章的篇幅已经有点过长了，因此我不打算重复或扩展我在上一卷中对历史哲学所做的总体评论。[②] 不过，对黑格尔的世界历史概念再做一两点评论也许是合适的。

首先，如果历史是一个目的论意义上的理性过程，是一个朝向由绝对者的本性所决定的目标而迈进的运动，而不是向由人选择的目标迈进，那么事情似乎就会是这样：一切发生的事都仅仅由于它发生了因而被证明是合理的。如果世界历史本身是最高的判决法庭，并对各民族做出判决，那么这看起来似乎蕴涵着：强权就是公理。例如说，如果一个民族成功地征服了另一个民族，那么这看起来似乎蕴涵着这样的观点：其行动的成功证明其行动是合理的。

现在，一般认为"强权即真理"这句话表现了卡利克勒斯（Callicles）在柏拉图对话录《高尔吉亚篇》中表现出的那种犬儒主义看法。根据这种看法，那种关于普遍义务以及根本性的、永恒的道德法则的观念是由弱者一方自我防卫的本能所创造的，他们试图以此手段来束缚强者与自由者。真正自由而强大的人看透了这种道德观念，因而拒不接受。他明白唯一的公理就是强权。按照他的判断，弱者、奴隶也含蓄地承认这一判断是正确的，虽然他们并非自觉地意识到这一事实。因为他们作为个体之时是弱者，所以他们试图通过把一种对他们有利的道德规范加诸强者之上，从而发挥他们作为一个集体的强权力量。

224　　但黑格尔并不是犬儒主义者。正如我们已经了解到的，他坚信人本身的价值，而不是相信只有某些人才有价值。我们可以合理地认为，就黑格尔而言，问题并不在于强权即是公理这种犬儒主义观点，而更在于下述这种夸张了的乐观主义看法：在历史中，由于公理表现为合理性的形式，因此它必然是支配性的因素。

当然有人会争辩说，虽然黑格尔与犬儒主义者的看法有区别，但这

---

① 对于任何有神学信仰的批评者，黑格尔的回答是，理性的狡计这种理论是符合基督教教义的。因为基督教主张上帝从恶中导出善，例如，利用犹大对基督的背叛来完成对人类的救赎。

② 参见《科普勒斯顿哲学史》第6卷，422—427页。

两种观点终究大致是一回事。如果公理在历史中总是获胜，那么成功了的强权就被证明是合理的。虽然强权之被证明为合理的并非因为它是强权，而是由于它是公理；但无论如何，它依然被证明为合理的。例如，黑格尔的确承认，道德判断可以用到他所谓的世界历史个人身上。但他也明确地表示，对他而言，这样的判断（用他的话来说）只是一种纯粹形式上的公正而已。例如，从某种特定的社会伦理系统的观点来看，一位伟大的革命家可能是一个坏人。但从世界历史的观点来看，他所做的事被证明是正当的，因为他完成了普遍精神要求他去做的事。如果一个民族征服了另一个民族，那么，只要这征服行动是世界历史的辩证运动的一个环节，那么这个行动就被证明是正当的，不管参与该行动的个人就其作为个人而言，他的行动会被加上什么样的道德评价。世界历史的确对这种情形的第二个方面不感兴趣。

因此，我们可以说，是黑格尔的形而上学观点而不是犬儒主义看法，促使黑格尔去为那些世界历史学家或历史哲学家所感兴趣的一切事件做辩护。黑格尔的确辩称，他只是严肃对待基督教关于上帝之旨意的理论，并将其应用于整个历史中。但这中间存在着明显的差别。一旦超验的上帝被转变为黑格尔的绝对者，一旦判决被当作纯粹内在于历史自身之中的，那么就只可能得出下面这种结论：从世界历史的观点来看，一切事件、一切行动，只要它构成了绝对者之自我显现的环节，就都被证明是合理的。而对基督教而言非常重要的道德问题，实际上就变成不相关的问题了。当然，我并不是想要表示，这一点本身就表明黑格尔的观点是错误的。我也并不是要表示，基督教的历史学家都以道德教化为己任。但黑格尔的历史哲学远远超出了历史学家们对历史的通常理解。它是对历史所做的一种形而上学解释。我的看法是，黑格尔的形而上学驱使他得出了基督教神学家们未曾涉及的结论。没错，黑格尔认为他可以说是为基督教之神意理论赋予了哲学本质。但事实上，这种"去神学化"却是一种转变。

提到黑格尔的形而上学，就让我们想起了另一种评论。如果像黑格尔所主张的那样，世界历史是普遍精神在时间中的自我实现所经历的过程，那么我们很难理解，为什么这一过程的目标不是一个普遍的世界国家或世界社会，在其中个人自由将在一个包罗万象的统一体中得到完全实现。即便黑格尔想要坚称普遍者显现在其特殊者中，且这里所说的特殊者就是民族精神，但是，看起来整个运动的理想目标应该是代表着具体普遍者的世界联邦。

然而，黑格尔并没有采纳这种观点。在他看来，世界历史本质上就是诸民族精神、诸国家的辩证运动，而诸民族精神与诸国家则是精神在历史中所呈现出的确定形态。如果我们要考察那超越了这些特殊有限形式的精神，那么我们就进入了绝对精神的领域，这将是下一章的主题。

第十一章

黑格尔（三）

绝对精神的领域 —— 艺术哲学 —— 宗教哲学 —— 哲学与宗教的关系 ——
黑格尔的哲学史哲学 —— 黑格尔的影响以及左翼、右翼黑格尔主义者的
分歧

1. 正如我们已经了解到的一样，当我们着手考察黑格尔体系的表面
轮廓之下的内容时，困难马上就出现了。例如，当我们着手探究逻辑理
念的本体论指称、探究逻各斯与自然的确切关系时，好几种可能的解释路
径就呈现在我们面前。但这并不会改变如下事实，亦即我们仍然能够很容
易地对此体系的轮廓做出一个初步的陈述。绝对者是存在。存在最先（尽
管不是在时间性的意义上）被认为是理念，它把自己客观化于自然界、物
质世界中。作为理念的客观化表现，自然界显示了理念。可是，它并不能
充分地显示理念。因为存在，亦即绝对者，被定义为精神、自我思考的思
维。它必然要以这种方式存在。它不能在自然界中完成这种转变，虽然自
然界是它完成这种转变的一个前提条件。只有在人的精神中、通过人的精
神，存在才能变成作为精神的存在，这样才能把自己的本质充分地显示出
来。但我们能以不同的方式去设想作为精神的存在。我们可以把它设想为
"自在的"，设想它在其内在性或主观性中表现为有限精神的形式。这是主
观精神的领域。我们也能设想它从自身中涌现出来，把自己客观化于它自
己所设定或创造的制度中，尤其是在国家中。这是客观精神的领域。我们
还能把它设想为超越了有限性，认识到自己是存在、是整体。这就是绝对
精神的领域。虽然绝对精神只在人的精神中、通过人的精神才存在，但它

是在下述这种层次上如此存在的：个体的人的精神不再是一个封闭在他的私人思想、情感、兴趣和目的之内的有限心灵，而是已经变成了作为差别中的同一的无限者（这个无限者认识到它自己就是如此）的生命中的一个

227 环节。换句话说，绝对精神就是处于黑格尔在《精神现象学》中所描述的绝对知识这一层次上的精神。因此我们可以说，人对绝对者的知识与绝对者对自身的知识是同一个实在的两个方面。因为存在通过人的精神把自己实现为具体存在着的自我思考的思维。

为了清晰，必须弄清楚下述观点。我意识到自己是一个有限的存在：可以说，我有自己的自我意识，这种自我意识与任何其他人的自我意识都不同。虽然这种主观的自我意识像其他任何东西一样必定也存在于绝对者之内，但它完全不是黑格尔所说的绝对知识。当我不仅仅意识到我自己作为有限个体与其他有限的个人与事物相对立，而且也意识到绝对者是终极的、包罗万象的实在时，就会明白这个主观的自我意识不是绝对知识。自然界是绝对者的客观显示，绝对者以主观精神的形式返回到它自身之中，存于人在历史中的精神生命里，并通过人在历史中的精神生命而存在；如果我获得了上述这些知识，那么我的这些知识就是绝对的自我意识的一个环节，也就是说，是存在或绝对者之自我认识的一个环节。

我们也可以用下面这种方式来说。我们已经了解到，按照黑格尔的看法，世界精神是由诸民族精神的辩证运动所产生的。而在上一章结尾的评论里提到，我们可以合理地期待上述观点包含了如下结论：历史的目的或目标是一个普遍社会，一个世界国家或者至少是各个国家组成的世界联邦。但是，这并不是黑格尔的观点。民族精神是受限制的、有限的。当世界精神被设想为超越这种有限性、超越这种限制，并作为无限精神而存在时，它必须被设想为知识、自我思考的思维。这样，我们就离开了政治领域。黑格尔的确把国家描述为自我意识的伦理实体，亦即国家构想它自己的目的，并且有意识地追逐这些目的。但它不能被描述为自我思考的思维或被描述为是具有人格性的。自我思考的思维是精神，这精神认识到它自己是精神，认识到自然界是它的客观化表现，是它自己作为具体存在的精神的前提条件。它也是绝对者，这绝对者认识到它自己是整体，亦即，是

差别中的同一：它是无限的存在反思性地意识到自身生命中的诸不同阶段或不同环节。它可以说是从民族精神所特有的那种有限性中解放出来的精神。

绝对精神因而是主观精神与客观精神在更高层面上的合题或统一。它是主观性与客观性的合一。因为它是自我认识的精神。但是在主观精神与客观精神的领域中，我们关心的是有限的精神，首先关心它的内在本质，然后关心它在客观制度中的自我显现，例如在家庭和国家中的自我显现；而在绝对精神的领域中，我们关心的是认识到自己是无限者的无限精神。这并不意味着，无限精神是某种处于有限精神的对立面且与有限精神相对立的东西，或者是某种完全脱离了有限精神而存在的东西。无限者在有限者中、通过有限者而存在。但是，在绝对精神的领域中，无限者是在反思中意识到它自身。因此，绝对精神可以说并不是对主观精神的一种重复。它是精神在更高层面上回复到自身中，在这个层面上，主观性与客观性被结合在一个无限的行动中。 228

不过，说一个无限的行动可能会具有误导性。因为这会让人想到这样一种观念：一种由绝对者做出的永恒不变的自我直观。然而在黑格尔看来，绝对精神是绝对者逐渐发展的自我认识之生命。它是绝对者把自己实现为自我思考的思维所经历的过程。它的这种自我实现是在三个主要层次上完成的——艺术、宗教和哲学。

如果我们从人对绝对者的认识这个角度来看待这个问题，那么黑格尔的意思就容易理解了。首先，我们可以从自然界所显示的美的感性形式里，或者更恰当地说，从艺术作品中所显示的美的感性形式里，来领会绝对者。这样，黑格尔接受了谢林有关艺术之形而上学意义的理论。其次，我们可以在宗教语言表现出的那种形象思维或象征思维的形式中领会绝对者。最后，我们可以纯粹从概念上领会绝对者，亦即在思辨哲学中领会绝对者。这样，艺术、宗教和哲学就都与绝对者相关。这三种精神活动的内容或主题，可以说都是无限的神性存在者。不过，虽然它们的内容是一样的，但它们的形式却各不相同。也就是说，这三种活动是以不同的方式去领会绝对者的。由于艺术、宗教和哲学有同样的内容或主题，因此它们都属于绝对精神的领域。但它们在形式上的差异表明，它们是绝对精神的生命的不同阶段。

229　因此，绝对精神的哲学由三个主要部分构成：艺术哲学、宗教哲学以及关于哲学的哲学（我们也许可以如此命名）。由于黑格尔以辩证的方式来展示艺术如何过渡到或者说如何需要过渡到宗教，而宗教又如何需要过渡到哲学，因此，很重要的是要理解在何种意义上时间因素进入了这种辩证运动中，在何种意义上没有。

在其艺术哲学中，黑格尔并没有局限于对审美意识的本质做纯粹抽象的解释。他考察了艺术的历史发展，并且试图展示出审美意识的发展，直至审美意识发展到需要向宗教意识过渡。类似地，在其宗教哲学中，黑格尔也没有局限于描述宗教意识的本质特征或本质环节，他考察了从原始宗教到绝对宗教（基督教）的宗教发展历史，并且努力厘清宗教意识发展的辩证模式，直至宗教意识需要向思辨哲学的立场过渡。因此，其中就存在时间性与非时间性的混合。一方面，艺术、宗教和哲学在历史上的实际发展都是时间性的过程。这是相当明显的。例如，古希腊艺术从时间上说先于基督教艺术，古希腊宗教从时间上说先于基督教。另一方面，黑格尔也不会愚蠢到认为在宗教出现之前艺术已经穷尽了其所有形式，或者认为在绝对宗教出现之前没有任何哲学存在。他同其他人一样清楚，希腊神庙是与希腊宗教联系在一起的，而且也与希腊哲学家联系在一起。从艺术概念到宗教概念的辩证过渡、从宗教概念到哲学概念的辩证过渡，这种过渡本身是非时间性的。也就是说，它本质上是一个概念性的发展进程，而不是一个时间性或历史性的发展进程。

我们也可以用下面这种方式来表述这一点。黑格尔或许将自己局限于一种纯粹的概念运动中，此运动中涉及到的唯一的先后秩序是逻辑上的先后，而非时间上的先后。但是精神的生命是一个历史性的发展过程，在这个过程中，一种形式的艺术接替另一种形式的艺术，宗教意识演变过程中的一个阶段接替另一个阶段，一个哲学体系接替另一个哲学体系。黑格尔渴望展现出那个表现在艺术史、宗教史和哲学史中的辩证模式。因此，230　就像他所阐述的那样，关于绝对精神的哲学不能从所有时间序列中抽象出来。因此，它有两个方面。要把它们区别出来可能并不总是一件简单的事。但是无论如何，如果（比如说）我们认为黑格尔的意思是说只有艺术结束了宗教才开始，那么我们只是把黑格尔的理论变得毫无意义。无论有的学者可能认为黑格尔应该说了什么，但在我看来，他把艺术、宗教和哲学看成是人类精神的永恒活动。他可能认为哲学是这些活动中层次最高的。但这并不蕴涵着他想象人将会成为纯粹的思维。

作为对这一节的总结，以下几点是值得注意的。认为黑格尔主张国家是一切实在中层次最高的，而政治生活则是人类最高的活动，这是错误的看法。因为，正如我们已经了解到的一样，客观精神的领域继续走向了绝对精神的领域。虽然在黑格尔看来，以某种形式组织起来的社会是艺术、宗教和哲学所需要的一个前提条件，但是这三种活动才是精神的最高表现；黑格尔毫无疑问是推崇国家的，但他更为推崇哲学。

2. 以辩证的或逻辑的方式来说，绝对者首先是以直接的形式显现出来，也就是说伪装成感性对象而显现出来。在这种情形下，绝对者被领会为美，美是"理念的感性显现（Scheinen）"。[①] 这种理念的感性显现，这种透过感性面纱的绝对者之闪耀就叫做理想（Ideal）。从某种观点看，作为美的理念当然与作为真理的理念是相同的。因为，在审美意识中被领会为美的那个绝对者与在哲学中被领会为真理的那个绝对者，乃是同一个绝对者。但两种领会的形式或模式是有区别的。审美直观与哲学并不是同一回事。因此，我们把美的理念称为理想。

虽然黑格尔并没有否认自然界中可能有美的事物存在，但是他坚称艺术中的美要优越得多。因为艺术美是精神所直接创造的，它是精神自己对自己的显示。而精神及其产物是优于自然界及其现象的。因此，黑格尔把他的注意力限制在艺术中的美之内。黑格尔低估了作为神之显示的自然美，这可能的确是件令人遗憾的事。但是，考虑到他的体系的架构，除了专注于艺术美之外，他也很难再做其他的事情。因为他已经把自然哲学

231

---

① 《黑格尔文集》，第十二卷，第160页；《美学讲演录》，第一卷，第154页。这里引用的《美学讲演录》指 F. P. B. 奥斯马斯顿（F. P. B. Osmaston）所译《美学讲演录》英译本 *The Philosophy of Fine Art*（下同）。

留在身后，现在他关心的是精神哲学。

但是，我们可能会问，如果我们说艺术美是理念的感性显现，那么这个命题是什么意思呢？它是否只是一个夸张但含糊的陈述呢？答案很简单。理念是主观性与客观性的统一。而在具有艺术美的作品中，这种统一性表现在精神性的内容与外在的或质料性的具体表现之间的结合里。在一个和谐的统一体或合题中，精神与物质、主观性与客观性融为一体。"艺术的任务是用感性的形式，而不是用思想或纯粹精神性的形式，把理念呈现给直接的直观。因为这种呈现的价值与意义在于理想的内容与其具体表现之间的协调和统一，所以艺术之完美与卓越、艺术作品与艺术之根本概念的符合，都取决于艺术的理想内容与其感性形式之间的相互融合能够在什么程度上达到内在和谐与统一。"[①]

显然，黑格尔并不是想要表示，艺术家自觉地意识到他的作品显示了绝对者的本质。他也并不是想要表示，除非一个人有这种有意识的自觉，否则他就无法欣赏艺术作品的美。艺术家与观赏者可能都觉得，某件艺术作品可以说是恰如其分的或完美的，意即再增添或减少任何东西都将破坏或损坏这件艺术作品。二者可能都觉得，这件艺术品的精神内容与感性的具体表现完美地融合在一起了。而且他们也可能都觉得，从某种不明确的意义上说，这件艺术显示了"真理"。但这一点并不蕴涵着，二者中的任何一方能够说出这件艺术作品的形而上学意义，无论是对他们自己还是对其他人。这也并不表明审美意识有什么缺点。因为，清楚地或者说反思性地领会到艺术之形而上学意义的是哲学，而不是审美意识。换句话说，这种领会是从哲学对艺术所做的反思中产生出来的。这与艺术创作迥然不同。一名伟大的艺术家可能是一位非常糟糕的哲学家或者根本就不是哲学家。而一位伟大的哲学家很可能无法绘制出一幅漂亮的画，也无法谱写出一曲交响乐。

232　　因此，在完美的艺术作品中，理想内容与其感性形式或具体表现是完全和谐一致的。这两种要素相互渗透并融为一体。但这种艺术理想并不

---

① 《黑格尔文集》，第十二卷，第110页；《美学讲演录》，第一卷，第98页。

总能达到。这两种要素之间可能存在的不同关系类型则为我们提供了艺术的诸种基本类型。

首先，我们有这样一种艺术，在这种艺术中，感性要素凌驾于精神内容或理想内容之上，意即，后者未能掌控其表达媒介，其光芒未能穿过感性的面纱。换句话说，这种艺术家是在暗示他的意思而不是表达他的意思。在这种艺术中存在着含混和神秘的气氛。这种类型的艺术就是**象征型**艺术。例如在古埃及人那就可以发现这种艺术。"如果我们要寻找在它所特有的内容和表现形式两方面都达到完善的那种完美的象征型表达的例子，那么我们就要去**埃及**找。埃及是关于象征的国度，它为自己设定了一个精神性的任务，即精神的自我解释，但实际上并没有完成这个任务。"① 黑格尔在斯芬克斯身上发现了"象征性本身的象征"。② 它是"客观的谜"。③

黑格尔把象征型艺术进一步划分为次级阶段，并讨论了印度、埃及艺术与希伯来的宗教诗之间的差异。但我们无法跟随他进入细节的讨论中去。我们只要注意到下面这点就足够了：在黑格尔看来，象征型艺术最适合人类的早期阶段，那时世界与人、自然界与精神都被认为是神秘的，就像谜一样。

其次，我们有这样一种艺术，在这种艺术中，精神性的内容或理想内容被融入一个和谐的整体。这就是**古典型**艺术。在象征型艺术中，绝对者被设想为一个神秘的、不具形式的一，这个一在艺术作品中是被暗示出来而不是被表现出来的；而在古典艺术中，精神以具体的形式被设想为具有自我意识的个体性精神，其感性的具体表现是人的身体。因而，这种艺术明显是拟人化的。神只是被美化了的人类。最主要的古典艺术是**雕塑**，雕塑将精神展示为有限的、具身性的精神。

正如黑格尔把象征型艺术与印度人和埃及人联系在一起，他把古典型艺术与古希腊人联系在一起。在伟大的希腊雕刻作品中，我们可以说是

① 《黑格尔文集》，第十二卷，第472页；《美学讲演录》，第二卷，第74页。
② 同上，第十二卷，第480页；同上，第二卷，第83页。
③ 同上。

发现了精神与质料的完美结合。精神性的内容透过感性的面纱照耀出来：

233 它被表现出来，而不仅仅是在象征性的形式中被暗示出来。因为像普拉克西特利斯（Praxilteles）① 的作品所表现的人的身体，就是对精神的清晰表达。

　　然而，"古典型艺术及其关于美的宗教并不能完全满足精神的深度"。② 这样我们就有了第三种主要的艺术形式，亦即**浪漫型**艺术，在这种艺术中，被领会为无限者的精神往往可以说是从它的感性具体表现中流溢出来，从而抛弃了感性的面纱。在古典型艺术中，理想内容与感性形式完美地融合在一起。但精神不仅仅是与一个特殊的身体结合在一起的特殊的有限精神：它是神性的无限者。而在浪漫型艺术（它实际上就是基督教世界的艺术）中，没有任何感性的具体表现会被认为是充分地表现了精神的内容。在象征型艺术中，精神的内容必须被暗示出来而不是被表达出来，因为我们尚未按照精神本身的情形来设想精神，它仍然是神秘的，是个谜，或者说是个疑问，但是在浪漫型艺术中，情形并不是这样。毋宁说，在浪漫型艺术中，我们是就其所是来领会精神的，将它领会为无限的精神性生命，亦即上帝，因而它会从任何有限的感性具体表现中流溢出来。

　　在黑格尔看来，浪漫型艺术关心精神的生命，而精神的生命就是精神的运动、行动和冲突。精神可以说必须从死中获得生。也就是说，它必须进入到它自己所不是的东西中，这使它或许能够重新成为自己；这一真理在基督教中，在其自我牺牲与复活的教义中得到了表达，尤其是在基督的死、生和复活中得到了体现。因此，典型的浪漫型艺术就是那些最适合于表达运动、行动与冲突的艺术。这些艺术就是绘画、音乐和诗歌。建筑最不适合于表达精神的内在生命，它是典型的象征型艺术。雕塑是典型的古典型艺术，它比建筑更适合于表达精神的内在生命，但它专注于外在、

---

① 普拉克西特利斯，古希腊杰出的雕塑家，雅典人，主要创作年代大概在公元前370—公元前330年，代表作品有《牧羊神》《赫耳墨斯和小酒神》《尼多斯的阿芙洛蒂忒》等。——译者注

② 《黑格尔文集》，第十三卷，第14页；《美学讲演录》，第二卷，第180页。需要注意的是，黑格尔在这里是把一种特殊的艺术与一种特殊的宗教联系在一起的。

专注于身体，因此它对运动与生命的表达是很有限的。而在诗歌中，表达媒介由语词构成，也就是说，表达媒介由语言中的感性意象构成；它最适合于表达精神的生命。

　　然而，这种把某种特殊艺术与某种确定的一般艺术类型联系起来的观点，不能从一种排他性的意义上来理解。例如，我们把建筑与象征型艺术联系在一起，是因为在一切造型艺术中，它最不适合用来表达精神的生命，虽然它能够表达神秘。但这么说并不是要否认存在着具有古典型和浪漫型艺术特征的建筑形式。这样，希腊神庙——拟人化的神的完美居所——是古典型建筑的一个明显范例，而哥特式建筑则是浪漫型建筑的一个范例，它表达了这样一种感受——神超越了有限领域与质料领域。在与希腊神庙的对照之下，我们就可以发现，何以"基督教教堂的浪漫风格在于拔地而起直入云霄"。[1]

　　类似地，虽然雕塑是典型的古典艺术形式，但它并不局限于古典型艺术中。绘画、音乐和诗歌也并不局限于浪漫型艺术的范围内。不过我们无法跟随黑格尔进入他对种种特殊类型的艺术的冗长讨论中。

　　现在，如果我们只就艺术本身来思考艺术，那么我们必须说，最高类型的艺术是那种精神的内容与感性的具体体现完全和谐一致的艺术。这就是古典型艺术，而雕塑是其最主要的、特有的表现形式。但是，如果我们把审美意识当作上帝的自我显示的一个阶段，或者当作人类对上帝的认识的一个发展阶段，那么我们必须说浪漫型艺术才是最高类型的艺术。因为，如同我们已经看到的一样，在浪漫型艺术中，无限精神往往丢下感性的面纱，这一事实在诗歌里表现得最明显。当然，只要我们仍然停留在艺术领域中，那么感性的面纱就不可能被完全抛弃掉。但是浪漫型艺术提供了从审美意识过渡到宗教意识的那个过渡点。也就是说，当心灵察觉到没有任何一种质料性的具体表现能够充分地表达精神时，它就从艺术领域过渡到宗教领域。[2] 作为精神领会它自身之本质的一种媒介，

右侧页码：234

①　《黑格尔文集》，第十三卷，第334页；《美学讲演录》，第三卷，第91页。
②　再重复一次，这种过渡是辩证的而非时间性的。例如，埃及人和印度人不但有他们自己的艺术形式，也有他们自己的宗教。

艺术无法满足精神。

　　3. 如果绝对者是精神，是理性，是自我思考的思维，那么只有通过思维本身，才能充分地领会绝对者本身。我们或许认为黑格尔会直接从艺术过渡到哲学，然而事实上他是通过对绝对者的一种间接领会来实现从艺术到哲学的过渡，而这种间接的领会模式就是宗教。"在有意识的生命的领域里，最接近艺术领域又比艺术高一级的是宗教领域。"[①] 显然，黑格尔并不仅仅关注于要完成一个三段式，以便绝对精神领域能符合该体系的一般模式。他也并不仅仅是由于宗教在人类历史中的重要性，或者由于宗教研究的是与神相关的事物这一显而易见的事实，因而才看到宗教哲学的必要性。黑格尔之所以在艺术与哲学之间插入宗教，最重要的原因在于，他相信宗教意识例示了一种领会绝对者的中间方式。宗教一般而言是绝对者以表象的形式所做的自我显现，或者从本质上说包含了绝对者以表象的形式所做的自我显现，而表象这个词在这种语境下可以译为象征性思维或形象思维。一方面，宗教意识不同于审美意识，因为它**思考**的是绝对者。另一方面，宗教所特有的那种思维并不是我们在哲学中发现的那种纯粹概念性的思维。它可以说是穿着意象的外衣的思维：我们可以说，它是想象力与思维的结合物。一个表象就是一个概念，但它并不是哲学家所思考的那种纯粹概念。毋宁说它是一种形象化的概念或富有想象力的概念。

　　例如，对于"逻辑理念、逻各斯客观化于自然界之中"这一真理，宗教意识（至少就犹太教、基督教和伊斯兰教而言）是以富有想象力的、形象化的概念形式来领会它的，亦即将其领会为一个超验的神自由地创造了世界。此外，对于"有限精神从本质上说是无限精神的生命中的一个环节"这一真理，基督教意识是通过道成肉身理论以及人与上帝通过基督而结合而得到领悟的。在黑格尔看来，在宗教和哲学中，这些真理的内容是一样的，只是领会及表达它们的模式不同。例如，对黑格尔来说，基督教意识中的上帝观念与绝对者概念具有完全相同的内容：它们都指涉或意味着同样的实在。但这同一个实在以不同的方式被领会或描述。

235

------

① 《黑格尔文集》，第十二卷，第151页；《美学讲演录》，第一卷，第142页。

至于上帝存在的问题，在某种显而易见的意义上，黑格尔不需要给出任何证明，也就是说，不需要给出除了他的体系本身以外的任何证明。因为上帝是存在，而存在的本性在逻辑学或抽象的形而上学中已经被证明了。可是黑格尔也在传统的上帝存在证明上面投入了很大精力。他说，如今这些证明已经变得声誉扫地了。这些证明不仅从哲学的角度被当作完全过时的东西，而且从宗教的立场上来看也被视为反宗教的、实际上不虔诚的。因为存在着这样一种强烈的倾向，要用缺乏理性的信仰和虔诚的情感来替代一切为信仰提供理性根基的尝试。确实，这类证明已变得如此落伍，以至于"人们甚至几乎都不知道历史上有过这些证明；即使是那些神学家，亦即那些声称拥有关于宗教真理的科学知识的人，有时也不了解这些证明"。① 然而，这些证明并不应该被如此轻视。因为它们是"出于要满足思维、理性的需求"② 而被提出的，它们代表了人类心灵向上帝的提升，这种提升使得信仰的直接性运动变为明确的、可理解的。

谈到宇宙论证明时，黑格尔认为，传统形式的证明的基本缺点在于，它把有限者设定为某种独立存在的事物，然而却试图由此过渡到某种不同于有限者的无限者。但一旦我们理解了"存在不仅应该被规定为有限的，而且也应该被规定为无限的"③ 这句话，那么就可以弥补这个缺点。换句话说，我们必须表明"有限者的存在不仅是它自己的存在，而且也是无限者的存在"。④ 当然，反过来说，我们也必须表明无限的存在是在有限者中、通过有限者来展现它自身的。有人反对从有限者过渡到无限者或从无限者过渡到有限者，对于这种反对意见，我们只能通过一种真正的存在哲学来反驳它，这种存在哲学表明，人们在有限者与无限者之间假定的鸿沟并不存在。如此一来，康德对这些证明的批判就完全失败了。

这等于是说，就像前面所说的那样，对于上帝存在的真正证明就是

---

① 《黑格尔文集》，第十六卷，第361页；《宗教哲学讲演录》，第三卷，第156页。这里引用的《宗教哲学讲演录》指 E. B. 斯皮尔斯（E. B. Speirs）与 J. 伯登·桑德森（J. Burdon Sanderson）所译《宗教哲学讲演录》英译本 Lectures on the Philosophy of Religion（下同）。

② 《黑格尔文集》，第十六卷，第361页；《宗教哲学讲演录》，第三卷，第157页。

③ 同上，第十六卷，第457页；同上，第三卷，第259页。

④ 同上，第十六卷，第456页；同上，第三卷，第259页。

黑格尔的体系本身。而要阐述该体系则显然是哲学的任务。因此，相比于去证明上帝的存在，宗教哲学本身更加关心的是宗教意识及宗教意识的模式或者说领会上帝的模式。

如果抽象地来考察，那么宗教意识由三个主要环节或阶段构成。正如黑格尔辩证法的标准模式使人们想到的，第一个环节是普遍性的环节。在此环节中，上帝被设想为无差别的普遍者，被设想为无限者以及唯一真实的实在。第二个环节是特殊性的环节。在设想上帝时，我把自己和他区分开来，把有限者和无限者区分开来。他变成了一个与我相对的客体。我意识到上帝是"外在于"我的、处于我的对立面，而这种对上帝的意识还

237　包括我对自己的意识，亦即意识到自己是从上帝中分离或异化出来的一个罪人。最后，第三个环节是个体性的环节，在这个环节中，特殊者返回到普遍者中，无限者返回到有限者中。分离或疏离被克服了。就宗教意识而言，这种克服是通过敬奉与救赎而完成的，也就是说，是通过人们设想的那些要达到与上帝的结合所需凭借的种种方法，才完成了这项克服。

这样，心灵从关于上帝的纯粹抽象的思维过渡到对心灵本身以及与心灵相分离的上帝的意识，并由此进一步地认识到心灵与上帝是合一的。这运动是宗教意识的根本运动。我们可能注意到，其三个环节或阶段与理念的三个环节是对应的。

当然，宗教不仅仅是抽象意义上的宗教。它表现为特定的宗教。在宗教哲学的讲演中，黑格尔通过不同类型的宗教追溯了宗教意识的发展。他主要关心的是要展示一个逻辑的或概念的序列，但这个序列是通过对人类历史上的诸宗教进行反思而发展出来的，这些宗教的存在及本性又显然是通过除了先天演绎之外的其他途径而被认识到。黑格尔所关心的是展示出经验材料或历史材料所例示出的那种辩证模式。

黑格尔把特定的宗教的第一个主要阶段称为自然宗教（die Naturreligion），自然宗教可以用来涵盖一切认为上帝低于精神的宗教。它被进一步划分为三个阶段。第一个阶段是直接宗教或巫术。第二个阶段是实体宗教，在此标题之下，黑格尔依次考察了中国的宗教、印度教和佛教。第三个阶段是波斯、叙利亚以及埃及的宗教，在这些宗教中可以发现精神性的

观念闪烁着微光。因此，虽然在印度教中，梵（Brahman）被设想为纯粹抽象的无差别的一，而在波斯的拜火教中，上帝则被设想为善者。

自然宗教可以说是对应于前文所述的宗教意识的第一个环节。在典型的自然宗教——实体宗教中，上帝被设想为无差别的普遍者。这在下述意义上是泛神论：将有限者视为是被神性存在所吞没的，或者是纯粹附属于神性存在的。可是，虽然印度教设想梵的方式对应于宗教意识的第一个阶段，但这并不意味着它完全不涉及其他阶段。

特定宗教的第二个主要阶段是精神个体性的宗教。在此，上帝被设想为精神，不过是以一个或诸多个别的人这种形式来设想的。那不可避免的三段式包括犹太教、希腊与罗马宗教，分别被命名为崇高的宗教、美的宗教和实用的宗教。这样，朱庇特神就有了保卫罗马的安全与主权的功能。①

这三种宗教对应于宗教意识的第二个阶段。上帝被设想为与人对立或分离的。例如，在犹太教中，上帝被提升到世界与世人之上，享有超然崇高的地位。同时，宗教意识的其他阶段也被表现出来。这样，在犹太教中就有这样的观念：人通过献祭以及服从上帝所颁布的律法来实现人与上帝的和解。

特定宗教的第三个主要阶段就是绝对宗教，亦即基督教。在基督教中，上帝被设想为它真正所是者——超越的、内在的无限精神。人则被设想为通过接受神人合一的（God-man）基督的恩典而参与了上帝的生命，从而与上帝结合在一起。因此，基督教尤其与宗教意识的第三个阶段相对应，这个阶段是前两个阶段的合题或统一。在这个阶段，上帝不再被视为无差别的统一体，而被视为人格性的三位一体、无限的精神生命。有限者与无限者也不再被当作互相对立的双方，而是被当作彼此互不混淆的统一体。就像圣保罗所说的，我们在他之中生存、活动并拥有我们的存在。

说基督教是绝对宗教就等于说它是绝对真理。有些牧师和神学家会

---

① 显然，从某种观点看，该三段式的第三部分——实用的宗教，是宗教的堕落。因为它实际上把上帝贬低为一种工具。同时它需要过渡到一种更高形式的宗教。例如，罗马允许所有神灵进入万神殿中，这就把多神论降格为一种荒谬的宗教，它需要过渡到一神论中。

轻率地忽视基督教教义，或者删减基督教教义，以适应启蒙时代的观点，黑格尔严厉谴责了这些人。但我们必须补充的是，基督教是以表象的形式来表达绝对真理的。因此就产生了向哲学过渡的需求，因为哲学是以纯粹概念的形式来思考宗教的内容。尝试向哲学过渡，在黑格尔看来，这延续了像圣安瑟伦这样的人所开创的事业，后者有意识地开始通过必然的理由去理解和证明信仰的内容。

4. 正如我们已经了解到的一样，从宗教过渡到哲学绝不是从一个主题过渡到另一个主题。二者的主题是相同的，都是"在其自身的客观性中的**永恒真理**，是且只是上帝，以及对上帝的阐明（die Explication）"。[1]因此，就这个意义而言，"哲学与宗教就变成同一回事了"。[2]"当哲学阐明宗教时，它只是在阐明它自身；而当它阐明自身时，它就是在阐明宗教。"[3]

二者的区别在于它们设想上帝时所采取的不同方式，"在于它们看待上帝的特有方式"。[4]例如，从表象到纯粹思维的变化包含着以逻辑序列的形式取代偶然性的形式。这样，在神学概念中，上帝的创造被当作一个偶然事件，意即它既可能发生也可能不发生；而在哲学中，这种神学概念就变成了这样的理论：逻各斯必然客观化于自然界中，这种必然性并不是因为绝对者受某种强力所支配，而是因为这就是它之所是。换句话说，思辨哲学剥除了宗教思维所特有的那种想象的、形象化的成分，以纯粹概念的形式表达相同的真理。

然而，这并不意味着哲学是无宗教的。在黑格尔看来，认为哲学与宗教是不兼容的，或者认为前者敌视后者或对于后者来说是危险的，这样的想法所依据的是关于二者各自本性的错误观念。二者都论及上帝，二者都是宗教。"它们的共同之处就在于二者都是宗教，其差别仅仅在于我们在二者中所发现的宗教的种类和方式。"[5]之所以会有"哲学威胁宗教"这

---

① 《黑格尔文集》，第十五卷，第37页；《宗教哲学讲演录》，第一卷，第19页。
② 同上，第十五卷，第37页；同上，第一卷，第20页。
③ 同上，第十五卷，第37页；同上，第一卷，第19页。
④ 同上，第十五卷，第38页；同上，第一卷，第20页。
⑤ 同上。

种想法，的确是由它们各自领会与表达真理的方式上的差异所导致的。但是只有当哲学声称它要用真理取代谬误时，它才会威胁到宗教。但事实并非如此。二者所表达的真理是一样的，虽然宗教意识要求一种必须有别于哲学的表达模式。

人们可能会倾向于评论说，黑格尔对"宗教"一词的使用是含糊不清的。因为他用这个词所涵盖的内容不仅仅包括宗教经验、信仰、宗教习俗，而且还包括神学。虽然可以找到某种似乎可信的情形，来说明哲学并不敌视宗教经验本身，甚至也不敌视纯粹的信仰，然而如果宗教被认为是意味着或包含着神学，而哲学又打算揭示那种可以说是未经粉饰的真理——这真理包含在神学家们所认为的在人类语言中最有可能表达了真理的教义中——那么哲学与宗教必然处于敌对状态。

关于第一点，黑格尔坚称"**认识是基督教中的根本部分**"。[①] 基督教努力去理解它自身的信仰。而思辨哲学延续着这种尝试。区别在于哲学以纯粹思维的形式取代了表象形式，亦即形象化或象征性的思维形式。但这并不意味着思辨哲学取代了基督教，意即并不意味着为了支持前者而把后者抛弃掉。基督教是绝对宗教，而绝对观念论是绝对哲学。二者都是真实的，它们的真理也是一样的。它们的概念形式和表达方式可能有差异，但这并不蕴涵着绝对观念论取代了基督教。因为人并不只是纯粹思维：即使他是个哲学家，他也绝不只是一个哲学家。就宗教意识而言，基督教神学是真理的完全表达。这就是为什么那些专注于宗教意识的牧师无权篡改基督教教义。因为基督教是启示宗教，意即它是上帝对宗教意识的完全的自我显示。

我并不是想要暗示说，黑格尔的看法与基督教正统观念的立场一致。因为我相信二者并不一致。我同意麦克塔加特（他本人并非基督徒）的观点，他指出，作为基督教的同盟者，黑格尔主义是"一个伪装的敌人——最不起眼但却最危险。他保护基督教教义，使它免受外来批驳，但却一直在改造这些教义，直到它们被消融掉……"。[②] 这样，虽然黑格

① 《黑格尔文集》，第十五卷，第35页；《宗教哲学讲演录》，第一卷，第17页。
② 《黑格尔宇宙论研究》（1901年版），第250页。

尔为三位一体、人类的堕落、道成肉身这些教义提供了哲学上的证明。但

241　是，当他以纯粹思维的形式陈述完这些教义之后，这些教义显然就变得非常不同于教会的教义，后者被教会认作以人类的语言对真理所做的正确陈述。换句话说，黑格尔使思辨哲学成为基督教启示的内在意义的最终裁决人。他把绝对观念论呈现为秘传的基督教，而把基督教呈现为外传的黑格尔主义；神学所坚持的神秘性从属于哲学的清晰，而这实际上相当于一种转化。

可是，至少在我看来，没有正当的理由可以让我们去指责黑格尔是不诚实的。我不相信当他以基督教正统教义的拥护者自居时是在开玩笑。正如我们在导论那章已经注意到的一样，贝奈戴托·克罗齐（Benedetto Croce）认为，没有任何正当的理由可以让我们把宗教这种次等的思想形式与科学、艺术以及哲学一起保留下来。如果哲学真的为宗教信仰提供了内在意义，那宗教就必须让位于哲学。也就是说，二者不能共存于同一个心灵。一个人可以或者在宗教的范畴中思考，或者在哲学的范畴中思考。但他不能同时在二者中思考。不过，虽然克罗齐的评论绝非没有切中要害，但这并不蕴含着他的这些评论代表了黑格尔真实的但却隐藏了的观点。虽然克罗齐不是一个有信仰的天主教徒，但毕竟他已经习惯于把教会权威当作宗教真理与宗教陈述的最终裁决者。黑格尔关于思辨哲学与基督教之间关系的那种理论，很明显与上述这个观念不相容。但黑格尔是个路德派。虽然思辨哲学优于信仰这种观点远不是路德派的观点，但他比克罗齐更容易真诚地相信下述观点：从基督教的立场来看，他所主张的那种绝对哲学与绝对宗教之间的关系是可接受的。毫无疑问，黑格尔认为他是在继续神学家们的工作——这些神学家在自己对基督教教义的解释中想尽力避免那种粗糙的想象，因为在粗糙的想象中，教义是被未受过神学教育的宗教意识所描画的。

5. 然而，如同绝对宗教不是宗教意识的唯一显现，绝对哲学也不是思辨理性的唯一显现。就像艺术与宗教有它们的历史，哲学也有它的历

242　史。而这历史是一个辩证的发展过程。从某种观点来看，它是无限思维逐渐明确地思考自身的过程，亦即从一个关于自身的不充分的概念进入到

另一个概念，然后在一个更高的概念中把它们统一起来。从另一种观点来看，它是人类心灵向着终极实在——绝对者——这个充分的概念辩证地运动的过程。但这两种观点只是代表了同一个过程的两个不同方面。因为精神、自我思考的思维是在人类心灵在绝对知识层次上的反思之中并通过这种反思变得明确起来。

当然，这意味着，在哲学史不同阶段中出现的种种片面的、不充分的关于实在的概念，被吸收并保留在随后的更高阶段里。"最后的哲学是一切较早的哲学的结果。没有失去任何东西，一切原则都被保留下来了。"[1]"这就是哲学史的一般结果。首先，自始至终只有一种哲学，它在同时代的不同表现代表了同一个原则的诸必然方面。其次，各哲学体系的接续并不是偶然的，而是显示了这门科学的发展过程中各阶段的必然接续。再者，一个时代的最后一种哲学是上述那种发展的结果，是精神的自我意识可以提供的最高形式的真理。因此，最后的哲学包含着此前的哲学，它把此前的哲学的各阶段都包含在自身中，是一切先行的哲学的产物和结果。"[2]

现在，如果哲学史是上帝的自我认识的发展，是绝对的自我意识的发展，那么哲学史上的诸相继阶段将与概念或逻辑理念中的相继阶段或环节相一致。因此我们发现，黑格尔把巴门尼德描述为第一位真正的哲学家，因为他把绝对者理解为存在，而赫拉克利特声称绝对者是生成。如果把黑格尔的这种观点当作一种依据时间上的先后顺序而做出的陈述，那么这种观点就会遭到批评。但这种观点显示出黑格尔的一般步骤。与在他之前的亚里士多德一样，黑格尔也认为他的前辈们揭示了真理的某些方面，这些方面在他自己的体系中被保留下来，被进一步提升并与互补的方面相融合。无须说，对精神范畴的明确而充分的认识是留给德国观念论的。费希特和谢林的哲学则被当作绝对观念论的发展中的环节。

243

---

[1] 《黑格尔文集》，第十九卷，第685页；《哲学史讲演录》，第三卷，第546页。《哲学史讲演录》指由 E. S. 霍尔丹（E. S. Haldane）和 F. H. 锡姆森（F. H. Simson）所译的黑格尔《哲学史讲演录》英译本 *Lectures on the History of Philosophy*。
[2] 《黑格尔文集》，第十九卷，第690—691页；《哲学史讲演录》，第三卷，第552—553页。

因此，黑格尔的哲学史是其体系中不可分割的一部分。它不仅仅是阐述哲学家们所持的观点以及阐述影响他们的思想并使得他们如此这般地去思考的那些因素，也不仅仅是阐述了他们对后继者的影响以及可能带来的对整个社会的影响。它是一项持续不断的尝试，以期在哲学史的材料中展示出一种必然的辩证推进、一种目的论的发展。这项事业显然是被当作一种一般意义上的哲学来展开的。它是哲学家的这样一种工作：这位哲学家站在一个体系的有利位置上回顾过去，他认为这个体系是迄今为止对真理的最高表达，是一个反思过程的顶点，而就这个反思过程来说，无论其中有何偶然性的成分，但从其根本轮廓上看，它是这样一种必然性运动——心灵开始思考它自身。黑格尔的哲学史因而是一种关于哲学史的哲学。如果我们反驳说，在一个给定的体系中选择根本性的要素是受哲学的先入之见或原则所支配，那么，黑格尔当然可以回应说，任何一种名副其实的哲学史都不仅仅包含解释，而且包含根据其哲学信念——什么东西在哲学上是重要的，什么东西在哲学上是不重要的——所做的根本要素与非根本要素之间的区分。不过，虽然这种回答很合理，但在这一语境下却是不适当的。因为，正如黑格尔依照这样一种信念——相信人类历史是一个理性的目的论过程——来研究历史哲学一样，他也是带着如下这种信念来研究哲学史的：这历史是"自我意识的理性的殿堂"，[1] 是以辩证的方式对理念所做的持续而渐进的规定，是"被一种内在必然性所推动的逻辑进程"，[2] 是那个唯一的、真正的哲学在时间中的自我发展，是自我思考的思维的动态过程。

这种哲学史概念是否蕴涵下述结论：对黑格尔而言，他的哲学就是最后的体系，是终结一切体系的体系？人们有时认为他就是这样想的。但我觉得这样来理解黑格尔有些夸张。他的确在一般意义上把德国观念论（尤其是把他自己的体系）描述为在哲学的历史发展中现已达到的最高阶段。就他对哲学史的解释而言，他不可能做出其他的描述。那些想要把"哲学终结于黑格尔"这种荒谬的观点归诸黑格尔的人利用了黑格尔的这

---

① 《黑格尔文集》，第十七卷，第 65 页；《哲学史讲演录》，第一卷，第 35 页。
② 同上，第十七卷，第 66 页；同上，第一卷，第 36 页。

样一种说法："一个新的时代在世界中产生了。看来现在世界精神已经成功地把它自己从一切异己的客观存在中解放出来，并且最终成功地把自己领会为绝对精神……有限的自我意识与绝对的自我意识之间的斗争——在前者看来后者似乎外在于它——现在停止了。有限的自我意识不再是有限的，而另一方面，绝对的自我意识也因此获得了它之前所缺乏的现实性。"① 不过，虽然这段引文明确说绝对观念论是一切先前的哲学的顶峰，但黑格尔接着又谈到"就一般意义而言，（这就是）迄今为止的整个世界历史（所达到的目标），而就特殊意义而言，（这就是）迄今为止的整个哲学史（所达到的目标）"。② 如果一个人直率地说"哲学就是**被表达于思想中的它自己的时代**"，③ 并且说，认为一种哲学能够超越它那个时代的世界与认为一个人能够跳出他自己的时代一样愚蠢，这样的人是否可能严肃地认为哲学在他自己那里走到了尽头呢？显然，根据黑格尔的原则，在他之后的哲学必须吸纳绝对观念论，即使他的体系揭示出自身只是一个更高的合题中的一个片面环节。但是这么说并不等于否认可能会有或将会有任何后续的哲学。

然而这里有一个要点。如果基督教是绝对宗教，黑格尔主义作为秘传的基督教就必须是绝对哲学。而如果我们把该语境下的"绝对"一词理解为指的是真理已经达到的最高形式，而不是指对真理最后的或最终的陈述，那么正如黑格尔主义不是最后的哲学一样，基督教也不是最后的宗教。根据黑格尔的原理，基督教与绝对观念论是共进退的。如果我们想说基督教是无法超越的，而黑格尔主义是可以被超越的，那么我们就不能同时接受黑格尔对二者之间的关系所做的说明。

6. 鉴于黑格尔体系包罗万象的特征以及黑格尔在德国哲学界中曾占据的支配性地位，我们在种种不同领域中都能感受到他的影响力便是不足为奇的。他的思想以绝对者为中心，而且在既不太挑剔也不过于正统的观察者看来，他已经依据最新的哲学观点为基督教提供了一种理性辩护；　245

---

① 《黑格尔文集》，第十九卷，第689—690页；《哲学史讲演录》，第三卷，第551页。
② 同上，第十九卷，第690页；同上，第三卷，第551页。
③ 同上，第七卷，第35页；《法哲学》，序言。

正如人们所预料的那样，这样一个人的影响范围包括了神学领域。例如海德堡的神学教授卡尔·道布（Karl Daub，1765—1836）抛弃了谢林的观念，转而致力于用黑格尔的辩证法从事新教神学研究。另一位被黑格尔的吸引力所改变或诱惑（这要根据我们对此事的看法而定）的著名神学家是菲利普·康拉德·马莱内克（Philipp Konrad Marheineke，1780—1846），他后来成为柏林大学的神学教授，并且协助编辑了第一版黑格尔著作集。在他去世之后出版的《基督教教义体系》中，马莱内克试图用基督教神学的术语转述黑格尔的哲学思想，同时他还试图以黑格尔的方式解释基督教教义的内容。例如，他把绝对者描述为在教会中达到了对自身的完全的自我意识，在他看来这就是精神的具体实现，而这精神则被他解释为三位一体中的第三位格。

从黑格尔的观点出发来研究伦理体系的历史的则是利奥波德·冯·亨宁（Leopold von Henning，1791—1866），他在柏林大学听过黑格尔的课，并由此成为他的狂热崇拜者。黑格尔在法学界的影响相当大。他的学生中最突出的是著名的法学家爱德华·甘斯（Eduard Gans，1798—1839）。他曾担任柏林大学法学教授，并且出版了一本非常著名的有关继承权的书。[①]在美学领域，也许我们可以提一下海因里希·特奥多尔·罗彻（Heinrich Theodor Rötscher，1803—1871），他是从黑格尔那里获得灵感的人之一。在哲学史领域中，像约翰·爱德华·艾德曼（Johann Eduard Erdmann，1805—1892）、爱德华·策勒尔（Eduard Zeller，1814—1908）、库诺·费舍尔（Kuno Fischer，1824—1907）这样的著名哲学史家都曾受到黑格尔的影响。无论我们如何看待绝对观念论，我们都无法否认黑格尔对众多领域中的学者起到的激发作用。

我们再回到神学领域中。我们已经注意到，黑格尔体系为其与基督教有神论的确切关系留下了可争论的空间。事实上，关于这一主题的争论甚至在黑格尔去世之前就已经出现了，虽然黑格尔去世这件事很自然地为这争论提供了新的动力。有一些通常情况下被划归为右翼黑格尔主义者

---

① 《继承权在世界史上的发展》（*Das Erbrecht in weltgeschichtlicher Entwicklung*，1824—1835）。

的学者主张，我们可以在一种与基督教相容的意义上合理地解释绝对观
念论。当黑格尔还在世时，卡尔·弗里德里希·戈舍尔（Karl Friedrich 246
Göschel，1784—1861）就试图以一种不至于使宗教低于哲学的方式，来
解释黑格尔对宗教意识所特有的思维形式与纯粹思维或纯粹知识之间的关
系的阐释。为黑格尔所做的这种辩护得到了哲学家本人的热烈回应。黑格
尔逝世后，戈舍尔发表了一些著作，旨在表明黑格尔主义与人格性的上
帝、人格不朽等教义是相容的。我们还可以谈谈卡尔·路德维希·米希勒
（Karl Ludwig Michelet，1801—1893）——柏林大学的一位教授，他把
黑格尔的三段式与三位一体的位格等同起来（这的确是黑格尔自己曾做过
的），而且他还试图表明，在黑格尔主义与基督教神学之间不存在不兼容
之处。

左翼黑格尔主义以（例如说）大卫·弗里德里希·施特劳斯（David
Friedrich Strauss，1808—1874）为代表，他是名著《耶稣传》（1835）的
作者。在施特劳斯看来，福音书的故事都是神话，他明确地把这种观点与
黑格尔的表象理论联系起来，并且把他自己对历史性的基督教的消解描述
为黑格尔思想的一项真正发展。这样，他就为某些基督教学者提供了有价
值的武器，那些学者拒绝接受右翼黑格尔主义者所持有的那种观点，亦即
认为黑格尔主义与基督教是兼容的。

黑格尔主义运动的中间派可以以约翰·卡尔·弗里德里希·罗森克
兰茨（Johann Karl Friedrich Rosenkranz，1805—1879）为代表，他是黑
格尔传记的作者，也是哥尼斯堡大学的一名教授。由于他既是施莱尔马赫
的学生也是黑格尔的学生，所以他在发展黑格尔体系时试图调和二者的理
论。在其《神学科学百科全书》（1831）一书中，他区分了思辨神学、历
史神学与实践神学。思辨神学以一种先天的形式展示绝对宗教——基督
教。历史神学探讨的是此绝对宗教的理念或概念在时间中的客观化。在其
对历史性的基督教的评价中，罗森克兰茨比施特劳斯更克制一些，后者认
为前者属于黑格尔学派中的中间派。后来罗森克兰茨还尝试发展黑格尔的
逻辑学，虽然其他黑格尔主义者并不十分欣赏他在这个方向上的努力。

因此我们可以说，右翼与左翼黑格尔主义者之间的分裂，首要地涉

及到的是如何解释、评价以及发展黑格尔在宗教与神学问题上的立场。右

247 翼是在某种大致上与基督教教义相容的意义上解释黑格尔，这意味着他们认为，上帝可以说就其本身而言必须被描述为一个人格性的、具有自我意识的存在。左翼则主张一种泛神论的解释，并否认人格不朽。

然而，左翼很快就超越了泛神论，走向自然主义和无神论。在马克思与恩格斯那里，黑格尔的社会理论和历史理论被革命化了。这样，左翼黑格尔主义就远比右翼黑格尔主义更具历史意义。但是，必须把前一阵营中的激进思想家分开处理，而不应该把他们当成黑格尔的门生来看待，因为黑格尔不可能承认他们是他的门生。

在"黑格尔的影响"这一标题下，我们当然可以提及 19 世纪后半叶及 20 世纪头 20 年的英国观念论，也可以提及像贝奈戴托·克罗齐、乔瓦尼·詹蒂莱（Giovanni Gentile，1875—1944）这样的意大利哲学家，以及法国最近出版的讨论黑格尔思想的著作，更不用说可以提及那些证明了黑格尔的深远影响的例子。但这些主题会把我们带离本卷的范围。取而代之，我们可以转向考察那些对形而上学观念论的反驳，以及 19 世纪德国哲学界兴起的其他思想路线。

第二部分

对形而上学观念论的反叛

第十二章

早期的反对者与批判者

弗里斯和他的学生们——赫尔巴特的实在论——贝内克与作为基础科学的心理学——布尔查诺的逻辑学——魏瑟与 I. H. 费希特对黑格尔的批判

1. 在雅各布·弗里德里希·弗里斯（Jakob Friedrich Fries，1773—1843）看来，费希特、谢林和黑格尔等人对观念论的发展是个巨大的错误。他认为，哲学正确且有益的任务是继续康德的工作，而不是把康德哲学转变成一个形而上学体系。的确，弗里斯本人也使用"形而上学"一词，且他在 1824 年出版了《形而上学体系》（*System der Metaphysik*）一书。但对他而言，该词意指对人的知识的一种批判，而不是一门关于绝对者的科学。因此，从这个意义上说，他是沿着康德的脚步在前进。然而，他却把康德对知识的先验批判转变成一种心理学研究，一种心理学上的自我观察过程。因此，弗里斯虽然是从康德出发试图修正并发展康德的立场，但是他的修正却是对康德的批判做心理学化的处理，这在某种程度上导致了与洛克相似的态度。因为按照弗里斯的看法，在我们能够处理关于知识对象的问题之前，我们必须探讨知识的性质、规律和范围。而从事这种探讨的方法就是经验观察。

弗里斯并没有把他的思考局限在知识论范围内。他在 1803 年出版了《法哲学理论》（*Philosophische Rechtslehre*），在 1818 年出版了《伦理学》（*Ethik*）。他持有自由的政治观点。1819 年，他被剥夺了在耶拿大学的教席。然而，几年后，他又被任命为同一所大学的数学和物理学讲席教授。他已经出版了一些关于自然哲学和物理学的著作，而且他试图把牛顿的数学物理学（mathematical physics）与他自己所理解的康德哲学统一起来。

1832 年，弗里斯出版了《宗教哲学与哲学美学手册》（*Handbuch der Religionsphilosophie und der philosophischen Aesthetik*）。他从小就受到虔敬主义传统的教育，而且他始终主张坚持宗教情感和内心的虔诚。一方面，我们拥有数学与科学知识；另一方面，我们拥有对宗教情感与审美情感的预知，它证明了现象领域背后的存在。实践信仰或道德信仰把我们与本体实在关联起来，而宗教情感与审美情感则进一步保证了现象背后的实在就是道德信仰所设想的那样。这样，弗里斯就在康德的实践信仰学说上增加了对宗教情感价值的强调。

弗里斯不乏影响力。他的学生中最突出的是 E. F. 阿佩尔特（E. F. Apelt，1812—1859），后者为他的老师对康德所做的心理学解释做了辩护，并且坚持认为需要把哲学与科学紧密结合。① 值得一提的是，弗里斯对情感在宗教中的根本重要性的强调影响了著名的宗教哲学家鲁道夫·奥托（Rudolf Otto，1869—1937），尽管把奥托称作弗里斯的学生是很不准确的。

在本世纪② 早期，莱昂纳德·纳尔逊（Leonard Nelson，1882—1927）创立了所谓的新弗里斯学派。

2. 在与后康德观念论同时代的反对者中，弗里斯的名字远不如约翰·弗里德里希·赫尔巴特（Johann Friedrich Herbart，1776—1841）那样广为人知。1809 年，赫尔巴特被任命为哥尼斯堡大学讲席教授，直到 1833 年去往哥廷根为止，赫尔巴特一直占据这个曾属于康德的教席。在瑞士期间（1797—1800），他已经认识裴斯泰洛齐（Pestalozzi）③，而且对与教育相关的主题兴趣浓厚，还写了相关著作。他的主要哲学著作包括《哲学导论教科书》（*Einleitung in die Philosophie*, 1813）、《作为科学的心理

---

① 现代逻辑学家恰当地不赞同对逻辑做心理学化的处理。然而，尽管这样做的那种倾向是错误的，但它却是与如下看法联系在一起的，即这种倾向表达的是一种科学的态度。

② 指 20 世纪。——译者注

③ 约翰·海因里希·裴斯泰洛齐（Johan Heinrich Pestalozzi，1746—1827），瑞士著名教育家。——译者注

学》（*Psychologie als WiSSetlSchaft*, 1824—1825）以及《一般形而上学》（*Allgemeine Metaphysik*，1828—1829）等。

赫尔巴特曾说，在 1828 年时，他是一个康德主义者。当然，他的意思是说，尽管对于那位曾占据着他现在教席的伟大思想家 ① 的工作，他充满了敬意，但那时大量思潮已经在涌动，他也并不因为康德的体系出自大师之手就简单地接受它。赫尔巴特的确不能被称为任何一种通常意义上的康德主义者。诚然，他拒绝了后康德观念论。但是认为后康德观念论歪曲了康德思想的人并不必然就是一个康德主义者。而且在某些方面，赫尔巴特的思想更类似于前康德哲学家，而不是康德本人。

250

至少，当我们从某一方面来看时，赫尔巴特对哲学的解释极具现代意味。因为他把哲学描述为对概念的阐明（Bearbeitung）。针对这种描述，一个明显的反对意见是，它没有指出哲学特有的主题。任何科学都可以被这样描述。然而，认为哲学并不拥有一个自己的、与其他种种特定科学的主题并列的特有主题，这恰恰是赫尔巴特的论点。或者更准确地说，我们不能从一开始就说哲学将特定的实在领域作为其特有的主题。我们必须首先把它描述为阐明、澄清概念的活动。

正是在这一活动的过程中产生了哲学的不同分支。例如，如果我们关心的是构想出关于不同概念及其联结的理论，以及澄清概念的原理，那么我们就是在从事逻辑学。然而，如果我们是运用逻辑原则去澄清经验所提供的概念，那么我们就是在从事形而上学。

在赫尔巴特看来，这种澄清工作是根本性的。因为当我们对这些从经验中得来的基本概念进行逻辑分析时，它们就显得矛盾重重。以事物的概念为例。如果它能被恰当地称为一个事物，那么它必须是一，必须是一个统一体。但如果我们尝试去描述它，那么它就会被分解为许多不同的性质。它既是一也是多，既是一同时又是非一。这样我们就面临一个矛盾，我们不能满足于此。然而，问题不在于简单地拒绝那些从经验中得来的概念。因为，如果我们割断了思维与经验之间的联系，我们也就是把自

① 指康德。——译者注

己与实在割裂开来了。这里需要的是以一种消除矛盾的方式来澄清和阐明
概念。

因此，赫尔巴特认为，不矛盾律是基本的原则。他的主张与黑格尔
的辩证逻辑无关，在他看来后者把这一原则弄模糊了。实在必须没有矛
盾。也就是说，一种真正的世界观或对世界的解释必定是由一些相互一致
的、本质上不矛盾的概念所构成的和谐体系。可以说原始的经验并未呈现
给我们这样一种世界观。需要哲学来澄清、修饰那些源自经验且应用于科
学中的概念，使它们一致，从而建构起这种世界观。

赫尔巴特的观点用一种更恰当的方式来表述可能是这样的：实在就
是这样，对它的完整解释必定表现为由相互一致的、不矛盾的命题所构成
的综合体系。我们的确可以论证说，黑格尔本人也有类似的真理观，他不
应该被理解为否定了不矛盾律。毕竟，赫尔巴特也是先承认矛盾会从我们
日常看待事物的方式中产生，然后再尝试解决它们。但黑格尔似乎是说，
矛盾是实在本身的过程的一项特征，是绝对者的生命的一项特征，但在赫
尔巴特看来，只是因为我们构想实在的方式不恰当，所以才会产生矛盾：
它并非实在本身的特征。因此，毋宁说，赫尔巴特的观点与 F. H. 布拉德
雷（F. H. Bradley）的观点更类似，而不是更类似于黑格尔。事实上，布
拉德雷在很大程度上受到赫尔巴特的影响。

现在，让我们假定，我们日常对事物的看法包含或者说产生了矛盾。
我们把一束玫瑰花当成一个东西，把一块方糖当成另一个东西。它们每一
个看起来都是一个统一体。但是，当我们尝试描述它们时，它们都分解成
了许多性质。玫瑰花是红色的、香的、软的；糖是白色的、甜的、硬的。
每种情形中，我们都把一些性质归诸一个统一的实体或事物。但它是什
么？如果我们试图述说任何与之相关的东西，那么这个统一体就再一次分
解成许多性质。或者，如果我们说它是众多性质的基底，那么它似乎就是
一个完全不同的事物。我们就不能再说玫瑰花**是**红色的、香的、软的。

在赫尔巴特看来，该问题的解决方法在于设定多个简单的、不变的
实体，他把这些实体称为"实在"（Realen）。这些实体彼此间建立了不同
的关系，而现象的性质和变化与这些关系是对应的。例如，一块方糖对

我们来说可能是一个单一之物，但它是由许多个无广延、不变的实体组成的。这块方糖的种种现象属性对应于这些实体彼此间的关系，而这块方糖现象上的变化也对应于实体间关系的变化。这样我们就能把统一性与多样性、持存与变化协调起来。

因此，赫尔巴特提出了一种近来在这个国家^①非常流行的哲学观点，亦即哲学在于概念澄清或概念分析，在这以后，他接着提出了一个布拉德雷随后在《现象与实在》中十分关注的问题。不过，布拉德雷依据后康德观念论的精神找到了一种解决方案———一（One）"显现"为诸多不同的事物；赫尔巴特则诉诸一种多元论的形而上学，后者让人想起德谟克利特的原子论和莱布尼茨的单子论。他的"实在"的确不同于德谟克利特的原子，因为它们拥有性质，虽然这些性质由于超越现象而不可知。此外，虽然每个"实在"都是单一的、本质上不变的，但它们看起来并不像莱布尼茨的单子那样是"无窗"的。因为据他说，每个"实在"在面对其他类似实体的干扰（Störungen）时都能保持其自我同一性，所以看起来，这些实体之间是相互影响的。然而，赫尔巴特的理论明显类似于前康德的形而上学。

这种干扰理论，亦即每一个干扰都在被干扰的实体那里激起一种自我保存的反应，引发了某些困难。因为它很难与空间、时间和因果作用都是现象这种观点相协调。诚然，赫尔巴特认为现象的发生是以"实在"的活动方式为基础，并且可以通过"实在"的活动方式得到解释。"实在"的世界也并未被看作巴门尼德的静态的实在。但是，看起来我们仍然可以论证说，就"实在"之间的假定关系而言，它们仍然不可避免地要被纳入现象领域。因为除了从这些所谓的现象性关系的角度思考它们之外，我们几乎不可能思考它们。

无论如何，正是在这一形而上学基础上，赫尔巴特构建了他的心理学。灵魂是单一的、无广延的实体或"实在"。然而，它并不等同于具有意识的纯粹主体或自我。简单地说，灵魂根本不具有意识。它也不具备 253

---

① 指德国。——译者注

任何康德式的先天形式与范畴。一切心理活动都是从属性的、派生出来的。也就是说，灵魂在面临其他"实在"引起的干扰时努力保存自身，这种自我保存的反应就表现在感觉和观念中。心灵生活就是由感觉与观念之间的关系和相互作用构成的。关于不同的心灵能力的观念完全可以抛弃掉。例如，一个遇到障碍的观念可称为欲望，而一个伴随着对成功的假定的观念则可称为意志。不需要假定欲望和意志这样的官能。与之相关的心理现象可以根据观念来解释，而观念本身则可以根据灵魂面对干扰时所做的自我保存反应所直接或间接地产生的刺激来解释。

赫尔巴特的心理学中一个非常有趣的特征是他的潜意识理论。观念间可能是彼此联系的，但也可能是相互对立的。在后面这种情形中就产生了一种张力，某个观念或某些观念被迫进入意识层面之下。这时它们就转变成冲动，虽然它们也可能作为观念返回意识层面。我们还可以注意到，赫尔巴特坚持认为，不仅在意识层面上人对于自我之外的对象的意识总是先于人的自我意识，而且自我意识总是经验性的，是对作为对象的我（me-object）的意识。存在自我这一观念，但并不存在纯粹的自我意识这样的东西。

然而，赫尔巴特的潜意识理论虽然具有一定的历史价值，但其心理学的突出特征或许在于，他试图通过把这种心理学数学化而使之成为一门科学。因此，他主张观念有不同的强度，它们之间的关系可以通过数学公式来表达。例如，当一个观念被抑制、被迫进入意识层面之下，那么，根据数学上可确定的序列，它若要返回到意识层面就会涉及与之相关的观念的返回。如果我们拥有足够的经验证据，我们就可以预测此类事件的原因。总之，至少在原则上，心理学可以被转变成一门精密科学，亦即关于表象的心灵生活的静力学或动力学。

因此，心理学像形而上学一样，与实在相关。而美学和伦理学则与价值相关。二者中更基本的是美学。因为伦理判断只是审美判断的一个分支，是表示赞成或不赞成的趣味判断。但这并不是说伦理判断没有客观的所指。因为赞成或不赞成是基于某些关系，在伦理判断的情形中就是基于意志之间的关系，赫尔巴特发现有五种这样的关系。第一，经验表明，当意志符合一个人的内在信念时，我们对这种关系表示赞成。也就是说，我们的赞成是依据关于内在自由的理想而产生的。[①] 第二，我们赞成那种使个人意志的不同倾向或努力得以协调的关系。这样，我们的赞成就是依据关于完美的理想而产生的。第三，我们赞成使一个人的意志以另一个人意志的满足为目标的那样一种关系。这里让我们做出判断的就是关于仁慈的理想。第四，根据正义的观念得出赞成或不赞成的态度。我们不赞成几个意志间互相冲突或不和谐的关系，而赞成每个意志都允许其他意志对它有所限制的那样一种关系。第五，我们不赞成有意的善恶行动没有相应报偿或惩罚的关系。这里就是报偿的观念影响着我们。

正是根据这种价值理论，赫尔巴特批判了康德的伦理学。我们不能把绝对命令当成一个终极的道德事实。因为我们总是可以追问实践理性或意志的权威源自何处。在命令与对命令的服从背后必须有某种东西确保对命令的遵守。而这就是在对价值的认识中、在道德上的美与愉悦中找到的。

我们无法在这里详细讨论赫尔巴特的教育理论。但值得注意的是，他的教育理论结合了他的伦理学与心理学。伦理学及其价值理论提供了教育的目的或目标，亦即性格的发展。道德生活的目标是让意志完全符合道德理想或道德价值。这就是德性。但为了评估如何在教育上达到这一目的，我们必须重视心理学并利用其规律和原则。教育的主要目的是道德，但教育者必须基于如下两大类表象：源自对世界的经验的表象和源自社会交往与环境的表象。第一类基础必须被发展成知识，第二类基础则必须被发展成对他人的仁慈与同情。

赫尔巴特的哲学明显缺乏伟大的观念论体系那种浪漫的魅力。从某种意义上说，它已经过时了。也就是说，它回到了康德之前的哲学中，而且其作者对同时代盛行于德国的运动也缺乏同情或共鸣。但从另一种意义上说，它却是非常新潮的。因为它要求我们把哲学与科学密切结合起来，

---

① 鉴于上述心理学，赫尔巴特并不接受中立的自由（liberty of indifference）之理论。他的确认为这种理论与关于稳定的性格的观念是不相容的，而发展这种性格则是教育的主要目的之一。不过，他当然也认识到，根据信念或良心做出抉择和被冲动或欲望支配着以一种违背良心的方式去行动，二者存在心理学上的差异。

并且期望着某些随着观念论的崩溃而产生的恰恰要求这种结合的体系。赫尔巴特的哲学最具特色的部分可能是他的心理学和教育理论。在教育学领域中，他为裴斯泰洛齐的实践观念提供了一个理论背景。在心理学领域中，他也有促进性的影响。但鉴于他主张心理学是感觉与观念的心理生活机制，我们也必须提醒自己，他并不是一个唯物主义者。在他看来，物质只是现象的。此外，他接受某种形式的设计论论证，后者是关于一个神圣的超感官存在者的论证。

3. 弗里德里希·爱德华·贝内克（Friedrich Eduard Beneke，1798—1854）进一步突出了心理学的重要性。贝内克深受赫尔巴特著作的影响，但他确实不是后者的学生。他也受到弗里斯的影响。不过他最主要是从英国思想中汲取灵感，而且对洛克十分敬重。他完全不赞同当时占支配地位的观念论哲学，其学术生涯也遭遇过重大困难。最终他似乎自杀了，这件事引起了亚瑟·叔本华的一些极为恶劣的批评。

在贝内克看来，心理学是基础科学，是哲学的根基。它不应该像赫尔巴特所主张的那样，以形而上学为根据。相反，它是或者说应该是以内在经验为根据，这些内在经验向我们揭示了基本的心理过程。数学既没什么帮助也不必要。贝内克的确受到联想主义心理学的影响，但他并不赞同赫尔巴特通过把心理学数学化而把它转变成一门精密科学。毋宁说，他把注意力放在英国经验论者的内省方法上。

至于灵魂，就像洛克正确指出的那样，它并没有天赋观念。而且也像赫尔巴特看到的那样，灵魂也不具备传统意义上所说的种种不同的心灵能力。但我们可以发现许多倾向或冲动，如果我们愿意的话，我们可以把它们称为心灵能力。而且自我的统一就是这些冲动达到和谐状态的结果。再者，教育学和心理学都是应用心理学，二者表明，当我们着眼于由考虑行动及其后果而得以确定的善和价值的等级时，我们应如何发展这些冲动与倾向，并使它们达到和谐状态。

与宏伟的德国观念论体系相比，贝内克的哲学毫无疑问是微不足道的。然而，他强调冲动是精神生活的基本要素，并且倾向于强调实践而非理论，从他的这些态度中我们或许可以看到他与唯意志论转向之间的某种关联，叔本华的形而上学体系中存在着大量表现这种转向的地方，而叔本华正是对贝内克的自杀做出刻薄评价的人。此外，关于贝内克突出冲动这一点，其实费希特早已强调过冲动或驱动力所扮演的根本性角色。

4. 从年代顺序排列方面看，在本章中简要论述伯纳德·波尔查诺（Bernhard Bolzano，1781—1848)）的思想是合理的，虽然他作为现代逻辑学某些方面的发展先驱被重新发现这一点，往往让我们误以为他生活在较为晚近的年代。

波尔查诺出生在布拉格，父亲是意大利人，母亲是德国人。1805 年他被任命为神父，不久之后被任命为布拉格大学的宗教哲学教授。但在1819 年年末，他被剥夺了教职，这并不像有些人所说的那样，是被他的负责神长革职，而是维也纳皇帝下的命令。这道圣谕特别提到了波尔查诺关于战争、社会等级、公民不服从等方面令人反感的理论。实际上，波尔查诺曾告诉他的学生，战争将会被视为与决斗一样令人深恶痛绝，随着时间的推移，社会差异会被缩减到适当的范围内，对国家权力的服从也会被道德良心以及对主权的合法行使的规范所限制。虽然这些观点在神圣罗马帝国的皇帝看来是令人反感的，但它们远没有达到神学上的异端这种程度。事实上，当维也纳皇帝通知布拉格的教会当局去调查波尔查诺的案子时，布拉格教会当局公开宣布说，波尔查诺是一名正统天主教徒。然而，波尔查诺仍然不得不放弃教职，转向一种致力于研究与写作的生活，虽然他在书籍出版上也遇到过一些困难，因为无论如何他仍处于奥地利统治下。257

1827 年，波尔查诺匿名出版了一本著作，通常称为《不死》（*Athanasia*），该书主要讨论灵魂不朽这一信仰的根据。他的主要著作《科学理论：一篇关于逻辑学的主要新阐述的详细解释》（*Wissenschaftslehre: Versuch einer ausführlichen und grösstenteils neuen Darstellung der Logik*）出版于 1837 年，共有四卷。《无穷的悖论》（*Paradoxen des Unendlichen*）在他去世后的 1851 年才出版。此外，他还写了大量关于逻辑学、数学、物理学、美学及政治哲学的论文，其中许多是为波希米亚科学协会写的，他曾是该协会的活跃分子。

波尔查诺在一篇叙述他本人智识发展的短文中说，他从未认为任何特定的哲学体系是唯一真正的哲学。他十八岁时就开始研读康德的第一批判，在提到康德时，他承认在批判哲学中发现了许多他所赞同的东西。不过他也发现了许多他不赞同的东西，而且在他看来批判哲学中缺少了很多东西。例如，虽然他接受分析命题与综合命题的区分，但他不同意康德对这种区分所做的说明。他也不能接受数学命题是基于先天直观的综合命题这种观点。因为他自己通过概念分析成功地演绎出了一些几何真理。在他看来，数学的特征就是纯粹的概念性，它应该通过严格的分析过程建立起来。

这种对概念分析及逻辑严密性的坚持的确是波尔查诺的特点。他不仅批评主要的哲学家未能清晰定义他们的术语，[①] 批评他们在概念分析上马马虎虎，在使用术语时缺乏一致性；而且他还明确表示，在他看来，除非一个人是一位优秀的数学家，否则他就不可能是一位优秀的哲学家。显然，他并不打算带着特殊的善意来看待形而上学观念论者开展的这场运动。

此外，波尔查诺内心倾向于把逻辑去心理学化，使逻辑形式化，使它摆脱与主体、自我、生产性的想象力或其他任何主体因素的一切内在联系。这种倾向表现在他的命题自体（der Satz an sich）理论中。一个命题自体被定义为："一个关于某物存在或不存在的陈述，与该陈述的真假无关，与是否有人曾用语言表述过它无关，甚至与它是否曾被人当作思维呈现在心灵中也无关。"[②] 命题自体这个概念可能会产生一些困难；但很清楚的一点是，在波尔查诺看来，一个命题中最主要的成分是它的客观内容或客观意义。而它是否被一个主体思考或假定只是次要因素，与其客观意义无关。

波尔查诺还讨论了表象自体（die Vorstellung an sich）。他把后者描述为那可以作为命题的任何组成部分，但却不能自身构成命题的东西。因

---

① 例如，他批评康德在第一批判一开始就引入"经验"这一术语，却没有对他赋予它的意义给出充分清晰的解释。
② 《科学理论》(第二版，莱比锡，1929年)，第77页。

此，没有任何表象或概念就其自身而言能够为真或为假。因为真和假只能是命题的谓词，而非其组成部分的谓词。但一个表象自体的意义或内容是可以被分析的，这种分析可以在不涉及任何主体的情况下完成。从逻辑上说，主体是不相关的。例如，如果观念 X 被 A、B、C 所设想，那么从心理学的角度来说就存在三个观念，但从只对概念的内容感兴趣的逻辑分析者的角度来看，则只存在唯一的一个观念。但在我看来，一个概念的意义范围是否可以从它所从属的命题中抽象出来进行分析，这一点值得商榷。因为意义是由用法决定的。不过无论如何，波尔查诺关注的是逻辑的去心理学化，这一点是非常清楚的。

波尔查诺还讨论了判断自体（das Urteil an sich）。每个判断都表达并断言了一个命题。

现在，如果存在命题自体，那么就必定存在真理自体（Wahrheiten an sich），亦即那些事实上为真的命题。然而，它们之为真绝不取决于思维主体是否在判断中表达或断言了它们。这一点不仅适用于有限的主体，同样也适用于上帝。真理自体并不是因为上帝断定了它们所以才为真；而是由于它们为真，所以上帝才思考它们。波尔查诺的意思并不是说下述观点是错的：就上帝是世界的创造者所以他对存在一个世界负责而言，上帝使关于世界的事实命题为真。他是从逻辑学家的角度来看待这个问题的，他主张说，一个命题之为真并不取决于它是否被某个主体所思考，不管 **259** 这个主体是有限的还是无限的。例如，一个数学命题之为真取决于术语的意义，而不取决于它是否被一个数学家所思考，无论这个数学家是人还是神。

作为一位哲学家，波尔查诺驳斥了康德对形而上学的指责，他主张，关于上帝的真理以及关于灵魂的精神性与不朽性的真理都是可以证明的。就其一般形而上学观点而言，他受到莱布尼茨的影响。波尔查诺的确不接受莱布尼茨关于单子"没有窗户"的理论，但他赞同莱布尼茨的下述信念：每个实体都是一个能动的存在者，它的活动以某种表象形式表现出来，或者用莱布尼茨的话说，以某种知觉形式表现出来。不过波尔查诺的重要性并不体现在其形而上学上，而是体现在他作为一位逻辑学家和数学家所做的工作中。他首先得到认可的是他的数学家身份，但到了现代，以胡塞尔为代表，对他的赞誉主要是针对作为逻辑学家的他。

5. 在本章的前几节里，我们关注的是后康德形而上学观念论运动之外的几位思想家，他们继承了其他思想路线。现在我们可以简要地考察两位哲学家，他们虽然属于观念论运动，但都发展出一种对绝对观念论的批判态度。

（1）克里斯蒂安·赫尔曼·魏瑟（Christian Hermann Weisse，1801—1866）是莱比锡大学的教授，他的立场一度非常接近黑格尔，虽然他认为黑格尔夸大了逻辑的作用，尤其是后者试图（按照魏瑟的解释）从存在的抽象形式中演绎出实在来。为了使魏瑟的体系站得住脚，我们需要一个人格性的、创造性的上帝。

在形成其思辨有神论的过程中，魏瑟受到谢林后期宗教哲学的影响。他在《当今的哲学问题》（*Das philosophische Problem der Gegenwart*，1842）中声称，黑格尔在其逻辑学中已经发展了哲学的消极方面。黑格尔的辩证法为我们提供了可能的上帝这一观念。逻辑上的绝对者并非实在的上帝，但它是上帝的实在性所必需的逻辑根据。当然，黑格尔可能会同意这一说法。因为对他来说，逻辑理念本身并不是实存的神性存在者。不过，魏瑟想要辩护的是一个人格性的、自由的上帝这样的观念，而在魏瑟看来，这样的上帝的存在不能从绝对理念中演绎出来，虽然其存在预设了理念的有效性。也就是说，如果存在一位神性存在者，那么他必定是自我思考的思维，是一个人格性的、具有自我意识的存在者。但是，必须以先天的逻辑演绎之外的方式来表明存在这样一个存在者。此外，魏瑟试图表明上帝不能是一个位格，我们必须接受基督教三位一体的教义。

（2）伊曼努尔·赫尔曼·费希特（Immanuel Hermann Fichte，1796—1879）是著名的观念论者费希特的儿子，在他看来，魏瑟对黑格尔的批评略显敷衍、不够认真。小费希特强调个体的人格性，他认为黑格尔倾向于把个体融入普遍者之中，他强烈反对这种倾向。按照他的解释，在黑格尔的哲学中，人被描述为仅仅是普遍精神生命中的一个短暂片段，而在他看来，人格性的发展是创造的目的，而且人们确信自己的人格可以不朽。

　　小费希特的思想经历了几个阶段的发展，从最初受到父亲及康德的强烈影响，到后来专注于哲学人类学并伴随着对人的前意识和超心理学现象的浓厚兴趣。他的哲学的总体框架是一种思辨有神论，在其中他试图把观念论的主题与有神论以及对人格性的强调结合起来。《思辨神学或一般宗教教义》（*Die spekulative Theologie oder allgemeine Religionslehre*，1846）是其思辨有神论三部曲的第三卷，在其中，上帝被表述为观念与实在的最高位格统一体。上帝的观念一面就是他的无限自我意识，而其实在的一面则由许多单子构成，这些单子是上帝的永恒思维。创造意味着上帝赋予这些单子自由意志，使它们拥有自己的生命。人格性的发展就是基于前意识或潜意识层次的自我意识的发展。

　　显然，I. H. 费希特深受观念论运动的影响。我们几乎不会期望看到别的情形。但他特别强调上帝的位格本质，强调人格的价值和不朽。他正是以人格观念论的名义攻击了黑格尔的体系，他坚信，在这一体系中，有限的人格性被献到吞噬一切的绝对者的祭坛之上。

第十三章

叔本华（一）

生平与著作 —— 叔本华的博士论文 —— 作为表象的世界 —— 概念的生物学功能与形而上学的可能性 —— 作为生命意志之显现的世界 —— 形而上学的悲观主义 —— 一些批判性的评论

　　1. 一种哲学能够通过呈现一幅原创的、令人瞩目的宇宙图景而激发我们的想象力，显然并不是它是否为真的可靠标准，但毫无疑问会大大提升其吸引力。然而，这并不是上一章考察过的任何一种哲学明显呈现出来的性质。赫尔巴特的确构造了一个一般性的体系。但是，如果我们必须挑选出 19 世纪哲学家提出的令人瞩目的世界观，恐怕没有人会提到赫尔巴特。黑格尔是提出这种世界观的哲学家之一，马克思也是其中之一，尼采也是，但我不认为赫尔巴特也是，更不用说波尔查诺这位严肃的逻辑学家、数学家了。不过，在 1819 年，当赫尔巴特在哥尼斯堡担任教授，而黑格尔刚从海德堡迁往柏林时，亚瑟·叔本华发表了他的主要著作，虽然这本书在当时并未获得多少关注，但其中表述的对世界及人生的解释不仅本身引人注目，而且在某些重要方面与伟大的观念论者给出的解释相对立。叔本华的体系与观念论者的体系间的确存在某些家族相似性。但叔本华，这位说话从不拐弯抹角的人，公开宣称他极其轻视费希特、谢林与黑格尔，尤其是黑格尔，他把自己看成他们的伟大反对者，看成为人类提供真正真理的人。

　　亚瑟·叔本华 1788 年 2 月 22 日出生在但泽。其父是一位富商，他希望儿子能追随自己的脚步。他与儿子达成了如下协议，即允许儿子在

1803 年至 1804 年间到英、法等国游历，条件是旅程结束之后后者进入商行工作。年轻的叔本华履行了承诺，但他对做生意没什么兴趣，于是在 1803 年其父去世后，经母亲同意，他得以继续自己的学业。1809 年，他进入哥廷根大学学医，不过他在第二年就转到了该校的哲学专业。正如他自己所说，人生是一个问题，他已经决定致力于对它进行反思。

262

　　叔本华在哥廷根大学成了柏拉图的崇拜者，1811 年他从哥廷根大学转到柏林大学，去听费希特和施莱尔马赫的讲座。前者的晦涩让他感到厌恶；而后者声称如果一个人不是虔诚的宗教徒就不可能成为一名真正的哲学家，这引来了叔本华的嘲讽，他说，没有任何一名虔诚的宗教徒会去研究哲学，因为他不需要。

　　叔本华把自己看成一个世界主义者，他从来不是一个德意志民族主义者。就像他后来所说的那样，他厌恶一切军事，所以当普鲁士反抗拿破仑的时候，他明智地离开了柏林，在平静的隐居状态中全心准备他的论文：《充足理由律的四重根》（*Ueber die vierfache Wurzel des Satzes vom zureichenden Grunde*）。这篇论文让他拿到了耶拿大学的博士学位，并于 1813 年出版。歌德向叔本华表示了祝贺，作为回报，叔本华撰写了《论视觉与颜色》（*Ueber das Sehen und die Farben*, 1816）这篇论文，在该文中他或多或少地表达了支持歌德反对牛顿的态度。但除了这位伟大诗人的吹捧接纳外，《四重根》几乎没有被注意到，而且未售出。然而，作者仍把它视为其哲学不可或缺的导言，有关情况我们在下一节将会谈到。

　　从 1814 年 5 月直到 1818 年 9 月，叔本华都住在德累斯顿。正是在那里，他完成了自己最重要的哲学著作：《作为意志与表象的世界》（*Die Welt als Wille und Vorstellung*）。把手稿交给出版商后，叔本华在意大利开始了一段艺术之旅。此书于 1819 年初面世，让作者略感安慰的是，他发现有些哲学家（例如赫尔巴特与贝内克）注意到了他的这本著作。但这一丝安慰也被此书可怜的销量抵消了，虽然作者相信它包含着宇宙的奥秘。

　　不过，叔本华的杰作并不是完全没有被注意到，这一事实鼓舞了他，而且他也渴望通过口头语言（就像通过写作一样）来阐述有关世界的真理，因此在 1820 年叔本华来到了柏林大学，并开始在那里授课。虽然他

263　并没有拿到正式的大学教职，但他毫不犹豫地把授课时间定在了黑格尔通常上课的时间。这一企图完全失败了，一个学期后，叔本华就停止了授课。他的理论的确不能代表当时占主导地位的时代精神。

经过一段时间的漫游后，叔本华于 1833 年定居在美因河畔的法兰克福。他广泛阅读了欧洲文学，查阅了科学书籍与杂志，敏锐地抓住那些可以作为其哲学理论之例证或经验性证据的观点，他还观看戏剧并继续写作。1836 年，他出版了《论自然意志》(*Ueber den Willen in der Natur*)。1839 年，他因一篇关于自由的论文获得了挪威特隆赫姆科学学会的褒奖。然而，他未能以一篇论伦理学基础的论文赢得丹麦皇家科学院的一个类似奖项。拒绝给他颁授该奖项的理由之一是，作者在提到著名哲学家时缺乏尊重。叔本华非常钦佩康德，但提到像费希特、谢林、黑格尔这样的思想家时，说得委婉点，他习惯不按通常的方式来称呼他们，无论他的表述可能会让后人觉得多么好笑。1841 年，上述两篇论文集结在一起以《伦理学的两个基本问题》(*Die beiden Grundprobleme der Ethik*) 这一标题出版。

1844 年，叔本华出版了《作为意志和表象的世界》第二版，其中增补了五十章。在这一版的序言中，他抓住机会清楚地表明了他对德国大学哲学教授的看法，以防他的态度不够明确。1851 年他出版了题为《附录与补遗》(*Parerga und Paralipomena*) 的论文集，该论文集涉及的主题十分广泛，出版后也很受欢迎。最后，在 1859 年他出版了其杰作的第三个和扩展的版本。

叔本华一点也不同情 1848 年革命，然而在这场革命失败以后，人们愈发关注这样一种哲学，这种哲学强调世界中的恶与生命的空虚，鼓吹逃离生活而转向审美沉思[①]与禁欲苦行。在生命的最后十年，叔本华成了一位名人。拜访者们从四面八方涌来，为他绝妙的谈吐所倾倒。虽然德国教授们并未忘记他的嘲讽与挖苦，但好几所大学仍然开展了讨论其哲学体系的讲座课程，有明确的迹象表明他最后也参加了。他在 1860 年 9月去世。

———————

① 　aesthetic contemplation，也可译为 "审美静观"。——译者注

叔本华知识渊博，文笔也非常优美。他是一个个性突出、意志坚定 **264** 的人，从不讳言自己的观点；而且他也有天赋和才智。他还有丰富的实践意识与良好的商业头脑。但他也是个自私自利的人，自负、好斗，有时甚至有点粗野；我们恐怕很难说他是因为心灵的情感天赋而引起我们注意的。他与女性的关系实在不像我们对于一个高谈伦理、禁欲与神秘事物的人所期待的那样；他的遗著保管人删除了他对女性的一些言论。此外，虽然他在理论上对于人类的痛苦十分敏感，但这并未伴随着任何试图从实践上减轻人类痛苦的努力。但正如他曾睿智地说过的那样，哲学家并不需要成为圣人，就像圣人也不需要成为哲学家。虽然作为一个人他恐怕很难被认为是最讨人喜欢的哲学家之一，但我想，作为一位作家，他卓越的天赋毋容置疑。

2. 在撰写博士论文时，叔本华受到康德的强烈影响。经验世界是现象世界：它是主体的对象。这样，它就是心灵表象（Vorstellungen）的世界。但没有任何对象是在完全孤立、分离的状态下被呈现给我们的。也就是说，我们的一切表象都以有规律的方式与其他表象关联着。知识或科学恰恰是对这些有规律的关系的认识。"也就是说，科学指的是认识对象构成的一个体系"，[①] 而不仅仅是一堆表象的集合。对于这种关联性，必然存在一个充足理由。这样，支配我们关于对象或现象的知识的一般原理就是充足理由律。

为了对充足理由律做初步阐释，叔本华选择了"沃尔夫的公式作为最一般的表述：任何事物都有其为什么存在而不是不存在的根据（Nihil est sine ratione cur potius sit quam non sit），没有什么是没有根据的"。[②] 但他接着探寻了四种主要类型的对象以及四种主要类型的关系。于是他得出结论说，充足理由律有四种基本形式，该原理的一般表述则是对它们进

---

① 《叔本华文集》，第一卷，第4页。参考文献中给出的叔本华著作的卷数与页码指的是 J.Frauenstädt 所编的《叔本华文集》（1877）中的卷数与页码（下同）。（译者在翻译过程中，部分原文沿用或参考了国内已有中译本的翻译，如《作为意志与表象的世界》中的内容沿用或参考了商务印书馆1982年出版的石冲白先生译本的译文。——译者注）

② 同上，第一卷，第5页。

行抽象得来的。因此，其论文的标题就定为：《充足理由律的四重根》。

第一类对象或表象是我们的直观的、经验的、完整的^①表象。这听起来好像没有什么启发意义；但在通常实在论的用语中，所讨论的对象就是物理对象，这些对象在空间和时间中通过因果关系关联在一起，构成了像物理、化学这样的自然科学的主题。按照叔本华的看法，这些空间、时间与因果关系都应归结为心灵的活动，心灵根据一种先天的感性形式与纯粹的因果关系形式把现象的质料、感性要素组织起来，这种感性形式亦即空间与时间，纯粹的因果关系则是知性的唯一范畴。这样，他就遵循着康德的观点，尽管康德的知性范畴在这里被减少到一个。叔本华认为，我们关于这些表象、现象的知识，或者用实在论者的话来说，我们关于物理对象的知识，都是受"生成的充足理由律"（principium rationis sufficientis fiendi）所支配的。^②

第二类对象由抽象概念组成，相关的关系形式则是判断。但除非一个判断是真的，否则它并不表达知识。而"真理就是判断与不同于其自身的事物之间的关系，该事物可以称为它的根据"。^③ 根据或充足理由可以有不同类型。例如，一个判断可以把另一个判断当作其根据；当我们以形式的方式考察蕴含与推论的规则时，我们就是在逻辑领域中思考。^④ 但无论如何，作为概念之综合的判断都是受"认识的充足理由律（principium rationis sltificientis cognoscendi）所支配的"^⑤。

第三类对象由"内感官和外感官的先天直观形式，即空间和时间"构成。^⑥ 空间和时间具有这样一种性质，即其各部分都以某种方式与其他部分相连。而"空间和时间的各个部分据以彼此互相决定的规律，就是我所谓的存在的'充足理由律'（principium rationis sufficientis

---

① 在下述意义上是完整的：这样的表象既包含了现象的形式也包含了现象的内容。换句话说，这里谈的不是抽象概念。

② 《叔本华文集》，第一卷，第34页。

③ 同上，第一卷，第105页。

④ 这意味着黑格尔的下述做法是荒谬的，即他把逻辑学与作为绝对者的科学这一意义上的形而上学等同起来。

⑤ 《叔本华文集》，第一卷，第105页。

⑥ 同上，第一卷，第130页。

essendi）"。① 例如，在时间中就是不可逆的连续性这一规律；而且"一切计算都是以时间各部分的这种连接为基础的"。② 换句话说，算术依赖于支配时间各部分之关系的那种规律，而几何则依赖于支配空间中各部分之相对位置的那种规律。因此，我们可以说，叔本华的第三类对象就是数学对象，而与之相关的充足理由律或充足根据律的形式，亦即那些支配我们关于几何关系和算术关系之知识的充足理由律的形式，则是空间与时间的各部分据以相互连接起来的那种规律，或者不如说是那样一些规律。

　　第四类对象只包含一个成分，即"作为认识主体之对象的意志主体"。③ 也就是说，对象是作为意志来源或意志主体的自我。我们关于此类主体及其意志或意志活动之间关系的认识，则受如下原理支配："行动的根据（或充足理由）律（principium rationis sufficientis agendi），④ 或者更简单地说，**动机律**。"⑤ 这蕴含着性格决定论。一个人出于动机而行动，其行动的动机则可以在其性格中找到根据或充足理由。当我们把行动看作是由主体的性格产生出来的，我们才能理解一个人有意为之的行动与作为意志主体的他自身之间的关系。但这主体我们后面再来考察。

　　叔本华所用的术语基于沃尔夫。但他的一般立场则是基于康德。世界是现象的，是主体的对象。它是必然性的领域。诚然，叔本华认识到了不同种类的必然性。例如，意志领域是由道德必然性所支配的，但这种必然性既不同于物理必然性，也不同于逻辑必然性。但在整个表象领域中，表象之间的关系受某些规律所支配，这种规律被描述为充足理由律的各不相同的根源。

　　然而，值得注意的是，充足理由律只适用于现象领域，亦即只适用于主体之对象的领域。它并不适用于本体界、超现象的实在界，不管这一领域可能是什么。它也不能合理地应用到作为整体的现象世界。因为它所

① 《叔本华文集》，第一卷，第131页。
② 同上，第一卷，第133页。
③ 同上，第一卷，第140页。
④ 拉丁文，意为"行动的充足理由律"。——译者注
⑤ 《叔本华文集》，第一卷，第145页。

支配的是现象之间的关系。因此，如果论证上帝存在的宇宙论证明是从作为整体的世界出发来论证作为现象的原因或充足根据的上帝，那么没有任何宇宙论证明会是有效的。在这一点上，叔本华实质上又一次与康德的观点一致，尽管他的确并未赞同康德所提出的下述观点：对上帝的信仰是一种实践信仰或道德信仰。

　　3. 我们刚才简要介绍的博士论文若与其巨著《作为意志与表象的世界》相比，就显得太过枯燥平淡了。然而，叔本华把前者当成后者的导言却是合理的。因为其巨著是以"世界是我的表象"这一陈述开始的。① 也就是说，整个可见世界，或者像叔本华所说的，经验的总和，是主体的对象：其实在性在于它对主体显现或被主体感知。正如贝克莱所说的，可感事物的存在就是其被感知。

　　我们也应该注意下面的要点。在这里用"idea"所对应的德语是"Vorstellung"（表象）。而在讨论叔本华的博士论文那一节，我用"presentation"来翻译这个词，它比"idea"更可取。但我们已经非常熟悉《作为意志与表象的世界》（*The World as Will and Idea*）这一书名，以至于如果我坚持要改变术语会显得太学究了。不过，重要的是理解下面这一点，即叔本华区分了直观表象（intuitive Vorstellungen）与抽象表象（abstrakte Vorstellungen）或抽象概念。当叔本华说世界是我的表象时，他指的是直观表象。例如，他的意思不是说，一棵树等同于我关于树的抽象概念。他的意思是说，我感知到的那棵树只存在于与作为感知主体的我的关系中。其可感知性可以说已竭尽了其实在性。它只不过是我所感知到的它之所是，或我所能感知到的它之所是。

　　我们可以这样来澄清叔本华的立场。只有人才拥有抽象概念：直观表象则是人和动物共有的，至少对高级动物而言是如此。现象世界不仅对人而言存在，对动物而言也是。因为动物也具有使现象世界得以可能的那些条件，这些条件就是感性的先天形式与知性范畴，前者指的是空间和时

---

① 《叔本华文集》，第二卷，第3页；《作为意志与表象的世界》，第一卷，第3页。这里引用的《作为意志与表象的世界》指的是由R. B.霍尔丹（R. B. Haldane）和J.肯普（J. Kemp）所译《作为意志与表象的世界》的英译本 *The World as Will and Idea*。（下同）

间，后者指的是因果关系。在叔本华看来，我们也可以在动物那里找到知性。例如，生成的充足理由律在一条狗那里也起作用，因为对后者而言存在着一个事物由因果关系关联起来的世界。但动物不具有理性，亦即运用抽象概念的能力。狗在时空中感知事物，而且它能感知到具体的因果关系。但这并不意味着狗可以对空间、时间和因果关系做抽象反思。换言之，可见世界是一个感知主体的对象这一陈述不只适用于人，同样也适用于狗。但这并不意味着狗可以认识到该陈述为真。

　　应该补充的是，在叔本华看来，下述观点是康德的一个重要发现，即时空作为可见世界的先天条件本身是可以被直观的。因此，它们可以被囊括在我们的直观表象的范围内，这些直观表象由"整个可见世界或全部经验及其可能性条件"构成。[①] 但这并不意味着狗可以直观到空间和时间本身，并构想出纯粹数学，尽管对它来说存在一个时空世界。

　　现在，如果世界是我的表象，那么我的身体必定也是我的表象。因为它是一个可见事物。但我们必须进一步深入探讨。如果世界只是作为主体的对象而存在这一点是真的，那么，知觉主体与对象相关这一点也是真的。"在我看来，物质与理智是不可分离地关联在一起的，它们只对彼此而言才存在，因此二者的存在是相对的……二者一起构成**作为表象的世界**，也就是康德的**现象界**，因而它们是第二位的事物。"[②] 这样，作为表象的世界既包括了知觉者也包括了被知觉的对象。就像康德所说的，这一整体在经验层面上是实在的，而在先验层面上是观念的。

　　叔本华对康德十分敬重，他声称自己是康德哲学的真正继承人。但他有关经验性实在所具有的现象特征的理论，却被另一种因素有力地强化了，虽然该理论并非源自这一因素。1813 年，叔本华发表其博士论文后不久，他在魏玛遇到了一位研究东方文化的学者，F. 迈尔，后者向叔本华介绍了印度哲学文献。自此，叔本华终其一生都保持着对东方哲学的兴趣，直到晚年他还在沉思《奥义书》(*Upanishads*)。因此，如果他把自己

---

① 《叔本华文集》，第二卷，第7页；《作为意志与表象的世界》，第一卷，第7页。
② 同上，第三卷，第19—20页；同上，第二卷，第181页。

将世界作为表象的理论与印度的摩耶（Maya）[①]教义联系起来，这就不足为奇了。个体性的主体与对象都是现象，都是摩耶。

269　现在，如果世界是现象的，那么随之而来的问题就是，本体是什么？隐藏在摩耶这一面纱背后的实在是什么？叔本华对该实在之本质及其自我显现的讨论，构成了其体系中真正令人感兴趣的部分。因为，尽管世界作为表象这一理论在叔本华看来是其哲学中不可或缺的一部分，但很明显这是对康德立场的一种发展，而其将世界作为意志的理论则是原创性的，[②]而且包含了他对人生的独特解释。不过，在进入这一主题之前，我们必须要讨论一下他有关概念之实践功能的理论，该理论本身就有其内在价值。

4. 正如我们已经了解到的，人除了拥有直观表象之外还有抽象概念，后者是由理性形成的，而且预设了经验，不管是直接的经验还是间接的经验。但是为什么我们会形成抽象概念呢？它们的功能是什么呢？叔本华的回答是，它们最主要的功能是实践。"概念的最大功能在于，借助于它们，我们可以更容易地把握、探查、整理知识的原始材料。"[③]与直观表象和直接的知觉认识相比，抽象概念在某种意义上是贫乏的。因为它们忽略了许多东西，例如，它们忽略了一个类别中的诸个体成员之间的差异。但是，如果要使交流得以可能，如果我们要能够获得经验认识并传递下去，那么我们就需要抽象概念。"理性认识或抽象认识的最大价值在于其可交流性，以及永久保留它的可能性。正是基于这个原因，它才对实践如此重要。"[④]叔本华还提到了概念与抽象推理在伦理上的重要性。一个有道德的人用原则来引导他的行为，而原则需要概念。

但是叔本华所关心的不仅仅是要指出能够证明概念具有实践价值的例子。他也在尽力表明这一实践价值与他的认知理论之间的联系。知识是

[①]　《奥义书》书中的一个术语，后来吠檀多派对其进行了阐发，并将其作为该派的核心术语，意指幻相、假象。——译者注

[②]　叔本华喜欢把他的意志哲学当成是对康德的这一理论（实践理性或理性意志具有优先性）的一种发展。但前者的形而上学唯意志论事实上与后者的思想完全异质，它是叔本华所开创的。

[③]　《叔本华文集》，第三卷，第89页；《作为意志与表象的世界》，第二卷，第258页。

[④]　同上，第二卷，第66页；同上，第一卷，第72页。

意志的仆人。或者，暂时先忽略形而上学，知识首先是满足身体需求的工具，是身体的仆人。动物的需求不像人的需求那么复杂，它们更容易得到满足。对动物而言，知觉就已足够了，特别是自然已经为它们提供了攻击和防卫的手段，比如说狮子的爪子、黄蜂的刺。但是随着有机体的进一步发展，尤其是大脑的发展，需求与欲望也相应地扩展了。为了满足这些欲求，就需要更高层次的知识。在人这里，理性的出现使人能够发现新的满足需求的方式，能够发明工具，等等。①

270

因此，理性具有一种首要的生物学功能。或许我们可以这么说，对于一个比动物更加高度复杂和高度发达的有机体而言，自然（Nature）会把理性当作满足这种有机体的需求的工具。但这里所说的需求都是身体需求。理性关心的主要是营养与繁殖，是个体与种族的身体需求。这意味着，理性并不适合用于穿透现象的面纱进入背后的实在，也就是本体。概念是一种实践性的工具：它代表了许多属于同一种类的事物，并且使我们能够更容易、更经济地处理大量材料。但它并不适合于超越现象从而达到任何潜在的本质或自在之物。

在这种情况下，我们就有理由追问，形而上学是如何可能的？叔本华的回答是，虽然理智从本性上说是意志的仆人，但在人那里它也能发展到获得客观性的程度。也就是说，虽然人的心灵首先是满足其身体需求的工具，但它还能产生一种过剩的能量，这种能量使它至少能暂时地从欲望的奴役状态下解脱出来。这样，人就变成无利害的旁观者：他能采取一种沉思的态度，就像在审美沉思和哲学中一样。

显然，有关人类心灵的这一主张本身并未解决叔本华对概念所做的解释带来的困难。因为，体系性的、可交流的哲学必定是用概念来表述的。如果概念只能用来处理现象，那么形而上学似乎必须被排除出去。但叔本华回应说，如果存在知觉认识层次上的根本直观，那么形而上学哲学就是可能的，因为这种直观使我们能够直接洞见到潜藏于现象背后的实在的本质，哲学就是努力用概念的形式来表达这种洞见。因此，哲学包含了

———————

① 一种显而易见的反对意见是，这里多少有点本末倒置了。也就是说，反对者可能会说，恰恰是因为人拥有推理能力，所以他才能拓展其需求和欲望的范围和数量。

271　直观与概念推理之间的相互作用。"以直观来充实概念，是诗歌与哲学恒久关注的问题。"①概念并不向我们提供新的知识：直观才是根本的。但是直观要成为哲学就必须提升到概念的层次。

　　叔本华处在一种相当困难的立场上。他不打算将这样一种特别的直观（一方面完全不同于知觉，另一方面完全不同于抽象推理）设定为哲学的基础。因此，他所说的那种直观必须处于知觉认识的层次上。但知觉是关于个体对象的，因而也就是关于现象的。因为个体性属于现象领域。因此，他不得不试图指出，即使是在知觉层次上也可以有对本体的直观性意识，这种意识构成了哲学思考的基础。

　　让我们把有关这种直观的本质的考察留到下一节，暂时先留意叔本华思想的某些方面是如何预示了伯格森主义的立场。因为伯格森强调理智的实践功能，也强调概念无法把握生命的实在。他进而把哲学建基于直观之上，把哲学家的任务描述为，在一定程度上就是在概念层次上尽可能努力传达这种直观。与叔本华的观点一致，在伯格森看来，哲学涉及直观与推论或概念推理的相互作用。我并不是说伯格森实际上是从叔本华那里获得了自己的观点。因为我并没有任何证据表明确实如此。如果哲学家 X 持有某种类似于其前辈哲学家 Y 的观点，那么前者必定从后者那里获得了思想资源或者受到后者的影响——这种观点是荒谬的。不过下述事实仍然存在：虽然伯格森意识到上述相似性之后区分了他的直观概念与那位德国哲学家的直观概念，但二者的立场仍然存在明显的相似性。换句话说，当我们从上述那些方面来考察时，叔本华哲学所反映出的思潮或思想路线重新出现在伯格森的思想中。换一种说法就是：叔本华的体系与生命哲学之间存在某种连续性，尽管也存在差异，而伯格森的思想正是生命哲学最典型的例子。

272　　　5. 康德主张，与现象相关的自在之物是不可知的。然而，叔本华却要告诉我们自在之物是什么。它是意志。"自在之物指的是独立于我们的知觉而存在的事物，简单地说，指的是是其所是之物。对德谟克利特而

---

① 《叔本华文集》，第三卷，第80页；《作为意志与表象的世界》，第二卷，第248页。

言，它是具有形式的物质。对洛克而言实际上也是如此。但对康德而言，它是未知者 X。对我而言，它就是意志。"① 它是一个唯一的意志。因为杂多只能存在于时空世界（亦即现象世界）中。但超现象的实在或自在之物不可能多于一个。换句话说，世界的内部可以说是一个唯一的实在，而世界的外部，亦即实在的显象，却是由诸多有限事物构成的经验世界。

叔本华是如何通达自在之物是意志这一信念的呢？要找到通往实在的钥匙，必须审视我们自己。因为"那扇通向真理的唯一窄门"② 存在于内在意识或指向内部的知觉中。通过这种内在意识，我意识到，那据说是由意志产生或紧随意志而来的身体行动，并不是某种不同于意志的东西，它与意志就是同一事物。换句话说，身体的行动只不过是客观化了的意志：它是变成了观念或表象的意志。真正说来，整个身体只不过是客观化了的、作为意识之表象的意志，而不是什么别的东西。在叔本华看来，任何人只要深入自己的内心就能理解这一点。而他一旦拥有了这种根本直观，那么他也就拥有了理解实在的钥匙。他只需把自己的发现扩展到整个世界即可。

这就是叔本华接下来要做的事。他在那些使磁铁转向北极的冲力中，在引力与斥力现象、重力、动物的本能、人类的欲望等之中，看到了显现于其中的个体意志。无论他观察何处，无论是无机领域还是有机领域，他发现经验性证据都确证了其论题：现象构成了那唯一的形而上学意志的显现。

我们自然会这样追问：如果自在之物作为自然界中普遍存在的力量显现于种种现象中，例如重力和人类的意志力，那么为什么我们要把它称为"意志（Will）"？特别是当我们就其自身来考察它时，这种所谓的意志被说成是"一种不具有任何认识的、盲目的、永不停歇的冲动"，③ "一种无止境的努力（striving）"，④ 那么，难道"力量"（Force）或"能量"

---

① 《叔本华文集》，第四卷，第96页。引自《附录与补遗》（*Parerga und Paralipomena*）。
② 同上，第三卷，第219页；《作为意志与表象的世界》，第二卷，第406页。
③ 同上，第二卷，第323页；同上，第一卷，第354页。
④ 同上，第二卷，第195页；同上，第一卷，第213页。

273　（Energy）不是更恰当的术语吗？ 因为"意志"这个蕴含着理性的术语似乎不太适合去描述一种盲目的冲动或努力。

然而，叔本华主张说，我们应该从我们最熟悉的事物中选取描述性的术语，他借此来为他的语言用法辩护。我们直接意识到了我们的意志力。在描述我们不熟悉的事物时，以我们所熟知的术语来描述要比用我们不熟悉的术语更合适。

形而上学意志除了被描述为盲目的冲动、无止尽的努力、永恒的生成等等之外，还具有生命意志的特征。其实对叔本华来说，说"意志"和说"生命意志"是一回事。因此，由于经验性的实在是形而上学意志的客观化或显象，所以它必然会显现出生命意志。叔本华在列举这方面的例子时并无任何困难。我们只需看看自然界是如何维持物种的就可以了。例如，鸟类为其尚未认识的幼崽筑巢。昆虫在幼虫能汲取营养的地方产卵。动物本能的整个系列现象显示出生命意志是无所不在的。如果我们观察蜜蜂和蚂蚁不知疲倦的活动，追问这些活动导致了什么结果，它们从中又获得了什么，那么我们只能回答说"这些活动满足了饥饿感和性本能"，[①] 换句话说，这是维持物种生命的手段。如果我们观察人的劳动与交换、发明和技术，那么我们必须承认，人的所有这些努力最初都只是为了维持易逝个体的短暂生命，为了给生命带来一定程度的额外慰藉，以便通过这些个体维持物种的延续。

所有这些都符合我们上一节谈到的叔本华关于理性的生物学功能的理论，即理性的存在主要是为了满足身体的需要。实际上我们在上一节就已经注意到，人的理智可以发展到这样的程度，即至少是暂时性地把他自己从意志的奴役中解脱出来。我们在后面也会看到，叔本华从未把人的活动的可能范围局限在吃、喝与交配这些维持个体和物种生命的手段上。不过，理性的主要功能显现了意志作为一种生命意志所具有的特征。

6. 现在，如果意志是一种无止境的努力、一种永不停息的盲目驱动或冲动，那么它就无法得到满足或达到一种平静的状态。它总是在努力，

274

---

① 《叔本华文集》，第三卷，第403页；《作为意志与表象的世界》，第三卷，第111页。

但从未实现过。形而上学意志的这一本质性特征反映在其自我客观化中，尤其是反映在人的生命中。人寻求满足、追求快乐，但却无法获得这些东西。我们称之为幸福或快乐的东西只是欲望的暂时中止。由于欲望表现的是需求或匮乏，因而它就是痛苦的一种形式。因此，快乐就是"从痛苦和匮乏中解脱出来"；[①] 它"事实上而且本质上总是消极的，从来不是积极的"。[②] 它很快就会变成厌倦，而对满足的追求又会再次出现。正是厌倦让爱他人之人如此罕见，尽管人的确会寻求他人的陪伴。强大的理智力量只不过增强了人们承受痛苦的能力，但同时也加深了个人的孤独感。

　　每个个体事物都是那个唯一的生命意志的客观化之物，它们都以牺牲其他事物为代价来努力维持自己的生存。因此，世界就是一个充满冲突的战场，这种冲突表明意志的本质是自相矛盾的，它是一种受折磨的意志。叔本华甚至在无机物领域也找到了这种冲突的例证。不过，很自然，他主要是在有机物和人类的领域中寻找其论点的经验性证据。例如，他反复谈到一种动物捕食另一种动物的方式。当他提到人类时，他就更加滔滔不绝了。"折磨人的最严重的罪恶主要来源于人类自身：人与人之间的关系是狼与狼之间的关系（homo homini lupus）。任何一个看清这一终极事实的人都会认为这个世界是一个比但丁所描述的世界更可怕的地狱，因为一个人必定是另一个人的恶魔。"[③] 战争与酷刑当然支持了叔本华的观点。这位并未对 1848 年革命表现出丝毫同情的人，却以最尖锐的言辞批评了工业剥削、奴隶制度以及类似的社会暴行。

　　我们可以看到，对叔本华而言，人类的利己主义、贪婪、冷酷和残忍才是国家之所以存在的真正理由。国家绝非神的显现，它只不过是文明开化了的利己主义的产物，而这些利己主义者这么做也不过是试图让世界变得比没有国家的状况稍微可忍受一些。

　　因此，叔本华的悲观主义是形而上学意义上的，意即这种悲观主义

---

① 《叔本华文集》，第二卷，第376页；《作为意志与表象的世界》，第二卷，第411—412页。

② 同上。

③ 同上，第一卷，第663页；同上，第三卷，第388页。

是形而上学意志之本质的结果。这位哲学家不仅仅努力让人们注意到这样
的经验事实：世界中存在大量的恶和痛苦。他同时还指出了被他视为这
一经验事实之原因的东西。自在之物是它所是的那样，因此现象界的实在
必定会带有我们实际观察到的那种阴暗特征。我们当然可以做一些事情来
减轻痛苦。这同样也是一个经验事实。但是，认为我们能够改变世界或人
生的根本特征，这并不是什么有用的想法。例如，根据叔本华的前提，即
使战争得以避免，即使所有人的物质需求都得到满足，其可能的结果仍然
是一种无法容忍的厌倦状态，随之而来的仍然是再次产生冲突。无论如
何，世界中普遍存在的痛苦和恶从根本上说都是由于自在之物的本质。叔
本华毫不迟疑地严厉批评了莱布尼茨的乐观主义，在他看来这种乐观主义
是肤浅的，同时他也批评了德国观念论者，尤其是黑格尔，认为他们轻描
淡写地就把人生的阴暗面打发掉了，或者即便他们承认这些阴暗面，也将
它们证明为"合理的"。

7. 无须说，叔本华认为，他关于经验性实在之现象特征的理论完全
符合他的意志理论。也就是说，他认为，一旦接受了康德的这种一般看
法——世界具有现象特征，他就能无矛盾地继续揭示自在之物的本质。
但这是有争议的。

比如，以叔本华通过内在意识通达意志这条进路为例。正如赫尔巴
特指出的那样，按照叔本华的原则，由于意志是通过内感官而被观察到
的，因此它必须受时间形式支配：它是因其前后相继的活动而被人认识
的。而这些活动是属于现象界的。我们不能通达作为超现象的实在（meta-
phenomenal reality）的意志。因为，就我们能意识到它而言，它只是现
象。我们当然可以谈论形而上学意志。但就其被思维、被谈论而言，它似
乎就必定是某个主体的对象，因而也必定是现象。

叔本华的确承认我们无法认识到自在的形而上学意志，它可能具有
某些我们不知道的属性，这些属性对我们来说确实是不可理解的。但是他
坚持认为，意志在其显示或客观化中为我们所认识，尽管只是部分地认
识，而且对我们而言，我们自身的意愿就是意志最明显的显示。然而，在
这种情况下，就我们的认识而言，形而上学意志似乎要分解为现象。由此

得出的结论似乎是，我们无法认识自在之物。换句话说，叔本华并不打算将对终极实在的一种独有的、特殊的直观作为其哲学的根据，而是想要将我们对自身意愿的直观知觉作为其哲学的根据。然而，按照他的前提，这种直观知觉似乎属于现象领域，后者涵盖了全部主客关系。总而言之，叔本华一旦在其巨著的第一卷中给出"作为表象的世界"这一理论，那么就很难看到有任何可以通达自在之物的路径。康德大概会说，这本来就是不可能的。

　　我认为这种反对是合理的。不过，把叔本华的哲学从康德的理论中剥离出来，并把它描述为一种假设，这当然也是可能的。我们假定，这位哲学家的气质使他倾向于直面一切，倾向于突出世界、人生和历史的阴暗面。在他看来，这些阴暗面绝非世界的附属特征，它们构成了世界最重要、最确定的方面。他认为，对快乐和痛苦概念的分析证实了这一最初洞见。在此基础上，他建立了对于那种盲目的无止境的努力、冲动或力量的说明性假设，这种冲动或力量就是他所谓的意志。这样，他就可以对无机物、有机物，特别是人类领域进行观察，以便发现新的经验性证据来证实他的假设。此外，这一假设使他能够对未来的人生和历史做出某些一般性的预测。

　　显然，我的意思不是说叔本华愿意放弃他的"作为表象的世界"这一理论。相反，他强调了这一点。我的意思也不是说，如果叔本华对世界的描述呈现为我们上一段所说的路径那样，那么他的描述就是可以接受的。只提一点批评，他把快乐视为"消极的"这点在我看来是完全站不住脚的。我的看法毋宁说是，叔本华的哲学表现了对世界的一种"洞见"，这种洞见让我们注意到世界的某些方面。如果他的哲学以一种假设的形式表现出来，而这种假设专注于它所讨论的各个方面，那么上述洞见可能会被表达得更为清晰。诚然，这是对世界的一种片面的洞见或描述。不过，恰恰因其片面性或夸大之词，它才成为黑格尔体系的一种有效平衡或有力反题，在黑格尔的体系中，人们如此关注理性在历史中获得胜利的过程，以至于世界中的恶与痛苦都被冠冕堂皇的语词掩盖了。

第十四章

叔本华（二）

审美沉思作为对意志之奴役的暂时性逃避——各种特殊的艺术——德行与放弃：救赎之道——叔本华与形而上学观念论——叔本华的一般影响——论爱德华·冯·哈特曼对叔本华哲学的发展

　　1. 在叔本华看来，一切恶的根源都在于意志的奴役，在于对生命意志的屈从。但我们在前文已经提到过他的这种观点：人的心灵能够发展到超出满足身体需求所要求的程度。可以说，它能够在完成其基本的生物学功能和实践功能之外，产生出过剩的能量。因此，人能够逃离由欲望与努力、利己主义的自我肯定和冲突所构成的徒劳生活。

　　叔本华描述了两种摆脱意志奴役的方式，其中一种是暂时性的，如同沙漠中的绿洲，另一种则更加持久。第一种是审美沉思，这是艺术的方式；第二种是禁欲主义的路径，这是救赎的方式。在这一节中，我们考察第一种，即通过艺术摆脱意志奴役的方式。

　　在审美沉思中，人成为无利害的观察者。无须说，这并不意味着审美沉思是无兴趣的。例如，如果我把一个美的对象视为一个欲望的客体或者把它视为刺激欲望的东西，那么我的观点就不是审美沉思的观点：我是一个"利害相关"的旁观者。事实上，我是意志的仆人或工具。但是，对我来说如下情况是可能的：我既不把美的对象本身视为欲望的客体，也不把它视为刺激欲望的东西，而仅仅考虑它的审美意义。这样，我就是一个无利害但并非无兴趣的旁观者。而且我至少暂时性地从意志的奴役中解放出来了。

　　叔本华把这种通过审美沉思（不管沉思的是自然对象还是艺术作品）暂时性地摆脱意志之奴役的理论，与他所谓的柏拉图理念论这样一种形而上学理论联系起来。他说意志在理念中直接把自己对象化，而理念则是个体自然事物所模仿的原型。它们是"一切自然物体（不管是有机物还是无机物）的确定的种（species），或者说是其原初不变的形式或属性；也是那种按照自然律来显示自身的普遍力量"。[①] 这样，就存在像重力这样的自然力的理念，也存在种这样的理念。但没有属（genuses）的理念。因为在叔本华看来，有自然的种，但没有自然的属。

　　种的理念不能与事物的内在形式相混淆。据叔本华说，种或自然种类中的个体乃是"理念在经验方面的相关物"。[②] 而理念则是永恒的原型。当然，正因如此，叔本华才把他所说的理念与柏拉图的形式或理念等同起来。

　　一个盲目的意志或无止境的努力如何能被合理地说成在柏拉图式的理念中直接把自身对象化了？我无法声称我理解了这一点。在我看来，叔本华在艺术与审美直观具有形而上学意义这一点上，与谢林和黑格尔持有相同的信念，尽管他痛斥过他们；而且由于他认为审美沉思使人能够暂时性地摆脱欲望的奴役，这使他转向了他十分崇敬的一位哲学家，即柏拉图，并且从后者那里借用了理念论，尽管这一理论与他所描述的那种盲目的意志、自我折磨的冲动或努力并没有什么明显的关联。不过，我们无须在这方面耗费过多精力。重要的是艺术天才能够领悟理念，并且能在艺术作品中把它们表现出来。在审美沉思中，观看者参与到对理念的领悟中。这样，他就超出了暂时性的、变动不居的对象，从而沉思永恒的、不变的对象。他的态度是沉思的，而非欲求的。在审美体验中，欲求被平息了。

　　叔本华对艺术天才的赞扬体现了与浪漫主义精神的某种契合。然而，他并没有清楚地解释艺术天才的本质，也没解释天才与普通人之间的关系。有时候他似乎认为，天才不仅意味着能够领悟理念，而且能够在艺术

────────────

① 《叔本华文集》，第二卷，第199页；《作为意志与表象的世界》，第一卷，第219页。
② 同上，第一卷，第417页；同上，第三卷，第123页。

作品中把它们表现出来。但其他时候，他似乎又认为天才仅仅意味着一种

279 直观理念的能力，而那种对理念做出外在表现的能力则是一种技术，是可以通过训练和实践获得的。第一种说法最符合我们通常假定的信念，亦即艺术天才具有创造性的创作能力。如果一个人缺乏这种能力，我们通常不会把他说成是一名艺术天才或根本不会说他是一名艺术家。第二种说法则意味着，任何一个能够进行审美鉴赏和审美沉思的人都分有了某种程度的天赋。但有人可能会沿着克罗齐的思路主张说，审美直观包含不同于外在表现的内在表现，亦即富于想象力的再创造。在这种情况下，创造性的艺术家和沉思、欣赏艺术作品的人都有所"表现"，虽然只有前者的表现是外在的。然而，尽管我们可以用某种类似的方式把上述两种说法结合起来，但我认为，在叔本华看来，艺术天才实际上既有直观理念的能力，也有创造性地表现此直观的能力，虽然后者需要技术训练的协助才能达到。在这种情况下，一个无法自己创制艺术品的人仍然可以在理念的外在表现中、通过理念的外在表现来直观理念，并以这种方式享有天赋。

　　然而，在当前的语境中，重要的是，一个人在审美沉思中超越了意志和欲望原来对认识行动的支配。他变成了"纯粹无意志的认识主体，他不再根据充足理由律来追溯种种关系，而是停下来、陷入对呈现给他的对象的沉思中，也不去考虑该对象与任何其他对象的关系"。[1] 如果沉思的对象仅仅是有意义的形式，是具体地呈现给知觉的理念，那么我们涉及的就是美。然而，如果一个人感知到的是与其身体有一种敌对关系的沉思对象，也就是说，该对象通过其巨大的力量使人的身体这种意志的客观化形式受到威胁，那么他沉思的就是崇高。换言之，如果他意识到对象的威胁性特征，但仍坚持客观的沉思，而且不允许自己被爱惜自己所引起的恐惧情绪压倒，那么他沉思的就是崇高。例如，在可怕的暴风雨中，一个人在海上的一艘小船上，如果他把注意力集中在壮丽的景色和大自然的力量中，那么他沉思的就是崇高。[2] 但是，无论一个人沉思的是美还是崇

280

---

① 《叔本华文集》，第二卷，第209—210页；《作为意志与表象的世界》，第二卷，第230页。

② 叔本华沿着康德的思路区分了力学的崇高和数学的崇高。船上的人所沉思的是第一类崇高的一个例子。数学的崇高是静态的广阔，比如连绵的山脉。

高，他都能暂时性地从意志的奴役下解放出来。他的心灵可以说获得了一丝喘息，不再作为满足欲望的工具，而是采取一种纯粹客观的、无利害的立场。

2. 谢林和黑格尔都把各种特殊的艺术排列在逐层上升的系列中。叔本华也参与了这种游戏。他分类和排列的标准是意志之客观化的层级序列。例如，他说建筑术表现了某种低层次的理念，例如重力、凝聚力、刚度、硬度、石头的普遍属性。此外，建筑术在表现重力和硬度之间的张力时，也间接地表现了意志的冲突。艺术水力学在喷泉和人工瀑布中表现了液体事物的理念，而艺术园艺学或风景园林艺术则表现了植物生命这种较高层次的理念。历史绘画和雕塑表现了人的理念，尽管雕塑主要关注的是美与优雅，而绘画主要关注的则是表现个性与激情。诗歌能够表现各种层次的理念。因为诗歌的直接材料是概念，尽管诗人试图借助修饰性的语词把抽象的概念降低到知觉层面，以便激发读者和听众的想象力，使其能够在可感知的对象中领悟理念。[①] 不过，尽管诗歌能够表象各种层次的理念，但其主要目的是人的自我表象，即通过一系列行动以及与之相伴的思想和情感来表现他自己。

在那个时代，艺术概念的范围在美学学者之间是存在争议的。不过，讨论把艺术水力学和风景园林艺术说成艺术是否恰当，这恐怕没什么益处。我们也无须讨论艺术的等级排列，因为后者基于它与一个成问题的形而上学体系之间的关系。相反，我们可以注意如下两点。

首先，如我们所预期的那样，在叔本华看来，最高的诗歌艺术乃是 281 悲剧。因为在悲剧中，我们目睹了人生的真正特征如何被转化为艺术，并以戏剧的形式表现出来，"无法言说的痛苦、人类的悲鸣、恶的胜利、机遇带有嘲弄的支配，正义和无辜的人无可挽回的堕落"。[②]

其次，一切艺术中最高的不是悲剧而是音乐。因为音乐并不展现作为意志之直接客观化的某个或某些理念：它展现的是意志本身，是自在之

---

① 例如，荷马就不仅仅谈论海洋和黎明，而是借助于"酒红色的黎明""玫瑰色的手指"这样的修饰词，从而使理念更接近知觉层次。

② 《叔本华文集》，第二卷，第298页；《作为意志与表象的世界》，第一卷，第326页。

物的内在本质。① 因此，在聆听音乐时，一个人接受到的是作为现象之基础的实在的直接显现，虽然不是在概念的形式中接受。他以一种客观的、无利害的方式，而非以一种受意志的专制所支配的方式，直观到了显现在艺术形式中的实在。此外，如果我们能用概念准确地表达音乐未借助概念所表达的一切，那么我们就能拥有真正的哲学。

　　3. 审美沉思只不过使我们能够暂时性地摆脱意志的奴役。但叔本华通过放弃生命意志而提供了一种持久的解脱方式。的确，只要道德是可能的，那么道德进步必定表现为这种形式。因为，在叔本华看来，在利己主义、固执、憎恶与冲突中把自己表现出来的生命意志，就是恶的来源。"在我们每个人心中确实存在一头野兽，它正伺机肆虐和咆哮以便伤害他人，如果他们不阻止它，那么它就会毁灭他们。"② 这头野兽、这种根本恶就是生命意志的直接表现。因此，如果道德是可能的，那么它必定包含着对意志的否定。由于人是意志的客观化，因此这种否定必定意味着自我否定、禁欲主义与自我克制。

　　叔本华确实说过，在他的哲学里世界具有一种道德意义。但他这句乍看之下令人震惊的表述含有下述意思。存在、生命本身就是罪恶：它是我们的原罪。我们不可避免地要用痛苦与死亡来赎罪。因此我们可以说正义在主宰一切，套用黑格尔的一句名言就是："世界自身就是世界的审判法庭。"③ 因此，在这个意义上，世界具有一种道德意义。"如果我们 282 把世界上所有的苦难放在天平的一边，而把世界上所有的罪行放在另一边，那么天平的指针毫无疑问会指向中央。"④ 叔本华似乎是说，犯罪的是意志自身，而受惩罚的也是意志自身。因为它把自己客观化，并在自己的客观化表现里受苦。这种说法似乎有些夸张。因为根据叔本华的前提，人所遭受的痛苦必定是现象的：它们恐怕很难影响自在之物。然而，暂且忽略这一点，我们可以单从存在或生命本身是罪恶这一陈述中得出这样的结

---

① 正是出于这一原因，叔本华批评了拟声音乐，例如海顿的《四季》。
② 《叔本华文集》，第四卷，第230页。引自《附录与补遗》(Parerga und Paralipomena)。
③ 同上，第二卷，第415页；《作为意志与表象的世界》，第一卷，第454页。
④ 同上，第二卷，第416页；同上，第一卷，第454页。

论，即如果德行是可能的，那么它必定表现为否定生命意志、逃离生命的形式。

如果给定了这些前提，那么由此推出的结论似乎是：最高的道德行为乃是自杀。但叔本华认为，自杀表现的是对意志的屈服而不是对它的否定。因为自杀的人这样做是为了逃避某些罪恶。如果他无须自杀也能摆脱这些罪恶，那么他就会那样做。因此，自相矛盾的是，自杀是以一种隐蔽的方式表现出来的生命意志。所以，对意志的否定或摒弃必须采取不同于自杀的形式。

但是，在叔本华的哲学框架之内道德是可能的吗？每一个作为个体的人都是那独一无二的生命意志的客观化表现，他的行动都是被决定了的。叔本华区分了悟知的性格与验知的性格。形而上学的意志把自己客观化在个人意志中，当我们在个人意志自身之中、在它的行动之前来考察个人意志，它就是悟知的性格或本体的性格。通过其前后相继的行动表现出来的个人意志就是验知的性格。现在，意识把意志引起的特殊行动当作对象。而这些行动是前后相继地出现的。这样，一个人只能逐渐地认识到自己的性格，而且这种认识是不完善的：原则上他与旁观者处于同样的位置上。他并未预见到意志在未来将会引起的行动，而只能意识到那些已经设定了的行动。因此，他就觉得自己是自由的。这种自由的感觉是非常自然的。然而，经验性的行动实际上只是悟知性格或本体性格的展现。前者只是后者导致的结果，是被后者决定的。正如斯宾诺莎所说，我们对自由的感觉或信念实际上只是由于我们不知道决定自己行动的原因所导致的。

因此，乍看之下，对于下述问题，试图给出某种指示似乎不会有什么效果：如果人们想要摆脱欲望和无止境的努力的奴役，那么他们应该如何行动？因为他们的行动是被性格所决定的。而性格却是意志的客观化表现，这意志就是生命意志，而且它恰恰是在欲望和无止境的努力中把自己显现出来。

然而，叔本华认为，性格决定论并未排除行为改变的可能。例如，我们可以假定，我习惯以能为自己带来最大经济效益的方式去行动。某一天有人劝告我说，天国的财富比人世间的财富更有价值也更持久。我的新信念就会导致我行为的改变。我会把获得财富的机会留给汤姆·琼斯，而不是试图通过牺牲他来致富。如果我有朋友的话，那么他或许会说我的性格变了。但是实际上我还是我以前所是的那种人。我现在采取的行动与以前不一样，但我的性格并未发生变化。因为行动的动机仍然是一样的，即为了个人利益，尽管我对什么才是最有益的行为的看法已经发生了变化。换句话说，我的悟知性格决定了哪些动机会驱使我去行动；无论我是在人世间聚敛财富还是为了天国的财富放弃它们，我的动机都是一样的。

诚然，这个例子本身并不能帮助我们理解对生命意志的否定是如何可能的。因为它证明的毋宁说是利己主义的永恒性，而不是彻底的自我否定之产生。尽管就调和性格决定论与那些似乎表明性格变化之可能性的经验事实而言，上述例子或许指出了一种可行的方案，但它并未解释生命意志如何能够在其客观化表现中、通过其客观化表现返回它自身，否定它自身。不过在这里我们可以忽略这一点。只要注意到下面这一点就足够了：在叔本华的哲学中，改变一个人的观点这一观念扮演着非常重要的角色，就像它在斯宾诺莎的哲学中一样。因为叔本华设想的是逐渐地看透摩耶的面纱，看透充满个体性与多样性的现象世界。因为理智可以发展到超出满足履行其基本的实践功能所需求的程度之上，所以叔本华的设想是可能的。而道德进步的程度则与穿透摩耶面纱的程度相对应。

个体性是现象的。本体则是唯一的：只有就现象界的主体而言，才

284　存在诸多个体。首先，一个人可以穿透个体性幻象的层面，意即把其他人与自己放在同一层面上而不是去伤害他们。这样，他就是一个正义的人，不同于那种被摩耶面纱迷惑的人，后者排斥他人来肯定自己。

但我们还可以走得更远。一个人可以在下述程度上穿透摩耶的面纱，亦即看出所有个体其实都是同一的。因为他们都是那个唯一的、未被分割的意志表现出来的现象。这样，我们就达到了同情这一伦理层次。在这层次上，我们就拥有了善或者德行，其特征是对他人的无利害之爱。真正的善并不是像康德所主张的那样，仅仅为了义务而服从绝对命令。真正的善是爱，是圣爱（agape）或博爱（caritas），不同于指向自我满足的欲爱（eros）。爱是同情。"所有真正的、纯粹的爱都是同情（Mitleid），一切非

同情的爱都是自私的（Selbstsucht）。欲爱是自私的；圣爱是同情。"[①] 叔本华把他对印度摩耶哲学的热爱与他对佛教的赞赏结合起来。相对于更加有活力的西方利他主义概念，叔本华或许更加同情佛教徒的伦理。

然而，我们仍然可以继续前进。因为意志在人之中、通过人获得了对它自己如此清晰的认识，以至于它在恐惧中背离自己、否定自己。这样，人的意志再也不会对任何事物产生依赖感，人开始走上禁欲与圣洁的道路。因此，叔本华进而赞扬自愿的贞洁、贫困与自我克制，并且提出了这样的期望：人在死后完全摆脱意志的奴役而得到解放。

我们在前文中曾评论说，我们很难理解意志的自我否定是如何可能的。叔本华也认识到了这个困难。他坦率地承认，把自己显现或客观化于现象中的意志，同时又要自我否定、要摒弃现象所表现的东西，亦即摒弃生命意志，这两方面本身是自相矛盾的。但是无论矛盾与否，自我否定这种根本性的行动一样能够发生，尽管只有在特殊情况下或罕见的情形中才发生。自在的意志是自由的。因为它并不受充足理由律支配。在完全的自我否定、自我摒弃的情形中，作为自在之物的意志的本质自由被表现在现象中。换句话说，叔本华承认决定论原则也存在例外。自由的形而上学意志"通过取消作为现象之根据的本质，而导致了现象与它自身的矛盾，因为现象本身仍然会持续存在于时间中"。[②] 也就是说，圣人并没有自杀，他继续存在于时间中。但他完全放弃了作为他自身的基础的实在，可以说他"取消了它"，亦即把意志取消了。这是一个矛盾，但它是一个显示了如下真理的矛盾：意志超越了充足理由律。

我们或许会问，德行与神圣性的最终目的是什么？很明显，否定了意志的人把世界看得一文不值。因为世界只不过是意志的表象，而意志已经被他否定了。至少在这个意义上，下面的说法是正确的：当意志转变并否定自身时，"我们这个有着太阳和银河的世界什么都不是"。[③] 但在死亡时发生了什么呢？它是否意味着完全消失？

---

① 《叔本华文集》，第二卷，第444页；《作为意志与表象的世界》，第一卷，第485页。
② 同上，第二卷，第339页；同上，第一卷，第371页。
③ 同上，第二卷，第487页；同上，第一卷，第532页。

　　叔本华说："在我们面前，的确只有一片虚无。"[1] 如果就像看上去那样，他对人格不朽的假设没有问题，那么上述说法在某种意义上显然是真的。因为，如果个体性是现象、是摩耶，那么死亡可以说是从现象世界的撤离，它意味着意识的消失。或许仍然存在被吸收进那唯一的意志的可能性。尽管叔本华没有清楚地表达出来，但他似乎暗示说，对于一个否定意志的人而言，死亡意味着彻底消失。在人生中，他把存在缩减为一条细细的丝线，在死亡时，这条细线终于被摧毁了。这个人实现了否定生命意志的终极目的。

　　叔本华的确讨论了另一种可能性。[2] 正如我们已经了解到的一样，他承认自在之物（也就是终极实在）可能拥有某些我们不认识也不可能认识的属性。如果是这样的话，那么当意志否定作为意志的自身时，这些属性可能仍然存在。因此，下面这种情形大概是可能的：通过自我摒弃而达到一种并不等于完全虚无的状态。它不可能是一种认知的状态，因为主客关系是现象的。但它可能类似于神秘主义以晦涩难懂的术语所指称的某种无法传达的经验。

286　　　不过，尽管任何人只要愿意都可以接受上述可能性，但我并不会这样做。我认为，叔本华之所以觉得不得不做出上述说明，部分原因在于他自己的如下说法，即我们认识到的终极实在是将自身显现为意志的终极实在，而不是与现象相分离的终极实在自身。另一部分原因或许是，他觉得不能把下述可能性完全排除在外：他的意志哲学并不能完全充分地解释神秘主义者的经验。不过，如果我们认为叔本华主张有神论或泛神论都是正确的，那我们或许就走得太远了。他指责有神论，认为它太幼稚了，无法满足成熟的心灵。在他看来，泛神论更荒谬，而且它无法与任何道德信念兼容。把一个充满苦难、恶与残酷行为的世界与神性等同起来，或者在字面的意义上把它解释成上帝的显现，叔本华认为这是极其荒谬的，只与黑格尔正好匹配。而且，这导致我们可以为一切发生的事情辩护，而这种辩

① 《叔本华文集》，第二卷，第486页；《作为意志与表象的世界》，第一卷，第531页。
② 参看《叔本华文集》，第二卷，第485页，与第三卷，第221—222页；《作为意志与表象的世界》，第一卷，第530页，与第二卷，第408页。

护与道德的要求不兼容。

无论如何，即便终极实在除了那些被合理地描述为盲目的意志的属性之外，还具有某些别的属性，哲学也无法认识它们。就哲学而言，自在之物就是意志。因此，对于哲学家而言，否定意志就意味着否定实在、否定所有存在之物，至少是否定所有他能够认识到的存在之物。因此，哲学无论如何都必须满足于如下结论："没有意志；也没有表象，没有世界。"① 如果意志与自身对立，并且"取消"它自身，那么就没有留下任何东西。

4. 读者或许觉得有些奇怪，为什么把叔本华的哲学放在"对观念论形而上学的反叛"这一大标题之下来考察。当然，这样的惊讶是有道理的。因为，尽管叔本华经常斥责费希特、谢林和黑格尔，但其哲学体系在某些重要方面毫无疑问属于德国思辨观念论运动。叔本华的确用意志取代了费希特的自我和黑格尔的逻各斯或理念，但是，他对现象与本体的区分，以及他持有的那种认为空间、时间、因果性具有主观性与现象性特征的理论，都是基于康德的思想。我们可以合理地把叔本华的体系称为先验唯意志论的观念论。说它是观念论，是因为它主张世界是我们的观念或表象。说它是唯意志论，是因为它说意志而非理性或思维才是开启实在的钥匙。说它是先验的，是因为那唯一的意志是一个绝对的意志，这个绝对的意志把自己显现在诸多经验现象中。

不过，尽管我们从这个角度来考察的时候，叔本华的哲学似乎是囊括了费希特、谢林与黑格尔的那种后康德思辨体系中的一分子，但前者与另外三位哲学家之间存在相当大的差异。例如，在黑格尔的体系中，终极实在是理性，是自我思考的思维，它把自身实现为具体的精神。现实的就是合理的，合理的也就是现实的。然而，在叔本华看来，与其说实在是理性的，不如说实在是非理性的：世界是一种盲目的冲动或盲目的能量的显现。当然，黑格尔的宇宙理性与叔本华的意志之间也存在某些相似之处。例如，在黑格尔看来，理性把自身视为目的，意即理性是逐渐思考自身

---

① 《叔本华文集》，第二卷，第486页；《作为意志与表象的世界》，第一卷，第531页。

的思维；叔本华的意志也把自身当成目的，意即它是为了意欲而意欲。但是，宇宙是自我展开的理性的生命这一观念，与宇宙是一种盲目的、非理性的存在冲动或生命冲动的表现这一观念之间，存在着巨大差异。德国观念论本身确实存在"非理性主义"的成分。谢林关于神具有非理性意志的理论就是一个例子。不过，到了叔本华那里，存在的非理性特征变成了某种被突出的东西；它是主要的真理，而非一种在更高的合题里就应该被超越的局部真理。

叔本华哲学中的这种形而上学非理性主义或许会被他的艺术理论掩盖，因为后者向我们呈现出这样一种可能性，即存在的恐惧在审美沉思的宁静世界中可能被改变。但它有非常重要的影响。一方面，这是以一种具有形而上学基础的悲观主义取代绝对观念论这种具有形而上学基础的乐观主义。另一方面，形而上学观念论那种演绎的特性（如果我们把实在视为思维或理性的自我展开，那么这种特性就是很自然的事），让位于一种更加经验性的路径。诚然，叔本华哲学不但包罗万象，同时还具有形而上学特性与鲜明的浪漫主义要素，这些特征使它与后康德的其他伟大哲学体系之间存在某种家族相似性。不过，这些特征也使它很容易被288 解释为基于对经验材料的概括而形成的一种非常广泛的假说。尽管我们很自然而且也很合理地把它视为一般意义上的后康德思辨形而上学运动的一部分，但它同时也预示了随着绝对观念论的崩溃而产生的归纳形而上学（inductive metaphysics）。

此外，当我们从哲学史中一个更靠后的时间节点来回顾叔本华的哲学体系时，我们就可以看到，它可以作为观念论运动与后来的生命哲学之间的过渡阶段。显然，从某种角度看，叔本华的哲学体系就是它本身，而不是一个过渡阶段。但这并不排斥如下观点，即把该体系与一般意义上的思想运动联系起来，并且把它视为理性主义者的观念论运动与德国和法国的生命哲学之间的桥梁。当然，或许有人会反对说，叔本华强调的是一种否定生命的态度。生命是应该被我们否定的东西，而不是应该被我们肯定的东西。但是，叔本华关于摒弃和否定的理论却只有凭借下述哲学才能达到，这种哲学首先强调了生命意志，然后依据这一观念来解释世界。叔本华把本能和理性都说成是生物学意义上的工具或手段，即便他随后继续探讨了人的理智与这一实践取向的分离。因此，我们可以说他为哲学家的下述行动提供了材料，即用生命这一观念取代思维作为哲学的核心观念。尽管叔本华的悲观主义没有再出现在后来的生命哲学中，但这并未改变如下事实，即他把生命这一观念带到了哲学的中心。的确，生命这一观念在诸如费希特和黑格尔的哲学中也出现过。但在叔本华那里，"生命"一词主要具有生物学意义，理性（它当然也是生命的一种形式）则被解释为生物学意义上的生命的一种工具。

5. 在黑格尔去世及 1848 年革命失败以后，舆论环境更倾向于重新考虑叔本华的反理性主义和悲观主义体系，他的体系也变得更广为人知，而且赢得了一些拥簇。在这些人中，尤利乌斯·弗罗恩施泰特（Julius Frauenstädt，1813—1879）曾在法兰克福与叔本华长期交流，并在此过程中从黑格尔主义的哲学转向叔本华哲学。他修改了叔本华的某些立场，主张空间、时间和因果关系不仅仅是主观形式，个体性与多样性也不仅仅是表象。但他为终极实在是意志这一理论做了辩护，并且出版了叔本华著作的一个版本。

叔本华的著作在德国激发了人们对东方思想和宗教的兴趣。保罗·杜伊森（Paul Deussen，1845—1919）就是其中一位在此方向受他影响的哲学家，他是叔本华研究学会（Schopenhauer-Gesellschaft）的创立者，也是尼采的朋友。杜伊森曾在基尔大学担任讲席教授。除了一本哲学通史外，杜伊森还出版了几部关于印度思想的著作，他致力于使人们认识到，东方哲学是一般意义上的完整哲学史不可或缺的一个部分。

在哲学领域之外，叔本华的影响相当大。特别值得一提的是他对理查德·瓦格纳（Richard Wagner）的影响。叔本华的理论主张音乐是最高的艺术形式，这理论自然非常契合瓦格纳的品位，他认为自己是叔本华的天才概念的一个活生生的体现。[①] 当然，我们不能把瓦格纳的人生观简化为叔本华的哲学。这位作曲家的许多观念在认识叔本华之前就已经形成

---

① 尼采在他与瓦格纳的友谊还处于平稳期时，鼓励瓦格纳去这样想。

了，随着时间的推移，他修正并改变了自己的观念。但是，在 1854 年有人把叔本华的著作介绍给他时，他给叔本华写了一封表达赞赏的信。据说《特里斯坦与伊索尔德》尤其能反映出叔本华的影响。我们也可以说，作家托马斯·曼也是受到叔本华影响的人之一。

在哲学领域内，叔本华的影响更多地表现为激发了或此或彼的思想方向，而非创造了任何可以称为学派的东西。在德国，叔本华的著作对年轻的尼采产生了强有力的影响，尽管尼采后来批判了叔本华对生命的否定态度。在谈及某些方面受叔本华影响的哲学家时，我们也可以把威廉·冯特（Wilhelm Wundt）和汉斯·费英格（Hans Vaihinger）算在内，尽管二人都不是这位伟大的悲观主义者的门生。至于法国，已经有人指出，我们必须避免一种常见的错误，即认为观念上的相似性能够表明必然存在派生或借鉴的关系。生命哲学在法国的发展可以就其自身获得解释，无须提及叔本华的名字。但是，这当然不排除如下可能，即这位德国哲学家直接或间接地启发了法国的某些思想家。

290　　6. 无论如何，至少有一位有一定影响力的哲学家，其思想明显与叔本华有着密切联系，而且从叔本华那里吸收了很多东西，他就是爱德华·冯·哈特曼（Eduard von Hartmann，1842—1906）；他是一位退役的炮兵军官，在退役后致力于研究和写作。冯·哈特曼承认他也受到莱布尼茨和谢林的影响，他致力于以这样一种方式来发展叔本华的哲学，即努力弥合后者与黑格尔主义之间的鸿沟。他声称他已基于经验和科学发展出了自己的哲学体系。其最著名的著作是《无意识哲学》（*Die Philosophie des Unbewussten*，1869）。

在冯·哈特曼看来，终极实在确实是无意识的，但它不可能像叔本华所说的那样，仅仅是一种盲目的意志。关于这一点，即使叔本华也不得不把意志说成是似乎带有某种目的的。因此，我们必须认识到，那唯一的无意识原理包括两个彼此相关且不可通约的属性：意志与表象。或者我们可以这样说，那个唯一的无意识原理包含两个同等或并列的功能。作为意志，它是世界之为何物（亦即世界之存在）的原因；作为表象，它是世界何以如此（亦即世界之本质）的原因。

　　冯·哈特曼声称，他以这样一种方式综合了叔本华与黑格尔的思想。前者的意志绝不能产生一个有目的的世界进程，后者的理念绝不能把自己对象化于一个实际存在的世界中。这样，终极实在必须是意志与理念的合一。但这并不意味着终极实在必定是有意识的。相反，我们必须转向谢林，从他那里引入这样的观点，即在自然背后有一个无意识的理念。世界不止一面。如同叔本华所说的那样，意志在痛苦、苦难和恶中显现自身。但是，如同谢林在其自然哲学中所主张的那样，无意识的理念在终极目的、理知的发展以及朝向意识前进的道路上显现自身。

　　冯·哈特曼并不满足于调和叔本华、黑格尔与谢林，他还试图把叔本华的悲观主义与莱布尼茨的乐观主义整合起来。当无意识的绝对者作为意志时，它的显现为悲观主义提供了基础；当它作为理念时，它的显现则为乐观主义提供了基础。但无意识的绝对者就只有一个。因此，悲观主义和乐观主义必须被调和起来。这就需要修正叔本华将幸福与快乐说成是"消极的"。例如，审美沉思和理智活动带来的愉悦就毫无疑问是积极的。

　　现在，由于冯·哈特曼主张说，宇宙进程的终极目的是通过意识的发展使理念从意志的奴役中解放出来，所以我们可能会认为乐观主义将是其最后的定论。然而，尽管冯·哈特曼强调理智的发展方式为我们获得更高级的幸福（尤其是审美沉思带来的愉悦）提供了可能性，但他同时也坚持认为，我们感受痛苦的能力与理智的发展成正比。由于这一原因，相比文明人和有教养的阶层，原始人与未受教育的阶层要更加幸福。

　　因此，认为文明的进步和理智的发展能够增进人们的幸福，这是一种幻觉。异教徒认为我们可以在此世获得幸福。但这是一种幻觉。基督徒认识到了这一点，因而他们试图到天国中寻求幸福。但这同样是幻觉。然而，认识到这一点的人往往会陷入第三种幻觉中，即认为可以通过不断进步最终到达一个地上的天国。他们未能明白两个真理。首先，修养的进步和精神的发展增强了人们感受痛苦的能力。其次，物质文明的进步和幸福感的增强往往伴随着对精神价值的遗忘与天才的堕落。

　　这些幻觉从根本上说是无意识原理的产物，该原理在下述情形中显示出自身的狡诈：通过如此这般地诱导人类，无意识原理使自身永存。不过，冯·哈特曼期待着有朝一日，人类对事件真相的意识已经发展到如此地步，以至于一种普遍的自我毁灭将会发生。叔本华认为一个个体能够通过自我否定和禁欲而达到自我毁灭，但他的这一看法是错的。真正需要的是意识最大限度地发展，以使人类最终能够理解意志的愚蠢而去自杀，从而因其自我毁灭而达到终结世界进程的目的。因为，冯·哈特曼希望到那时，作为世界存在原因的无意识的绝对者之意志已经过渡到或者已经客观化于人类之中。因此，人类的自杀将导致世界的终结。

大部分人会把这种令人震惊的理论说成是悲观主义。但冯·哈特曼并不这么看。因为宇宙的自我毁灭要求下述条件，即意识最大限度地进化**292** 以及理智对意志的胜利。但这恰恰是作为理念、作为无意识的精神的绝对者所要达到的终极目的。因此，我们可以说，世界将会通过宇宙的自我毁灭和它自身的消失而实现救赎。而一个实现救赎的世界就是所有可能世界中最好的一个。

对于冯·哈特曼的哲学，我只想给出两点评论。首先，如果一个人写了冯·哈特曼那么多作品，那么他一定做出了某些合理的、贴切的陈述，无论这些陈述产生于什么背景。其次，如果人类自我毁灭（现在指的是物理层次上的可能性），那么这多半是由于它的愚蠢而不是它的智慧，或者用冯·哈特曼的话说，这是意志的胜利而不是理念的胜利。

第十五章

对观念论的转变（一）

引言——费尔巴哈与从神学到人类学的变革——卢格对黑格尔历史观的批判——施蒂纳的自我哲学

1. 我们在考察黑格尔的影响时曾注意到，在他去世之后出现了左翼黑格尔主义者和右翼黑格尔主义者。我们曾评论说二者在如下两方面存在差异，即如何解释黑格尔哲学中的上帝观念，以及如何理解黑格尔体系与基督教的关系。现在在我们可以着手考察左翼黑格尔主义者中的一些激进分子，他们更为关注的不是如何解释黑格尔的哲学，而是如何利用他的某些观念把形而上学观念论转变成某种完全不同的哲学。

这些思想家通常被称为"青年黑格尔主义者"。这一术语其实应该指那些在黑格尔影响下成长起来的年轻一代，无论他们属于右翼、左翼，抑或是中间派。但实际情况是，它被留给左翼黑格尔主义者中的那些激进分子，例如费尔巴哈。从某种角度看，把这些人称为反黑格尔主义者更合适。因为他们代表了一种在辩证唯物主义中达到其顶点的思想路线，然而黑格尔最基本的原则却是：绝对者必须被定义为精神。不过，从另一个角度来看，"反黑格尔主义者"却是一个误称。因为他们关心的是如何让黑格尔站得住脚，即便他们变革了黑格尔的哲学，但就像我们提到过的那样，他们也使用了黑格尔自己的一些观点。换句话说，他们代表了黑格尔主义的左翼发展，这种发展同时也是一种变革。我们在其中既看到了连续性，也看到了断裂。

2. 路德维希·费尔巴哈（Ludwig Feuerbach，1804—1872）曾在海德

堡学习新教神学，随后去到柏林，他在那里参加了黑格尔的讲座，此后致力于哲学研究。1828 年，他成为埃朗根大学的编外讲师。但他发现自己在学院的事业没有什么发展前景，于是辞职转而去过一种专注于私人研究与著述的生活。他去世时住在纽伦堡附近。

294　　如果我们只看费尔巴哈著作的标题，那么我们会很自然地推断说他首要地是一位神学家，或者无论如何，他对神学抱有浓厚兴趣。诚然，他早期的著作明显是关于哲学的。例如，他在 1833 年出版了一本近代哲学史，讨论的是从弗朗西斯·培根到斯宾诺莎的哲学；1837 年出版了一本阐释与批判莱布尼茨体系的著作；1838 年出版了一本讨论贝尔（Bayle）的著作；1839 年则发表了一篇专门批判黑格尔哲学的论文。但在此之后，他出版了自己的重要著作，例如《基督教的本质》（*Das Wesen des Christentums*，1841）、《宗教的本质》（*Das Wesen der Religion*，1845）、《宗教本质讲演录》（*Vorlesungen über das Wesen der Religion*，1851）。这些书名，以及其他诸如《哲学与基督教》（*Ueber Philosophie und Christentum*，1839）与《路德意义下的信仰本质》（*Das Wesen des Glaubens im Sinne Luthers*, 1844）这样的书名，清楚地表明作者专注于神学问题。

　　从某种意义上说，这种印象完全正确。费尔巴哈自己就声称其著作的主要论题是宗教和神学。但他的意思并不是说，他相信在人的思想之外有一位客观存在的上帝。他的意思是，他主要关心的是从人类生活和思想这一整体出发，厘清宗教的真正意义和功能。在他看来，宗教并非一个无关紧要的现象或一个令人遗憾的迷信，我们不能说如果它不存在，那么情况可能会更好，或者说它的影响只不过是延缓了人类的发展。相反，对费尔巴哈而言，宗教意识是一般意义上的人的意识发展过程中不可或缺的一个阶段。不过，他把上帝的观念视为人对自己的理想的投射，把宗教视为人类意识发展过程中的一个暂时性的阶段，即便这个阶段是必须的。因此，我们可以说他用人类学取代了神学。

　　费尔巴哈通过对黑格尔体系的激烈批判，达到了用人类学取代神学的立场。但就某种意义而言，这种批判是从黑格尔体系的内部所做的批判。因为他的批判预设了这样的前提，即黑格尔主义是迄今为止的哲学的

最高表现。黑格尔乃是"经由谢林连接于费希特"，^①"黑格尔哲学是思辨

体系哲学的最高峰"。^②不过，尽管在黑格尔的体系中，观念论乃至于一般意义上的形而上学得到了最完整的表达，但该体系却是站不住脚的。因此，现在需要的是让黑格尔的观点站得住脚。尤其是，我们必须从绝对观念论的抽象概念返回到具体实在。思辨哲学已试图"从抽象过渡到具体、从观念过渡到实在"。^③但这种过渡方式是错误的。因为，从观念到实在的过渡只能在实践哲学或道德哲学中才能起作用，对于这种哲学而言重要的是通过行动来实现观念。当它关涉于理论认识时，我们必须从实在、从存在开始。

黑格尔当然是从存在开始的。不过这里的要点是，对费尔巴哈而言，在这一语境中存在应该是自然界，而非理念或思想。^④"存在是主词，思想是谓词。"^⑤最根本的实在是具有时空性的自然界；意识与思想是第二性的、派生性的。自然界的存在的确只能通过一个有意识的主体才能被认识到。不过那个把自身与自然界区别开来的存在者知道，他不是自然的基础。相反，人通过把自身与其存在之基础（可感觉到的实在）区别开来而认识到自然界。"因此，自然界是人的基础。"^⑥

我们的确可以用施莱尔马赫的话说，依赖感是宗教的基础。但是"人所依赖的，以及感觉他自己所依赖的，从根源上说就是自然界，而不是别的什么"。^⑦这样，如果我们从历史的角度而不是仅仅以基督教有神论的形式来看待宗教的话，那么宗教的主要对象就是自然界。从把树木、山泉这样的对象神化，到把神视为自然事物的物理原因，这些都属于自然宗教的范围。但是自然宗教的各个阶段都是以人对外在可感实在的依赖感

---

① 《费尔巴哈文集》，第二卷，第180页。参考文献中给出的费尔巴哈著作的卷数和页码指的是弗里德里希·约德尔（Friedrich Jodl）所编费尔巴哈著作集第二版（斯图加特，1956—1960年版）中的卷数与页码。

② 同上，第二卷，第175页。

③ 同上，第二卷，第231页。

④ 费尔巴哈同谢林一样，认为黑格尔从逻辑理念中演绎出了实存的自然。如果没有作出此项假设，那么他的批评就未能切中要害。

⑤ 《费尔巴哈文集》，第二卷，第239页。

⑥ 同上，第二卷，第240页。

⑦ 同上，第七卷，第434页。

为基础。"在自然界中显现自身的神性本质不是别的，就是向人揭示和显现自身，并把自身作为神性的存在强加于人的自然界。"①

人只有通过把自己与自然界区别开来，才能将后者对象化。人能返回到自身之中并沉思他自身的本质。这本质是什么呢？"理性、意志与情感。一个完整的人拥有思维的能力、意愿的能力和情感的能力。"② 理性、意志与爱统一在一起，就构成了人的本质。而且，当我们就其本身而言思考这三种完满性中的任何一种时，我们是把它当作不受限制的来思考。例如，我们并未设想思维的能力单就其本身而言受到了这个或那个客体的限制。如果我们将这三种完满性设想为是无限的，那么我们就有了作为无限的知识、无限的意志和无限的爱的上帝这个观念。这样，有神论就是人对于无限提升了的人之本质所做的投射，至少在上帝被赋予道德属性的有神论中是如此。"神性本质不是别的什么，就是人的本质；或者更准确地说，当人的本质摆脱了个体性（也就是说，实在的、有血有肉的人）的限制，被客观化、被提升为一个有别于人的独立存在者来崇拜时，它就是神性本质。"

在《基督教的本质》中，费尔巴哈聚焦于上帝作为人的自我意识之投射这一观念；而在《宗教的本质》中，费尔巴哈是从历史的角度来考察宗教的，在其中他强调对自然的依赖感是宗教的基础。但他也将这两种观点结合起来。人由于意识到他对外部实在的依赖，开始崇拜自然界的力量与特殊的自然现象。但如果不是借助于自我投射，他就不会提升到人格神或上帝的概念。在多神论中，人与人之间各不相同的品质被神化于众多拟人化的神中，每一位神都有其独特性。在有神论中，被投射到超验领域从而被神化的则是将人统一起来的东西，亦即人的本质。在向某种形式的有神论过渡的过程中，有一种强有力的推动因素，即人意识到自然界不仅满足人的物质需求，而且也能让人实现他自由地为自己设定的目的。因为在这样的意识中，他才开始认为自然界是为他而存在的，认为自然界是一个有目的的统一体，而且是一个充满智慧的造物主的作品。不过在思考造物

---

① 《费尔巴哈文集》，第七卷，第438页。
② 同上，第六卷，第3页。

主时，人把自己的本质投射进去。如果我们剥除上帝观念中所有与这种投射相关的内容，那么剩下的就只是自然界。因此，尽管宗教从根本上说奠基于人对自然界的依赖感，但在形成无限的人格性上帝的过程中，最重要的因素乃是人对自身本质的投射。

现在，这种自我投射表现了人对自身的异化。"宗教是人与自身的分离：人把神当成一个对立的存在者，将神置于与自己相对的地位。神不是人，人也不是神。神是无限的存在，人是有限的存在；神是完美的，人是不完美的；神是不朽的，人是暂时的；神是全能的，人是无能的；神是圣洁的，人是有罪的。神与人是两个极端：神是绝对积极的，是一切实在的本质；而人是消极的，是一切虚无的本质。"[1] 这样，通过把自己的本质投射到超验领域中，并且把它客观化为神，人就把自身降格为可怜的、悲惨的、有罪的。

当然，在这种情况下，宗教是某种需要被克服的东西。但这并不意味着宗教未曾在人的生活中扮演过必要的角色。相反，人把自己的本质对象化为关于神的观念，这构成了人的自我意识发展过程中一个不可或缺的阶段。因为，在人能够意识到他的本质是**他的**本质之前，必须首先把他的本质对象化。在最高级或者说最完善的宗教形式（亦即基督教）中，这种对象化达到了需求自身克服的程度。人是社会性的存在，爱的能力属于他的本质。他是与某个"你"关联着的"我"。在基督教中，人对这一事实的意识在三位一体的教义中得到了投射性的表达。此外，在道成肉身的教义中，"基督教以**'神人'**（God-Man）的名义把**'人'**和**'神'**这两个语词统一起来，这样就把人性当成是最高存在者的一种属性"[2]。剩下来的就是要颠倒这种关系，把神性变成人的一种属性。"新的哲学已经根据真理使这一属性（人性）成为实体；它已经把谓词变成主词。新的哲学就是……基督教的**真理**。"[3]

这最后一句话让我们想起黑格尔关于绝对宗教与绝对哲学之间关系

---

[1] 《费尔巴哈文集》，第六卷，第41页。

[2] 同上，第二卷，第244页。

[3] 同上。

的观点。不过，费尔巴哈当然不是要主张说，"新的哲学"可以与基督教共存于同一心灵中。相反，新的哲学之所以放弃基督教这个名字，恰恰是因为它赋予了基督教合理的真理价值，并且在这一过程中，把基督教从神学转变为人类学。对基督教所做的哲学阐释不再是基督教本身。一旦一个人理解到，"上帝"只是他自己的理想化本质投射到超验领域时的名称，他就克服了宗教中所包含的自我异化。于是，在人类自身的活动和社会生活中，人的本质的对象化就成为可能。人恢复了对他自身、对自己的能力以及对未来的信仰。

放弃神学涉及到放弃历史上的黑格尔主义。因为"黑格尔哲学是神学最后的避难所，也是神学最后的理性支柱"。① "那些不放弃黑格尔哲学的人也就没有放弃神学。因为黑格尔所谓的'自然界、实在界都是由理念设定的'这一理论，只不过是'自然界是由上帝创造的'这一神学教义的**理性**表达……"②。不过为了克服神学，我们必须借用黑格尔的自我异化这个概念。黑格尔曾谈到绝对精神从其在自然中的自我异化返回自身。对于这个概念，我们必须用人之返回自身来替代它。这就意味着"把神学转变为人类学，把它消解到后者中"。③ 然而，哲学人类学本身就是宗教。因为它在宗教所达到的最高形式中给出了宗教真理。"昨天仍然是宗教的东西，今天就不再是宗教了；今天被视为无神论的东西，明天将被视为宗教。"④

由于用人类学取代了神学，因此，人成了他自己的最高的对象，成了他自己的目的。但这并不意味着利己主义。因为人本质上是一种社会性的存在：他不仅仅是生物人（Mensch），而且是与他人共在的人（Mit-Mensch）。哲学的最高原理是"人与人之间的统一性"，⑤ 一种在爱之中得到表达的统一性。"爱是理智与自然的普遍法则——它不是别的什么，只

① 《费尔巴哈文集》，第二卷，第239页。
② 同上。
③ 《费尔巴哈文集》，第二卷，第245页。
④ 同上，第六卷，第40页。
⑤ 同上，第二卷，第319页。

是在感觉层面上实现了的人类的统一性。"①

费尔巴哈显然意识到了黑格尔对人之社会本性的强调。不过他坚持认为，黑格尔在人类统一性的基础这点上持有一个错误的观念。在绝对观念论中，人们与普遍精神（它被解释成自我思考的思维）的生命相统一的程度越高，人们彼此之间相统一的程度也就越高。这样，人主要是在纯粹思维的层面上实现了统一。但是在这里，黑格尔的观点再一次需要明确地站得住脚。人的特殊本性植根于生物层面上，"植根于你与我之间存在**差异**这一**现实**"，②也就是说，植根于性别上的差异。男人与女人的关系表现了差异中的统一和统一中的差异。男性与女性的这种差异的确不仅仅是一种生物学意义上的差异。因为它决定了不同的感受方式、思考方式，因而也影响了整个人格。当然，这也不是人的社会性得以显现的唯一方式。不过费尔巴哈想要强调的是如下事实，即人的那种与他人共在的本性奠基于基本的现实，后者是一种可以感知得到的现实，而非纯粹的思维。换言之，性别差异表明个体的人是不完整的。"我"需要"你"作为补充这一事实的主要且基本的形式表现在如下事实中，即男性需要女性、女性也需要男性。

我们或许会期待，既然费尔巴哈坚持人的特殊本性、坚持人类的统一性和爱，那么他将会进一步探讨超越国家的社会这样的论题，或者提出某种形式的国际联邦。但是事实上，在这方面他是一个十足的黑格尔主义者，他把国家描述为人们之间活生生的统一体，以及这种统一意识的客观表现。"在国家中，人的力量的划分与发展只是为了通过这种划分、通过这种力量的重新聚合而建构一个无限的存在；许多人、许多股力量凝聚为一股力量。国家是一切实在的本质，国家是人的天命……真正的国家是不受限制的，是无限的、真实的、完善的、神性的人……是绝对的人。"③

由此可见，"政治必须成为我们的宗教"，④尽管吊诡的是，无神论是

---

① 《费尔巴哈文集》，第二卷，第321页。
② 同上，第二卷，第318页。
③ 同上，第二卷，第220页。
④ 同上，第二卷，第219页。

这一宗教的一个条件。费尔巴哈说，传统意义上的宗教往往倾向于消解国家，而非使国家统一起来。除非我们用人取代神，用人类学取代神学，国家对我们而言才会是一个绝对者。"人是国家的基本本质。国家是被实现出来的、得到发展了的、显明了的人性之整体。"[1] 如果我们继续把人的本性投射到一个超验领域、构成神的概念，那么我们就无法公正地对待这一真理。

费尔巴哈心目中的国家是民主共和国。他说，新教以君主取代教皇。"宗教改革摧毁了**宗教的**大公主义（Catholicism），但在现代，取而代之的却是**政治的**大公主义。"[2] 所谓的近代，直到迄今为止，指的是盛行新教的中世纪。只有通过让新教解体，我们才能建立真正的民主共和国——它是人们活生生的统一体，是人的本质的具体表现。

300　　如果从纯粹理论的角度来看，费尔巴哈的哲学并不突出。例如，他试图通过解释上帝观念的起源来消解有神论，这种做法是肤浅的。但从历史的角度看，他的哲学却具有重要意义。总的来说，他的哲学构成了如下这场运动的一部分，即从对世界的一种神学解释转向对世界的一种新解释，在新的解释中，人自身作为一种社会性的存在占据了舞台的中心。费尔巴哈用人类学取代神学的做法表明他明确承认这一点。而且从某种意义上说，他把黑格尔主义视为这一转向过程中的中转站是合理的。特别是，费尔巴哈的哲学是在马克思与恩格斯的辩证唯物主义与经济史观中达到顶点的那场哲学运动中的一个阶段。当然，费尔巴哈的思想仍然是在如下概念框架中展开的，即国家是社会统一体与政治人的最高表现，而非经济人的最高表现。不过，他把观念论转变为唯物主义，以及他强调要克服在宗教中呈现出来的人的自我异化，这些努力为马克思和恩格斯的思想预备了基础。马克思或许曾严重地批评过费尔巴哈，但他的确从后者那里受益良多。

3. 由于费尔巴哈专注于宗教这一主题，因此，在把左翼黑格尔主义者的强调重点从逻辑、形而上学、宗教问题转向社会与政治本质这一方

---

[1] 《费尔巴哈文集》，第二卷，第244页。
[2] 同上，第二卷，第221页。

面上，阿诺尔德·卢格（Arnold Ruge，1802—1880）可以被视为更合适的一个代表。卢格的前两本著作是关于美学的，他在写作这两本著作时或多或少是一位正统的黑格尔主义者。但他的兴趣点开始集中于政治问题和历史问题。在 1838 年，卢格与他的合作者大卫·施特劳斯、费尔巴哈以及布鲁诺·鲍威尔（Bruno Bauer，1809—1882）共同创办了《德意志科学与艺术哈勒年鉴》（*Hallische Jahrbücher für deutsche Wissenschaft und Kunst*）。1841 年该杂志更名为《德意志科学与艺术年鉴》（*Deutsche Jahrbücher für Wissenschaft und Kunst*），从这时起，马克思开始与该杂志合作。然而，由于该杂志越来越激进的声音引起了普鲁士政府的敌意，早在 1843 年，它就被禁止了；卢格也移居巴黎，并在那里创办了《德法年鉴》（*Deutsch-französische Jahrbücher*）。然而，卢格与马克思的决裂，加上其他撰稿人的离开，使这一新创办的杂志迅速终结了。卢格去了苏黎世。1847 年他又回到了德国，但在 1848 年革命失败后，他跨过海峡去了英格兰。到了晚年时，他变成新的德意志帝国的支持者。卢格逝世于布莱顿。

卢格赞同黑格尔的如下观点，即历史是朝向自由之实现这一目标而 301 运动的一个逐渐进步的过程，而自由则是在国家（理性公意的产物）中被实现的。因此，对于黑格尔借用卢梭的公意（voloné generale）概念，以及把国家奠基于在个体意志中、通过个体意志而实现自身的普遍意志之上，卢格给予了百分之百的肯定。不过他也批评了黑格尔的如下做法，即把历史解释成对未来封闭的，因为这种解释没有为新事物留下任何空间。根据卢格的看法，在黑格尔的体系中，历史事件与制度被描述为某种辩证框架的例子或例证，而这种辩证框架是按照逻辑必然性展开的。黑格尔未能理解历史事件、制度、时期所具有的唯一性和不可重复性。他对普鲁士君主制的推演展现了其思想的封闭性，也就是说他的思想缺乏对于未来、对于进步以及对于新事物的开放性。

在卢格看来，黑格尔的根本问题在于，他是从体系中推导出历史的框架。我们不应当预设一个理性的框架，然后再从中推导出历史的模式。如果我们这样做，那么其结果就是我们不可避免地要证明实际事件的合理

性。毋宁说，我们的任务是让历史变得合理，例如，建立比现存的制度更
合理的新制度。换而言之，在对待历史、社会与政治生活时，我们需要
以一种实践的、革命性的态度来取代黑格尔那里显著的思辨态度、理论
态度。

　　这并不意味着我们不得不放弃历史中的目的论运动这一观念。但这
的确意味着哲学家应该努力看清楚这一运动，看清楚时代精神的要求，并
且按照这些要求来批判现存的社会制度。黑格尔的哲学生涯紧随在法国大
革命之后，但他对于时代精神的实际运动知之甚少。例如，他并不明白，
如果不彻底变革他推崇备至的制度，就不可能实现他反复谈及的自由。

　　在卢格的态度中，我们可以看到，他企图把对历史中的目的论运动
的信念与一种实践的、革命性的态度结合起来。他对黑格尔的批判与马克
思非常契合。这位伟大的观念论者①主要关心的是理解历史，是在现实中
看到合理性。卢格与马克思关心的则是创造历史，是为了改造世界而理解
世界。但卢格拒绝追随马克思走上共产主义道路。在他看来，马克思关于
人的观点是非常片面的，他用他所谓的整全的人文主义来反对这一点。他
认为，不仅只有人的物质和经济需求需要得到满足，而且人的精神需求
也需要得到满足。不过，他们两人的决裂并不单单是因为意识形态上的
分歧。

　　4. 一种对于一般意义上的左翼黑格尔主义思想运动的强烈反对意见来
自那位有点怪异的哲学家麦克斯·施蒂纳（Max Stirner，1806—1856），其
真实姓名是约翰·卡斯巴尔·施米特（Johann Kaspar Schmidt）。施蒂纳
曾在柏林参加施莱尔马赫和黑格尔的讲座，之后的数年中他在一所中学任
教，再后来则致力于自己的私人研究。他最广为人知的作品是《唯一者及
其所有物》（Der Einzige und sein Eigentum，1845）。

　　在这部著作的开头，施蒂纳引用了费尔巴哈的观点，即人是人的最
高存在者；也引用了布鲁诺·鲍威尔的主张，即人刚刚被发现。他邀请读
者更加细致地审视这个最高存在者、这个新发现的事物。那么他们发现的

────────────

①　指黑格尔。——译者注

是什么呢？他自己发现的是自我，但这不是费希特哲学中的那个绝对自我，而是具体的、个体性的自我，是有血有肉的人。这个个体性的自我是一个独特的实在，它从一开始就寻求自我保存、自我肯定。因为在面对那些实际上或者潜在地威胁到它作为自我而存在的其他事物时，它必须自我保存。换言之，自我关注的是它自身。

大部分哲学家忽略和遗忘的恰恰是这个独特的个体性自我。个体性自我在黑格尔主义中被贬低了，为的是支持绝对思维或绝对精神。吊诡的是，人被视作越是成为普遍精神生命中的一个片段，就越是实现了他真正的自我或本质。抽象取代了具体实在。费尔巴哈的哲学也有同样的问题。当然，费尔巴哈在下面这点上是正确的，即人应当克服在宗教态度中所包含的自我异化，从而重新发现自己。因为在犹太教和基督教中，作为人之本质的自由被投射到人以外的上帝概念中，而人则被奴役了。人被教导要否定自己、服从上帝。不过，尽管费尔巴哈在驳斥宗教异化与反对黑格尔主义的抽象时所做的论辩是合理的，但是他未能理解独特的个体的意义，取而代之的是，他为我们提供的是抽象的人性，或者抽象的、绝对的人，以及在国家中，通过国家而实现的自我。类似地，即使在人本主义的社会主义中，人性取代了基督教的上帝和黑格尔的绝对者，但是个体仍然在一个抽象的祭坛上成为牺牲品。总而言之，对于左翼黑格尔主义者而言，他们对黑格尔本人的批判也可以用在他们自己身上。

施蒂纳推崇独特的、自由的个体，以此取代像绝对精神、人性、人的普遍本质这样的抽象事物。在他看来，自由是通过所有物来实现的。作为独特的个体，我所能占有的一切事物都可以为我所有。当然，这并不意味着我实际上必须使所有的东西都变成我的财产。但是，并没有任何理由表明我不应当这样做，除非我没有能力这样做，或者我自由地决定不这样做。我从"创造性的虚无"中走出来，又返回到它之中，当我存在的时候，我关心的只是我自己。我应当努力地表现自己独特的个体性，而不让自己受到任何对象的奴役或限制，不管这些对象是像上帝或国家这样的更高力量，还是像人性或普遍的道德律这样的抽象事物。屈从于这些虚构的实体弱化了我对自身所拥有的独特性的感觉。

　　施蒂纳的自我主义哲学具有某种重要性或意义，因为它代表了具体的人对集体主义崇拜或对抽象事物崇拜的抗议。此外，有些人或许希望从中找到它与存在主义的一些精神上的亲缘关系。这样的期望至少是有根据的。尽管我们很难说对所有权的强调是存在主义的特征，但是对独特的自由个体的关切则毫无疑问是存在主义的特征。① 不过，我们在这里提及施蒂纳的哲学并不是为了对后来的思想有所预示，而是把它作为反叛形而上学观念论的一个阶段。我们或许可以说，它表达了某种唯名论式的反动，往往当普遍性被过分强调时就会激起这种反动。当然，它有点夸大其词了。它对个体自我之独特性的合理坚持伴随着一种空想的自我主义哲学。不过，反对某种形式的夸张往往就表现为对其对立面的夸大。

304　　不过，除了远远称不上伟大的哲学家之外，施蒂纳的思想也不符合当时的时代精神，因此，如果马克思在其中看到了那个注定要被消灭的资产阶级社会中的一个被疏远、被孤立的个体的表现，那么这也不足为奇。马克思与恩格斯在他们的哲学中纳入了某些施蒂纳非常厌恶的特征，例如，用经济阶级来替代黑格尔的民族国家，用阶级斗争来替代国家间的辩证运动，用人性来替代绝对精神。但是，事实仍然是，无论他们的哲学是好是坏，这种哲学都具有重要的历史意义，而施蒂纳则仅仅被当作一位怪异的思想家而被人们记住，除了在自由个体反对试图吞噬一切的普遍性这种不断出现的周期性运动中被视为一个片段外，他的哲学也没有什么其他意义。

---

① 施蒂纳模糊地提到的"创造性的虚无"让我们想到海德格尔思想的某些方面。

第十六章

对观念论的转变（二）

引言——马克思与恩格斯的生平、著作以及思想发展——唯物主义——辩证唯物主义——唯物主义者的历史观——对马克思与恩格斯思想的评论

1. 在面对马克思与恩格斯的思想时，哲学史家发现自己的处境十分   305
为难。一方面，他们的哲学在当代的重要性及影响力是如此明显，以至于
如果只在谈及左翼黑格尔主义的发展时稍微多展开一点相关内容，这种做
法很难说是合理的，尽管这种做法也比较普遍。如果把它当作对人类生活
与历史的一个伟大的现代洞见，这看起来的确要更合理一些。另一方面，
如果有人因为对共产主义在现代世界无可置疑的重要性感到着迷，从而允
许自己把它的基本意识形态从 19 世纪的思想背景中剥离出来，那么这种
做法也是错误的。马克思主义激发、推动以及凝聚了一股力量，无论这股
力量是善是恶，它都对现代世界产生了巨大影响，从这个意义上说，马克
思主义的确是一种非常有生命力的哲学。今天有许多人接受这种哲学，尽
管各人是怀着不同程度的信心接受它的。不过，我们也可以断言，它作为
一个多少是统一的体系得以继续存在，主要是由于它与哲学之外的因素
的关联——作为一场强有力的社会政治运动，没人会否认这场政治运动
在当代的重要性。当然，这种关联并不是偶然的。换言之，共产主义并未
采纳一个在它自己的产生和发展过程之外的观念体系。不过，这里的要点
在于，是共产党通过把马克思主义转变成一种信仰，从而使后者免于其他
19 世纪哲学所遭受的那种命运。如果讨论 19 世纪哲学的哲学史家主要是

把马克思与恩格斯的思想放在历史背景中来处理，避而不谈它作为一个政党之基本信条在当代所具有的重要性，无论这个政党如何强有力，那么这位哲学史家的做法是合理的。

　　因此，我决定把关注点限制在马克思与恩格斯思想本身的某些方面，忽略其哲学的后续发展及其通过共产党对现代世界造成的影响，某些简要的提及除外。考虑到对 19 世纪的德国哲学的叙述不可避免地会面临着过于冗长这个问题，因此这种限制其实并不需要辩护。不过，由于共产主义在今天的重要性可能会使读者认为：对马克思主义哲学更加宽泛和深入的探讨可能更可取，甚至认为本卷哲学史应该以马克思的哲学结束；因此，我们最好还是指出，把马克思主义描述成 19 世纪德国哲学思想的汇聚之处与顶点，可能是在当今世界政治环境的决定性影响下给出的一幅错误的历史图景。

　　2. 卡尔·马克思（Karl Marx，1818—1883）是一位犹太后裔。他的父亲，一位带有自由主义倾向的犹太人，于 1816 年成为新教徒，而马克思本人也在 1824 年受洗。但他父亲的宗教信仰并不执着，而马克思是在康德的理性主义和政治自由主义传统中成长起来的。从特里尔的中学毕业后，他来到波恩和柏林念大学。在柏林，他结识了青年黑格尔主义者——所谓的博士俱乐部（Doktorklub）成员，尤其是布鲁诺·鲍威尔。但他很快就对左翼黑格尔主义者纯粹理论性的态度感到不满，到了 1842 年，他开始在科隆与人合作编辑新创刊的《莱茵报》（*Rheinische Zeitung*）时（他不久就成为这份报纸的主编），这种不满更是愈演愈烈。由于他的工作使他得以近距离地接触具体的政治、社会、经济问题，这使他逐渐相信，理论如果要有效，就必须引起实践活动、引起行动。这看起来可能确实非常明显，甚至是无谓的同义反复。但这里的要点在于，马克思已经偏离了黑格尔的这样一些观念，即哲学家的工作仅仅是去理解世界，以及，我们似乎可以相信理念或理性的运转。对传统观念和现存制度的批判并不足以改变它们，除非这种批判能够引起政治行动和社会行动。事实上，如果宗教意味着人异化于自身，那么德国哲学同样在以它自己的方式使人异化于自身。因为它把人从现实中剥离出来，使他仅仅是他所参与的进程的旁观者。

同时，由于对实际状况的反思，马克思对黑格尔的国家理论也采取 307
了一种批判态度。显然，正是在 1841 年到 1843 年这段时间，他撰写了
《黑格尔法哲学批判》（*Kritik des Hegelschen Staatsrechts*）这一著作来批
判黑格尔的国家观。按照黑格尔的说法，客观精神在国家那里达到了它的
最高表现，家庭与市民社会只是国家这一概念辩证发展过程中的环节或阶
段。在黑格尔看来，由于国家是理念在客观精神形式中的完全表达，因此
它是"主词"，而家庭与市民社会则是"谓词"。但这样一来就是本末倒置
了。家庭与市民社会才是"主词"，而不是国家：它们构成了人类社会的
基本事实。黑格尔所设想的国家是一个抽象的普遍者，是一个脱离人民生
活、站在人民生活对立面的政府机构和官僚机构。实际上，公共事务与私
人事务之间存在着矛盾。费尔巴哈认为宗教表现了人的异化，马克思把这
种观点转换到政治层面上，他论证说，在黑格尔所设想的国家中，人与他
的真正本质相疏离了。因为，人的真正生命被设想为存在于国家中，而国
家事实上却站在个人及其利益的对立面。公共事务与私人事务之间的矛盾
或者说鸿沟将会一直持续下去，直到人成为社会化的人而且黑格尔所推崇
的政治国家也被真正的民主制度所取代为止，而在这样的民主制度中，社
会组织不再是某种外在于人及其实际利益的东西。

黑格尔坚持认为私有财产是市民社会的基础，马克思同样也攻击了
黑格尔的这一观点。但他尚未形成一套明确的共产主义理论。毋宁说，他
呼吁的是废除君主政体、发展社会民主制度。不过，一个无阶级的经济社
会这一观念已经隐含在他对黑格尔的政治国家的批判中，也隐含在他所谓
的真正的民主制度的观念中。此外，他对黑格尔的批判还隐含着他对人本
身的关注，以及他的国际主义倾向。

1843 年初，《莱茵报》就被政治当局查禁了，马克思去了巴黎，他在
那里与卢格一同编辑《德法年鉴》。在《德法年鉴》的第一期也是唯一的
一期上，他发表了两篇文章，一篇是对黑格尔《法哲学原理》的批判，另
一篇是对布鲁诺·鲍威尔关于犹太教的文章的评论。在第一篇文章里，马
克思提到了费尔巴哈对宗教的分析，即宗教是人之自我异化，以及对为什

308 么会出现这种情况的追问。人为什么要创造超自然的幻象世界，并且把真正的自我投射于其中？答案是，宗教反映或表现了人类社会中的扭曲现象。人的政治、社会、经济生活无法实现其真正的自我，于是人创造了宗教这样一个幻象世界，并且在其中寻求幸福，因此，宗教是人自己调制的鸦片。由于宗教妨碍人去他唯一能找到幸福的地方寻求幸福，因此它的确应该受到抨击。但是，如果对宗教的批判脱离了对政治与社会的批判，那么这种批判也不会有什么价值，因为它抨击的只是其结果，却忽略了造成该结果的原因。而且，这种批判本身无论如何也是不充分的。仅仅对社会进行哲学性的思考并不能改变社会。思想必须引起行动，也就是说，必须引起社会革命。因为，哲学性批判提出的问题只能通过这种方式来解决。用马克思的话说，我们必须超越哲学，这种超越同时也就是哲学的实现（Verwirklichkung）。哲学必须离开理论层面，渗透到群众中去。当它这样去做的时候，它就不仅仅是哲学了，而是表现为社会革命的形式，这种革命必须是受压迫最厉害的阶级，也就是无产阶级采取的行动。通过有意识地、明确地废除私有财产，无产阶级解放了自己，并且随之也解放了整个社会。因为利己主义和社会不公与私有财产制度密切相关。

马克思的思维方式在某些方面明显受到黑格尔的影响。例如，异化以及克服异化的观念就源自黑格尔。但同样显而易见的是，他拒斥黑格尔的历史观，后者把历史视为绝对者的自我显现或自我表达，而绝对者又被界定为精神。马克思主张理论通过实践或行动来实现自身，他的这种观点的确会让我们想起黑格尔关于理念具体地自我展开的观念。但是就像费尔巴哈一样，对于马克思来说，根本的实在是自然界而非理念或逻各斯。在其 1844 年的政治经济学手稿中，马克思强调了他自己的立场与黑格尔立场之间的差异。

诚然，马克思仍然对黑格尔怀着深深的敬意。他赞赏后者认识到一切进程的辩证特征，并且认识到，人是通过自己的活动、通过自我异化及对异化的克服而发展或实现其自身。然而，马克思也尖锐地批判了黑格尔把人视为自我意识这种观念论式的人之观念，批判黑格尔把人的活动设想为主要是思维的精神性活动。黑格尔的确认为人是在客观秩序中向外表

309

现自身，然后在一个更高层面上返回到自身中来。不过，他的观念论包含这样一种倾向，即仅仅通过客观秩序与意识的关系来解释前者，从而把前者剔除掉了。因此，在黑格尔看来，自我异化与克服异化的过程是一个在思维中、朝向思维的过程，而不是客观实在中的过程。

马克思对黑格尔的评判是否公允仍有待商榷。但无论如何，他都以感性实在的优先地位来对抗理念的优先地位。他主张说，人类工作的根本形式不是思维而是体力劳动，在其中，人在自己的劳动所创造的客观产品里异化自身，而在当前的社会结构下，劳动产品并不属于劳动者。这种异化不能通过一个思想进程来克服，在这个思想进程中，私有财产观念被视为朝向一个更高的观念的辩证运动的一个环节。只有通过社会革命才能克服这种异化，而这场社会革命则是一场废除私有财产并促使我们过渡到共产主义的革命。辩证运动并不是一场思考实在的思维运动：它是实在本身的运动，它就是历史进程。否定之否定（废除私有财产）导致一个新的历史情境真正地出现，在其中，人的自我异化在实实在在的现实中被克服了，而不仅仅是在思维中被克服。

马克思坚持思维与行动相统一，坚持通过社会革命及过渡到共产主义来克服人的自我异化，他对这些观点的坚持反映在他 1843 年的文章以及 1844 年的手稿中，而他的这种坚持，至少在某种程度上，可视为他把左翼黑格尔主义与社会主义运动结合起来所产生的结果，至于社会主义运动则是马克思去到巴黎之后才开始接触的。马克思对青年黑格尔主义者以批判和理论为主的态度感到不满，他在巴黎确立了一种更有活力的态度。因为除了研究如亚当·斯密（Adam Smith）、李嘉图（Ricardo）等英国古典经济学家之外，他还结识了被流放的德国社会主义者以及蒲鲁东（Proudhon）、路易斯·布兰克（Louis Blanc）这些法国社会主义者，此外，他结识的人中还包括俄罗斯的巴枯宁这样的革命者。尽管在此之前马克思已经表现出强调行动之必要性的倾向，但他与社会主义者的这种私人交往仍然对其思想产生了非常深刻的影响。与此同时，他也得出结论说，社会主义者尽管比德国哲学家更多地接触现实，但他们仍未能充分地评估现实情形及其需要。他们需要一种理智的工具来统一他们的视野、目的

310

及方法。虽然马克思声称要超越哲学，而且也声称并未把自己的历史理论视为一个哲学体系，但显而易见的是，这种理论实际上不仅仅是一个哲学体系，而且该体系在很大程度上得益于对黑格尔主义的变革。

不过，马克思在巴黎最重要的私人交往是结识了恩格斯，后者于1844 年从伦敦来到巴黎。虽然两人的确在几年前就已经见过面，但他们的友谊与合作却是始于 1844 年。

弗里德里希·恩格斯（Friedrich Engels, 1820—1895）是一位富裕实业家的儿子，他早年曾在父亲的公司中任职。1841 年，他在柏林服兵役期间结识了布鲁诺·鲍威尔这个圈子的人，并且接受了黑格尔主义的立场。不过，费尔巴哈的著作使他的思想从观念论转向了唯物主义。1842年他来到曼彻斯特，在他父亲的公司里工作，在那里他对英国早期社会主义者的思想产生了浓厚兴趣。正是在曼彻斯特，他写下了研究英国工人阶级的著作《英国工人阶级状况》（*Die Lage der arbeitenden Klassen in England*），该著作于 1845 年在德国发表。他也为《德法年鉴》撰写了《政治经济学批判大纲》（*Umrisse einer Kritik der Nationalökonomie*）。

马克思与恩格斯在巴黎会面的一个直接结果是二人合作撰写了《神圣家族》（*Die heilige Family*，1845），该著作直接针对布鲁诺·鲍威尔及其同伴的观念论，这些人认为"批判"是超越的存在，它具体表现于"神圣家族"中，也就是表现在鲍威尔那个圈子的成员中。马克思与恩格斯反对观念论者对思维和意识的强调，他们主张，国家、法律、宗教、道德的形式都是由阶级斗争所处的阶段所决定的。

1845 年年初，马克思被法国驱逐出境，来到了布鲁塞尔，他在那里写了十一篇攻击费尔巴哈的文章，这些文章以如下这一著名的论断结束：尽管哲学家们只是试图以不同的方式理解世界，但真正需要做的却是改变世界。当恩格斯加入进来后，两人合写了《德意志意识形态》（*Die deutsche Ideologie*），这本著作直到 1932 年才出版。该书批判了当时以费尔巴哈、鲍威尔、施蒂纳等人为代表的德国哲学以及德国社会主义者，其重要性在于它勾勒出了唯物主义者的历史观。根本的历史现实乃是社会人在自然中的活动。这种物质性或感性的活动构成了人的基本生活，是生活

311

决定了意识，而不是像观念论者所想象的那种相反情形。换言之，历史的根本要素是物质生产或经济生产的过程。社会阶级的形成、阶级之间的冲突都是由种种不同的、前后相继的生产方式所决定的，甚至政治生活的形式、法律、伦理也都间接地由这些生产方式所决定。此外，整个历史的进程正辩证地朝着无产阶级革命与共产主义来临的方向前进，而不是朝着绝对精神的自我认识或任何类似的哲学幻象前进。

1847年，马克思用法语发表了《哲学的贫困》（*Misère de la philosophie*），该书是对蒲鲁东《贫困的哲学》（*Philosophie de la misère*）一书的回应。马克思在书中抨击了确定的范畴、永恒真理、自然法这些概念，在他看来，这些概念都具有资产阶级经济学的特征。例如，蒲鲁东在接受了财产是赃物这种描述之后，进而设想了一种将会消除财产的这一特征的社会主义体制。这表明，他把私有财产制视为某种永恒价值或自然价值，同时也把它视为一个确定的经济范畴。但是不存在这样的价值和范畴。也没有任何一种哲学可以被先天地构想出来，然后再用来理解历史与社会。只有一种批判性的认识是可能的，即基于对具体历史情形的分析而形成的认识。在马克思看来，辩证法并不是在现实世界中表现出来的思维规律：它内在于现实世界的实际进程，当心灵正确地分析具体情形时，它就反映在思想中。

然而，由于忠于自己关于思维与行动相统一的信念，马克思绝不会满足于仅仅对像鲍威尔、费尔巴哈这样的德国理论家以及像蒲鲁东这样的社会主义者的缺点提出批判。他加入了共产主义者同盟，在1847年，他与恩格斯一同受委托起草了一份关于该组织的原则与目的的简要声明。这就是著名的《共产主义宣言》或《共产党宣言》，该宣言于1848年初在伦敦发表，略早于同年在欧洲爆发的一系列革命与暴动。当德国开始进入革命运动的活跃阶段时，马克思与恩格斯回到了他们的祖国。革命运动失败后，马克思先是被审讯后来又被释放，这之后他来到巴黎隐居，但在1849年，他再次被法国驱逐出境。他去了伦敦，并且在那里靠接受其朋友恩格斯的经济援助度过了余生。

1859年，马克思在柏林出版了《政治经济学批判》（*Zur Kritik der politischen Oekonomie*），同《共产主义宣言》一样，该著作之所以重要在于它表述了唯物主义者的历史观。他再次把理论与行动结合起来，于1864 年创立了"国际工人协会"，该组织通常被称为"第一国际"。然而，"第一国际"的命运相当坎坷。例如，马克思与他的朋友认为，要成功地领导无产阶级取得胜利，就应该把权力集中在委员会手中，但其他人拒不接受中央委员会的专权，无政府主义者巴枯宁就是其中的代表。此外，马克思不久即发现他与法国和德国的社会主义团体意见不合。1872 年的海牙会议后，在马克思的要求下，"第一国际"中央委员会迁往纽约。第一国际并没有存在多久。

1867 年，马克思的名著《资本论》（Das Kapital）的第一卷在汉堡出版。但作者并未继续出版后续著作。马克思于 1883 年 3 月去世，《资本论》的第二卷和第三卷是在他去世后，由恩格斯分别在 1885 年和 1894年出版的。更多的手稿则是由 K. 考茨基（K. Kautsky）在 1905 年到 1910年间整理成几部分出版的。马克思在这部著作中主张，资产阶级制度或者说资本主义制度必然陷入阶级对立。因为一个社会的价值可以说是劳动的结晶。也就是说，它的价值表现在被投入社会之中的劳动里。然而，资本家占有了这部分价值，他们付给工人的工资远远低于其生产出的商品的价值。因此，资本家欺诈、剥削了工人。除了消灭资本主义外，我们没有别的办法可以消除这种剥削。马克思当然提到了同时代经济体制中的残酷行为，例如尽可能地压低工资。但我们不应当仅仅从这种意义上来理解剥削。因为，一旦我们接受所谓的劳动价值理论，那么其必然结论就是，资本主义制度本身包含对工人的剥削和欺诈。即使支付高额的工资也并不能改变这一事实。

313   1878 年，恩格斯发表了一本通常被称为《反杜林论》（Anti-Dühring）的著作，书中收录了他为了反对当时颇有影响力的德国社会主义者欧根·杜林（Eugen Dühring）所写的一些文章。该书的其中一章是马克思写的。恩格斯同时也致力于撰写他的《自然辩证法》（Dialektik der Natur）。但整理出版马克思的《资本论》第二卷、第三卷，以及努力恢复"第一国际"占用了他太多时间，以至于他没法完成《自然辩证法》这一著作。所以此书直到 1925 年才在莫斯科出版。恩格斯缺乏像他的朋友那样的哲学训练，但他兴趣广泛，而且把辩证唯物主义应用到自然哲学中的是他，而不是马克思。其结果是，对于那些没有把恩格斯的著作当成自己一部分信念的人而言，这些著作或许并不能提高恩格斯作为一位哲学家的声誉。

有关恩格斯的著作这里还应当提到的是《家庭、私有制和国家的起源》（*er Ursprung der Familie, des Privateigentuns und des Staats*，1884），在这本书中，恩格斯试图从私有财产制中推导出阶级划分和国家的起源。1888 年，恩格斯把他所写的一系列文章整合到一本书中发表，书名为《路德维希·费尔巴哈和德国古典哲学的终结》（*Ludwig Feuerbach und der Ausgang der klassischen deutschen Philosophie*）。1895 年 8 月，恩格斯死于癌症。

3. 黑格尔是否主张概念（der Begriff）或逻辑理念是一个实际存在的实在，它把自身外化或异化于自然中，这是一个有争议的问题。但是，马克思与恩格斯都是这样来理解黑格尔的，意即认为黑格尔主张逻各斯是最基本的实在，它把自己表现在自己的对立面，也就是无意识的自然中，然后返回到作为精神的自身，这样就可以说它实现了自己的本质或定义。因此，马克思在为德文第二版《资本论》所写的序言中说："在黑格尔看来，思维过程，即甚至被他在'理念'这一名称下转化为独立主体的思维过程，是现实事物的创造者，而现实事物只是它的外部表现。"① 恩格斯则在其评论费尔巴哈的著作中声称："在黑格尔那里，辩证法是概念的自我发展。绝对概念不仅是从来就存在的（不知在哪里？），而且是整个现存世界的真正的活的灵魂……然后它使自己'外化'，意即转化为自然界，它在自然界中并没有意识到它自己，而是采取自然必然性的形式，经过新的发展，最后在人身上重新达到自我意识。"② 314

---

① 《资本论》，第一卷，汉堡，1922 年，第 xvii 页。英译本《资本论》（*Capital*），第二卷，伦敦，凡人出版社，第 873 页。（《资本论》译文采用了人民出版社 2012 年出版的《马克思恩格斯选集》第二卷中的译文，参看第 93 页。以下凡原文中涉及马克思与恩格斯著作引文时，都采用相应的中译本译文，为简洁起见，以下只标卷数和页码，如此处即为：中译本，第二卷，第 93 页。此外，为保持术语统一，个别词语有调整。——译者注）。
② 《路德维希·费尔巴哈与德国古典哲学的终结》（以下简称《终结》。——译者注），第 44 页（斯图亚特，1888 年）；英译本《终结》（*Ludwig Feuerbach*），C. P. 杜特（C. P. Dutt）编，并附有 L. 卢道什（L. ludas）写的导言，伦敦，日期不详，第 54 页。中译本，第四卷，第 249 页。

　　为了反对形而上学观念论，马克思与恩格斯接受了费尔巴哈的观点，即自然界才是最基本的实在。因此，恩格斯谈到了费尔巴哈的《基督教的本质》这部著作所起到的解放作用，即它使唯物主义重新登上了王座。"自然界是不依赖任何哲学而存在的；它是我们人类（本身就是自然界的产物）赖以生长的基础。在自然界和人以外不存在任何东西；我们的宗教幻想所创造出来的那些最高存在物只是我们自己的本质的虚幻反映……那时大家都很兴奋；我们一时都成为费尔巴哈派了。马克思曾经怎样热烈地欢迎这种新观点，而这种新观点又是如何强烈地影响了他（尽管还有种种批判性的保留意见），这可以从《神圣家族》中看出来。"①

　　在这段引文中，恩格斯谈到了唯物主义重新登上王位的情形。马克思与恩格斯当然都是唯物主义者。但这显然不意味着他们否认心灵的实在性，也不意味着他们以一种粗糙的方式把思维过程与物质过程等同起来。对他们而言，唯物主义首要之意在于否认任何心灵或理念先于自然界而存在并且把自己表现在自然界中。这显然不等于否认人类拥有心灵。恩格斯在其《自然辩证法》中谈到量变到质变以及质变到量变的规律，这是自然界发生变化时所遵循的规律。②当一系列量的变化后接着出现一种突然的、质的变化时，这种转化就发生了。因此，当物质达到了某种复杂组织的模式时，心灵就作为一种新的、质的因素出现了。

　　诚然，马克思与恩格斯在心灵能力这个问题上多少有些含糊其词。马克思在《政治经济学批判》的序言中提出了著名的论断，"不是人们的

315　意识决定人们的存在，相反，是人们的社会存在决定人们的意识"。③恩格斯则指出，"我们重新从一个唯物主义者的立场出发把我们头脑中的概念看作现实事物的反映，而不是把现实事物看作绝对概念的某一阶段的反

---

①　《终结》，第12—13页。英译本，第28页。当我们多次引用某个英译本时，除了第一次外，其他情况下都只给出页码，而不再重复书名。中译本，第四卷，第228页。

②　在《逻辑学》里，黑格尔的确是从质的范畴过渡到量的范畴，不过当他处理度时，他谈到了节点这个概念，在一系列量变到达这个节点之后，接着是一种突然的质的变化、一次飞跃。紧接着这一质变的又是进一步的量变，直到达到一个新的节点。

③　《政治经济学批判》（以下简称《批判》。——译者注），斯图加特，1897年，第xi页。《马克思恩格斯选集》（英译本）（以下简称《选集》。——译者注），伦敦，1958年，第一卷，第363页。中译本，第二卷，第8页。

映"。① 这些引文倾向于表明，人的思想不过是物质经济条件或自然进程的反映。换言之，它们倾向于显示人类心灵的被动性特征。不过，我们已经了解到，在马克思批驳费尔巴哈的文章里，他主张说，尽管过往的哲学家们只是试图去理解世界，但人的任务却是去改变世界。因此，如果我们在《资本论》第一卷中发现马克思持有下述这种立场，那么这实在不足为奇：他把人类劳动者与蜘蛛和蜜蜂放在一起比较，并且声称最糟糕的建筑师也能与最优秀的蜜蜂区别开来，因为前者在建造房屋之前对他的劳动产品进行了构思，而后者没有。人类劳动者具有意志，他是有目的的，并且能够把自己的目的实现出来。② 如果马克思与恩格斯的确像他们所做的那样，想要主张说，革命活动以及正确分析环境从而据此行动是必要的，那么他们显然不能同时主张说心灵只不过是某种水池，其表面被动地反映了自然进程及经济状况。当他们致力于使黑格尔的观点站得住脚的时候，也就是说致力于以唯物主义取代观念论的时候，他们往往强调人类概念与思维过程是复制的观念（copy-idea）。然而，当他们谈及社会革命及其准备工作的必要性时，他们显然必须赋予人类心灵与意志一个主动的角色。他们的言论或许并不总是完全一致的，不过，他们的唯物主义基本上是肯定物质的优先性，而不是否定心灵的实在性。

4. 不过，尽管马克思与恩格斯把他们的唯物主义视为对黑格尔的观念论的一种激烈反对，但他们确实并不认为自己仅仅是黑格尔的反对者。因为他们认识到，他们所提出的关于实在的辩证过程的观念得益于黑格尔，而这一辩证过程指的是，一个否定的过程之后又接着对该否定之否定，后者同时也是在更高层次上的肯定。换句话说就是，过程或发展的表现形式是，在一个现存的情境或事态的矛盾之后，紧跟着该矛盾的矛盾，后一矛盾克服了前一矛盾。与其说这是正题、反题与合题，不如说是否定及否定之否定，尽管第二个否定在某种意义上可以被视为"合题"，因为它是向着辩证过程中的更高阶段过渡的。

316

① 《终结》，第45页。英译本，第54页。中译本，第四卷，第249页，部分文字略有调整。
② 《资本论》，第一卷，第140页。英译本，第一卷，第169—170页。中译本，第二卷，第170页。

　　这种把发展视为辩证过程的观念是马克思与恩格斯思想中的本质要素。显然，一个人可以接受物质先于精神的观点，也可以接受某种现在称为突现进化论的观点，但却并不因此就是一个马克思主义者。如果我们用现在通常使用的描述术语来说的话，那么马克思与恩格斯的唯物论就是辩证唯物论，尽管马克思本人并未使用这一术语。

　　马克思与恩格斯的确尽力把他们所用的辩证法概念与黑格尔的辩证法概念区别开来。在他们看来，黑格尔看到了思维是辩证地运动的，于是就把这一辩证运动的过程实体化为绝对思维的过程，亦即理念的自我发展过程。因此，黑格尔就把世界和人类历史中的辩证运动视为思维运动的反映或思维运动在现象中的表现。然而，在马克思和恩格斯看来，辩证运动首先是在现实世界中发现的，也就是说，是在自然界和历史中发现的。人类思维的辩证运动只不过是现实世界辩证过程的反映。在他们看来，把思维与现实之间的关系颠倒过来，这是让黑格尔的思想脚踏实地所需要做的工作中根本性的一部分。与此同时，马克思与恩格斯丝毫没有掩盖如下事实，即辩证法的观念来源于黑格尔。因此，在他们看来，他们的唯物主义本质上是一种后黑格尔的唯物主义，而不仅仅是回到早期唯物主义者的理论形态中。

　　现在，尽管马克思同费尔巴哈一样肯定物质先于心灵，但他对于自然界本身（也就是与人相分离的自然界）实际上并没有兴趣。有时他似乎的确有这样的意思，即除非是对于人而言，否则自然界是不存在的。但这不能被理解为：自然界除了作为意识的对象之外，不具有本体论的实在性。把马克思解释为一名观念论者是荒谬的。他的意思是说，当人把自己与自然界区别开来时，自然界首先是对于人而存在的，尽管他同时也认识到自己与自然界之间的关系。动物是自然界的产物，我们把它看作是与自然界关联的。但是动物并没有意识到这些关系本身：这些关系不是"对于它"而存在的。因此，我们不能说自然界是"对于动物"而存在的。然而，随着意识及主客关系的出现，自然界就开始是对于人而存在的了。这一点对于我们所说的人类形成而言是至关重要的。为了成为人，人必须首先把自己对象化。但是，除了把自己从自然界中区别出来之外，人没有别的途径来做到这一点。

　　但是人是朝向自然界的，意即他的需要只有通过自身之外的对象才能得到满足。自然界也是朝向人的，意即它是人满足这些需要的手段。此外，人的需要要得到满足还需要他自己的活动或劳动。从某种意义上说，通过占用现成的对象以便自然地满足一项基本的物质需求，这可以说就是劳动。但它并不是人所特有的劳动或活动，至少如果仅就其作为一种身体活动而言是如此。例如，人可以弯下腰到小溪边喝水解渴。但是许多动物也会这么做。只有当人有意识地转变一个自然对象来满足他的需求、通过使用工具来满足他的需求时，劳动才成为人所特有的。换言之，人类劳动的根本形式以及人与自然界的根本关系是人的生产活动，是人有意识地生产满足自己需求的工具。人基本上是经济动物，尽管这并不意味着人不能是别的而只是经济动物。

然而，除非人也是其他人的对象，否则他就不能把自己对象化，从而成为一个人。换言之，人是社会性的存在：人与其同伴的关系对他作为一个人而言至关重要。而社会的基本形式是家庭。因此，我们可以说，马克思所关注的基本实在是，处于双重关系（与自然的关系以及与他人的关系）中的生产性的人。或者，由于"生产性的人"这一术语已经暗含了一种与自然界的关系，因此我们可以说，马克思所关注的基本实在是处于社会中的生产性的人。

因此，对马克思而言，人主要不是一个思想的存在者，而是一个行动的存在者，而这种行动主要是物质性的生产活动。人与自然界的关系也不是静态的，而是处于变化中的。人使用生产资料来满足自己的需要，因此就会出现新的需要，这种需要导致生产资料的进一步发展。此外，生产资料的发展是为了满足人的需要，而生产资料发展的各个阶段上都有与之对应的人与人之间的社会关系。生产资料或生产力和人与人之间的社会关系的这种动态的相互作用，构成了历史的基础。马克思在谈到人的基本物质需求时声称，"第一个历史活动就是生产满足这些需要的资料"。[①] 但

[①] 《德意志意识形态》（以下简称《意识形态》。——译者注），《马克思恩格斯文集》，第三卷，第28页；英译本《意识形态》（*The German Ideology*），第16页［第一部分和第三部分由 W. 洛（W. Lough）和 C. P. 马吉尔（C. P. Magill）翻译，伦敦，1942年］。这里的《马克思恩格斯文集》指迪茨出版社（Dietz Verlag）1957于柏林出版的该著作（以下简称《马恩文集》。——译者注）。中译本，第一卷，第158页。

是，正如我们已经了解到的一样，这又导致出现新的需要，发展出新的生产方式，从而建立一系列新型的社会关系。因此，所谓的第一个历史活动就像胚芽一样，把整个人类历史都包含在自身中。对马克思而言，这个历史可以说就是辩证法的"定位点"（locus）。不过，马克思关于历史辩证法的论述最好留到下一节再讨论。就这里而言，我们只需注意到以下这一点就足够了，即他的历史观是唯物主义的历史观，意即对他来说，历史中的基本要素是人的经济活动，是人用以满足自身物质需求所从事的生产活动。

我们已经注意到，恩格斯把辩证法拓展到自然界本身那里，由此发展出了一种或许可以称为自然哲学的理论。他的这一拓展是否符合马克思的态度一直存在争议。当然，如果我们认为对马克思而言，自然界只是作为有待于人的劳动去转变的领域而对人存在的，而且其辩证过程局限于历史领域内，后者预设了人与其所生活于其中的自然环境之间存在着一种动态的关系；那么把辩证法拓展到自然界本身中不但构成了马克思主义辩证法概念的一项新内容，而且也是对后者的变革。或许在人的科学知识发展过程中存在一种辩证运动，但我们很难把这种运动归结到自然界本身（也就是离开了人来考虑的自然界）中。问题不仅仅在于，马克思是否专注于人类历史而在操作上把自然哲学排除在外。而在于，他是否是从原则上将自然哲学排除在外。不过，我们必须记住，在马克思主义中，历史的辩证运动并不是绝对思维之内在运动的表现，而是实在本身的运动。它可以再现于人的头脑中，但它首先是客观实在的运动。因此，除非我们选择强调马克思的某些话语以至于把他变成一个观念论者，否则在我看来，马克思并没有从原则上排除自然辩证法。此外，马克思清楚地意识到他的朋友[①]在研究自然辩证法，而且他似乎表示赞成，或者说，无论如何他没有表示反对。因此，即使我们可以论证说，恩格斯并未忠实于马克思的思想，而且他为机械论版本的辩证唯物主义奠定了基础，在这种版本的唯物主义中，历史运动只不过被看作是自动变化的物

319

---

① 指恩格斯。——译者注

质之必然性运动的继续；但我本人仍不会考虑承认这样的论断，即把辩证法拓展到自然界本身中的做法被马克思排除了。倘若只考虑到他的某些表述，或许他应该已经排除了这种做法。但是看起来，他事实上并没有这样做。

无论上述情形可能是怎样的，恩格斯在其所谓"对数学与自然科学的概述"①中表示，他对如下事实感到震撼：在自然界中，没有任何事物是固定和静止的，一切事物都是运动、变化和发展的。而且，正如他自己告诉我们的那样，以下三种要素尤其令他印象深刻：一是细胞的发现，植物与动物的身体就是通过细胞的增殖和分化而发展的；二是能量守恒定律；三是达尔文表述的进化论。恩格斯反思了同时代科学所揭示出的自然界，他得出结论说，"在自然界里，正是那些在历史上支配着似乎是偶然事件的辩证运动规律，也在无数错综复杂的变化中发生作用"。②

恩格斯在《自然辩证法》③中把这些规律概括为如下三种：量变到质变的转化、对立面的相互渗透、否定之否定。关于最后一条规律（亦即否定之否定这条规律）的一些经常被引用的例子，我们可以在《反杜林论》中找到。例如，恩格斯说，当大麦的种子发芽、开始长成一株植物的时候，大麦的种子就被否定了。然后这株植物又产生出许多种子，这样它自己又被否定掉了。于是，作为"这一否定之否定的结果，我们又有了原来的大麦种子，但不是一粒，而是加了 10 倍、20 倍、30 倍"。④ 类似地，幼虫和蛹否定了它们从中产生出来的卵，逐渐变成了蝴蝶，然后又在自己死亡时被否定。

说得委婉一点，像"否定"和"矛盾"这样的逻辑术语在这一文本 320 中的使用是否恰当，这是有争议的。但我们不必为此耗费精力。相反，我们可以注意到，恩格斯从辩证法所拥有的双重应用领域（自然界和人类历

---

① 《反杜林论》，斯图加特，1919 年，第 xv 页。英译本《反杜林论》（*Anti-Dühring*），伦敦，1959 年，第二版，第 17 页。中译本，第三卷，第 386 页。

② 同上（中文译文略有调整）。

③ 《自然辩证法》（以下简称《辩证法》。——译者注），柏林，1952 年，第 53 页。英译本《辩证法》（*Dialectics of Nature*），伦敦，1954 年，第 83 页。

④ 《反杜林论》，第 138 页。英译本，第 187 页。中译本，第三卷，第 514 页，部分词语略有调整。

史）的本质出发，推导出了一项关于人类的思维与认识的重要结论。[①] 在他看来，黑格尔的伟大发现在于，世界是一个由一系列过程组成的复合体，而不是由一系列已完成的事物组成的复合体。对于自然界和人类历史而言都是如此，它们都是一个或一系列过程。由此可以推论出，人的认识既然是对这一双重实在的反映，那么它本身也是一个过程，不能也不可能达到一个固定的、绝对的真理系统。黑格尔看到"真理是在认识过程本身中，在科学的长期历史发展中，而科学从认识的较低阶段向越来越高的阶段上升，但是永远不能通过所谓绝对真理的发现而达到这样一点，在这一点上它再也不能前进一步，除了袖手一旁惊愕地望着这个已经获得的绝对真理，就再也无事可做了"。[②] 没有也不可能有那种只需要我们去学习和接受的绝对哲学体系。由于哲学家追求的目标恰恰是绝对真理，因此我们的确可以说，对黑格尔而言，哲学已经达到了终点。相反，关于实在，我们有一种辩证地进步着的科学认识，这种认识总是朝向进一步的变化和发展。

因此，同马克思一样，恩格斯也抨击了"永恒真理"的观念。尽管他发现自己不得不承认，存在一些没有人可以怀疑的真理，除非那人是疯子；例如，"二乘二等于四，三角形三内角的和等于两个直角，巴黎在法国，人不吃饭就会饿死，等等"。[③] 但是，恩格斯说，这样的真理是琐碎的老生常谈。没有人会对它们冠以"永恒真理"这样严肃高贵的头衔，除非他是想从这些"真理"的存在中推出如下结论，即在人类历史中存在永恒的道德律、永恒的正义本质等。但这种结论恰恰是错的。正如物理学和生物学中的假设会被修改甚至会遭受革命性的变革一样，道德同样也是如此。

321　　因此，马克思与恩格斯并未把他们对实在的解释当作绝对的、终极的哲学体系。他们的确把它当成科学而非思辨哲学。当然，这意味着他们

---

① 严格来说，对恩格斯而言，辩证法有三重应用领域。"辩证法不过是关于自然界、人类社会和思维的运动和发展的普遍规律的科学。"《反杜林论》，第144页。英译本，第193页。中译本，第三卷，第520页。

② 《终结》第4页。英译本，第21页。中译本，第四卷，第222—223页。

③ 《反杜林论》，第81页。英译本，第122页。中译本，第三卷，第464页。

认为它取代了此前的所有解释，无论是观念论的解释还是唯物主义的解释。与此同时，在他们看来，科学也不是一种可以达到固定的终极形式的事物。如果实在是一个辩证的过程，那么人的思想也是如此，换言之，既然它是对实在的反映，而不是躲在永恒真理与固定本质的虚幻世界中，那么它也是一个辩证的过程。

就其本身而言，这种对永恒真理、静态立场与终极解决方案的否定态度表明，马克思与恩格斯比较恰当的做法是对自己的哲学持一种超然的态度。不过，他们并不仅仅把他们的哲学视为用以解释世界和历史的一种理论。而且，他们对黑格尔的批评恰恰在于后者持有的那种超然的、理论的态度。但是，他们把辩证唯物主义视为一种实践的工具或武器，这样的观点有什么含义，这是我们现在必须先搁置的一个问题。

5. 正如我们已经了解到的一样，马克思的历史观是唯物主义的，意即他把历史的基本情形描述为人与自然界之间的关系，而人在其中被视为物质存在者：人通过他的物质生产活动生产那些能够满足其基本需要的工具。不过，我们必须要补充的是，历史唯物主义不仅仅意味着这些。它同时还意味着，人的生产活动直接或间接地决定了他的政治生活、法律、道德、宗教、艺术和哲学。正如我们已经指出的那样，在当前语境下，唯物主义并不包括否定心灵或意识的实在性，也不包括否定那些依赖于心灵的文化活动所具有的一切价值。不过，这种唯物主义主张，文化作为一种上层建筑一般而言依赖于经济基础，甚至从某种意义上说，前者是由后者所决定的。

马克思在经济基础中区分了两种要素，即物质性的生产力与生产关系，其中生产关系依赖于生产力。"人们在自己生活的社会生产中发生一定的、必然的、不以他们的意志为转移的关系，即同他们的物质生产力（Produktivkräfte）的一定发展阶段相适合的生产关系（Produktionsverhältnisse）。这些生产关系的总和构成社会的经济结构。"[①] 在这段引文中，一个社会的经济结构的确被等同于其生产关系的总和。但是，由于这些生

---

① 《批判》，第 x 页。英译本，第一卷，第 363 页。中译本，第二卷，第 2 页。

产关系被说成是与社会生产力发展的某一层次相对应的；而且，由于在一个特定的社会里生产力与生产关系之间出现的冲突是马克思所描述的人类历史的本质特征；因此，我们显然应该区分社会经济结构中的两种要素，马克思把这种经济结构描述为一种生产方式（Produktionsweise）。

"物质生产力"这一术语显然囊括了被人在其生产活动（也就是满足其物质需求的活动）中用作人造工具的一切物质性事物，从最原始的打火工具到现代机械都包括在内。自然力就其被人用于生产过程中而言也属于物质生产力。这一术语显然也涵盖了生产活动中所需要的一切对象，即使这些对象并未直接地参与人的生产活动。[①]

现在，如果这一术语专门被用于那些不同于人的事物，那么人本身显然就是被预设了的。马克思往往会说生产力在做这样那样的事，但他不至于愚蠢到会认为生产力能够在没有人类行动者的情况下自己发展。"全部人类历史的第一个前提无疑是有生命的个人的存在。"[②] 他在《共产党宣言》中说，资产阶级彻底地变革了生产工具，因而也彻底地变革了生产关系。不过，他在《德意志意识形态》中则认为，生命的生产，无论是通过劳动生产自己的生命，还是通过生育而生产他人的生命，总是会涉及一种社会关系，亦即总是涉及许多个人的共同活动。他发现从这一点可以推论出如下结论：特定的生产方式总是与特定的共同活动方式相联系。于是他声称，这种共同活动方式本身就是一种"生产力"。[③] 当然，他的意思是说，在生产过程中，人与人之间的社会关系本身就能反作用于人的需要和生产力。但是，如果劳动过程中共同活动的方式可以被算作一种生产力，那么我们似乎没有理由说（比方说）无产阶级不应该被算作一种生产力，即使马克思通常只是用"生产力"这个术语来描述生产工具或生产资料，而不是用来描述人自己。[④] 无论如何，众所周知，要确定他对这一术语精

323

① 《资本论》，第一卷，第 143 页。英译本，第一卷，第 172—173 页。
② 《意识形态》，《文集》，第三卷，第 20 页。英译本，第 7 页。中译本，第一卷，第 146 页。
③ 同上，第 30 页。英译本，第 18 页。中译本，第一卷，第 160 页。
④ 在《哲学的贫困》中，马克思明确说，革命的无产阶级是最伟大的生产力。参看下文第 328 页（指本书英文原文页码。——译者注）。

确、普遍的用法，这是非常困难的。

"生产关系"这一术语首先意味着财产关系。我们的确在《政治经济学批判》中看到马克思说，"财产关系"（Eigentumsverhältnisse）只不过是"生产关系"的法律用语。[①]然而，"生产关系"这一术语通常指的是劳动过程中所包含的人与人之间的社会关系。正如我们已经了解到的那样，这种关系取决于生产力的发展阶段。二者共同构成了经济基础。

在马克思看来，经济基础制约着上层建筑。"物质生活的生产方式制约着整个社会生活、政治生活和精神生活的过程。不是人们的意识决定人们的存在，相反，是人们的社会存在决定人们的意识。"[②]经济基础制约上层建筑这样的表述显然非常含糊。如果我们以一种较弱的意义来理解它，那么这一表述就一点也不令人惊讶。只有我们认为"制约"一词的意思在一定程度上接近于"决定"的时候，上述表述才会引起人们的关注。这个词确实经常在这种较强的意义上被使用。于是就有了这样的主张，例如，中世纪神学所描述的天国等级制度（从上帝到天使唱诗班再到圣徒团体，等级逐步下降）不过是中世纪封建制度在意识形态上的反映，而封建制度本身又是由经济因素决定的。资产阶级的兴起以及资本主义生产方式的到来又反映在天主教向新教的过渡中。根据恩格斯的看法，加尔文主义中的预定论学说反映了如下经济事实：商业竞争中的成败并不取决于个人的业绩，而是被不可理解、无法控制的经济力量所决定的。不过，抗议说马克思和他本人的观点遭到了误解的同样也是恩格斯。他们从未说过人的观念只不过是经济条件的一个苍白无力的反映，意即那种依赖关系是唯一的、单向度的。观念（也就是说，受到观念激发的人）也可以反作用于那些制约着它们的下层结构。

我认为事实是，马克思与恩格斯在颠倒观念论历史观的过程中自然而然地强调了经济基础的决定性影响力。但是，他们的世界观表明，意识和观念世界只不过是被经济生产方式决定的，在表述了这样一种世界观后，他们发现不得不限制这一简单的看法。相比于宗教与哲学这种意识形

324

---

① 《批判》，第 x 页。英译本，第一卷，第363页。中译本，第二卷，第8页。
② 《批判》，第 xi 页。英译本，第一卷，第363页。中译本，第二卷，第8页。

态性质的上层建筑，政治与法律更直接地为经济基础所决定。人的观念尽管受制于经济条件，但也能反作用于这些条件。事实上，如果他们想让革命活动成为可能，那么他们就必须承认这种反作用。

现在，让我们转向历史更具动态的方面。根据马克思的说法，"社会生产力发展到一定阶段，便会同现存的生产关系发生冲突（字面意思即"矛盾"，Widerspruch）"。[①] 换言之，在一个特定的社会时期，生产力发展到了这样一个节点上，即现存的生产关系（特别是财产关系）已经成为它进一步发展的束缚；那么社会的经济结构中就存在着矛盾，于是就发生了革命，这是一场建立新的经济结构、开启一个新的社会时代的质变。上层社会结构也会随着下层经济结构的变革而变革。人的政治、法律、宗教、艺术以及哲学观点都经历了一场革命，而这场革命依赖于经济领域的革命，是后者的附属品。

马克思坚称，除非生产力已经发展到这种程度，亦即在最大范围内与现存生产关系相适应，而且一个新的社会形态所需要的物质条件也已经出现在旧的社会形态中，否则上述革命——也就是进入一个新时代的变革——就不可能发生。因为这是一个包含矛盾的状态，亦即生产力与现存社会关系之间的矛盾。只有旧的社会通过一系列量的变化使矛盾达到了成熟状态，社会经济结构或者说生产方式才会发生质的变化。

现在，如果这一理论仅仅以这样一种方式表述出来的话，那么它给人的印象不过是一种技术性、机械性的理论。换言之，这一理论看起来似乎是说，使一个社会时代过渡到另一个社会时代的那种社会革命好像是不可避免地、机械性地发生的；好像人对需要变革的意识、人的革命活动只不过是附带现象，它们并未对事件产生真正的影响。不过，尽管这种解释符合通常的理论，即生命中的物质条件决定了意识而不是相反，但是这种解释恐怕并不符合马克思所坚持的理论与实践相统一的观点，也不符合他所坚持的要积极主动地为无产阶级推翻资本主义的革命做准备的观点。因此，尽管马克思有时似乎倾向于把物质生产力说成是真正的革命行动者，

---

① 《批判》，第 x 页。英译本，第一卷，第 363 页。中译本，第二卷，第 8 页。

但我们必须引入阶级斗争和人的能动性（human agency）这样的观念。

马克思与恩格斯设想，人类历史的初期是一种原始的共产主义状态，那时土地是由部落共同拥有和耕种的，而且也没有阶级划分。然而，一旦引入了私有财产制，社会也随之被划分为不同的经济阶级。马克思当然也意识到，文明社会中社会阶层差别所形成的是一个或多或少更加复杂的模式。不过，他的大体倾向是通过清楚地指出压迫者与被压迫者、剥削者与被剥削者的根本区别，从而简化情形。因此，在一切以私有财产制度为前提的社会形态中，都存在着阶级对抗，这种对抗有时是潜在的、有时则是公开的。"至今一切社会的历史都是阶级斗争的历史。"① 国家成为统治阶级的工具。法律也一样。统治阶级还试图把自己的道德观念强加给被统治阶级。因此，在马克思主义的历史辩证法中，阶级概念取代了黑格尔的民族国家概念、阶级斗争取代了民族战争。②

在一个特定的社会时期里，当生产力发展到一定地步，从而使现存的社会关系，尤其是财产关系变成生产力发展的阻碍或束缚时，阶级斗争就变得特别重要了。因为迄今为止统治阶级（个别倒戈者除外）都在努力维持现存的生产关系，而推翻这些社会关系则符合新兴阶级的利益。新兴阶级的兴趣在于推翻现存的、过时的社会秩序，当他们察觉到生产力与生产关系之间的矛盾时，革命就发生了。然后就轮到新的统治阶级把国家和法律当成他们的工具。这一过程将不可避免地持续下去，直到私有财产制被废除，而且伴随着私有财产制的废除，社会也被划分为相互敌对的阶级。

马克思在《政治经济学批判》的序言中说，我们大体上可以区分出四个逐步演进的社会时期，它们共同构成了人类的史前时代（die Vorgeschichte）。第一个是亚细亚（the asiatic），恩格斯称之为氏族部落时代，这是原始共产主义时期。正如我们已经了解到的一样，这一时期的特征是土地为所有人共同拥有、所有人共同劳动、私有财产还未出现。但

---

① 《共产党宣言》：《文集》，第四卷，第462页；英译本《共产党宣言》（Communist Manifesto），H. J. 拉斯基编辑，伦敦，1948年，第125页。中译本，第一卷，第400页。显然，这里的历史指的是原始共产主义之后一切已知的历史。
② 换言之，在马克思看来，阶级斗争更根本，而且他也用经济术语来解释民族战争。

是，随着私有财产制的出现（恩格斯还附加了：随着母系社会转变为父系社会以及生产方式的改进），私有财产的积累成为可能。例如，一个人有可能生产出超过他自己的需求的东西。于是就区分出了富人和穷人，这就要求形成一种新的经济组织。如果我们追问导致这一转变的那种新的生产力是什么，那么我们特别应该提到铁，尽管这个主题并未得到充分揭示。无论如何，对于那些即将成为富人的人来说，私有财产与财富的增长使他们需要拥有可供驱使的劳动力。但是，在原始共产主义时期并不能买到自由劳动力，只有通过战争中的俘虏才能获得奴隶。

这样，我们就过渡到古代社会时期，这一时期的标志性特征是奴隶制以及自由人与奴隶之间的阶级对抗。希腊与罗马是这一经济结构的代表，在这一经济结构下产生了相应的法律和政治制度，同时也产生了古典世界辉煌壮丽的意识形态上层建筑。

尽管马克思与恩格斯提到了种种有助于从古代社会过渡到封建社会327 （它在中世纪达到其顶峰）的历史因素，但是对于导致这一过渡的那种或那些生产力，他们并未给出令人信服的解释。无论如何，这种过渡发生了，而且封建经济反映在那个时代的政治、法律制度中，同时也反映在中世纪的宗教与哲学中，尽管是以一种更为间接的方式。

在中世纪时期，中产阶级或资产阶级逐渐发展起来。但是，如下这些因素妨碍了中产阶级积累财富的偏好，例如封建制度的限制、同业公会的规定以及缺乏可雇佣的自由劳动力。不过，发现美洲大陆以及开辟世界各地的市场强有力地推动了商业、航运和工业的发展。新的财富来源出现了，而且中世纪末期贵族掀起的圈地运动以及一些其他因素也有助于一个新的阶级的形成，这一阶级的人们被剥夺了财产，只能等着被雇佣和剥削。这时变革的时机成熟了，新中产阶级推翻了同业公会制度，以支持早期资本主义社会的发展。最后，蒸汽机与机器促使工业发生了革命性的变化，世界市场被打开，通信手段获得了显著发展，资产阶级把中世纪以来一直延续着的阶级推向了幕后。

正如马克思意识到的一样，封建社会的组织模式太过复杂了，以至于我们很难把它归结为某种简单的阶级对立，比如说贵族与农奴的对立。

但马克思说，在资本主义社会（这自然是他最为关注的）中，我们可以看到一种逐渐简化的情形。因为存在着这样一种趋势，即资本越来越集中在少数人手中，集中在多少有些国际性或世界性的大型联合企业手中。与此同时，许多小资本家沦落为无产阶级，[①] 而无产阶级也往往呈现出一种国际性特征。这样，呈现在我们面前的主要是两个阶级，即剥削阶级和被剥削阶级。"剥削"一词当然意味着，工人为了甚至不够吃饱饭的可怜工资被强迫进行长时间的劳动。不过，尽管马克思的确猛烈抨击工业革命早期的残酷行为，但对他而言，这一术语的主要意义是技术性的，并不带有感情色彩。正如我们已经了解到的那样，根据《资本论》中阐述的理论，一件商品的全部价值可以说就是凝结在其中的劳动；商品的价值来自生产商品的过程中耗费的劳动。因此，工资制度必然是一种剥削，这与支付的工资数额无关。因为在每一种情况下，资本家都窃取了工人的利益。即使某一位特定的资本家非常仁慈，他尽自己最大的努力来提高工人的工资、改善工人的工作条件，但这仍然不能改变这两个阶级必然敌对这一基本情形。

现在，资产阶级已经把生产力发展到一种前所未有的、甚至做梦都未曾想到过的程度。但与此同时，他们也把生产力发展到了这样一种程度，即它们已无法与现存的生产关系共存。在马克思看来，像经济危机的周期性重现这样的例子表明了这一事实。因此，推翻资本主义制度的时刻正在临近。革命活动，尤其是共产党的革命活动的任务就是，把无产阶级从一个（用黑格尔的术语来说）自在的阶级转变成一个自为的阶级、一个意识到自身及其使命的阶级。这样，无产阶级就能扫除资本主义制度、夺取国家机器、建立无产阶级专政，从而为共产主义社会铺平道路。在共产主义社会中，政治性的国家将会消亡。因为国家是统治阶级在面对另一个阶级或其他阶级时，用以维持自身统治地位的工具。而在共产主义社会中，阶级区分和阶级斗争都会消失。

鉴于资产阶级自己发展了生产力，我们可能倾向于追问，那种新出

328

---

① 这是马克思在《共产党宣言》中所说的话，我们应该记得，后者是1848年初发表的。

现的、被资本主义的生产方式阻碍了其发展的生产力是什么？不过马克思已经准备好他的答案了。他在《哲学的贫困》中告诉我们，在一切生产力中最强大的是"革命阶级本身"。[①]与现存经济制度相冲突并以革命来推翻它的就是这种生产力。

　　这样，人类历史就是一个从原始共产主义到发达共产主义的辩证过程。而且至少从某种意义上说，中间的那些阶段也是必不可少的。因为正是通过这些阶段才有生产力的发展与生产关系的相应变革，后者的变革方式使发达共产主义不仅成为可能的，而且也成为不可避免的结果。不过，马克思主义的历史观不仅仅是一位旁观者对历史情形的分析，同时也是一种工具或武器。无产阶级通过其先锋共产党运用这种武器，从而逐渐意识到自己的存在，意识到自己必须履行的历史使命。

　　然而，这一理论同时也是一种关于人的哲学。马克思接受黑格尔的论题，即人若要实现自己必须把自己对象化。自我对象化的主要形式就是劳动和生产。其产品可以说是在他者中的人（man-in-his-otherness）。但在一切以私有财产为基础的社会中，自我的对象化都表现为自我异化或自我疏离的形式。因为工人生产出来的产品被当作异于他自己的东西来对待。在资本主义社会，这些产品属于资本家而不是工人。此外，这种经济上的自我异化也反映在社会中的自我异化里。因为作为一个阶级的成员这种身份并不能代表完整的人。无论他属于哪个阶级，我们都可以说他身上有一些属于其他阶级的东西。因此，阶级对立表现了人本质中的一种非常深刻的分裂与自我疏离。正如费尔巴哈所说，宗教也表现了人的自我异化。不过，就像我们已经了解到的一样，在马克思看来，宗教意识中的自我异化是对社会经济领域中的一种更深刻的自我异化的反映。除了通过废除私有财产制度以及建立共产主义之外，没有别的办法可以克服这种异化。如果克服了经济与社会层面上的自我异化，那么它在宗教中的表现也会消失。最后，完整的人、未被分裂的人将会存在。人的伦理学（Human

---

① 《文集》，第四卷，第181页。英译本《哲学的贫困》（*The Poverty of Philosophy*），C. P. 杜特（C. P. Dutt）与 V. 查托帕迪亚雅（V. Chattopadhyaya）编辑，伦敦，日期不详，第146页。伦敦，1956年，第174页。中译本，第一卷，第274页。

ethics）将取代阶级伦理学，真正的人文主义将处于统治地位。

由此可见，无产阶级推翻资本主义制度不仅仅是一个统治阶级被另一个统治阶级所取代而已。它确实包含这一层意思，但却不止于此。无产阶级专政只是一个暂时性的阶段，是为无阶级的共产主义社会铺平道路的阶段，而在共产主义社会中自我异化将会消失。换言之，国际无产阶级通过他们的革命活动不仅拯救了他们自己，同时也拯救了全人类。它有着弥赛亚似的使命。

6. 要使唯物主义的历史观具有一定程度的可信度，这并没有多大困难。例如，如果我想要举例证明经济结构对政治、法律以及意识形态性质的上层建筑的制约，我可以诉诸各种各样的事实。我可以指出英国曾经施加于盗窃者身上的残酷刑罚与当时的阶级结构与经济结构之间的关系，或者我也可以指出，美国南方各州种植园主的经济利益与其对反对奴隶制度缺乏强烈的道德情感之间的联系。我可以指出狩猎部族的经济生活及其关于来世的观念之间的联系，也可以指出阶级划分与赞美诗的台词之间的联系："富人住在城堡，穷人立其门口，上帝造人时分了贵贱，也确定了他们的财产。"我可以指出，希腊的政治结构明显影响了柏拉图对理想国的描述，或者关于这一点也可以指出，当时工业世界的现状对马克思与恩格斯思想的影响。

不过，尽管我们可以使马克思关于经济基础与上层建筑之间关系的理论看起来是合理的，但这种合理性很大程度上取决于我们选择某些证据、忽略另一些证据，同时回避某些棘手的问题。例如，为了坚持这一理论，我不得不忽略如下事实：基督教在罗马帝国晚期成为占主导地位的宗教，然后被那些建立了中世纪封建社会的人们所接受。而且我不得不回避下面这个棘手的问题，即生产力的发展与伊斯兰教的兴起之间的关系。如果追问这个问题，那么我就要指出一些我最初解释与意识形态相关的上层建筑时没有提到的因素，尽管我仍然肯定那种最初解释的真实性。我愉快地承认上层建筑能够对下层结构产生影响，而且承认前者的变化可以独立于后者而发生，但与此同时，我拒绝承认这种让步与我最初的立场不一致。说真的，我为什么要承认这一点呢？因为我曾说过，下层结构与上层建筑的关系是前者"制约"着后者。而我可以根据我所考虑的特定情形之需要，在一种较弱或较强的意义上来理解这一术语。

我们已经了解到，对马克思与恩格斯来说，辩证法并不是从世界之外强加而来的某种东西，不是绝对思维或绝对理性的表现。辩证法作为一种思想，反映的是实在的内在运动，反映的是实在固有的发展规律。在这种情况下，运动被假定为必然的、不可避免的。当然，这并不意味着人的思想不发生任何作用。因为，在自然界、人类社会与观念世界之间存在着某种连续性。我们曾引述过恩格斯的话："辩证法不过是关于自然界、人类社会和思维的运动与发展的普遍规律的科学。"[①] 不过这样的话，整个过程都将是内在规律的必然实现。在这种情况下，似乎并没有为革命活动留下多少空间。或者不如说，革命活动只是一个不可避免的过程中的一个阶段。

马克思与恩格斯坚信共产主义的来临是不可避免的，从某种角度来说，他们的这一信念似乎需要上述那样一种机械论的辩证观。但是，如果在人类历史中起作用的辩证法是在自然界中起作用的辩证法之延续（至少恩格斯是这样认为的），也就是说，如果从根本上说，是自动变化的物质的自我发展，那么我们很难看出，为什么这一过程将会停止或者将会达到一切矛盾与对立都消失的阶段。恩格斯在《自然辩证法》中的一段文字的确谈到，物质运动经历着一个永恒的循环，它将以一种"铁的必然性"消灭其最高产物，亦即思考着的精神，而在另外的时间、另外的地点又把它产生出来。[②]

但这种观点恐怕不符合马克思主义中预示性的一面，因为后者要求把历史视为朝向人间天堂这一目标迈进。从某种角度来说，这两种看待问题的方式或许是相容的。也就是说，可以把每次循环都看作是好像指向着一个顶点。但是，一个人越是强调历史的目的论，越是强调历史的运动过程；亦即，从纯真的原始共产社会时期开始，经历中间的堕落（表现为引入私有财产制，以及随之而来的自私、剥削和阶级对立），而又在更高的

---

① 《反杜林论》第144页。英译本，第193页。中译本，第三卷，第520页。
② 《辩证法》，第28页。英译本，第54页。

层次上回复到共产主义社会，从而克服人的自我异化；那么一个人就越是倾向于隐秘地重新引入这样的观念，即历史是某项计划的完成，是理念的实现。

换言之，马克思主义从根本上说带有某种含糊不清的色彩。如果我们强调其中的某些方面，那么我们所持有的是对历史过程的一种机械论的解释。如果我们强调其他方面，那么这一体系似乎就要求我们重新引入被马克思和恩格斯称为观念论的东西。这并不令人惊讶。因为，从某种程度上说，马克思主义是对观念论的变革，这一特殊来源的某些要素始终存在。辩证法与唯物主义的结合也不是轻而易举就能完成的事。因为，正如马克思与恩格斯清楚意识到的那样，辩证法最初指的是思维的一项运动。尽管他们把辩证法的运动首先定位在思维的对象中，只是在从属的意义上通过反映的方式把它放在人的思维里，但这一位置调换却不可避免地使人认为，历史过程是理念的自我发展。另一种可能的解释则是把历史过程解释为一个纯粹的机械运动过程。①

这有一定的重要性。可以说，如果任其发展，那么马克思主义本身就会分裂成不同的思想路线。既可以强调其中的必然性、不可避免性和决定论思想，也可以强调关于有意的革命活动与自由行动的观念。既可以突出其中的唯物主义因素，也可以突出其中的辩证法因素。当然也可以尝试把所有这些不同的方面结合起来，而不管这种结合导致的那种含混性。但重要的是，即使是在苏联，也呈现出不同的解释和发展路线。如果这些各不相同的思想路线的出现被遏制，那么这是由于政党的路线的强制力，是由于哲学以外的因素，而不是因为马克思与恩格斯的思想本身就具有内在的一致性，或者本身就没有什么模棱两可的意味。

从某种意义上说，前面几段②提到的那种批评并没有切中要害。换言之，如果选择把马克思主义视为某种引起人们关注的关于世界的"洞见"，那么详尽的批评必定显得非常学究，因而令人厌倦。那些提供了令人印象

---

① 很可能恰恰是因为恩格斯把辩证法的应用领域拓展到自然界中，从而为机械论的解释奠定了基础。

② 这种批评方式当然一点也不新鲜。"资产阶级"哲学家（也就是客观的观察者）对它们非常熟悉。

深刻的世界观的哲学家往往选择实在的某一方面，把它当作打开一切大门的钥匙。详尽的批评可以说并未切中要害。因为恰恰是这一洞见中所包含的夸张成分，使我们能够以一种全新的眼光来看待世界。当我们这样做的时候，我们可以忘掉其中的夸张成分：这种洞见已经达到其目的了。因此，马克思与恩格斯的哲学使我们注意到了人的经济生活（即所谓的下层结构）所具有的重要性及其产生的深远影响。正是由于那种夸张它才可能产生这样的影响，才能打破其他描绘、解释世界的观点留下的刻板印象。一旦我们明白马克思与恩格斯所关注的问题，我们就可以忘掉他们在著作中所阐述的马克思主义：其洞见的本质成了一种常识性的观点。担忧下面这些细节性的问题就显得过于学究了，例如自由与必然的确切关系、"制约"一词的精确含义、道德与价值在何种程度上被认为是相对的，等等。

上述态度的确是可以理解的。但是，马克思主义的历史观不仅仅是19 世纪的一种引人注目的世界观而已，它不仅仅是对人类思想做出了贡献之后就重新回到历史背景中去了。它是一个生动的、有影响力的体系，它声称对历史发展做出了科学分析，这是一种允许对未来做出预测的分析；与此同时，它也是某些团体的信条或信念，没有人会否认这些团体在现代世界中的重要性。因此，我们有必要指出，把这种哲学转变成一个强有力的政党的教条式信念，阻碍了不同思想路线的自然发展，如果没有受到这样的阻碍，或许我们可以期待这种哲学的不同方面产生出不同的思想方向。

共产主义理论家或许会回答说，问题不在于一个政党采纳了马克思与恩格斯的哲学，并把它转变为一种武器或工具。因为从一开始时情形就是这样。而且恰恰是这一点把它与先前的一切哲学区别开来。马克思一直认为他的哲学是改变世界的工具，而不仅仅是对世界的解释。不过，尽管上述观点毫无疑问是真的，但是问题在于，马克思主义是否沦为它自己所说的意识形态观念（即与当时的经济结构相应的意识形态观念），抑或它超越了这一地位，代表着绝对真理？如果马克思主义只是与无产阶级反对资产阶级这种情形相对应的意识形态，那么当这种对立被克服后，它就应该会消失掉。然而，如果它代表的是绝对真理，那么这种主张如何与马克思和恩格斯对永恒真理、自然律等内容的评论协调一致呢？

然而，所有基于马克思与恩格斯哲学内部的含混性所做的批判，在某种意义上似乎都是徒劳无益的。如果这种批判能影响到某些人的话，那么也只会影响那些仅仅因为认为马克思主义是一种"科学"而对它感兴趣的人。但对于那些主要是被马克思主义所描绘的人类理想所吸引的人而言，上述批判不太可能对他们产生多大的影响。这里所需要的是，根据一种更恰当的关于人及其使命的看法，根据一种更恰当的关于实在之本质的理论，描摹出另一个理想。

马克思与恩格斯的哲学当然经历了一些发展。例如人们已经注意到它的认识论。某些现代托马斯主义者似乎认为，在所有当代哲学传统中，苏联哲学家所代表的马克思主义提供了一种共同讨论的基础，因为它在知识论与本体论上坚持实在论的立场。这一主题已经超出了本书的范围。但是或许有人会评论说，即使托马斯主义与马克思主义所预期的实在论是共通的，但在马克思主义者看来，托马斯主义是一种"观念论"体系。因为它主张心灵或精神先于物质。而这恰恰是马克思与恩格斯在肯定唯物主义时想要拒斥的学说。

第十七章

克尔凯郭尔

引言——生平与著作——个人与群体——诸阶段之辩证与作为主体性的真理——生存的观念——恐惧的概念——克尔凯郭尔的影响

335　　1. 在讨论谢林思想发展的那一章，我们曾提到他在否定哲学与肯定哲学之间所做的区分。前者是在观念领域内活动，是对概念与本质的演绎。后者关注的是事物之所是或实存。肯定哲学不能简单地摆脱掉否定哲学。然而否定哲学本身又绕过了实际存在。否定哲学在近代的主要代表人物就是黑格尔。

　　谢林在柏林阐释这种区分的时候，丹麦人索伦·克尔凯郭尔（Søren Kierkegaard）就是其听众之一。对于这位德国思想家发展其肯定哲学的方式，克尔凯郭尔并不赞同。但他完全同意谢林对黑格尔的批评。克尔凯郭尔并不缺乏对黑格尔的钦佩，也不缺乏对后者之伟大成就的赞赏。相反，他把黑格尔视为最伟大的思辨哲学家，视为一位取得了惊人智力成就的思想家。但在克尔凯郭尔看来，这恰恰也是黑格尔思想的问题，也就是说，它只不过是一项伟大的智力成就而已。黑格尔试图在其辩证法的概念网络中抓住一切实在，但存在却从网孔中溜走了。

　　正如我们马上就会阐释的那样，对克尔凯郭尔而言，存在是一种与自由个体相关的范畴。用他自己的话说，去生存（to exist）意味着通过在可能性之间进行自由选择、通过自我承担而实现自身。因此，去生存意味着变得越来越个体化，越来越不再只是一个团体中的一员。我们可以说，这意味着超越普遍性而追求个体性。因此，克尔凯郭尔并不赞同在他看来

属于黑格尔的下述观点，即一个人越是超越了特殊性而成为一切时间中的
旁观者，越是作为普遍思维生命中的一个片段而存在，他也就越是实现
了自己真正的自我和本质。在克尔凯郭尔看来，黑格尔主义没有为生存中
的个体留下任何空间：个体只能以一种幻想的方式把自己普遍化。那些不
能普遍化的就被当成不重要的东西被摒弃掉了，然而事实上，那些东西才
是最重要、最有意义的。个体使自己为普遍者所吞没、沉沦于普遍者之
中，无论这普遍者被设想为国家还是普遍思维，这都是对个人责任和本真
存在的拒斥。

336

　　克尔凯郭尔强调通过自由选择所做的自我承担，通过自我承担，个
体坚决地选择一种可能性而拒绝另一种。这是他的如下这种一般倾向中的
一面，即强调对立与区分而非掩盖它们。例如，上帝不是人，人也不是上
帝。辩证思维并不能让我们跨越它们之间的鸿沟。只有通过信仰中的跳
跃，通过一个自愿的行动，人才能借此把自己与上帝联系起来，而且可以
说是自由地把这种关系当成被造物与造物主之间的关系，当成有限个体与
超验的绝对者之间的关系，只有这样人才能跨过这道鸿沟。然而黑格尔把
本应该区分的东西混淆起来了。他在有限者与无限者、上帝与人之间设定
的辩证媒介最终留给我们的既不是上帝也不是人，只是思维被实体化之后
的苍白幽灵，并被冠以绝对精神这样冠冕堂皇的名称。

　　由于克尔凯郭尔强调个体性、强调选择、强调自我承担，因此他的
哲学思想往往是在澄清问题、呼吁人们做出选择，企图让人们看到他们的
生存处境以及他们所面临的重大选择。这种哲学当然不是企图通过思想来
主宰一切实在，并把后者展现为一个必然的概念体系。对他的心灵而言，
这样的想法不但非常陌生而且令人厌恶。在他看来，思辨的体系性哲学
（对他而言，这种哲学最好的范例就是绝对观念论）对人的存在的理解从
根本上就是错误的。真正重要的问题，也就是说对于生存中的个体而言真
正重要的问题，并不能通过思维、通过采纳思辨哲学家的某种绝对立场而
得到解决，而是通过选择这样的行动，在生存的层面上而非在超然的、客
观化的反思中才能得到解决。

　　正如人们所预料的那样，克尔凯郭尔的哲学具有浓厚的个人色彩。

337 当然，从某种意义上说，任何一位足以称得上哲学家的人都是一个个人性的思考者。因为正是这一个哲学家在进行思考。但是就克尔凯郭尔而言，他的生命与他的哲学之间的联系比其他许多哲学家更为密切。他并不是单纯地接受传统哲学中的问题，或者接受同时代的哲学圈子里讨论得最为热烈的问题，然后尝试以一种纯粹客观的、淡然中立的态度来解决这些问题。他的问题源自他自己的生活，意即这些问题最初是以供他自己选择的可能性的方式呈现在他面前，而他的这种选择涉及一种根本的自我承担。他的哲学可以说是一种生存着的哲学。而他反对黑格尔主义的一个理由便是，我们不能凭借它来生活。显然，克尔凯郭尔不得不把他的哲学普遍化。因为如果没有这种普遍化的处理，那么它们就仅仅是他个人的自传而已。不过，同样非常清楚的是，说话的是行动者而非旁观者。

从某种角度来说，其哲学的这种特点也是它的弱点。换言之，他的思想可能显得太主观、太反对客观了。事实上，有些人完全不承认它是哲学。但是换个角度说，克尔凯郭尔思想中这种浓厚的个人主义色彩也是其长处。因为这在一定程度上让他的著作显得严肃而且深刻，从而完全外在于哲学概念，成为拥有必不可少的天赋和爱好的人的一种游戏或一种学术消遣。

鉴于克尔凯郭尔的思想是在有意识地反对黑格尔主义的过程中发展起来的，或者我们更愿意说，是在反对以绝对观念论为代表的思辨哲学的过程中发展起来的，同时也考虑到年代顺序的原因，我把讨论他的哲学的这一章安排在这一卷的这个位置。但是如果有人忽视年代顺序而把实际影响力视为标准的话，那么他就会在本卷更靠后的地方考察克尔凯郭尔的思想。因为，尽管克尔凯郭尔是他那个时代最富激情的思想家之一，但他当时并没有引起多少人的真正兴趣。可以说，作为一个丹麦人，他是在20世纪的头十年里才首先被德国人发现的，而且，他对存在主义运动的某些阶段以及以卡尔·巴特为代表的新教神学产生过非常深刻的影响。克尔凯郭尔重点关注黑格尔主义，把黑格尔主义视为他那个时代以及文化环境中占主导地位的哲学，这构成了他思想中的时代背景。但他所提出的那些反对黑格尔主义的观点却有着完全独立的重要意义，这些观点在另一种后来的文化中产生了广泛影响。

2. 索伦·克尔凯郭尔于 1813 年 3 月 15 日出生于哥本哈根。他的父 338
亲对他进行了极其虔诚的宗教教育；不过，他父亲患有忧郁症，认为上帝
的诅咒一直笼罩着自己和家人。[①] 而且克尔凯郭尔本人在一定程度上也受
到忧郁症的困扰，他的忧郁症隐藏在他的那种机智的讽刺之下。

1830 年，克尔凯郭尔被哥本哈根大学录取，他选择去神学院学习，
这无疑是遵从了他父亲的意愿。不过，他很少关注神学研究，而是致力于
哲学、文学与历史。正是在此期间，他熟悉了黑格尔主义。在这段时间
里，克尔凯郭尔更多地是一位生活的观察者，他愤世嫉俗、冷眼旁观，但
也热衷于大学的社交生活。由于远离父亲及父亲的宗教，他谈到过基督教
那种"死气沉沉的氛围"，并且认为哲学与基督教是不相容的。与对宗教
的怀疑相伴的是他在道德标准方面的松弛。克尔凯郭尔在这段时间的基本
生活态度，属于后来他所说的人生道路上的感性阶段。

1836 年春天，克尔凯郭尔似乎有过自杀的念头，但被他内心中那种
愤世嫉俗的观念克服了。但在那年 6 月，他经历了某种意义上的道德转
变，即他采纳了某种道德标准，并且尝试让自己的生活达到这些标准，尽
管这些尝试并不总是成功。[②] 这一时期对应于他后来在辩证法中所说的伦
理阶段。

克尔凯郭尔的父亲在 1838 年去世，而在这年的 5 月 19 日，克尔凯郭
尔经历了宗教上的皈依，这种皈依伴随着"难以言喻的喜悦"。他重新恢
复了宗教修习活动，并在 1840 年通过了神学考试。随后他与雷吉娜·奥
尔森（Regina Olsen）订婚，但一年后他又解除了婚约。他显然认为自己
不适合婚姻生活，这是我们能想到的合理解释。不过他同时也逐渐坚信，
自己是一个带有使命的人，婚姻会妨碍他履行自己的使命。

1843 年，克尔凯郭尔出版了《非此即彼》，这一书名恰当地表达了他
的人生态度，以及他对于在他看来黑格尔所持有的那种"即此即彼"的态

---

① 克尔凯郭尔的父亲小时候曾在日德兰半岛的荒地上放羊。有一天，由于饱受饥饿、
寒冷和孤独的折磨，他诅咒了上帝。这件事从此深深地印在他的记忆中再也无法抹去。
② 我的意思不是说，克尔凯郭尔曾一度过着通常所谓的完全不道德的生活。毋宁说，
这更多指的是他内心态度的转变，即从拒绝伦理上的自我承担到接受它。

339　度的厌恶；同一年，他还出版了《畏惧与颤栗》《重复》这两部著作。接着，在 1844 年他又出版了《恐惧的概念》与《哲学片段》，1845 年出版了《人生道路诸阶段》。1846 年出版了《最后的、非科学性的附言》，这是一部又长又厚的巨著，尽管该书的书名可能不会给我们这样的印象。在这些年里，他还发表了一些"启迪性的讲演"。他这一时期的著作中往往署上各种不同的笔名，尽管作者本人在哥本哈根已足够出名。就基督教信仰而言，克尔凯郭尔是从一位观察者的角度对之进行呈现的，正如他自己所说的，是通过间接交流，而非站在传教士的立场上企图直接地传达真理。

　　1848 年春天，克尔凯郭尔经历了一次宗教体验，就像他在《日记》中所记载的那样，这种体验改变了他的本性，促使他转向直接的表达。他并没有立即放弃使用笔名，但随着使用"反-克利马库斯"（Anti-Climacus）这一笔名，他开始直接、积极地呈现基督教信仰立场这一转变就变得很明显了。1848 年他出版了《基督教文集》,《观点》一书也是在这期间创作的，尽管该书在克尔凯郭尔去世后才出版。《致死的疾病》则是在 1849 年面世的。

　　克尔凯郭尔正在谋划一项对丹麦国家教会的正面攻击，在他看来，后者已经不配再称为基督教了。因为在克尔凯郭尔眼中，至少就丹麦国家教会的官方代表而言，他们把基督教淡化为一种文雅的道德人文主义，这种人文主义带有少量的宗教信仰，这是经过计算的，为的是不冒犯受教育者的情感。不过，为了不伤害他父亲的朋友明斯特主教，克尔凯郭尔一直等到 1854 年这位高级神职者去世以后才开火攻击。随之而来的是一场激烈的争论，克尔凯郭尔在此过程中坚持声称他代表的只不过是普通的诚实而已。国家教会这种被阉割了的基督教应该认识到并且承认自己不是基督教。

　　克尔凯郭尔于 1855 年 11 月 4 日去世。在他的葬礼上出现了一个令人遗憾的场景：他的外甥打断了主持牧师的发言，抗议丹麦教会把一位曾以激烈的言辞谴责教会的人核准为自己的教友。

　　3. 就某种非常明显的意义而言，每个人都是而且一直是一个区别于其他人和其他事物的个体。从这种意义上的个体性来说，即便是一伙愤怒的暴民也仍然是一些个体。可是在另一种意义上，这样的暴民成员的个体性被淹没在一种共同的情绪中。可以说，暴民是被一种共同的情感所支配；一个众所周知的事实是，暴民能够执行那些其成员作为一个个体时不会执行的行动。

这的确是一个极端的例子。不过我提到它是意在以一种简单的方式表明，我们可能太轻易地就赋予人多少是一个个体这一观念一种实际价值。我们当然也可以举一些不那么醒目的例子。假设我的观点主要由"人们的想法"所决定，我的情感反应主要由"人们的感受"所决定，我的行动主要由我所处环境的社会习俗所决定。在这个意义上，我可以说是作为"人们"中的一员、作为一个非个人的集体中的一员在思考、感受和行动，而不是作为一个个体。然而，如果我意识到了我这种可以说是匿名的状态，进而开始形成我自己的行为原则，并且决心按照这些原则行动，即使这意味着以一种与我所处环境的习惯方式截然相反的方式去行动；那么，某种意义上，我可以说自己变得更像一个个体了，尽管事实上就另一种意义而言，我分毫不差地还是原先的那个个体。

如果有足够篇幅的话，那么我们显然应该详细分析这些概念。不过即使是在这种未经分析的情况下，这些概念或许也有助于我们理解下面这段克尔凯郭尔的引文。"一个群体——而非单指这个或那个群体、现在存在着的群体或久已消逝的群体、卑下的人或高贵的人组成的群体、富人或穷人组成的群体等——这一概念本身就是谬误的，因为它通过把人简化为整体中的一个碎片，从而使个体完全不知悔改、不负责任，或者说至少是弱化了他的责任感。"[①] 当然，克尔凯郭尔关注的不仅仅是如下这种危险，即一个人允许自己成为一个暴民意义上的群体中的一员。他的要点在于，由于哲学强调普遍性而非特殊性，因而它试图表明，一个人越是超越了那种被轻蔑地视为他的特殊性的东西，从而成为普遍者的生命中的一个

---

① 《观点》，W. 劳里（W. Lowrie）译，伦敦，1939年，第114页。（译者在翻译过程中，部分原文沿用或参考了国内已有中译本的翻译，如《畏惧与颤栗》、《恐惧的概念》、《致死的疾病》中的内容沿用或参考了中国社会科学出版社2013年出版的京不特先生译本的译文，《非此即彼》中的内容沿用或参考了中国社会科学出版社2009年出版的京不特先生译本的译文。——译者注）

阶段，那么他就越是实现了其真正的本质。克尔凯郭尔论证说，这一理论是错误的，不论普遍者被视为国家，还是被视为经济或社会阶级，抑或被视为人性或者绝对思维。"我竭力想要表达的想法是，用'种族'这个范畴来指人应当是什么，特别是用来指人应当达到的最高成就，这是一种误解，是一种纯然的异教思想；因为人类这一种族之所以不同于动物，不仅仅在于他作为一个种族所具有的那种普遍优越性，而且也在于人类所具有的这一特征，即这一种族中的每一个单个的个体（不只是杰出的个体，而是每一个个体）都超过了这一种族。因为把自己与上帝关联起来远比把自己与种族关联起来，再通过种族而与上帝关联起来要高得多。"[1]

上述引文的最后一句话指出了克尔凯郭尔思想的一般方向。个体的最高自我实现是把自己与上帝关联起来，这个上帝不是普遍者，也不是绝对思维，而是绝对的你（Thou）。不过，有关克尔凯郭尔所谓的成为个体意味着什么，进一步的解释最好留到讨论他的三个理论阶段时再说。就这里而言，注意到如下这一点就足够了，即成为个体意味着反对消解在"人们"中或让自己没入普遍者中，无论这里的"人们"和普遍者被设想为什么。对克尔凯郭尔来说，赞扬普遍者、集体、整体都是"纯然的异教思想"。但他也坚称，历史上的异教思想都是朝着基督教发展的，然而新的异教思想正在偏离基督教，或者说背叛基督教。[2]

4. 在《精神现象学》中，黑格尔阐释了他关于心灵各个发展阶段的巧妙辩证法，由此心灵被唤向自我意识、普遍意识，最后达到绝对思维。克尔凯郭尔也阐释了一种辩证法，但他阐述的这种辩证法与黑格尔的截然不同。首先它是这样一个过程，即精神以个体性的形式、以个体性存在者的形式被实现，而不是以无所不包的普遍者的形式被实现。其次，从一个阶段到另一个阶段的过渡并不是通过思维来完成的，而是通过选择、通过意志的行动，亦即通过一个跳跃来完成的。问题不在于通过概念的综合这样一个过程来克服反题；问题在于在不同可能性之间进行选择，而选择更

①　《观点》，第88—89页注释。
②　例如，可以参看《致死的疾病》，W.劳里译，普林斯顿及伦敦，1941年，第73—74页。

高层次的可能性、过渡到辩证过程中的更高阶段，这是一个完整的人有所决意的自我承担。

　　第一个阶段或领域被描述为感性阶段。[①] 其特征是感觉层次上的自我消解。感性的人是被感觉、冲动和情感所支配的。但我们不能简单地把他看作完全沉溺于粗俗的感官享受的人。例如，那些把世界变成一个想象王国的诗人、那些浪漫主义者，他们都可以作为感性阶段的例证。感性意识的本质特征在于缺乏稳固的普遍道德标准与确定的宗教信仰，呈现出一种要享受一切情感和感官体验的欲望。的确，处于这一阶段的人也可以区别事物。但是其区别原则是感性的，而非服从普遍道德律的，后者被视为非人格的理性的命令。感性的人努力追求无限，但这是一种坏的无限，它只不过是一种不存在任何限制（由他自己的趣味施加的限制除外）的状态而已。他对一切情感和感官体验都持开放态度，从每一朵花中汲取花蜜，他憎恨一切会限制他的选择范围的东西，他从未赋予自己的生命一种确定的形式。或者不如说，其生命的形式恰恰是无形式，是在感官层次上的自我消解。

　　对感性的人而言，他的存在似乎是对自由的表现。然而，他不仅仅是一个由心理和生理所组成的有机体，不仅仅是一个被赋予了情感能力、想象力以及享受感官愉悦的能力的对象。"每个人的灵魂与肉体的结合都是为了精神性地存在，这就是灵魂的栖息之所；但人更愿意住在地窖中，也就是说，更愿意居住在感官所决定的因素中。"[②] 感性的意识或人生态度可能伴随着对这一事实的模糊认识，伴随着对把自己消解在对快乐和感官享受的追求中这种情形的一种模糊的不满。进一步说，一个人越是清醒地意识到他住在克尔凯郭尔所说的地窖中，他就越容易陷入"绝望"。因为他发现，在他所立足的层面上没有补救之法、没有救赎之道。因此，他面临两种可能性。要么他必须继续在感性层面中的绝望，要么通过一个选择行动、一个自我承担而进入下一层面。仅仅是思考并不能帮助他达到目的。问题在于选择；非此即彼。

---

① 　例如，在《非此即彼》第一卷以及《人生道路诸阶段》第一部分都讨论了这一阶段。
② 　《致死的疾病》，第67页。

　　第二个阶段是伦理阶段。一个人接受了确定的道德标准以及义务，接受了普遍理性发出的命令，因此赋予其生命某种形式和一致性。如果感**343**性阶段的典型代表是唐璜（Don Juan），那么伦理阶段的典型代表就是苏格拉底。对克尔凯郭尔来说，从感性阶段过渡到具有道德意识的阶段的一个简单例子是，一个人宣布放弃由展现吸引力而得到的性冲动上的满足，进入婚姻状态，并接受后者规定的一切义务。因为婚姻是一种伦理制度，是理性的普遍法则的表现。

　　现在，伦理阶段也有自己的英雄气质。它可以产生克尔凯郭尔所说的那种悲剧英雄。"悲剧英雄为了把普遍性表现出来而舍弃了自己。"① 这就是苏格拉底所做的，而安提戈涅（Antigone）则准备用她的生命来捍卫未成文的自然法。可是，伦理意识本身并不理解罪恶。当然，处于伦理阶段的人或许会考虑人类的弱点；但他认为这些弱点是可以通过意志的强力加以克服，或者通过清楚的观念予以开导。就他例示了伦理意识所特有的态度而言，他相信人的道德是自足的。然而事实上，一个人可以逐渐意识到他在履行道德律时的无能，即他无法像道德律应当被履行的那样去履行它，因而也无法获得完美的德性。他能够逐渐意识到自己缺乏自足性，意识到自己的罪和过失。这样，他就抵达了面临选择或拒绝信仰立场的临界点。正如"绝望"可以说构成了感性意识的反题（这个反题是通过伦理上的自我承担而克服或解决的），对罪的意识也构成了伦理阶段的反题，这一反题则只有通过信仰的行动、通过把自己与上帝关联起来才能克服。

　　上帝是具有人格性的超验绝对者，肯定自己与上帝的关系就是肯定自己乃是精神。"通过把自己与其自我关联起来、通过成为自己的意愿，自我就明显地奠基于将其构成的力量中。这种告白……就是信仰的定义。"② 可以说，每个人都是有限与无限的混合体。仅仅被作为有限者来考察时，他与上帝是分离的、疏远的。被作为无限者来考察时，人虽然确实不是上帝，但他是一种朝向上帝的运动，是精神的运动。一个人如果在信仰中持守并肯定他与上帝的关系，那么他就会成为他真正所是者，成为上

---

①　《畏惧与颤栗》，W. 劳里译，伦敦，1939 年，第 109 页。
②　《致死的疾病》，第 216 页。

帝面前的个体。

为了突出第二阶段与第三阶段之间的差异，克尔凯郭尔把亚伯拉罕 344
心甘情愿地听从上帝的命令用自己的儿子以撒献祭这件事作为象征。像苏
格拉底这样的悲剧英雄为了普遍的道德律牺牲自己；但是正如克尔凯郭尔
所说的一样，亚伯拉罕对于普遍者没有任何贡献。"因此我们面临着悖论。
要么作为个体的个体可以与绝对者保持绝对的关系，这样的话伦理就不是
最高的；或者亚伯拉罕迷失了：他既不是一位悲剧英雄，也不是一位感性
英雄。"① 无须说，克尔凯郭尔并不是要阐述宗教包含着对道德的否定这样
一个一般性命题。他的意思是说，拥有信仰的人是直接与一位人格性的上
帝关联起来的，后者的命令是绝对的，不能简单地以人的理性为标准来衡
量。克尔凯郭尔心灵深处无疑是装着他对雷吉娜·奥尔森所做的事。婚姻
是一项伦理制度，是普遍性的表现。如果这代表着普遍性的伦理是最高
的，那么克尔凯郭尔的行为就是不可原谅的。只有在下述情况下他的行为
才可以被视为合理的，即他背负着某种来自上帝的使命，而后者的绝对命
令是直接向个人提出的。显然，我并不是想要表明，克尔凯郭尔是在下述
意义上把他自己的经验普遍化，即假定每个人都有同样的特殊体验。而是
说，他在反思这种经验的一般意义的基础上，把它普遍化了。

由于克尔凯郭尔的辩证法是非连续的，也就是说，从一个阶段到另
一个阶段的过渡是通过选择、通过自我承担而实现，而不是通过以概念为
中介的连续过程，因此，在处理宗教信仰问题时，他很自然地贬低理性而
强调意志的作用。在他看来，信仰是一种跳跃。也就是说，它是一种冒
险，一种对客观不确定性的自我承担。上帝是超验的绝对者，是绝对的
你；他不是一个其存在可以被证明的对象。上帝的确会在人的良心中显现
自身，意即人能够逐渐意识到他的罪、他的异化以及他对上帝的需要。但
是人的回应是一种冒险，是一个信仰行动，即相信一个超越了思辨哲学范
围的存在者。而且这个信仰行动并不是某种我们可以一劳永逸地完成的
事，而是必须不断地重复。上帝的确曾在基督——神人（God-Man）——

---

① 《畏惧与颤栗》，第171页。

中显现出来。但基督本身就是悖论，对犹太人而言他是绊脚石，对希腊人而言他象征着愚昧。信仰总是一种冒险，是一种跳跃。

345　从某种角度看，克尔凯郭尔对信仰立场的阐述是对思辨哲学的一种有力抗议，黑格尔主义是这种思辨哲学的主要代表，这种思辨哲学模糊了上帝与人的区别，而且把基督教教义理性化，把它们转变为由哲学论证出来的结论。在黑格尔的体系中，"上帝与人之间那种质的区别以一种泛神论的方式被消除了"。① 这一体系的确给出了诱人的前景，"一个幻象之地，在凡人眼中，它似乎显示为能产生出比信仰更高的确定性"。② 但这种海市蜃楼会破坏信仰，它声称代表基督教也是假的。"现代哲学中完全非苏格拉底式的部分是，它想要让自己也让我们相信，它就是基督教。"③ 换言之，克尔凯郭尔拒绝承认在此生中存在某个高于信仰的立场。那种思辨哲学所吹嘘的从信仰到思辨知识的转型，只不过是一种幻觉。

不过，尽管在这些引文中克尔凯郭尔头脑中所想的主要是黑格尔主义，但是我们仍然没有充分的理由说，倘若他主张一种明确的有神论观点的话，那么他就会很赞同用形而上学的观点来证明上帝存在。在他看来，人永远要对信仰或无信仰负责任这一事实表明，信仰并不是一个接受论证结论的问题，而是一个关于意志的问题。天主教神学家显然希望在这里做出某些区分。但克尔凯郭尔不是天主教神学家。重点是，他有意强调信仰的本质是一种跳跃。这不仅仅是一个反对黑格尔理性主义的例子而已。

在他把真理解释为主观性的那种著名解释中，这一点得到了清晰的体现。**"真理就是最富有激情的内心在占有过程中所牢牢把握住的客观不确定性，这就是一个生存的个体所能把握到的最高真理。"**④ 克尔凯郭尔并不否认存在客观的、非个人的真理。但是像数学真理这样的真理所关心的并非"生存的个体"本身。也就是说，它们与人那完全自我承担的生命无关。克尔凯郭尔接受这些真理，他别无选择。但他并未把整个生命的赌注

---

① 《致死的疾病》，第192页。
② 《最后的、非科学性的附言》，D. F. 斯文森（D. F. Swenson）译，普林斯顿与伦敦，1941年，第213页。
③ 《致死的疾病》，第151页。
④ 《最后的、非科学性的附言》，第182页。

都压在它们之上。我把整个生命的赌注都压于其上的东西，并非某种我不能无矛盾地否认的东西，也不是某种显而易见为真的、否认它就会产生悖谬的东西。而是某种我可以怀疑，但对我如此重要的东西，以至于如果我接受它，那么我是带着充满激情的自我承担而这么做的。它在某种意义上是我的真理。"真理恰恰是以无限的激情来选择客观不确定性这样一种冒险。我沉思自然的秩序，希望能发现上帝，结果我看到了全能与智慧；但我也看到了其他很多东西，这些东西使我感到不安、焦虑。所有这些的总和就是客观不确定性。但正是由于这一原因，内心才变得如此这般热烈，因为它以无限的全部激情来拥抱这种客观不确定性。"[1]

显然，这样描述的真理正是克尔凯郭尔所说的信仰。将真理作为主观性——这种对真理的定义与信仰的定义相同。"没有冒险就没有信仰。信仰恰恰是个人内心的无限激情与客观不确定性之间的矛盾。"[2]克尔凯郭尔的确不止一次声称说，永恒真理本身并不是一种悖谬。不过，它在与我们关联时变成了悖谬性的。我们确实可以在自然界中看到上帝之作为的证据，但我们同时也可以看到更多指向相反方向的证据。无论我们去看自然界还是福音书，都能看到"客观不确定性"，而且它也将继续存在。因为对于有限的理性来说，神人这一观念本身就是悖谬的。信仰领悟了客观不确定性并且肯定它；但是它必须维持自己，如同越过一个深不可测的海洋。宗教真理只存在于人对客观不确定性的那种"激情的"占有中。[3]

事实上，克尔凯郭尔并没有说不存在那种驱使我们做出信仰行动的理性动机，也没有说信仰行动只是一种出于任性选择的纯粹任意的行动。但他的确乐于将宗教信仰的理性动机降低到最低限度，并且强调真理的主观性、强调信仰的本质是一种跳跃。因此，他不可避免地给人留下这样的印象，即对他而言信仰是意志的一个任意的行动。天主教神学家至少会因为这一点而批评他。不过，如果我们撇开对信仰的神学分析，专注于这一

[1]　《最后的、非科学性的附言》，第182页。
[2]　同上。
[3]　我们必须记住，对克尔凯郭尔而言，信仰是对绝对的、超验的你，也就是人格性的上帝的一种自我承担，而非对一些命题的自我承担。

问题的心理学方面，那么不难发现，一定有些人（无论他们是天主教徒还是新教徒）能够基于自己的体验而非常清楚地理解克尔凯郭尔在把信仰描述为一种冒险时想要表达的是什么。总而言之，克尔凯郭尔对他所描述的三种截然不同的意识态度或意识层次所做的现象学分析，都具有一种价值或一种激发力量，这种价值或力量并不会因为他特有的夸张而被摧毁。

5. 我们在上文引述克尔凯郭尔对真理所做的那种不同于传统的定义时，已经提到过"生存的个体"这个概念。我们已经解释过，克尔凯郭尔所使用的"生存"一词是一个属于人类的特殊范畴，例如，它就不能用来描述石头。但我们在这里还需要进一步讨论相关情况。

为了举例说明他是如何使用生存这个概念的，克尔凯郭尔用了如下类比。一个人坐在马车上，手里握着缰绳，但拉车的马只是沿着它习惯的道路前进，一点也不受驾车人的主动控制，驾车的人可能睡着了。另一个人则主动控制，引导着他的马匹。某种意义上，这两人都可以被称为驾车人。但从另一种意义上说，只有第二个人可以说是在驾驶着马车。类似地，随波逐流的人，那些让自己淹没在无名的"人们"之中的人，就生存的某种意义而言，可以说他是生存着的，尽管就生存的另一种意义而言，我们不能那样说。因为他并不是"生存的个体"，生存的个体会坚决地朝向一个无法在某一时刻一劳永逸地实现的目标而奋斗，因此，他处于一种不断生成的状态中，可以说是通过不断地做出选择来塑造自己。此外，下述这种人也只是在某一种意义上生存着，而在另一种意义上并不处于生存状态，他满足于作为世界与人生的旁观者，并且把一切事物都转变为诸抽象概念的辩证运动。因为虽然他渴望理解一切，但却并不执着于任何事物。然而，"生存的个体"是行动者而非旁观者。他执着于自身，因而赋予了自己的生命某种形式和方向。他是朝向某个目标生存的，并且他通过主动地选择或拒绝某些东西而朝向这一目标奋斗。换言之，克尔凯郭尔所使用的"生存"一词，或多或少与某些现代存在主义哲学家所使用的"本真的存在"具有相同的意义。

如果仅仅以这种方式来理解的话，那么"生存"这个词就是中性的，意即它可以用于三个辩证阶段中的任何一个。克尔凯郭尔确实明确说过，

"生存包含三个领域：感性的、伦理的和宗教的"。^① 如果一个人经过深思 348
熟虑坚决且一贯地作为感性的人来行动，排除了一切可供选择的可能性，
那么就可以说他是在感性领域生存的。在这个意义上，唐璜是感性领域内
的生存个体的典型代表。类似的，一个人为了普遍的道德律而牺牲了自己
的偏好，并且为了实现一个召唤他一直前进的道德理想而不断努力，那么
就可以说他是伦理领域中的生存个体。"一个生存个体本身就处于生成的
过程中……生存中的口号始终是**前进**。"^②

不过，尽管"生存"一词的确具有如此广泛的应用领域，但它往往
具有特定的宗教内涵。这一点并不令人惊讶。因为对克尔凯郭尔而言，作
为精神，人自我实现的最高形式就是把自己与人格性的绝对者关联起来。
"生存是无限与有限的综合，生存的个体既是无限的也是有限的。"^③ 不过，
说生存的个体是无限的并不是把他与上帝等同起来。而是说，他的生成是
朝向上帝的持续不断的努力。"生存本身（也就是去生存的行动）是一种
努力……（而且）这种努力是无限的。"^④ "生存是无限与有限、永恒与暂
时的产物，因而它是一种持续不断的努力。"^⑤ 因此，我们可以说，生存包
含两个重要的部分：分隔开的或有限的部分，以及在朝向上帝的状态中的
那种持续不断的努力。这种努力必须是持续不断的，是一种持续不断地成
为什么的努力，因为在信仰中把自己与上帝关联起来并不是一件能够一劳
永逸地完成的事，而必须呈现为不断重复的自我承担。

我们很难说克尔凯郭尔对生存的定义或描述始终是十分清楚明白的。
可是他对生存的一般看法是可以理解的。而且非常清楚的是，在他看来，
生存的个体中最卓越的就是在上帝面前的个体，是坚持信仰立场的人。

6. 在存在主义者的著作中，恐惧（Dread）^⑥这个概念非常显眼。但这

---

① 《最后的、非科学性的附言》，第448页。
② 同上，第368页。
③ 同上，第350页。
④ 同上，第84页。
⑤ 同上，第85页。
⑥ 德国人用"畏"（Angst），法国人用"忧惧"（angoisse）。有些英语作者则用"苦
痛"（anguish）或者甚至用"忧惧"（anxiety）。我选择用"dread"。无论如何应该避免
使用"畏惧"（fear），理由就像本文所解释过的那样。

一术语在不同作者那里，用法不尽相同。在克尔凯郭尔的著作中，这一术语带有宗教背景。在《恐惧的概念》一书中，它与罪的观念密切相关。不过，我认为，我们可以拓宽这一术语的应用范围，我们可以说恐惧是从生命的一个阶段到另一个阶段那种质的飞跃之前的状态。

349　　克尔凯郭尔把恐惧定义为**"一种同情的反感与一种反感的同情"**。[①]就拿喜欢冒险的小男孩来说，他"渴望奇妙的、神秘的东西"。[②] 这个小孩被未知的事物所吸引，不过同时又对它感到排斥，因为这种未知事物威胁到了他的安全。吸引与排斥、同情与反感交织在一起。这个小孩是处于一种恐惧的状态，但并不是害怕。因为害怕涉及的是某种非常确定的（无论是真实的还是想象的）东西，例如床下的蛇、要蜇人的黄蜂，而恐惧涉及的是未知的、不确定的事物。而恰恰是这种未知和神秘性让小孩既向往又排斥。

　　克尔凯郭尔把这一观念用在罪上。他说，在无罪状态下，精神处于一种沉睡的、直接性的状态中。处于这种状态下的人还不知道什么是罪。不过这种状态有一种模糊的吸引力，但这不是因为在这种状态下罪是某种确定的东西，而是因为在此状态下人能够运用自由，因而具有犯罪的可能。"恐惧是自由的可能性。"[③] 克尔凯郭尔以亚当为例来说明这一点。当亚当处于无罪状态时，他被警告说不要吃那棵分别善恶的知识之树上的果实，否则就会被处死，但他还不知道恶或死意味着什么。因为只有违反这一禁令，他才能获得这方面的知识。但这一禁令在亚当那里唤起了"自由的可能性……能够成为什么的那种令人担忧的可能性"。[④] 亚当被它吸引的同时也对它感到排斥。

　　但是，克尔凯郭尔也说，还有一种与善相关的恐惧。例如，我们可以假设一个人陷入罪里。他可能会意识到走出这种状态的可能性，而且或许会被这种可能性所吸引。不过他同时也可能会拒斥这种可能的希望，因

---

① 《恐惧的概念》，W. 劳里译，普林斯顿与伦敦，1944年，第38页。
② 同上。
③ 同上，第139页。
④ 同上，第40页。

为他喜欢这种处于罪中的状态。这样，他就有一种对善的恐惧。而这真正说来是对自由的恐惧，也就是说，我们假定这个人是受到罪的奴役控制。对他来说，自由就是同情的反感与反感的同情的对象。而这种恐惧本身就是自由的可能性。

如果我们以下面这种方式来使用恐惧这一术语的话，那么它的内涵或许会变得更清晰。让我们假定有一个人意识到了罪，并且意识到自己完全缺乏自足性。他面临着信仰① 跳跃的可能性，正如我们已经了解到的一样，这种跳跃意味着对客观不确定性的自我承担，意味着跃向未知事物。毋宁说，他就像一个站在悬崖边的人，他意识到自己可能掉下去，但同时既感到被吸引又对此感到厌恶。当然，信仰的跳跃意味着救赎，而非毁灭。"对可能性的恐惧俘获了他，直到这种恐惧把他带到信仰手中，使他得救。在其他任何地方他都不可能得到安宁……"② 这似乎意味着恐惧是通过跳跃来克服的。但至少就坚持信仰立场所涉及的对客观不确定性的那种反复自我承担而言，恐惧似乎是作为反复跳跃的情感色调而一再出现的。

7. 克尔凯郭尔首要地是一位宗教思想家。尽管对他的同时代人而言，他的思想只不过是旷野中的呼声而已，但他关于基督教的观点却对当代新教神学的重要思潮产生了深刻的影响。我们曾提到卡尔·巴特的名字，他对"自然神学"的敌意与克尔凯郭尔对形而上学侵入信仰领域的态度非常相似。当然，我们可以公正地说，与其说卡尔·巴特所代表的那种神学是沿袭克尔凯郭尔的思路，不如说它重新接触了新教思想与精神性的最初源泉。但是由于克尔凯郭尔的一些观念带有非常明显的路德派特征，因此这正是他的作品能够产生而且确实产生了的影响之一。

同时，他的著作显然也能够在其他方向上产生影响。一方面，他对新教说了一些非常难听的话，而且，在他的思想发展过程中，我们不仅能够看到他摆脱了被阉割了的新教，也能够看到他摆脱了新教本身。我的目的不是要证明，如果他活得更久一点，那么他就会变成一位天主教

①　"罪的反面并不是德性而是信仰"；《致死的疾病》，第132页。
②　《恐惧的概念》，第141页。

徒。他是否会成为天主教徒是我们不可能回答的问题。因此讨论这个问题没有什么益处。但事实上他的著作的确让某些人转向了天主教，按照他的说法，无论如何，天主教始终保持着他所谓的第一流的基督教的理想。另一方面，我们也可以设想这种可能性，即他的著作使人彻底远离了基督教。我们可以想到有人会这样说："是的，我明白这里的要点。克尔凯郭尔是对的。我并不是一位真正的基督徒。而且我也不想成为一位真正的基督徒。对我而言，既没有跳跃，也没有热情去拥抱客观不确定性。"

351　　　因此，如果我们在当代存在主义运动中发现某些克尔凯郭尔式的论题从其原初的宗教背景中分离出来，并且被用在无神论的体系中，那么这也不足为奇。这在萨特的哲学里尤其明显。卡尔·雅斯贝尔斯是所有通常被划归存在主义者的哲学家①里立场最接近克尔凯郭尔的一位，在他那里生存概念的宗教背景在很大程度上被保留了下来。②但是，萨特的哲学提醒我们，本真的存在、自由地自我承担以及恐惧，这些概念都是可以脱离宗教背景的。

　　　这些评论当然并不意味着要暗示说，当代存在主义的起源可以简单地归结为克尔凯郭尔死后的影响。这显然会是一个巨大的错误。不过，克尔凯郭尔式的论题的确重新出现在存在主义中，尽管历史语境已经不同。而且，讨论存在主义运动的学者把这位丹麦思想家视为这项运动的思想先驱（尽管不是该运动兴起的充分原因），这也是非常合理的。与此同时，克尔凯郭尔还对许多人产生了激发性的影响，这些人不愿意把自己称为存在主义者，或者也不愿意把自己视为职业哲学家或任何一种神学家。正如我们在本章第一节谈到的那样，他的哲学思想往往既试图让人们认识到他们的存在境况、他们所面临的选择可能性，同时也呼吁他们做出选择、做出自我承担，从而成为"生存的个体"。当然，它也是以自

---

①　这些哲学家中的确有一些人拒绝接受这一标签。但我们无法在这里讨论这一点，无论如何，"存在主义"是一个含混的术语，除非它仅限于萨特的哲学。

②　雅斯贝尔斯是一位职业哲学家、大学教授，然而我们却很难想象那位怪异又充满激情的丹麦思想家在大学中占据一个教席。但克尔凯郭尔（就像尼采一样）的生平与思想却一直是雅斯贝尔斯长期沉思的一个主题。

由个体或个人的名义对于集体吞没个人的抗议。克尔凯郭尔的确有所夸张。当我们把生存概念从克尔凯郭尔赋予它的那种宗教意义中抽离出来之后，这种夸张就会更明显。但是夸张经常被用来让人注意那些毕竟值得一说的东西。

第三部分

后期的思潮

第十八章

非辩证的唯物主义

引言——唯物主义运动的第一阶段——朗格对唯物主义的批判——海克尔的一元论——奥斯特瓦尔德的能量主义——经验批判主义作为克服唯物主义和观念论之间对立的一种尝试

1. 绝对观念论体系坍塌之后，不久就有一种唯物主义哲学兴起，这
种唯物主义哲学并不像辩证唯物主义那样起源于左翼黑格尔主义，而是
自称建立在经验科学的基础上，并且是从对经验科学的认真反思中得出来
的。当然，科学与哲学唯物主义没有内在的联系，即使是谢林和黑格尔所
阐述的自然哲学，也并没有对观念论是对科学的自然补充这种信念起到多
少促进作用。并且，除了马克思之外，德国著名的哲学家都不是唯物主义
者。因此，我不打算花很多的篇幅讨论 19 世纪德国的唯物主义运动。但
是我们也需要知道曾经有过这样一种唯物主义运动。虽然它没有提出任何
深刻的哲学思想，但它同样也具有影响力。事实上，正是因为它缺乏深刻
性以及它诉诸科学的威望，像毕希纳（Büchner）的《力与物质》这样的
书才大受欢迎，并且发行了多个版本。

2. 19 世纪中叶，德国著名的唯物主义者有卡尔·福格特（Karl Vogt，
1817—1895）、海因里希·乔尔贝（Heinrich Czolbe，1819—1873）、雅
各布·摩莱萧特（Jakob Moleschott，1822—1893）和路德维希·毕希纳
（Ludwig Büchner，1824—1899）。福格特是一位动物学家，曾在吉森任
过一段时间的教授；他曾说过，大脑产生思想就如同肝脏分泌胆汁一样。
我们通过他与生理学家鲁道夫·瓦格纳（Rudolf Wagner）论战作品的标

题——《盲目的信仰和科学》(*Kohlerglaube und Wissenschaft*,这个德文标题从字面来翻译就是"烧炭工人的信仰和科学")——就可以知晓他的大致观点。鲁道夫·瓦格纳曾公开宣称自己相信神的创造,福格特则以科学的名义抨击他。乔尔贝写了《感觉主义的新阐释》(*Neue Darstellung des Sensualismus*, 1855)这本书,同时还抨击了康德、黑格尔和洛采;他从感觉中推导出意识,这种解释方式让人想起了德谟克利特。不过,他也承认自然界中有机形式的存在,承认这些存在并不能从纯粹机械论的角度来解释。

摩莱萧特是一位生理学家和医生,他曾因其唯物主义理论遭到别人的反对而不得不放弃在乌得勒支大学的教席。后来他在意大利获得了教授席位,在那里,他对那些倾向于实证主义和唯物主义的心灵产生了相当大的影响。特别是他影响了都灵著名的犯罪人类学教授切萨雷·隆布罗索(Cesare Lombroso,1836—1909),隆布罗索将摩莱萧特《生命的循环》(*Der Kreislauf des Lebens*,1852)一书翻译成了意大利文。在摩莱萧特看来,宇宙的整个历史可以通过一种原始物质来解释,力或能量是这种原始物质内在的、本质的属性。如果没有力也就不会有物质,没有物质也就不会有力。生命只不过是物质本身的一种状态。费尔巴哈为摧毁一切对世界的拟人化和目的论式的解释铺平了道路,现代科学的任务就是继续完成这项工作。我们没有充分的理由将自然科学与对人类及其历史的研究截然分开。在这两种研究中,科学可以使用相同的解释原则。

德国早期唯物主义最著名的著作可能是毕希纳的《力与物质》,这本书成为唯物主义的通俗教材,并且被翻译成多国语言。毕希纳谴责了受过普通教育的读者所不能理解的一切哲学。正是因为这个原因,这本书大受欢迎。正如这本书的标题所显示的,力和物质被认为是充分的解释原则。而像精神性的灵魂这样的概念则被抛弃了。

3. 1866 年,弗里德里希·阿尔伯特·朗格(Friedrich Albert Lange,1828—1875)出版了他的名著《唯物主义史》(*Geschichte des Materialismus*),在其中,他从新康德主义的立场出发,对唯物主义哲学进行了颇有根据的批评。如果唯物主义仅仅作为自然科学的一种方法论原则的话,

那么它是应该被肯定的。这就是说，比如，物理学家应该这样来进行研 354
究：就好像只有物质性的事物存在。康德本人也是持这种观点。自然科学
家并不关心精神的实在性。不过，虽然唯物主义在自然科学领域中可以作
为一种方法论原则被接受，但是当它转变成一种形而上学或者转变成一种
一般意义上的哲学时，就不再被认可了。在这种形式下，唯物主义是非批
判性的、幼稚的。举例来说，在经验心理学中，我们尽可能地用生理学来
解释心理过程，这是非常正确的，并且也是恰当的。但如果我们认为可以
对意识本身进行一种完全唯物主义的解释，那么这就是一种非批判性的、
幼稚的观念的确切标志。因为只有通过意识，我们才能对身体和神经有所
认识。任何一种对意识进行唯物主义还原的尝试都揭示了它不可还原的
特征。

此外，当唯物主义者把物质、力、原子等事物看作好像它们就是自
在之物时，这就表现出他们非批判性的心态。事实上，它们只是心灵或精
神为了理解世界而形成的概念。我们的确必须利用这些概念，但我们若认
为它们的实用性表明它们可以作为一种独断的唯物主义形而上学的根基，
那么这种观点就太天真了。而这正是唯物主义哲学真实的面目。

4. 朗格的批判有力地冲击了唯物主义，这更多地是因为，他并不把
自己局限于争论的范围之内，而是致力于表明，在他看来，唯物主义态度
里的有效因素是什么。不过正如我们可能料想到的，朗格的批判并没有阻
止唯物主义的复兴；在它的第二波浪潮中，唯物主义从达尔文的进化论中
寻求支持；作为一个已经被证实的因素，进化论表明人类的起源和发展只
是宇宙的普遍进化的一个阶段，人类的更高层次的活动可以通过这种进化
得到充分的解释，并且在任何情况下都不需要通过一个超自然的存在来引
入创造性活动的概念。在当时，对某些人而言，下述事实是很清楚的，即
生物进化这种科学假说与哲学上的唯物主义之间并没有必然的联系。但也
有许多人根据不同情况或者欢迎或者抨击这样的假说，因为他们认为唯物
主义是从这种假说中自然地得出的结论。

海克尔的《宇宙之谜》（*Die Welträtsel*, 1899）一书以一种独特且 355
通俗的方式表现了德国唯物主义运动第二阶段的特征。恩斯特·海克尔

（Ernst Haeckel，1834—1919）在耶拿担任动物学教授多年，他的许多著作都被视为其科学研究的成果。而他的其他著作则致力于阐释基于进化论假说的一元论哲学。1859 年，达尔文出版了《通过自然选择方式的物种起源》，1871 年，出版了《人类的由来》。在这几年之间，海克尔出版了好几本与进化论相关的著作，并且明确地表达他的观点，他认为达尔文最终已经将进化论假说建立在真正的科学基础上。在此基础上，海克尔继续发展了一种一般意义上的一元论，并将它作为传统意义上的宗教的有效替代品。接着，在 1892 年，他发表了一篇标题为《作为宗教与科学之间纽带的一元论》（ *Der Monismusals Band zwischen Religion und Wissenschaft* ）的演讲，并附有注解。在他的《宇宙之谜》和《神性自然——对一元论宗教的研究》（ *Gott-Natur*，*Studien uber monistische Religion*，1914 ）这两本书中，我们同样可以发现类似的尝试，即在他的一元论中满足人们对宗教的需求。

海克尔认为，我们对世界的反思已经产生了许多谜题或问题。有些问题已经被解决，然而有些问题是无法解决的，而且它们并不是真问题。"一元论哲学最终打算只承认关于宇宙的唯一一个包罗万象的谜题，即关于实体的问题。"[1] 如果我们把这个问题理解为是在思考现象背后神秘的自在之物的本性，那么海克尔就会认为我们可能会像"2400 年前的阿那克西曼德和恩培多克勒"[2] 一样无法解决这个问题。但是既然我们甚至不知道是否有这样一种自在之物存在，那么讨论它的本性是徒劳的。我们已经清楚的是"实体的包罗万象的法则"[3]，即力和物质的守恒定律。物质和力或能量是实体的两个属性，当我们把它们的守恒定律解释为进化的普遍法则时，这种解释为我们的一个观点提供了辩护，即宇宙是一个统一体，在这个统一体中，自然法则具有永恒的普遍有效性。这样，我们就得出对宇宙的一元论解释，这个一元论解释植根于我们对宇宙的统一性以及所有现象之间的因果关系的证明。此外，这种一元论摧毁了二元论形而上学的

356

①　《宇宙之谜》，莱比锡，1908 年，第 10 页。
②　同上，第 239 页。
③　同上。

三大教条，即"上帝、自由和不朽"[①]。

因此，一元论哲学将康德的两个世界（物理的、物质的世界和道德的、非物质的世界）理论排除在外。但这并不意味着在一元论中没有伦理学的位置，只要我们将伦理学奠基于人类的社会本能而非某种想象出来的绝对命令。一元论将利己主义与利他主义、自爱与爱邻人之间的平衡视为其最高的道德理想。"在所有哲学家之前，我们必须予以感谢的是伟大的英国哲学家赫伯特·斯宾塞（Herbert Spencer），因为他在进化论中找到了一元论伦理学的根据。"[②]

海克尔认为，用唯物主义来形容他的一元论哲学是完全不合适的。因为，虽然他的哲学的确拒斥非物质的精神这样的观念，但它也同样地拒斥无生命、无精神的物质这样的观念。"在每个原子里，二者都不可分离地结合在一起。"[③] 但是，当我们说在每个原子里精神与物质（Geist und Materie）都结合在一起时，其实是说在每个原子里力与"质料"（Kraft und Stoff）是结合在一起的。虽然海克尔声称他的哲学同样也可以被贴上唯心主义的标签，就像被贴上唯物主义的标签一样，但很显然，大多数人还是会将它描述为唯物主义；尽管是一种进化论视角的唯物主义，但也仍然是唯物主义。海克尔对意识和理性的本质的阐述清楚地表明了这一点，无论他给出什么样的相反说法。

如果"唯物主义"这一术语让海克尔感到反感，那么他也会反感"无神论"这一术语。一元论哲学是泛神论，而不是无神论；上帝完全内在于宇宙中并与之合而为一。"无论我们把这个无位格的'全能者'（Almighty）称为'神－自然'（Theophysis）还是'泛神'（Pantheos），从根本上说是无关紧要的。"[④] 海克尔似乎没有想到，如果泛神论就在于把宇宙称为"上帝"，宗教就在于指引科学、伦理学和美学分别朝向真、善和美的理想前进，那么泛神论和无神论的区别仅仅在于，在那些自称为泛

---

① 《宇宙之谜》，第140、217、240页。
② 同上，第218页。如果海克尔还在人世的话，他一定会赞赏朱利安·赫胥黎教授（Julian Huxley）的伦理思想。
③ 《作为宗教与科学之纽带的一元论》，斯图加特，1905年，第27页。
④ 《神性自然——对一元论宗教的研究》，莱比锡，1914年，第38页。

357　神论者的人们心中对宇宙有某种特定的情感态度，而那些自称为无神论者的人们心中并没有这种态度。海克尔的确曾提出，"作为一切事物的终极原因，'上帝'在假设上是'实体的原初根据'"。[①]但是这个概念大概类似于一种幽灵式的、非位格的自在之物概念，正如我们所了解的，海克尔在其他地方抛弃了这种自在之物概念。所以，他的泛神论最多就是将宇宙称为"上帝"并且对其有一种特定的情感态度。

　　5. 1906年，在海克尔的资助下，德国的一元论者协会（Monistenbund）在慕尼黑成立；[②]1912年，奥斯特瓦尔德（Ostwald）出版了《一元论世纪》（*Das monistische Jahrhnindert*），他当时是一元论协会的主席。

　　威廉·奥斯特瓦尔德（Wilhelm Ostwald，1853—1932）是一位非常著名的化学家，他先后在里加和莱比锡担任化学教授，并于1909年获得了诺贝尔奖，他同时也是《自然哲学年鉴》（1901—1921）的创刊者，路德维希·维特根斯坦的德文版《逻辑哲学论》（*Tractatus logico-philo-sophicus*）就发表在该刊的最后一期上。1906年，奥斯特瓦尔德辞去了莱比锡的教职；在随后的几年中，他发表了大量哲学著作。

　　1895年，奥斯特瓦尔德出版了《克服科学中的唯物主义》（*Die Ueberwindung des wissenschaftlichen Materialismus*）。但是对他来说，所谓克服唯物主义就是用能量概念来替换物质概念。实在的最基本要素是能量，能量在其转化过程中表现为不同的形式。物质的不同性质是不同形式的能量的表现；心理能量既可以是无意识的也可以是有意识的，它构成了另一种不同层次或不同形式的能量。不同形式或层次之间是不可还原的，也就是说，一种形式不能被等同于另一种形式。但它们都是通过能量这一终极实在的转化而产生的。因此"唯能论"是一种一元论的理论。这也许并不符合奥斯特瓦尔德自己的科学方法准则，他的科学方法准则将一切近似形而上学假设的事物都排除在外了。但当他转向自然哲学时，他无论如何都超越了经验科学的限制。

358　　　6. 唯物主义只有在其最粗糙的版本中才断言所有过程都是物质性的。

---

① 《神性自然——对一元论宗教的研究》。
② 该协会的指导思想是，科学提供一种生活方式。

但一门哲学只有满足下述条件才可以被归类为唯物主义，即它无论如何都主张物质具有优先性，并且认为，那些不能恰当地被描述为物质的过程都是从物质中产生出来的或者是物质性过程的附带现象。同样地，尽管观念论并没有在任何一种通常意义上断言一切事物都是观念，但一门哲学只有满足下述条件才能被恰当地称为形而上学观念论体系，即它无论如何都认为思想或者理性或者精神具有优先性，并且认为物质世界是其表现或外化。不管怎样，唯物主义和观念论之间的争论都预设了物质与精神或思想之间的表面区别。这样，有人就试图通过使区别的一端从属于另一端来超越唯物主义与观念论之间的对立。因此，拒斥唯物主义与观念论的一种方法是把实在还原成现象，而现象既不能恰当地被描述为物质的也不能恰当地被描述成精神。

我们在马赫（Mach）和阿芬那留斯（Avenarius）的现象主义里发现了这种尝试，这种现象主义通常被称为经验批判主义。这并不是说，这两位哲学家只关心克服唯物主义与观念论对立的问题。例如，马赫更多地关注于自然科学的本质。同时，他们认为自己的现象主义消除了二元论，这种二元论会导致对统一做出形而上学的解释。我们在这里就是从这种观点来分析他们的理论的。

理查德·阿芬那留斯（Richard Avenarius，1843—1896）是苏黎世的物理学教授，也是《纯粹经验批判》（*Kritik derreinen Erfahrung*，1888—1890）和《人的世界概念》（*Der menschliche Weltbegriff*，1891）这两本书的作者，他想要揭示纯粹经验的本质，所谓纯粹经验即剔除掉所有附加解释的经验。他在感觉里找到了经验的直接材料或要素。这些材料或要素依赖于受环境制约的中枢神经系统的变化，而环境或者作为某种外部刺激对人起作用，或者经由营养过程而对人起作用。此外，大脑越是发达，则越受环境中的恒常要素所刺激。因此，我们就产生了对一个熟悉的世界的印象，这是一个让我们有安全感的世界。并且我们的这种熟悉感和安全感会随着我们对世界神秘的、充满问题的印象的减少而增加。总而言之，那些无法回答的形而上学问题往往就被消除了。这样，这种纯粹经验的理论通过将外在世界和内在世界都还原为感觉，从而排除了物理与心理、事物与思想、客观与主观之间的二分，而唯物主义与观念论这两种相互对立的形而上学理论正是以这种二分为基础。

恩斯特·马赫（Ernst Mach，1838—1916）通过另一种方式提出了相似的理论。马赫在维也纳大学任职教授多年，除了出版与自然科学相关的著作外，他还出版了《感觉的分析》（*Beitrage zur Analyse der Empfindungen*，1886）和《认识与谬误》（*Erkenntnis und Irrtum*，1905）这两部著作。经验可以被还原为感觉，感觉既不是纯粹物质的，亦不是纯粹心理的，而是中立的。因此，马赫想要绕到这种区分的背后去，哲学家们则将这种区分作为建构形而上学理论的基础。但是相比发展一种一般意义上的哲学，马赫更关心的是剔除物理学里的形而上学因素。[①] 科学源于我们生理上的需求，它旨在通过使我们具备预测能力从而达到支配自然的目的。为了实现这一目的，我们必须实行一种经济的思维方式，即尽可能用最少和最简单的概念把诸现象统一起来。不过，虽然这些概念是使科学预测得以可能的不可或缺的工具，但它们并不能使我们洞察形而上学意义上的原因、本质或实体。

列宁在《唯物主义与经验批判主义》（1909）一书中认为，马赫和阿芬那留斯的现象主义不可避免地导向观念论，进而导向宗教信仰。因为，如果事物被还原为感觉或感觉材料，那么它们一定是依赖于心灵的。并且它们很难仅仅只依赖于个体的人的心灵，那么必定要归向一个神圣的心灵。

从历史的角度来看，马赫和阿芬那留斯的现象主义构成了本世纪[②]20年代维也纳学派新实证主义思想的一部分。我们很难说它导致了观念论的复兴，更不必说有神论的复兴。但这并不意味着列宁对它的评论不值一提。比如说，正如阿芬那留斯并不打算否认的那样，在人类存在之前已经有某种意义上的事物存在；他同样也主张，作为可能的感觉（possible sensations），感觉可能存在于心灵之前。但是，除非将事物还原为感觉

360

---

① 马赫拒绝把自我当作与自然相对立的一种精神实体，他把自我解释为由与自然相连续的现象所构成的复合体。但是他并没有彻底地建构起这项理论，并且他也承认自我是经验的联结者。

② 指20世纪。——译者注

的那种还原被理解为等同于如下陈述（即使是最坚定的实在论者也不会反对这种陈述），即只要存在任何可以进行感知的主体，那么物质对象在原则上就是可以被感知的，否则就很难避免某种与列宁推导出的结论相似的结论。当然，人们可以试着通过谈论"可被感觉之物"（sensibilia）而不是通过谈论感觉来做到这一点。但是在这种情况下，人们要么恢复了物质与心灵的区分，要么像以前一样陷入同样的困难中。此外，在我看来，将自我还原为一种复杂的或连续的被感觉之物是荒谬的。因为自我的存在不能被还原为被感觉之物是能够尝试这种还原的可能性条件。因此，人们可能会将自我放在一边，而将可被感觉之物放在另一边，换句话说，这就造成了二元论，而这种二元论正是经验批判主义想要克服的。① 马赫试图将形而上学从物理学中剔除掉是一回事，作为哲学理论的现象主义则是完全不同的另一回事。

---

① 新实证主义试图将现象主义从一种本体论转变成语言学理论。他们认为，物质对象是一种感觉材料这个陈述意味着，一个涉及物质对象的陈述可以转化为一个或几个只涉及感觉材料的陈述；这样，如果原始陈述为真（或为假），那么转化后的陈述亦为真（或为假），反之亦然。不过我认为这项尝试并不成功。

第十九章

新康德主义运动

引言——马堡学派——巴登学派——实用主义倾向——E. 卡西尔；结论性的观察——对狄尔泰的一些说明

361　　1. 1865 年，奥托·李普曼（1840—1912）在他的《康德与后继者》（*Kant und die Epigonen*）一书中提出"回到康德！"的呼声。在当时的环境中，回到康德这个需求确实是完全可以理解的。一方面，观念论形而上学已经产生了许许多多的体系，但当起初的热情褪去之后，许多人认为这些体系无法提供任何可以恰当地被称为知识的东西，而这恰好证明了康德对形而上学的态度的合理性。另一方面，唯物主义一边以科学的名义发声，一边又继续推出自己的形式高度可疑的形而上学，并且无视了康德对于合法使用科学概念所做的限制。换句话说，观念论者与唯物主义者通过他们的探索成果都证明了康德对人类理论知识设置界限的合理性。因此，回到这位伟大的近代思想家，难道不是可取的吗？他通过对人类认识的细致批判成功地避免了形而上学的放肆，并且并未陷入唯物主义的独断论之中。问题不在于要盲目地追随康德，而是接受他的一般立场或态度，并且按照他所遵循的方法去研究问题。

　　新康德主义运动成为德国哲学里一股强大的势力。事实上，正如德国人所说的，它变成了一种学术哲学或者"学院哲学"（Schulphilosophie）；在 19 世纪末 20 世纪初，大多数大学里的哲学教席都被那些至少在一定程度上是此项运动的代表的人所占据。但是新康德主义所呈现出的形态就如同它的代表人物一样多。我们不可能在此都一一提及。对主要的思想进路做一些概况性的提示就足够了。

2. 新康德主义运动中存在一个区分，即马堡学派和巴登学派的区分。 362
可以说，马堡学派主要关注逻辑、认识论和方法论这些论题。并且它尤
其是与赫尔曼·柯亨（Hermann Cohen，1842—1918）和保罗·纳托尔普
（Paul Natorp，1854—1924）的名字联系在一起。

柯亨于1876年被任命为马堡大学哲学教授，他致力于诠释和发展康
德的思想。从一种宽泛的意义上来说，他的主要论题是文化意识及其演化
的统一；并且不论他是论述逻辑学、伦理学、美学还是宗教，[①] 显而易见
的是，他都会不断地提到他所讨论的观念在历史上的发展以及该观念在其
不同发展阶段上所具有的文化意义。柯亨思想的这一面使他的思想没有康
德思想那么形式化和抽象，虽然丰富的历史反思并未促使我们直接地把握
他的个人观点。

在《哲学体系》（*System der Philosophie,* 1902—1912）第一卷中，柯
亨放弃了康德的感性学说，即先验感性论，而完全致力于纯粹思想或者纯
粹知识（die reine Erkenntnis）的逻辑，尤其是作为数学物理学基础的纯
粹知识或者先天知识的逻辑。逻辑的确拥有一个更广泛的应用领域。"逻
辑必定包含着一种关系，这种关系超出了数学化的自然科学领域而延伸到
精神科学（Geisteswissenschaften）领域；但这种关系绝不会影响到逻辑
与知识在数学化的自然科学领域中的根本关系。"[②] 事实上，"确立形而上
学与数学化的自然科学之间的关系是康德的决定性行动"。[③]

在第二卷中，柯亨致力于纯粹意志的伦理学（Ethik des reinen
Willens）。他说，"作为一门关于人的学说，伦理学成为了哲学的核心"。[④]
但是人这个概念很复杂，它包含了人的两个主要方面，即作为个体的人和

---

① 柯亨在其《哲学体系》第二卷中讨论了上帝的观念。亦可参见《哲学体系里的宗教
观念》（*Der Begriff der Religion im System der Philosophie*，吉森，1915）。上帝的观念
被吉森描述为真理与完美的统一体。

② 《哲学体系》（*System der Philosophie*）第一卷，柏林，1922年，第三版，第15页。
精神科学（*Geisteswissenschaften*）这个术语我们将会在后面讨论。

③ 《哲学体系》，第9页。显然，柯亨所指的形而上学是康德所接受的那种意义上的形
而上学。

④ 同上，第二卷，柏林，1921年，第三版，第1页。

363   作为社会一分子的人。因此，对人这个概念的充分演绎经历了几个阶段或时期，直到这两个方面被视为彼此贯通的。柯亨在对这一问题的讨论中指出，哲学已经开始把国家看作是人的伦理意识的具体表现了。但是很明显，经验的或者实际上的国家只是"统治阶级的"[①]国家。并且只有当权力国家（der Machtstaat）停止为某个特定阶级的利益服务时，它才能成为体现权利与正义原则的国家（der Rechtsstaat）。换句话说，柯亨期待着一个民主的社会主义社会，这样的社会将真正地表现出人的伦理意志，不仅从人被视为一个自由的个体而言，亦是从人被视为在本质上就趋向社会生活并且要实现某个共同的理想目标而言。

　　由于柯亨的整个哲学体系"是从文化意识的统一性的角度"[②]来构想的，并且这种意识并不只有科学和道德的特征，因此科恩将第三卷用来研究美学。正如康德所认为的，对审美形式的探讨构成了系统哲学的一个本质部分。

　　纳托尔普也在马堡担任教授，他深受柯亨的影响。在他的《精确科学的哲学基础》（*Die philosophischen Grundlagen der exakten Wissenschaften*, 1910）一书中，他试图表明，数学的逻辑发展并不需要诉诸任何对时空的直观。因此，他的数学哲学被认为比康德的更加"现代"。关于伦理学，纳托尔普和柯亨的观点大致相同；并且基于这样的观点，即道德律要求个体将自己的活动从属于对人性的提升，纳托尔普发展出了一种社会教育学。另外值得一提的是，在其名著《柏拉图的理念学说》（*Platons Ideenlehre*, 1903）中，纳托尔普试图确立柏拉图与康德之间的类似性。

　　柯亨和纳托尔普都尽力想要克服思维与存在之间的分裂，这种分裂似乎是康德的自在之物理论中所隐含的。在纳托尔普看来，"思维与存在都只有在它们持续的彼此关联中才存在，才有意义"。[③]存在并非是静态的、与思维活动相对立的事物；它只存在于一个在本质上与思维活动相关的生成过程中。而思维则是一个逐步确定其对象（即存在）的过程。尽管

364

---

①　《哲学体系》，第620页。
②　同上，第三卷，柏林，1922年，第4页。
③　《精确科学的哲学基础》，哥廷根，1921年，第三版，第13页。

柯亨和纳托尔普试图将思维与存在作为同一个过程中的相关极点统一起来，但除非他们抛弃康德的立场而转向形而上学观念论，否则他们不可能有效地消除自在之物。

3. 马堡学派强调的是对自然科学的逻辑基础进行研究，而巴登学派强调的则是价值哲学和对人文科学的反省。因此，在威廉·文德尔班 [1] 看来，哲学家关注的是探究价值判断的原则与预设，以及探究判断主体或意识与判断所依据的价值、规范或理想之间的关系。

基于对哲学的这种解释，显而易见的是，伦理判断与审美判断为哲学反思提供了材料。例如，道德判断显然具有价值论的特征，而不是描述性的特征。它表达了应然的状态而不是世界的实然状态。不过文德尔班将逻辑判断也包括在内。因为正如伦理学关注道德价值一样，逻辑学也关注一种价值，即真理。并非所有被思考的事物都是真理。真理乃是那应该被思考的事物。因此，所有逻辑思考都是被一种价值或者规范引导的。逻辑的终极公理无法被证明；但如果我们尊重真理，我们就必须接受这些公理。除非我们准备拒绝一切逻辑思考，否则我们就必须把真理作为客观的规范或者价值来接受。

因此，逻辑学、伦理学和美学预设了真、善、美的价值。这种事实迫使我们悬设，似乎在经验意识的背后还有一个制定规范或者设定价值的先验意识。此外，由于所有个体在其逻辑、伦理和美学判断中都隐含地诉诸普遍的绝对价值，所以这种先验意识构成了个体之间活生生的纽带。

然而，绝对的价值需要一个形而上学上的锚（eine metaphysische Virankerung）。也就是说，肯定和承认客观价值导致我们在一种超感官的实在中悬设了一种形而上学基础，我们把这个超感官的实在称为上帝。这样就产生了神圣的价值。"我们并不把神圣理解为诸普遍有效价值中的一种特殊价值，如真、善、美所形成的那种特殊价值，而是就所有这些价值都与一个超感官的实在相关联而言，把它们理解为所有这些价值本身。" [2]

365

---

[1] 威廉·文德尔班（Wilhelm Windelband，1848—1915），著名哲学史家，曾先后在苏黎世、弗莱堡和斯特拉斯堡大学担任教授。他在1903年被任命为海德堡大学的哲学教授。他是所谓的巴登学派的第一位主要人物。
[2] 《哲学导论》（*Einleitung in die Philosophie*，图宾根，1914年），第390页。

海因里希·李凯尔特（Heinrich Rickert，1863—1936）发展了文德尔班的价值哲学，他是文德尔班在海德堡的哲学教席的继任者。李凯尔特坚持认为有一个具有实在性的价值领域，但是这个领域不能恰当地说成是存在的。① 从主体能够认识这些价值但并未创造这些价值的角度而言，这些价值也具有实在性。但是它们并不是存在于其他现存事物之中的现存事物。然而，在价值判断中，主体将价值领域与感觉世界结合在一起，将价值意义赋予事物和事件。虽然价值本身并不能恰当地被说成是存在的，但我们也没有权利否认这一可能性，即它们是奠基于一种永恒的神圣实在，而这种实在却超出了我们的理论知识。

根据李凯尔特的总体观点，他强调价值观念在历史上的地位。文德尔班曾坚持认为② 自然科学关注的是事物的普遍性方面（即事物所例示的类型），以及事件的可重复性（即事件所例示的普遍规律），而历史关注的是单一的、独特的事物和事件。自然科学是"以规律为根据的"或者是制定规律的，而历史（即历史科学）是"个体性的"。③ 李凯尔特同意历史学家关注的是单一的、独特的事物与事件，但他坚持认为他感兴趣的只是与价值相关的人与事件。换句话说，理想中历史编纂学是一门人文科学，这种人文科学根据不同的社会与文化所认识到的价值来描述历史的发展。

雨果·闵斯特伯格（Hugo Münsterberg，1863—1916）是李凯尔特的朋友，就其思想的某一特定方面来说，我们可以把他与新康德主义运动中的巴登学派联系起来。在他的《价值哲学》（*Philosophie der Werte*, 1908）一书中，他阐述了这样一种想法，即根据某种价值体系来赋予世界意义。但是，作为哈佛大学的实验心理学教授，他关注的主要是心理学领域，在这个领域中，他深受冯特的影响。

366

---

① 　在他的《哲学体系》（*System der Philosophie*，1921）一书中，李凯尔特尝试将价值分成六组或六个领域：逻辑价值（真的价值）、审美价值（美的价值）、神秘主义价值（非位格的神圣者的价值）、伦理价值（道德价值）、爱的价值（幸福的价值）和宗教价值（人格神的价值）。

② 　参见他的《历史与自然哲学》（*Geschichte und Naturwissenschaft*，1894）。

③ 　一门科学并不会仅仅因为它的研究对象是人，因而就是"个体性的"。例如，经验心理学的研究对象是人，但它仍然是一门"以规律为根据的"科学。用经院哲学的术语来说，这种区别是形式的而非质料的。

4. 我们已经知道，文德尔班将一个超感官的神圣实在的实存作为对绝对价值的肯定所需要的一个悬设。同时，他想要论证说，在这一语境中所使用的"悬设"一词的意思远不止是"有用的虚构"。然而，一些新康德主义者从一种明确的实用主义意义上解释康德的悬设理论。

我们在前面曾提到，弗里德里希·阿尔伯特·朗格（Friedrich Albert Lange，1828—1875）是唯物主义的批判者，他将形而上学理论和宗教教义解释为一个介于知识与诗歌之间的领域。如果这种理论与教义被呈现为表达了关于实在的知识，那么它将遭到康德和其他批判者提出的一切反对意见。因为我们无法拥有对超现象的实在的理论知识。但如果将它们解释为对超越知识的实在的象征，并且强调它们对生活的价值，这样它们就不会受到那些反对意见的攻击了，因为只有当我们声称形而上学与神学具有认知价值时，这些反对意见才会被提出来。

汉斯·费英格（Hans Vaihinger，1852—1933）以一种更加系统的方式发展了悬设理论之有用的虚构版本。费英格是《仿佛哲学》（*Die Philosophie des Als-Ob*, 1911）这部名著的作者。对于他来说，形而上学理论和宗教教义只是对普遍实用主义真理观的应用的个例。只有感觉和感受是真实的：否则的话，人类认识整个都是"虚构的"。例如，逻辑原理是已经在经验中证明了其真正有用性的虚构。当我们说它们不可否认地为真的时候，其实是说它们被发现为必然有用的。因此，对于宗教教义来说，我们要问的问题是，如果我们按照它是真的那样去行动，那么它是否是有用的或者有价值的，而不是要去问它是否是真的。事实上，我们很难提出宗教教义是否"真的"为真这样的问题，这不仅仅因为我们没办法知道它是否为真，而更是因为我们赋予真理概念一种实用主义的解释。①

这种实用主义的虚构主义很显然比康德的观点走得更远。事实上，它确实剥夺了康德的悬设理论的意义，因为他取消了康德在理论知识与对道德律的悬设之间所确立的鲜明对比。不过，我虽然将费英格囊括在新康

367

---

① 为了对费英格公平起见，我们必须补充一句，他努力地去区分"仿佛"（as-if）和"虚构"（fiction）这两个概念的不同运作方式。他并不是简单地将逻辑、科学假设和宗教教义不加区分地放在同一个篮子里。

德主义之内，但他却深受尼采的生命哲学与虚构理论的影响。他也曾出版过一本关于尼采的名著：《作为哲学家的尼采》（*Nietzsche als Philosoph*, 1902）。

5. 正如我们所看到的，无论如何，新康德主义都不是一种同质的思想体系。一方面，存在像阿洛伊斯·黎尔（Alois Riehl, 1844—1924）这样的哲学家（他在柏林担任教授），他不仅坚定地拒绝一切形而上学，而且他认为，就哲学本来的意义而言，我们必须将价值理论从哲学里面排除出去。[①] 另一方面，也存在像文德尔班这样的哲学家，他发展了绝对价值理论，但他的发展方式实际上重新引入了形而上学，虽然他仍说是"悬设"。

随着"新康德主义"这一术语的应用范围的扩展，这样的差别自然也会随之变得更明显。例如，"新康德主义"这一术语也曾用于约翰内斯·福克尔特（Johannes Volkelt, 1848—1930）身上，他在莱比锡担任教授。但是，因为福克尔特认为人的灵魂可以对它与绝对者（这个绝对者是无限精神）的统一有一个确定的直观，并且他认为宇宙的创造可类比为美学生产，因此称他为新康德主义者是否合适显然是值得怀疑的。事实上，沃克特深受除康德以外的其他德国哲学家的影响。

我们应该已经注意到，上面提到的大多数哲学家都活到了 20 世纪。新康德主义运动在离我们相对较近的时期确实曾有一两位杰出的代表人物。其中比较著名的有恩斯特·卡西尔（Ernst Cassirer, 1874—1945），他相继在柏林大学、汉堡大学、哥德堡大学和美国的耶鲁大学担任教职。马堡学派的影响促使他把注意力转向知识问题。他的研究成果是他的三卷本著作：《近代哲学与科学中的知识问题》（*Das Erkenntnisproblem in der Philosophie und Wissenschaft der neueren Zeit*, 1906—1920）。接着在 1910 年，他又出版了一本关于实体和功能概念（Substanzbegriff und Funktionsbegriff）的书。卡西尔对物理学的日渐数学化感到惊讶，并且总

368

---

① 根据黎尔的观点，一种可以被称为科学的哲学必须将自己限制于批判那些从自然科学中获得的知识。当然，他并不是否认各种价值在人类生活中的重要性，但是他坚持认为，恰当地说，对它们的确认并不是一种认知行为，而且这种确认也在科学性的哲学的范围之外。

结道，在近代物理学里，可感的实在界被转变为并且被重新构造为一个符号世界。此外，对符号主义的进一步反思促使他创作了一本大部头的《符号形式的哲学》（*Philosophie der symbolischen Formen*, 1923—1929）；在这本书里，他谈到，正是对符号的使用将人与动物区分开来。人正是通过语言而创造了一个新的世界，一个文化的世界。并且卡西尔用符号主义的思想敲开了许多领域的大门。例如，他试图解释，人的人格统一是一种功能性的统一，这种功能性的统一将人不同的符号性活动联结在一起。他特别注意符号主义在神话形式中的作用，并且他按照符号转化的思想来研究像艺术、历史编纂学这样的活动。

新康德主义虽然持续到当前这个世纪[①]，但我们恐怕不能把它称为20世纪哲学。新的运动和思想进路的出现将它推到幕后。与其说它所研究的主题已经死掉了，不如说，这些主题是在不同的思想环境和思维框架中被研究着。对科学的逻辑和价值哲学的探究就是很好的例子。此外，认识论或者知识理论不再占据康德及其追随者所赋予它的那样一种核心位置。

当然，这并不是说康德的影响已经穷尽了。绝非如此。但是，在任何可以被恰当地称为新康德主义之延续的运动中，我们并没有感受到康德的重大影响。而且，康德的影响有时候是在一个完全非康德式的方向上发挥作用的。例如，实证主义认为康德将形而上学排除在知识领域之外是相当正确的，而当代托马斯主义中则存在这样一种思潮，即为了这样一个非康德式的目标（亦即，建立一种系统的形而上学）而解释和发展康德的先验方法。

6. 在这里，我们可以顺便对威廉·狄尔泰（Wilhelm Dilthey, 1833—1911）做一些评论。他先后在巴塞尔、基尔、布雷斯劳和柏林担任过教授，在柏林，他接任洛采担任哲学系教授。尽管狄尔泰非常钦佩康德，但把他称为新康德主义者是不太恰当的。他的确致力于发展对历史理性的批判（Kritik der historischen Vernunft）以及与之相关的范畴理论。从某种观点来看，这项工作可以被视为将康德的批判扩展到德国人所说的精神科

369

学（Geisteswissenschaften）领域。同时，狄尔泰坚持认为，历史理性的范畴（亦即用来理解和解释历史的理性范畴）并不是先天范畴，也就是说，历史理性的范畴不是被运用于原始材料之上继而去建构历史。它们是在人类精神对自身在历史中的客观显现的敏锐洞察下产生的。大体上来说，尤其是 1883 年以后，狄尔泰在康德的抽象思想和自己的具体方法之间做出了鲜明的区分。不过我想，由于我们在这章的前面已经提到自然科学和精神科学的区别，因此，我们有足够的理由在这里提到狄尔泰。

　　将"Geisteswissenschaften"① 译成 "mental sciences" 会产生误导，这个事实我们从狄尔泰所给出的例子中就可以知道。他说，与自然科学一起产生的还有一组其他科学，这组科学合起来可以被称为精神科学或人文科学（Kulturwissenschaften）。它们是"历史、国家经济、关于法律和国家的科学、宗教学、对文学与诗歌的研究、对美术与音乐的鉴赏、对哲学世界观的研究、各种体系，最后是心理学"。② 而 "mental sciences" 这个词往往只让我们想到心理学。但是在一个相似的例子清单中，狄尔泰甚至都没有提到心理学。③ 法国人习惯将它称之为"道德科学"（the moral sciences）。但在英文中，"the moral sciences" 使我们想到的主要是伦理学。因此，我建议将它称为"人文科学"（the cultural sciences）。没错，这个词通常并不会使我们想到国家经济。但我们有充足的理由说，这个词能涵盖狄尔泰所谓的精神科学或人文科学。

　　显然，我们不能以下述这种简单便利的方式来区分人文科学与自然科学，即说前者是与人相关的，而后者不是。因为比方说生理学就是一门自然科学，但它是研究人的。同样地，实验心理学也是如此。我们也不能简单地说，自然科学关注的是物理的、可感的事物，包括人的物理层面在内；而人文科学关注的是心理的、内在的事物，是那些不属于可感世界的事物。因为比如说，在艺术研究中，显然我们关注的是像图画这样的可感对象，而不是艺术家的心理状态。我们确实是把艺术作品当作人类精神

370

---

① 该德文词也可译为"人文科学"。——译者注
② 《狄尔泰全集》，第七卷，第79页。
③ 同上，第七卷，第70页。

的客观化产物来研究。但是它们仍然是可感的客观化产物。因此，我们必须找到其他方法来区分这两类科学。

人与自然处于一种鲜活的、可以感受到的统一之中，他关于自己所处物理环境的主要经验是个人亲身经历过的体验（Erlebnisse），而不是与自己相分离的反思对象。然而，为了建构起自然科学的世界，人必须摆脱对他自己所处物理环境的印象，这些印象是从他亲身经历过的体验中产生出来的；他必须尽其所能[1]摆脱这种印象，并且按照空间、时间、物质与运动之间的关系发展出关于自然的抽象概念。自然对他来说必须成为核心的实在，成为一个由规律所规定的物理系统，可以说这个系统是从外部来考察的。

然而，当我们转向历史和文化的世界，亦即人类精神的客观化时，情况就不一样了。这是一个从内部来考察的问题。个人亲身经历过的他与所处社会环境之间的关系就变得至关重要。例如，如果我将自己亲身经历过的有关社会关系的体验排除在外，那么我将无法理解古希腊人的社会与政治生活，而后者是人类精神的一种客观化。因为这些体验构成了我理解其他任何时代的社会生活的基础。的确，人类的历史和社会生活之间必定具有一种统一性，这是我自己的体验可以作为理解历史的钥匙的必要条件。但是，狄尔泰所谓的"历史世界的原始细胞"[2]恰恰是个人的体验，是他所体验过的他与自己所处社会环境之间的相互作用。

不过，尽管狄尔泰所说的体验是发展人文科学的必要条件，但是它们本身并不构成任何一门科学。理解（Verstehen）也是必要的。我们在历史和其他人文科学中必须理解的并不是人类精神的内在性，而是这种精神的外在客观化，是它的客观表现，就像它在艺术、法律和国家等等中的表现。换句话说，我们关心的是对客观精神的理解。[3] 理解客观精神的

371

---

① 在生理学中，人从一种非人格和外在的观点的角度将自己视为一种物质对象，视为自然的一部分。

② 《狄尔泰全集》，第七卷，第161页。

③ 狄尔泰受到了黑格尔"客观精神"这个概念的影响。但他自己对这一术语的使用显然与黑格尔有所不同，黑格尔将艺术和宗教也归入"绝对精神"的范畴。当然，黑格尔对这个概念的使用是与他的观念论形而上学相关的，但狄尔泰并没有这样的形而上学。此外，狄尔泰认为黑格尔以一种先天的方式来解释历史和人类文化，他拒绝这种方法。

一个阶段意味着将它的现象与现象中所表现出来的内在结构联系起来。例如，理解罗马法就涉及要透过那些可以说是外部工具的对象，深入洞察这些法律所表现出来的内在精神结构。这意味着洞察罗马法的精神，正如理解巴洛克风格的建筑就涉及洞察在这种风格中所表现出的精神、目的与理想的结构。因此，我们可以说，"人文科学依赖于经历过的体验、表现和理解这三者的关系"。[①] 表现也是必要的，因为只有在精神结构的外在表现中，并通过这种表现，我们才能理解潜在的、作为基础的精神结构。理解是一种从外到内的活动。在理解的过程中，一个精神对象出现在我们的视野中，而在自然科学中，一个物理对象则是在科学认知的过程中被构造出来的（虽然不是在康德的意义上）。

我们已经知道，一个人对其所处社会环境的亲身体验是他能够重新体认人类过去的经验的必要条件。经历（Erleben）是使重新体验得以可能的一个条件。前者之所以使后者得以可能，是因为发展中的历史-文化现实具有连续性和根本的统一性，狄尔泰将那种发展中的历史-文化现实描述成生命（Leben）。当然，不同的文化在时空上是有区别的。但是，如果我们把人与人之间的交互关系设想成是在外部世界设定的条件下贯穿于时空差异中的一个结构性的、发展中的统一体，我们就有了生命的概念。在研究这种生活时，历史理性运用了一些范畴。正如我们已经说过的，这些范畴并不是被用于原始材料之上的先天形式和概念，"它们存在于生命自身的本质中"，[②] 而在理解的过程中被抽象地概念化。我们无法确定这些范畴的精确数目，也不能为了机械化的应用将它们转变成一个整齐的抽象逻辑表。但是在它们之中，我们可以指出"意义、价值、目的、发展、理想"。[③]

我们不应该从形而上学的意义上来理解这些范畴。问题不在于，比方说，以历史发展过程中注定要达到的目的来定义历史的目的与意义。而

372

---

① 《关于体验、表现与理解之间的关系》(*Auf dem Verhältnis von Erlebnis, Ausdruck und Verstechen*)；《狄尔泰全集》，第七卷，第 131 页。
② 《狄尔泰全集》，第七卷，第 232 页。
③ 同上。

是在于理解生命对于一个特定社会的意义，理解表现在该社会中的政治与法律制度、艺术、宗教等实际运作之中的理想。"意义这个范畴表示的是生命的各个部分与整体之间的关系。"[①] 但是，"我们关于生命意义的构想总是在变化。每一个生命计划都是一种关于生命意义的想法。并且我们给未来设定的目的影响着我们对过去的意义的解释"。[②] 假如我们说未来的任务是达到这个或者那个目的，那么我们的判断就影响了我们对过去的意义的理解。当然，反之亦然。

我们很难否认，狄尔泰的思想中包含着一种突出的历史相对主义因素。例如，所有的世界观（Weltanschauungen）都是对世界的片面看法，是相对于不同的文化阶段的观点。对这种世界观或者形而上学体系的研究就会显示出它们的相对性。不过，狄尔泰并未主张不存在普遍有效的真理。他认为对生命与历史的整体研究是人在不断地接近客观而完整的自我认识。人从根本上说是一种历史性的存在，他在历史中逐渐认识自己。这种自我认识实际上从未完成，但是通过研究历史得到的知识并不比通过研究自然科学得到的知识更加完全是主观的。狄尔泰在多大程度上成功克服了纯粹的历史主义，这无疑有待讨论。但他确实不打算主张一种极端的相对主义，这种相对主义必然会导致他的历史世界概念失效。

在一个自然科学似乎正威胁着要吞没整个知识领域的时代，我们是否能够以及如何能够区分自然科学和人文科学当然变成了一个重要的议题。狄尔泰对这个问题的说明是对该问题的讨论中最引人注目的贡献之一。我们如何看待狄尔泰的这种解释似乎在很大程度上取决于我们如何看待历史学家的作用。例如，如果我们认为狄尔泰透过外在表现去洞察内在精神结构（如罗马法的"精神"、巴洛克艺术与建筑的"精神"等）的观点有他自己所拒斥的先验形而上学的味道，而且如果我们同时也不赞同这种先验形而上学，那么我们恐怕就很难接受狄尔泰对两种科学之差异的说明。然而，如果我们认为要理解人类的文化生活，的确需要透过外在现象

373

---

① 《狄尔泰全集》，第七卷，第233页。
② 同上。

去洞察表现在这些现象中的实际起作用的理想、目的与价值，那么我们恐怕很难否认经历和重新体验这两个概念之间的关系。因为，对历史的理解（就这种重新体验是可能的而言）必然涉及从内部洞察过去，重新体验过去的经验、态度、价值判断与理想。无论如何，这一点都是历史和人文科学的鲜明特征。因为，我们恐怕不能说物理学家试图去重新体验一个原子的经历，或者试图透过原子中各微粒之间的关系来理解其中所表达的精神结构。将这样的观点引入到数学物理学中意味着将它毁灭。相反，如果未能将这样的观点引入到人文科学理论中去，则意味着忘记了"那探索历史的人，同时也是创造历史的人"。[①]

---

① 《狄尔泰全集》，第七卷，第278页。

第二十章

形而上学的复兴

论归纳的形而上学 —— 费希纳归纳的形而上学 —— 洛采的目的论式观念论 —— 冯特以及科学与哲学的关系 —— 德里施的生机论 —— 奥伊肯的行动主义 —— 古为今用：特伦德伦堡与希腊思想；托马斯主义的复兴

1. 尽管唯物主义者与新康德主义者自己都涉足了形而上学，但他们都反对将形而上学作为关于实在的实证知识的来源，前者诉诸科学思维来论证自己态度的合理性，后者诉诸康德关于人类理论知识之界限的理论。但是，也有一批哲学家是从经验科学的某个分支或其他分支进入哲学，他们深信科学的世界观需要通过形而上学的反思来完成。他们不相信我们可以先天地或者说在不考虑我们的科学知识的情况下，构造出一个有效的形而上学体系。他们倾向于将形而上学理论看作是假设的，并且拥有或高或低的可能性。因此，在他们的情形中，我们可以谈到归纳形而上学。

归纳形而上学当然有其著名的代表人物，其中尤为著名的或许是亨利·伯格森（Henri Bergson）。但可能极少会有人说，在19世纪后半期的德国，归纳形而上学家享有和伟大的观念论者一样的地位。一般而言，归纳形而上学的一个弱点是，它往往并不检验和确立自己所依赖的那些基本原理。然而，我们也要认识到，我们不能简单地将德国哲学家分为如下两类，一类是以先天的方式来建构形而上学，一类是以科学的名义或者以人类心灵的界限的名义来拒绝形而上学。因为，仍然有一些哲学家试图把科学与形而上学综合起来，但他们并不是通过使科学与一个已经确立的哲学体系相融合，而是试图表明如果我们反思通过特殊科学所认识的世界，那么这将合理地引导我们走向形而上学理论。

2. 在归纳形而上学的众多代表人物中，我们可以谈谈古斯塔夫·西奥多·费希纳（Gustav Theodor Fechner，1801—1887）。他在莱比锡担任物理学教授多年，并且被誉为实验心理学的创始人之一。费希纳延续了 E. H. 韦伯（E. H. Weber，1795—1878）对感觉与刺激之间关系的研究，他在《心理物理学纲要》（*Elemente des Psychophysik*，1860）这本书里表述了这样一条"定律"，即感觉强度的变化与刺激强度的对数成正比。费希纳也致力于对美学做心理学研究，他在 1876 年出版了《美学导论》（*Vorschule der Aesthetik*）。

然而，对精确科学的这些研究并没有让费希纳得出唯物主义的结论。[①] 在心理学中，他是一个平行论者。也就是说，他认为心理与物理现象之间是对应的，这种对应方式类似于文本与其译文之间的关系，或者说类似于同一文本的两种不同译文之间的关系，正如他在《阿维斯陀经注解》（*Zend-Avesta*[②]，1851）和《心理物理学纲要》这两本书中所解释的那样。实际上，对他来说，心理和物理是同一个实在的两个不同方面。根据这种观点，他假定即使在植物中也有心理生命的存在，虽然是比动物中的心理较低一级的形态。[③] 此外，他还将平行论延伸到行星、恒星以及一切物质性的事物上，他通过一种类比原则来论证这种泛心论的合理性，这种类比原则是，当物质具有某些相同的性质或特性时，我们就有权利假设它们也同样具有某些其他相同的性质，只要这种假设不与已被承认的科学事实相矛盾即可。

我们恐怕很难说这是一个进行研究的可靠规则，但是，为了公平地评价费希纳，我们应当补充一点，即他需要一些关于形而上学理论的肯定根据，而不仅仅是需要不与科学事实相矛盾而已。同时，他还使用了一条

---

① 费希纳年轻时曾一度是一位无神论者，但奥肯的一本书（奥肯是谢林的追随者）使他相信，接受精确科学并不蕴含着接受唯物主义和无神论。

② Avesta，亦可作《亚吠陀经》，是古代波斯祆教（Zoroastrianism）的经典。——译者注

③ 在 1848 年，费希纳发表了《南娜，或者植物的灵魂生活》（*Nanna, oder das Seelenleben der Pflanzen*）。

原则，这条原则不会使他的形而上学在反形而上学家眼中获得赞同，甚至 376
也不会使他的形而上学得到很多形而上学家的赞同。这条原则是：当一项
假设具有某些肯定性的根据，并且不与任何已被承认的事实相矛盾，那么
它越是被人接受，人类就越幸福。[①]

　　本着这条原则的精神，费希纳对比了他所谓的白昼观点和黑夜观点，
以降低后者。[②] 被费希纳不仅仅归之于唯物主义，而且也归之于康德主义
的黑夜观点，指的是这样一种自然观，即把自然视为暗哑无言的、僵死
的，而且没有给自然界的目的论意义提供任何实际的线索。白昼观点则是
这样一种自然观，即把自然视为一个有生命的和谐统一体，其生机则是由
灵魂赋予的。宇宙的灵魂就是上帝，被视为物理体系的宇宙其实是上帝的
外在体现。这样，费希纳不仅用他的类比原则将心物平行论从人类扩展到
其他种类的个别事物上，而且将心物平行论从一切个别事物扩展到整个宇
宙。他还把这条原则作为人格不朽信念的一个根基。我们的知觉留存在记
忆里并且重新进入意识中。因此，我们或许可以设想，我们的灵魂留存在
神的记忆中，但并不是仅仅被神所吸收与融合了。

　　泛心论的确是一种很古老的理论，而且是一种往往一再重复出现的
理论。它远远谈不上是费希纳自己的发明。然而，我们很难避免对费希纳
形成这种印象，即当他离开纯粹科学的领域而踏上哲学之路时，他成了一
种宇宙诗人。但令我们感到有趣的是，我们在他的思想中发现了实用主义
元素。我们已经看到，在他看来，如果其他条件相同，那么可以产生幸福
的理论比不能产生幸福的理论更受青睐。但费希纳并没有将其当作仅仅是
个人偏好的问题。他的另一条原则是，一种信念的可能性与其存留的时间
长度成正比，尤其是，如果人们对一种信念的接受度随着人类文化的发展
而增强，那么这种信念的可能性就更高。所以，威廉·詹姆斯（William
James）从费希纳那里得到灵感不足为奇。

　　3. 作为一位哲学家，鲁道夫·赫尔曼·洛采（Rudolf Hermann Lotze，

---

① 对费希纳来说，幸福不仅仅意味着感官上的愉悦。幸福包括美、善、真中的喜悦以
及与上帝合一这样一种宗教情感。
② 参看《白昼观点与黑夜观点》（*Die Tagesansicht gegenüber der Nachtansicht*，1879）。

1817—1881）给人留下的印象（远比费希纳）更深刻。他在莱比锡学习
医学和哲学，也在那里听过费希纳的物理学讲座。在 1844 年，他被任命
为哥廷根大学的哲学教授；1881 年，在他去世前不久，他接受了柏林大
学的哲学教授席位。除了关于生理学、医学与心理学的著作之外，他还
出版了相当多的哲学著作。① 1841 年他出版了《形而上学》；1843 年他出
版了《逻辑学》；1856 年至 1864 年之间，他出版了三卷本的巨著《微观
世界》（Mikrokosmus），这是一本关于哲学人类学的书；1868 年他出版了
德国的美学史；在 1874 年到 1879 年之间，他出版了《哲学体系》（System
der Philosophie）。洛采去世之后，出版社根据其学生的听课笔记整理出了
一系列著作。这些著作涵盖心理学、伦理学、宗教哲学、自然哲学、逻辑
学、形而上学、美学与后康德德国哲学史这些领域。在 1885 年到 1891 年
之间，一个三卷本的洛采小作品集（Kleine Schriften）被出版。

　　根据洛采自己的说法，最初促使他转向哲学的是他对诗歌和艺术的偏
爱。所以，说他是从科学转向哲学这种说法多少带有误导性。不过，他曾在
莱比锡大学医学院学习，在那里受过科学的训练；其体系性的哲学思考的特
点在于，他假定了他所谓的对自然的机械论解释并且严肃对待这种解释。

　　例如，尽管洛采当然也认识到了下述显而易见的事实，即有生命之
物与无生命之物在行为上有差别，但他拒绝承认生物学家必须假定某些特
定的重要原则，这些原则是有机体得以维持生命与运转的原因。科学在每
个地方都在寻找可以从一般规律的角度来阐述的关联，"生命领域之所以
与无机的自然界区别开来，并不在于生命有一种它所特有的更高的力量，
从而使自己成为超越其他活动模式之上的异类……而仅仅在于其诸多成
分交织在一起的那种特定的关联方式……"。② 也就是说，我们可以从下
述角度来解释有机体的行为特点，即它的物质元素是以一种特定的方式结
合起来的。生物学家的任务是尽可能地推动这种类型的解释，并且不求助
于援引特殊的重要原则这种权宜之计。"生命现象之间的关联需要完全通

① 　洛采的一些医学心理学著作对他的哲学非常重要，例如《医学心理学》或《灵魂生
理学》（Medizinischc Psychologie oder Physiologie der Seele，1852）。
② 《微观世界》，第一册，第三章，第一节（德文版第五版，莱比锡，1896—1909，
第一卷，第 58 页）。

过机械论的方式来处理，这种方式并不是通过一种特殊的起作用的原则来解释生命，而是通过对物理过程中一些一般原则的特别运用。"① 　378

对于科学的发展而言，这种对自然的机械论解释是必要的，我们应该尽可能地扩展这种解释。对心理学与生物学而言同样也是如此。不过，我们当然没有权利先验地排除这样一种可能性，即发现某些限制机械论观点的应用的经验事实的可能性。而且我们确实找到了这样的经验事实。例如，在比较两个表象并且判断它们是否相似这一简单活动中表现出来的意识的统一性，意识的统一性马上就限制了按照相互区别的心理事件之间的因果关系来描述人的心理生活这种可能性。问题并不在于推论出灵魂作为一种不可改变的心灵原子是存在的。"意识统一性这一事实本身同时也是一个实体存在这一事实，而这个实体就是灵魂。"② 换句话说，肯定灵魂的存在既不是为意识的统一性设定一个逻辑条件，也不是从这种统一性中推导出一个神秘实体。因为认识到意识的统一性同时也就是认识到了灵魂的存在，尽管描述灵魂的恰当方式显然是一个需要进一步反思的问题。

因此，存在某些确定的经验事实，它们限制了对自然做机械论解释的应用领域。如果我们说未来的科学发展可以让这些事实变得无效或者表明它们并非是事实，这样的建议并无益处。这一点在意识的统一性中非常明显。因为经验心理学与生理心理学中任何进一步的科学发展都依赖于意识的统一性，而且也预设了意识的统一性。由于在洛采看来，对意识统一性的反思表明心理状态必须有一个非物质的实体作为它们的主体，因此，这种观点不但异常明显地表明对人类心理做机械论解释的局限，而且也清楚地表明我们需要一种形而上学的心理学。

然而，洛采并不是想要建构一个包含两个层次的体系，在其中，对物质自然所做的机械论解释在较低的一层上，而关于精神性实在的形而上学则是叠在这一层之上的较高的一层。因为他认为，即使对于自然本身，机械论的解释也只是一种片面的解释，尽管这种解释确实对科学研究的目的而言是有效的，但从形而上学的观点来看，它是不充分的。　379

---

① 《哲学体系》第二卷，莱比锡，1912年，第447页；第二卷，第八章，第229节。
② 同上，第二卷，第481页，第243节。

对自然所做的机械论解释预设了下述这些相互区别的事物的存在，这些事物处于相互作用的因果关系之中，并且，相对于它们自身不断变化的状态而言，它们每一个都是相对而言持续存在的。但是，根据洛采的观点，只有当A与B都是一个有机统一体的成员时，它们之间的相互作用才是可能的。对于这种相对于不断变化的状态而言的恒定不变性，最好的解释是将它与我们所熟知的在变化中持续存在的主体相类比，这主体即是在意识的统一性中被揭示出来的人的灵魂。这样，我们不仅被引向作为一个有机统一体的自然概念，也被引向这样一种观念，即事物在某种意义上是心理的或者精神性的实体。此外，为了构想这种统一体，我们必须把它的根据类比于我们所知道的最高的事物，即人类的精神。因此，有限精神的世界将被设想为无限精神或者上帝的自我表现。所有的事物都是内在于上帝之中的，被科学家视为机械因果关系的东西只不过是上帝的活动的表现。上帝不会创造一个世界然后坐视不管，而让世界按照他已设定的规律运转。所谓的规律其实是上帝的活动本身，是上帝发挥作用的一种模式。

这样，洛采从机械论自然观中一个相当坚实的出发点开始，进而阐述了一种形而上学理论，这一理论让我们想起莱布尼茨的单子论，而且这一理论还蕴含着如下结论，即空间是一种现象。不过，虽然洛采确实从莱布尼茨和赫尔巴特那里得到了启发，但正如他自己所说的，他也从费希特的伦理观念论中获得了灵感。洛采并不是费希特的追随者，他不赞同后康德观念论者（尤其是黑格尔）的先验方法。与此同时，费希特关于终极原则在有限的主体中表现自己以期达到一个道德目的的观点，却对洛采的思想产生了强大的吸引力。他之所以转向价值哲学就是为了寻求解开世界之意义的钥匙。感觉经验并没有告诉我们任何关于世界的终极原因的内容。但我们持有这样一种道德信念，即世界不可能没有一个目的或目标。我们必须将上帝设想为，他为了实现价值、实现某种道德理想而将自己表现在世界中，而这价值和理想正不断地在上帝的活动中、通过上帝的活动而被实现着。至于这个目的或目标是什么，我们只能通过分析善的概念、最高价值的概念才能有所了解。这样，对价值做现象学分析也是哲学不可或缺的一部分。实际上，我们对于上帝存在的信念从根本上说依赖于我们的道德经验以及我们对价值的理解。①

对洛采来说，上帝是人格性的存在。他把非人格性的精神这个概念当成是与理性相矛盾的而抛弃掉了。对于费希特和其他哲学家来说，人格性必然是有限的以及受限制的，因而不能用来谓述无限者，对此洛采的回答是，就人格性一词最充分的意义而言，只有无限的精神才是人格性的：有限性包含对人格性的限制。同时，所有的事物都内在于上帝之中，而且正如我们已经了解到的，机械论的因果关系只不过是上帝的活动。就这种意义而言，上帝是绝对者。但是，在有限的精神可被视为这一神圣实体的诸样态的意义上，上帝不是绝对者。因为每个精神都是"自为"的存在，都是活动的中心。洛采说，从一种形而上学的观点来看，只有泛神论放弃把无限者当成精神之外的任何其他事物这种倾向时，它才可以被当作一种可能的世界观而被接受。因为，空间世界是现象性的，不能将它以实体的名义等同于上帝。从一种宗教的观点来看，"我们并不赞同那种通常支配着泛神论式想象的倾向，即为了拥护无限者而压制一切有限者……"。②

洛采的目的论式观念论显然与后康德观念论运动密切相关。他认为世界是一个有机的统一体，是无限精神实现理想价值的表现，这种观点可以说是给观念论思想注入了新的生命。但是他并不相信我们能够从思想的终极原则或者自明的真理出发，演绎出一套形而上学体系，以便描述实际存在的实在界。因为，我们所谓的逻辑的永恒真理是假设性的，也就是说，它们只是表述了可能性的诸条件。因此，我们不能把它们当作对实际存在的实在界进行先验演绎的前提。人们也不能达到一种绝对的观点，并按照他们已然知道的某个终极目的来描述实在界的整个进程。人们对宇宙所做的形而上学解释一定是基于经验的。正如我们已经了解到的，洛采认为价值经验具有重大意义。因为，这种价值经验正是下述信念的根基，即世界不可能只是一个没有目的或者伦理价值的机械系统，一定有一个正

---

① 当讨论到上帝存在的传统证明时，洛采说，下述这种直接的道德信念是本体论证明的根基，即相信那最伟大、最美丽以及最有价值的对象具有实在性，正如它使目的论论证所达到的结论远远超出能够用逻辑的方式从假设中得出的结论。《微观世界》，第九册，第四章，第二节（德文版第五版，第三卷，第561页）。
② 同上，第九册，第四章，第三节（同上，第三卷，第569页）。

在逐步被实现的精神性的目的。这并不是说，形而上学家一旦有了这个信念之后，就有资格沉迷于幻想之中，而不受关于实在之本质的逻辑思考的控制。但是，在哲学家对宇宙的系统性解释中，不可避免地会有很多假设性的成分。

洛采的影响相当大。例如，在心理学界，受到他影响的有卡尔·斯通普夫（Carl Stumpf，1848—1936）和弗朗兹·布伦塔诺（Franz Brentano），关于后者，我们将会在最后一章中谈到他的一些情况。不过，洛采的影响可能是在价值哲学领域中最为明显。在众多从洛采那里汲取灵感的英国思想家中，我们尤其可以谈谈詹姆斯·沃德（James Ward，1843—1925）。而在美国，观念论者约西亚·罗伊斯（Josiah Royce，1855—1916）受到了洛采人格主义的观念论的影响。

4. 谈到19世纪后半叶从科学转向哲学的德国哲学家，我们必须提到威廉·冯特（Wilhelm Wundt，1832—1920）。在学医之后，冯特开始转向生理学与心理学研究，在1863年至1864年之间，他发表了一系列《人类与动物心理学讲义》（*Vorlesungen über die Menschen-und Tierseele*）。冯特在海德堡担任了九年"临时"心理学教授之后，于1874年被任命为苏黎世的归纳哲学讲席教授。他在随后的一年到了莱比锡，并在那里担任哲学讲席教授，一直到1918年。正是在莱比锡，他建立了世界上第一个实验心理学实验室。他的《生理心理学纲要》（*Grundzüge der physiologischen Psychologie*）的第一版是在1874年发表的。在哲学领域，他在1880年至1883年之间出版了两卷本的《逻辑学》；[①] 在1886年出版了《伦理学》；在1889年出版了《哲学体系》；[②] 在1907年出版了《形而上学》。但是，他并没有放弃他的心理学研究，在1904年，他出版了一部两卷本的《民族心理学》（*Volkerpsychologie*），这本书新的、大幅扩增的增订版，则是在1911年至1920年之间出版的。

382　　当冯特谈到实验心理学和实验方法时，他通常指的是内省的心理学以及内省的方法。或者，更准确地说，他认为内省是一种研究个体心理学

———————————

① 1919年至1921年，出版了三卷本的增订版。
② 在1919年出版了两卷本。

的恰当方法，在他看来，个体心理学与社会心理学不同。作为其直接材料而被内省所揭示出来的是心理事件或过程之间的关系，而不是一个实体性的灵魂，更不是一组相对而言持续存在的对象。因为内省揭示出的事件中，没有一个是从一个时刻到另一个时刻保持完全一致的。不过，事件之间的联系是统一的。正如自然科学家试图确立在物理领域起作用的因果律，内省的心理学家也应当致力于确定心理事件之间的关系与发展的根本法则，这些法则赋予心理因果性这个观念以内容。在解释人的心理生活方面，冯特更多强调的是意志要素而不是认知要素。当然，他并未否认后者，而只是把意志要素当成是根本性的，认为它为我们解释人的整个心理生活提供了一把钥匙。

当我们从显现在内省中的心理生活转向人类社会时，我们发现了诸如语言、神话和习俗这些共通的且相对持久的产物。社会心理学家必须去研究心理能量，这种心理能量是那些共通产物的原因，并且心理能量聚在一起就形成了一个民族的精神或灵魂。这种精神只存在于诸个体中并通过诸个体而存在，但是它不能被还原成每个单独的个体。换句话说，通过一个社会中的个体之间的关系产生了一个实在、一个民族精神，而这种精神则表现在一般性的精神产物中。社会心理学所研究的就是这些实在的发展。它也研究人性这个概念的演化以及人的一般精神的演化，这种精神显现在下述事项中，例如，普遍的宗教取代民族性宗教而兴起、科学的发展、普遍人权观念的发展，等等。这样，冯特为社会心理学制定了一项远大的计划。因为，这项计划的任务就是要从心理学的角度去研究人类社会和文化发展的所有主要表现形式。

根据冯特的观点，哲学是以自然科学和心理学为前提的。哲学建立在它们之上，又将它们纳入一个综合体中。同时哲学又超越了科学。然而，我们没有任何合理的理由反驳说，这一进程违背了科学精神。因为在各个特定科学本身中，我们也构建了超越经验数据的解释性假设。在知性知识（Verstandeserkenntnis）的层次上，表象必须借助于逻辑方法与技术才得以综合起来，像物理学和心理学这样的科学就产生于这一层次。在理性知识（Vernunfterkenntnis）的层次上，哲学（尤其是形而上学）试图

383

就前一层次知识的成果构建一个系统性的综合。在所有的认知层面上，心灵的目标在于使表象逐渐综合的过程里没有矛盾，而这构成了人类知识的根本出发点。

在其对实在界的一般性形而上学描述里，冯特把世界设想为由诸个体行动者或行动中心组成的整体，这些个体行动者或者行动中心被视为不同层级的意志统一体。这些意志统一体构成了一个发展中的系列，该系列的目标指向一个整体精神（Gesamtgeist）的产生。更具体地说，存在一项以完成人类精神的完全统一为目标的运动，该运动要求每个个体按照有助于实现这一目标的价值来行动。这样，形而上学和伦理学就被紧密联系在一起了，而在宗教观念论那里，二者都自然地圆满完成了。因为，那以一个理想为目标的宇宙进程指向着一种宗教世界观。

5. 我们已经了解到，尽管洛采继续发展了一种关于实在界的精神性本质的形而上学理论，但他认为对自然的机械论解释是适合于经验科学的，他不承认生物学家有任何正当理由放弃这种解释，进而假定一条特殊的生命原理来解释有机体的行为。然而，当我们转向汉斯·德里施（Hans Driesch, 1867—1941）时，我们发现这位海克尔从前的学生在其生物学及动物学研究的引导下，走向了一种动态的生机论，并且相信终极目的是生物学的一个基本范畴。他逐渐相信有机体里存在一条自主的行动原理，这条原理引领着生命的进程，而且我们不能用纯粹机械论的生命理论来解释它。

德里施将这条原理命名为圆满实现（entelechy①），这是借用了亚里士多德的一个术语。但他小心翼翼地避免把圆满实现或生机原则描述为心理的。因为考虑到"心理的"这个词与人类的关联以及它本身的含混性，他认为这个词并不合适。

在形成圆满实现这个概念之后，德里施作为一个哲学家逐渐发展成384　熟。在 1907 至 1908 年，他在阿伯丁主持吉福德讲座，在 1909 年，他出

①　在亚里士多德哲学中，这个词指的是一事物达成其目的的状态，是与"潜能"（energeia）相对的概念。也可译为"实现"或"完成"，有时直接音译为"隐德莱希"。——译者注

版了两卷本的《有机体的哲学》（*Philosophie des Organischen*）。在 1911 年，他获得了海德堡的哲学教授职位，随后先后在科隆与莱比锡担任教授。在他的哲学体系 ① 中，他将有机体这个概念向外扩展并应用于整个世界，而他的形而上学则是在一个至上的圆满实现概念（即上帝）那里达到顶峰。这幅图景描述的是宇宙的圆满实现，其目的论活动的目标是实现一种最高可能性层次的知识。但是，有神论或泛神论的问题仍然悬而未决。

通过攻击机械论的生物学，德里施产生了相当大的影响。有些人同意他的下述观点，即认为机械论的解释是不充分的，认为有机体显示出了目的性；但并不是他们中的所有人都打算接受圆满实现这一理论。在这里，我们可以提及两位英国学者，他们与德里施一样，都是从科学转入哲学，并且先后在吉福德讲座发表系列演讲。一位是劳埃德·摩根（Lloyd Morgan，1852—1936），他拒绝德里施的新活力论；另一位是 J. A. 汤姆逊（J. A. Thomson，1861—1933），他把圆满实现理论视为形而上学的斯库拉（Scylla），把机械唯物主义视为形而上学的卡律布迪斯（Charybdis）②，他试图走一条处于二者之间的道路。

6. 到目前为止，我们在这一章讨论过的哲学家都受过科学训练，他们要么是从某一门或某一些特殊的科学研究转向哲学思考，要么是将科学研究与哲学思考这两种活动结合在一起。现在我们可以简单地讨论一下鲁道夫·奥伊肯（Rudolf Eucken，1846—1926）这位思想家。他的确不是从科学转向哲学的，在他还是个学生 ③ 的时候，他就已经对哲学和宗教问题感兴趣；后来在哥廷根大学和柏林大学时，他致力于哲学研究。他在 1871 年被任命为巴塞尔大学的哲学教授，1874 年，他接受了耶拿大学的哲学教授席位。

对于那种把哲学视为对世界做纯粹理论性解释的观点，奥伊肯并

---

①　在认识论方面，德里施受到了康德的影响，但是他将客观性赋予范畴，这使得一种关于实在的形而上学成为可能，他也因而背离了康德的理论。

②　斯库拉是意大利墨西拿海峡一侧的一块危险的巨岩，卡律布迪斯则是它对面的巨大漩涡；此外英语中有 "Between Scylla And Charybdis" 的说法，意为进退两难。——译者注

③　在学校时，奥伊肯多少受到了威廉·罗伊特（William Reuter）的影响，后者是哲学家克劳斯（Krause）的追随者。

不赞同。对他来说哲学是一种生活智慧，这与斯多亚学派的看法是一致的。并且，他认为哲学是生活的一种表达。在他看来，哲学体系同人生观（Lebensanschauungen）一样多，这一解释包含了一条深刻的真理，即哲学植根于生活并且与生活持续共存。同时，他也希望自己可以克服哲学的分裂，这种分裂体现于对生活的纯粹个人化的反应与理想的生活之间的分离。他总结道，哲学作为生活的一种表达，如果它要拥有不仅仅是主观的、纯粹个人性的意义，那么它一定是对普遍生活的表达，这种普遍的生活将人们从自己的特殊性中拯救出来。

　　奥伊肯将这种普遍生活等同于他所谓的精神生活（das Geistesleben）。从纯粹自然主义的观点来看，心理生活"只是存在者在艰难的生存斗争中保持生命的一种方式和工具"。① 然而，精神生活是一种积极主动的实在，这种积极主动的实在创造出了一个新的精神世界。"这样就产生了像科学、艺术、法律、道德等全部领域，这些领域发展自己的内容，产生自己的动力，形成自己的法则。"② 只要一个人可以打破自然主义与利己主义的观点，他就可以上升到更高的层面，从而分有这样的精神生活。这样，他就"不仅仅是一个点；对他来说，普遍的生命也成了他自己的生命"。③

　　因此，精神生活是一种积极主动的实在，这种实在在人之中并且通过人来运作。它也可以被认为是实在朝向着精神的完全实现而运动。也可以说，实在从内部把它自己组织成一个精神统一体。由于人正是通过分有这种精神生活才获得自己真正的人格性，因此，作为人类人格性根源的精神生活就可以被视为人格性的。事实上这种精神生活就是上帝。"上帝这个概念在这里吸收了绝对精神生活的含义"，④ "精神生活达到了完全的独立，并且同时将所有实在包含在它自己之中"⑤。

---

① 《精神生活哲学导论》（*Einführung in eine Phihsophie des Geisteslebens*，莱比锡，1908），第9页。
② 同上，第8页。
③ 《新人生哲学要义》（*Grundlinien einer neuen Lebensanschauung*，莱比锡，1907），第117页。
④ 《宗教之真理》（*Der Wahrheitsgehalt der Religion*，莱比锡，1905，第二版），第138页。
⑤ 同上，第150页。

哲学是或者应该是对这种精神生活的表达。"哲学对杂多所做的综合不应该从外部强加于实在之上，而是应该从实在本身出发并且促进实在的发展。"[1] 也就是说，哲学应该是精神生活的统一活动的概念化表达，并且同时它应该通过使人们理解自己与精神生活的关系来促进精神生活的发展。

精神生活的概念很自然地使我们想到黑格尔的哲学。从这个角度来看，奥伊肯的思想可以被描述为新观念论。但是黑格尔强调的是以概念化的方式来解决问题，而奥伊肯则倾向于认为生活中的重要问题都是通过行动来解决的。一个人获得真理就在于他克服非精神的本性对他的拉扯、羁绊，积极参与到那唯一的精神生活中。因此，奥伊肯将他的哲学描述为"行动主义"。[2] 关于他的哲学和实用主义之间的相似性，奥伊肯倾向于将实用主义解释成：它将真理还原为一种工具，这种工具仅仅服务于人们那种寻求满足的利己主义。因此奥伊肯认为实用主义实际上促进了哲学的分裂，而这正是他想要克服的。在他看来，真理是精神生活积极主动地努力追求的目标。

在他那个时代，奥伊肯享有很高的声誉。但是，很显然他提出的哲学更多地是一种世界观或者人生观，而不是一种有效地克服相互矛盾的诸体系的方法。而且，在他的哲学中，精确的陈述与解释并不总是那么容易就能找得到。例如，说问题是通过行动来解决的，这当然是可以的。但如果这是一个理论问题，那么当奥伊肯谈到通过行动来解决它这一方法时，他需要给出比他已给出的解释细致得多的分析。

7. 正如我们已经了解到的，黑格尔有力地推动了对哲学史的研究。但是对他来说，哲学史是一种处于形成之中的绝对观念论，或者用形而上学的术语来说，哲学史是绝对精神逐渐理解它自身的过程。如果一位哲学史家完全接受了黑格尔的原理，那么他会认为哲学思想的发展是不断辩证地前行的，后来的思想体系预设着先前阶段的思想，并将其纳入自身之

386

---

[1] 《精神生活哲学导论》，第10页。
[2] 同上，第155页。

中。然而，可以理解的是，也会有其他的哲学家，他们在回顾过去的思想阶段时，只是将其视为有价值的洞见的来源，这些洞见后来毋宁说是被遗忘或忽视了，而不是被吸纳进随后的思想体系中并得到了提升。

一些哲学家们强调对过去做客观的研究，以便重新思考和利用其中具有永恒价值的成分，阿道夫·特伦德伦堡（Adolf Trendelenburg，1802—1872）就是这样的哲学家之一。他在柏林担任了多年哲学讲席教授，并且对哲学史研究的发展产生了相当大的影响。他主要致力于研究亚里士多德，虽然他的哲学史著作中同样也讨论了斯宾诺莎、康德、黑格尔和赫尔巴特。特伦德伦堡是黑格尔与赫尔巴特的有力反对者，对于19世纪中叶黑格尔声望下降这件事他也起到了促进作用。他将人们的注意力引向了希腊思想中那些作为欧洲哲学来源的具有永恒价值的成分，尽管他相信我们需要从现代的科学世界观这一角度来重新思考和利用希腊哲学中的洞见。

特伦德伦堡将自己的哲学描述为"有机的世界观"（organische Weltanschauung），这种有机的世界观是在其两卷本的《逻辑研究》（*Logische Untersuchungen*，1840）中建立起来的。特伦德伦堡的有机世界观受到亚里士多德的很大影响，并且正如在亚里士多德主义那里一样，终极目的的观念对特伦德伦堡的有机世界观而言是根本性的。不过，特伦德伦堡也将空间、时间和范畴描述成既是存在的形式也是思维的形式，以此来调和亚里士多德与康德。在他的《权利的道德观念》（*Die sittliche Idee des Rechts*，1849）和《伦理学基础上的自然法》（*Naturrecht auf dem Grunde der Ethik*，1860）这两本著作中，他试图为权利观念及法律观念提供某种道德基础。

古斯塔夫·泰希穆勒（Gustav Teichmüller，1832—1888）也研究亚里士多德，他在柏林受到特伦德伦堡的影响，不过后来他受到莱布尼茨和洛采（尤其是前者）的启发并发展了自己的哲学。

奥托·维尔曼（Otto Willmann，1839—1920）也是特伦德伦堡的学生，他先是对亚里士多德的思想感兴趣，随后通过批判观念论与唯物主义而转向了托马斯哲学。在这里，我们可以稍稍提一下中世纪哲学（尤其是托马斯·阿奎那的思想）重获利用的情况。如果我们仅仅在 19 世纪德国哲学的语境下来处理这一主题，那么的确会相当困难。因为托马斯主义的兴起是天主教会的精神生活之下的一般现象，我们很难说在这一过程中德国起到了最重要的作用。不过，我们也不能什么都不说就略过这一问题。

在 17、18 世纪和 19 世纪的早期，教会的神学院与教学机构中的哲学通常采用这样一种形式：把枯燥的、经院哲学式的亚里士多德主义与取自当时盛行的其他思潮中的观念结合起来，尤其是笛卡尔主义以及后来的沃尔夫哲学。但这样一种哲学缺乏内在的活力，从而知识界也就无法普遍地感受到它的存在。此外，在 19 世纪上半叶，法国、意大利和德国有许多天主教思想家，他们的观念或者是在与同时代思想的对话中发展起来的，或者是在当代思想的影响下发展起来的，但在教会当局看来，他们的思想威胁到天主教信仰的完整性，无论是以直接还是间接的方式。这样，在德国，先后在明斯特和波恩担任神学教授的乔治·赫米斯（Georg Hermes，1775—1831）就被教会裁定为从那些他试图反对的哲学家（例如康德和费希特）那里接受了太多的思想，而把天主教教义扔进了哲学思辨的大熔炉中。还有，在复兴神学的热忱努力中，安东·君特（Anton Günther，1783—1863）试图用黑格尔的辩证法来解释和证明三位一体的教义；[1] 而慕尼黑的一位牧师兼哲学教授雅各布·弗洛什哈默（Jakob Froschhammer，1821—1893）则被裁定为将超自然的信仰与启示置于观念论哲学之下。[2]

然而，在 19 世纪，许多天主教思想家呼吁重新利用中世纪的思想，特别是阿奎那在 13 世纪发展的神学与哲学的综合体系。就德国而言，重燃对一般意义上的经院哲学（尤其是对托马斯主义）的兴趣主要归功于下面这些人的著作，例如约瑟夫·克罗伊特根（Joseph Kleutgen，1811—1883）、阿尔伯特·斯托克尔（Albert Stöckl，1832—1895）和康斯坦

388

---

① 君特被教会指控为理性主义，而他接受了这一判定。

② 当弗洛什哈默因其观点被教会谴责时，他拒绝向教会当局屈服。后来他成为教皇无误论这条教义的反对者之一。

丁·古特贝勒特（Konstantin Gutberlet，1837—1928）。1879 年，教皇利奥十三世发布了他的通谕《永恒之父》（*Aeterni Patris*），他在其中声称托马斯主义具有永恒价值，并且督促天主教哲学家们从中汲取灵感，与此同时发展托马斯主义从而使之满足现代需求；而古特贝勒特的大部分作品正是在 1879 年之后才出版的。但是，施特克尔的《哲学教科书》（*Lehrbuch der Philosophie*）在 1868 年就出版了，克罗伊特根的《早期护教时代的神学》（*Die Theologie der Vorzeit verteidigt*）第一版与《早期护教时代的哲学》（*Die Philosophie der Vorzeit verteidigt*）则分别在 1853 至 1860 年和 1860 至 1863 年就出版了。所以，说利奥十三世开启了托马斯主义的复兴并不是很准确。他所做的只不过是有力地推动了一个已经存在的运动。

389

托马斯主义的复兴自然不仅要求对阿奎那的思想有真正的认识和理解，也要求对一般意义上的中世纪哲学有真正的认识和理解。很自然地，在第一阶段的复兴之后，接着就是专家学者在此领域里的研究，关于这些专家我们所想到的有：德国的克莱门斯·鲍伊姆克（Clemens Baeumker，1853—1924）和马丁·格拉布曼（Martin Grabmann，1875—1949）、比利时的莫里斯·德·沃尔夫（Maurice De Wulf，1867—1947），还有法国的皮埃尔·曼多内（Pierre Mandonnet，1858—1936）和艾蒂安·吉尔松（Etienne Gilson，生于 1884）。

不过，如果要把托马斯主义呈现为一种生动的思想体系，而不是仅仅具有一种历史意义，那么我们需要呈现出以下两点：首先，托马斯主义并没有与过时的物理学和被抛弃了的科学假设牵连在一起；其次，它是可以发展的，并且在其呈现给现代人的心灵时能够有助于应对哲学问题。第一项任务主要是由枢机主教梅西埃（Mercier，1851—1926）和他在鲁汶大学的同事及继承者完成的。[①] 关于第二项任务的完成，我们可以提到的人物有：德国的约瑟·盖泽尔（Joseph Geyser，1869—1948）和法国的

---

① 梅西埃不仅仅要表明托马斯主义与科学并不冲突。他还设想托马斯主义的发展与实证的以及纯粹客观的科学研究有密切关系。完成梅西埃这一课题的杰出代表人物之一是鲁汶大学的心理学家阿尔伯特·米乔特（Albert Michotte，生于 1881）。

雅克·马里丹（Jacques Maritain，生于 1882）。

托马斯主义在把自己建构成一个重要的思想体系之后，还必须表明它能够吸收其他哲学中有价值的成分而不至于自我摧毁。但这是一个属于本世纪 [①] 托马斯主义思想史的研究主题。

---

① 指 20 世纪。——译者注

第二十一章
尼采（一）

生平与著作 —— 尼采思想作为"面具"的诸阶段 —— 尼采的早期著作及其对同时代文化的批判 —— 对道德的批判 —— 无神论及其结果

1. 由于我们已经岔入到 20 世纪，所以一直留到此处才用两章的篇幅讨论一位在 1900 年（如果就他的著作而言，则还要再早十年左右）逝世的哲学家，似乎显得有点不恰当。不过，尽管从时间先后的顺序来看这种安排是不妥当的，但是我们可以这样来辩护，即这卷论述 19 世纪德国哲学的著作是以这样一位思想家结束的，虽然他逝世于 1900 年，但他的影响力却是直到 20 世纪才充分显现出来的。无论我们如何看待尼采的思想，我们都无法否认他的盛名以及他的思想力量，这种力量就如同烈酒在许多人头脑中产生的作用一般。对于前面几章所讨论的唯物主义、新康德主义以及归纳形而上学，我们恐怕很难把这样的评价用在它们身上。

弗里德里希·威廉·尼采（Friedrich Wilhelm Nietzsche）于 1844 年 10 月 15 日出生于普鲁士萨克森的洛肯。他的父亲是路德教的牧师，逝世于 1849 年；这位男孩是在瑙姆堡由妈妈、妹妹、外祖母及两位姨母组成的女性化且虔诚的氛围中被抚养长大的。在 1854 年至 1858 年之间，他就读于当地的中学；1858 年至 1864 年，他就读于普夫塔的一所著名的寄宿制学校。他对希腊精神的推崇与赞赏在中学时代就被唤起，他最喜欢的古典作家是柏拉图和埃斯库罗斯。他亦曾涉足诗歌和音乐。

在 1864 年 10 月，尼采与他中学时代的朋友（未来的东方学专家和哲学家）保罗·杜伊森（Paul Deussen）一起进入波恩大学学习。但是在第二年的秋天，他就转去了莱比锡，在里奇尔（Ritschl）的指导下继续他的哲学研究。他与他当时的同学欧文·罗德（Erwin Rohde）成为挚友，罗德后来成为大学教授并且出版了《心灵》（Psyche）一书。尼采那时已经放弃了基督教信仰；在莱比锡的时候，尼采阅读了叔本华的主要著作，如尼采自己所说，这些著作吸引他的一个原因是作者的无神论立场。

尼采曾在《莱茵博物馆》（Rheinisches Museum）发表过一些文章，当巴塞尔大学咨询里奇尔这些文章的作者是否适合担任哲学教授时，里奇尔毫不犹豫地力荐这名自己最中意的学生。结果尼采在拿到博士学位之前就被任命为大学教授。[①] 1869 年 5 月，尼采发表了题为《荷马与古典语言学》的就职演讲。在普法战争爆发后，尼采加入了德国军队的救援队；但是疾病迫使他放弃了这项工作，在他身体尚未完全恢复时，他恢复了在巴塞尔大学的教职。

尼采在巴塞尔最大的慰藉就是造访理查德·瓦格纳（Richard Wagner）在卢塞恩湖畔的别墅。在他还是莱比锡大学的学生时，他就已经被瓦格纳的音乐吸引，不过他与这位作曲家的友谊可能对他的创作产生了不幸的影响。在 1872 年出版的《悲剧的诞生》（Die Geburt der Tragödie aus dem Geiste der Musik）这部著作中，尼采首先对比了苏格拉底之前与苏格拉底之后的希腊文化，指出了苏格拉底之后的希腊文化的不足之处，然后他论证说，当时的德国文化与苏格拉底之后的希腊文化具有极大的相似性，只有让瓦格纳的精神充满德国文化，才能挽救德国文化。很自然地，这本书受到了瓦格纳的热烈欢迎；但是对尼采关于希腊悲剧起源的看法，语言学家们则表达了异议。尤其是那时候还是个年轻人的维拉莫维茨·莫伦多夫（Wilamowitz Moellendorff），他对这本书进行了毁灭性的攻击。即使尼采的朋友罗德的忠心辩护也未能使他免于在古典学术界丧失声誉。不过这事对我们现在的讨论影响不大。因为，我们感兴趣的是作为一位哲学家、伦理学家和心理学家的尼采，而不是作为巴塞尔语言学教授的尼采。

---

① 莱比锡大学随即没有对尼采进行考查就授予了他学位。

391

在 1873 年至 1876 年间，尼采发表了 4 篇论文，它们的共同标题是
《不合时宜的考察》(*Unzeitgemässe Betrachtungen*)，在尼采著作集的英译
本中这一标题被翻译为 "*Thoughts out of Season*"。在第一篇论文中，尼
采激烈抨击了倒霉的大卫·施特劳斯，将他视为德国庸俗文化的代表；在
第二篇论文中，他抨击了那种盲目崇拜历史知识并且以之替代活生生的
文化的做法。在第三篇论文中，他致力于颂扬作为教育家的叔本华，批评
大学里的哲学教授；在第四篇论文中，他把瓦格纳描述为使希腊精神得以
重生的肇始者。

在 1876 年，即题为《理查德·瓦格纳在拜罗伊特》(*Richard Wagner
in Bayreuth*) 的第四篇论文发表的那一年，尼采与瓦格纳已经开始分道扬
镳了。[①] 他与这位作曲家的关系破裂代表了尼采思想发展的第一阶段的结
束。如果说在第一阶段，尼采谴责了苏格拉底这位理性主义者，那么在第
二阶段，尼采则倾向于颂扬苏格拉底。在第一阶段，尼采认为文化乃至一
般意义上的人类生活是在天才、创造性的艺术家、诗人和音乐家的作品中
寻求其正当性。而在第二阶段，比起诗歌，尼采更倾向于科学，他质疑所
有被接受的信念；他很好地扮演了法国启蒙运动中的理性主义哲学家这一
角色。

第二阶段的代表作是《人性的！太人性的！》(*Menschliches, Allzu-
menschliches*)，这本书最初出版时（1878—1879）分为三部分。从某种意
义来说，这部著作的观点是实证主义的。尼采以一种间接的方式攻击形而
上学，他试图表明，尽管人类经验与知识的特征曾被假定为会使形而上学
的解释成为必要，或者说是证明了某种形而上学超越结构的正当性，但这
些特征也可以从唯物主义思想路径来解释。例如，道德中善与恶的区分
源于我们的下述经验，即一些行为是对社会有益的，而另一些行为则是对
社会有害的；尽管随着时间的推移，这种区分的功利主义起源可能看不到
了。此外，良心源于对权威的信念，这种信念并不是上帝的声音，而是父

---

① 尼采认为瓦格纳把他当成促成瓦格纳主义的一件工具，这无疑是正确的。而他也逐
渐认识到真实的瓦格纳并不是他之前所想的那样。瓦格纳《帕西法尔》(*Parsifal*) 的发
表是促使尼采与瓦格纳决裂的最后一根导火索。

母和教育者的声音。

由于健康状况不佳，加上对自己所承担的专业职责的不满，甚至可以说是厌恶，尼采在 1879 年春天辞掉了在巴塞尔大学的教授职务。在接下来的十年中，他漂泊不定，在瑞士和意大利各地寻医问诊，偶尔也会回到德国。

在 1881 年，尼采出版了《曙光》(Morgenröte)，如他自己所说，他在其中展开了对那种强调自我牺牲的道德的攻击。随后在 1882 年 [①]，《快乐的科学》(Die fröliche Wissenschaft) 出版，我们在其中发现了基督教是敌视生命的这一观念。正如尼采所说，"上帝死了"这一消息为那些自由的灵魂打开了广阔的视野。这两本书都没有获得成功。尼采给罗德送了一本《曙光》的抄本，但甚至他这位昔日的好友都不承认它。尼采的著作在德国遭受的冷遇并没有提升他对自己同胞的好感。

1881 年，尼采在恩加丁的西尔斯–玛利亚 [②] 疗养院（Sils-Maria）时产生了永恒轮回（eternal recurrence）的思想。在无限的时间中，存在着周期性的循环，在这个循环中，所有存在过的事物都被一再重复。这个有点令人沮丧的思想很难说是全新的，但它带着灵感的激发力量呈现于尼采的头脑中。他构想了一个计划，即通过波斯圣人查拉图斯特拉之口来表达那些在他心灵中发酵的思想。结果他完成了他最有名的著作《查拉图斯特拉如是说》(Also Sprach Zarathustra)。该书的前两部分在 1883 年分开出版；第三部分在 1884 年初出版，尼采在其中阐述了永恒轮回的学说；第四部分出版于 1885 年初。

《查拉图斯特拉如是说》以其超人与价值重估的观念表达了尼采第三阶段的思想。但是它诗意的、先知似的语言风格使它看起来像是一位幻想家的作品。[③] 尼采思想较为平静的阐述在《善恶的彼岸》(Jenseits von Gut und Böse, 1886) 和《道德的谱系》(Zur Genealogie der Moral,

---

① 《快乐的科学》的第五部分直到 1887 年才加上。
② 位于瑞士境内的一所疗养院。——译者注
③ 鲁道夫·卡尔纳普评论说，当尼采想要谈论形而上学时，他很巧妙地求助于诗歌。因此，卡尔纳普将《查拉图斯特拉如是说》看作他自己对形而上学本质所做的新实证主义解释的一个经验性的确证。

1887）中可以找到；这两本书与《查拉图斯特拉如是说》可能是尼采最重要的著作。《善恶的彼岸》一书使尼采收到了一封来自伊波利特·丹纳（Hippolyte Taine）的赞赏信；在《道德的谱系》出版之后，尼采收到了一封来自乔治·勃兰兑斯（Georg Brandes）的类似的信；勃兰兑斯是丹麦的一位评论家，后来他在哥本哈根发表了一系列关于尼采思想的讲演。

　　《善恶的彼岸》还有一个副标题，即《未来哲学序曲》。尼采打算系统地阐述他的哲学思想，为此他写了大量的草稿。对于什么标题比较合适这一点，他的想法改变了好几次。一开始，他想的是《权力意志——对自然的新解释》或者《权力意志——一篇对宇宙进行新解释的论文》。换句话说，正如叔本华将他的哲学建立在生命意志这个概念上一样，尼采将他的哲学建立在权力意志的思想上。后来，强调的重点改变了，他计划将标题拟定为《权力意志——重估一切价值》（*Der Wille zur Macht: Versuch einer Umwerthung aller Werthe*）。不过，事实上这部计划中的巨著并未完成，尽管《敌基督者》（*Der Antichrist*）本来应是它的第一部分。尼采为这部著作准备的草稿在他逝世之后被出版。

　　尼采撇开了他的写作计划，转而撰写猛烈抨击瓦格纳的著作，即《瓦格纳事件》（*Der Fall Wagner*, 1888），以及随后的《尼采反瓦格纳》（*Nietzsche contra Wagner*）。第二篇文章是在尼采发疯之后才出版的，其他写于 1888 年的著作也都是在尼采发疯之后才出版的，包括《偶像的黄昏》（*Die Götzen-dämmerung*）、《敌基督者》以及《瞧！这个人》（*Ecce Homo*）——某种意义上的尼采自传。这一年的著作都表现出极度的不安与精神上不稳定的迹象，尤其是《瞧！这个人》这本书，其中所表现的那种洋洋自得的自我肯定，让人明显感觉到他精神失常了。在 1888 年年末，尼采开始出现明确的发疯迹象。1889 年 1 月，尼采从当时他所住的都灵被带到了巴塞尔的一个诊所。他从来没有真正地恢复，不过经过在巴塞尔和耶拿的治疗之后，他能够回到瑙姆堡的母亲家中。[①] 在他母亲去世之后，

---

① 尼采确实饱受病痛和失眠的困扰。孤独与被忽视折磨着他的心灵。但也可能是因为他在大学时感染的梅毒经过了一个非典型的过程最终影响了他的大脑，尽管他的妹妹试图否认这种说法。

他和他妹妹一起住在魏玛。那时,他已经成为一位名人了,尽管当时他已经很难感知到这一事实。尼采去世于1900年8月15日。

2. 在前面一节中,我们已经提到尼采思想的发展时期或发展阶段。当他回顾以往时,这位哲学家将他这些阶段的思想形容为如此多的面具。例如,他宣称他在第二阶段采取的那种自由精神的态度,即对生活的一种批判的、理性主义的、怀疑的观察者的态度,可以说是他"异乎寻常的姿态"、他的第二本性,这种本性被当成一种手段,通过它,尼采可以顺利到达自己的第一本性或者说真正的本性。这种第二本性必须被丢掉,就好像蛇蜕掉它的旧皮。此外,当尼采谈论特定的学说或理论时,习惯于把它们当成好像是自我保存的策略和自我调理的补药。例如,永恒轮回思想是对力量的测试,测试尼采是否有能力对生命说"是",而不是像叔本华那样对生命说"不"。他能否面对这样一种思想,即他的整个生命过程,生命中的每一时刻、每一个遭遇、每一个痛苦、每一个耻辱,都将在无限的时间里被一遍遍地重复?他能否面对这种思想,并且不仅仅是带着坚忍的顺从,还要带着喜悦去拥抱它?如果可以,那么这是尼采内心力量的反映,表明尼采对生命说"是"的力量得胜了。

显然,尼采并未在某一天对自己说:"我现在要摆出一副实证主义者、冷静的批判者以及一个科学的观察者的姿态,因为我认为这可能对我的精神状态有益处。"毋宁说是这样一种情形:他认真地尝试扮演这样一种角色,直到他成长到超越了这个角色,他回顾过去才发现这是一种自我调理的补药,是一张面具,在这张面具之下,他思想的真正方向得以暗中发展起来。但是他思想的真正方向是什么呢?考虑到尼采关于顺利到达他真正的本性所说的内容,我们当然倾向于认为,他后期作品中的学说以及他逝世后出版的《权力意志》草稿中的理论代表了他真正的思想。然而,如果我们坚持面具理论的话,那么我认为,我们也必须将它运用于尼采思想的第三个阶段。正如我们已经提到的,尼采认为永恒轮回理论是一种对力量的测验,而这一理论属于第三阶段。此外,也是在第三阶段,尼采明确阐述了他的相对主义及实用主义真理观。他关于真理的一般性理论的确是社会性的而非个人性的,意即那些被说成是真理的理论乃是在生物学上对某些特定的物种或者某种人有用的理论。因此，就其使得更高层次的人能够发展他们的潜能而言，超人理论是一个具有真理性质的神话。但是如果我们坚持面具理论的话，我们必须从个人意义上来接受像这样的陈述——"真理的标准在于对权力的感受的强度"，^① 并将它应用于尼采思想的第三阶段，就如同应用于第一阶段和第二阶段一样。

396 　当然，在这种情况下，从确定的哲学理论这个角度来看，就不存在尼采的"真正思想"了。因为，尼采所表达的全部思想都变成了工具，而尼采作为克尔凯郭尔所说的"生存着的个体"，试图借由他的思想实现他的可能性。尼采的思想代表了一种媒介，我们必须通过这个媒介努力识别存在的意义。这样，我们就有了对尼采的生活与作品的一种解释，关于这种解释，卡尔·雅斯贝尔斯为我们提供了一个极好的范例。^②

　本书的作者无意质疑对尼采的生活和思想做出存在主义解释的价值。但是在一本这样的书中，读者有权期待作者对尼采所说的，以及他呈现在公众之前的面目或形象做一个总括性的说明。毕竟，当哲学家把他的思想写在纸上并将它出版时，它们可以说就拥有了自己的生命，视情形而发挥着或大或小的影响。没错，尼采的哲学缺乏像斯宾诺莎和黑格尔哲学那样令人印象深刻的体系性，尼采也清楚地意识到了这一事实。如果我们想要在尼采的哲学中看到那种德意志的"深刻性"，那么我们必须透过表面看看它背后的东西。然而，尽管尼采把注意力放在其思想中个人性的一面，放在透过表面探索其背后的东西这一需要上，但事实仍然是：他持有一些非常强的信念，他逐渐认为自己是一位先知、是一种变革的力量，认为他的观念是"炸药"。即使是从他自己的真理观来看，尼采的理论也必然带有神话的特性，这些神话与尼采热情洋溢地宣称的价值判断密切相关。或

---

① 《尼采文集》，第三卷，第 919 页，（第十五章，第 49 页）。除非另有说明，否则所给参考文献的卷数与页码都是指由 K. 施勒希塔（K. Schlechta，慕尼黑，1954—1956）所编三卷本（不完整）的《尼采文集》的卷数与页码。括号中给出的卷数及页码指的都是奥斯卡·利维博士（Dr. Oscar Levy）所编《尼采全集》英文版卷数及页码（参看参考书目）。尼采著作的德文评注版仍然没有完成（这是指 1965 年本卷哲学史出版时的状况。——译者注）。

② 在他的《尼采：其人其说》（*Nietzsche: Einführung in das Verständnis seiner Philosophierns*，柏林，1936）一书中，对雅斯贝尔斯来说，尼采与克尔凯郭尔代表了两种"例外"，代表了两种人类之存在的可能性的具体体现。

许相比于任何其他事物，这些价值判断才是他巨大影响力的来源。

3. 我们已经提到，当尼采还是莱比锡大学的学生时，他发现了叔本华的《作为意志与表象的世界》。不过，虽然这位伟大的悲观主义者深深地刺激了尼采，但尼采从来都不是叔本华的追随者。例如，在《悲剧的诞生》中，尼采确实在下述意义上追随了叔本华，即他悬设了所谓的"原始的统一性"，该统一性把自己表现在世界与人的生命中。同叔本华一样，尼采将生命描述成可怕的、悲惨的，并且谈到了通过艺术（亦即创造性天才的作品）而使生命发生蜕变。可是，即使是在他早期受叔本华影响的迹象十分明显的作品中，尼采哲学的一般走向也是对生命的肯定而不是对生命的否定。而在 1888 年，当他再回头去看《悲剧的诞生》时，他宣称这本书表达了与叔本华相反的生命态度，这一宣称并不是没有根据的。

根据尼采在《悲剧的诞生》中的观点，希腊人清楚地认识到生命是可怕的、无法解释的、危险的。但是，尽管他们敏锐地意识到世界与人生的真实特性，他们也没有背弃生活而屈服于悲观主义。毋宁说他们所做的是通过艺术这一媒介来改变世界与人生。这样他们就可以向作为审美现象的世界说"是"。然而，有两种方式可以做到这一点，它们分别对应于狄奥尼索斯精神和阿波罗精神。①

对尼采来说，狄奥尼索斯是生命之流本身的象征，他打破一切障碍、无视一切限制。在狄奥尼索斯或者酒神的崇拜仪式中，我们可以看到那些喝醉的崇拜者与生命合为一体。由个体化原则建立起来的障碍往往被打破；摩耶的面纱被揭开；男人和女人都涌入生命之流中，表现出原始的统一性。然而，阿波罗是光的象征，是尺度、限制的象征。他代表了个体化原则。阿波罗精神表现在奥林匹斯诸神闪耀的梦幻世界中。

不过，我们当然可以避开关于原始统一性的形而上学理论以及叔本华所讨论的个体化原则，而用心理学的形式来表述这个问题。在通常被归于希腊人的中庸精神之下，在他们对艺术、美与形式的热爱之下，尼采看到了一股黑暗的、汹涌的、无形式的本能、冲动与激情的洪流，这股洪流

———————————

① 狄奥尼索斯是希腊神话中的酒神，阿波罗是希腊神话中的太阳神。——译者注

往往会卷走途中的一切事物。

　　现在，如果我们将生命本身视为惊恐、厌恶的对象，并且认为只有通过审美对现实的改变才能避免那种对生命说"不"的悲观主义，那么有两种方法可以避免这种悲观主义。一种是给现实披上一层审美的面纱，创造一个形式与美的理想世界。这是阿波罗式的。这种方式表现在奥林匹斯神话、史诗以及造型艺术中。另一种可能是，无论存在是多么黑暗与恐怖，我们都欢欣鼓舞地去肯定、拥抱它。这是一种狄奥尼索斯式的态度，它最典型的艺术形式是悲剧和音乐。悲剧的确把存在变成一种审美现象，但它并没有给存在披上一层面纱，而是用一种审美的形式来展现存在并肯定它。

　　在《悲剧的诞生》中，正如书名所指示的，尼采直接关注的对象是希腊悲剧的起源和发展。但是我们不能在这里讨论这个问题。下述这一点对我们而言也不重要，即在古典学术界看来，尼采对悲剧起源的说明在多大程度上是可接受的。这里的重点在于，对尼采来说，希腊文化在未被苏格拉底的国家主义精神破坏之前，它所达到的最高成就在于狄奥尼索斯精神和阿波罗精神的融合。[①] 而且，尼采在这种融合中为一种文化标准找到了基础。真正的文化是生命的力量与对形式和美的热爱之间的统一，前者即狄奥尼索斯精神的元素，后者即阿波罗精神的特征。

　　如果我们能够证明存在是一种审美现象，那么，将现实转化成审美现象并且使人们能够用这种方式看待存在且肯定存在的那些人，将是人类之精华。换句话说，创造性的天才将是文化的最高产物。事实上，在我们目前考察的这一时期，尼采似乎把天才的诞生说成是文化的目标和目的，说成是我们辩护文化合理性的理由。例如，在《希腊城邦》（*Der griechische Staat*，1871）一文中，他很清楚地表达过这一点。尼采在这里和其他地方都坚持认为，大多数人在生活斗争中所付出的辛苦和劳作之所以被证明是合理的，乃是因为它们构成了使天才诞生的结构基础，无论从中诞生出的天才是艺术、音乐还是哲学方面的。因为，天才是存在借以

---

① 根据尼采的观点，埃斯库罗斯的悲剧是这种融合的最高艺术表现。

得到救赎的工具。

基于这些观点，尼采进一步对同时代的德国文化做出了高度批判性的价值评估。例如，他将关于过去文化的历史知识与文化本身进行对比，后者被尼采描述为"一个民族的生活中所表现出的一切艺术风格的统一"。① 但我们没有必要耽搁在他对他那个时代的德国文化的批判上。相反，我们可以关注两三个一般性的观念，这些观念在尼采以后的思想中也会出现。

尼采使如下这个问题变得不同，即究竟是生命应该主宰知识还是知识应该主宰生命。"这两个当中哪一个才是更高的，是其中的决定性力量？没有人会怀疑生命才是更高的，是其中主导性的力量……"② 这意味着，19世纪那种以知识和科学为主导的文化可以说是暴露在生命力的报复之下，这种报复性的力量将会产生一种新的野蛮状态。在现代生活的表面之下，尼采看到了生命力是"野蛮的、原始的、彻底无情的。人们以一种恐惧的期待注视着它们，就好像注视着女巫厨房里的大锅一样……一个世纪以来，我们已经在为这惊天动地的大动荡做准备"。③ 在19世纪的社会中，我们既可以看到人们对其已经达到的状态自鸣得意，也可以看到由民族国家所培养出来的、体现于民主和社会主义运动中的一种普遍倾向，即为了促进一种均衡一致的平庸而敌视天才。但是我们没有任何理由认为人类的潜力已经发展到极限了。而潜在的毁灭性力量的出现，将会为以杰出个体的形式出现的人类之更高样本铺平道路。

显然，正如尼采所说，这种观点包含了一种超历史的见解。也就是说，它包含着对黑格尔下述观点的拒斥，即以现实是理性或者理念之必然的自我表现为名义而将现实神圣化；它也包含着对超越历史情境的价值的洞见。人类是可塑的，他有能力超越自己、有能力实现新的可能性，而且他需要这种洞见、目标和方向感。经验性的科学不能提供这种洞见。尽管尼采在他的早期作品中没怎么提到基督教，但很清楚的是，他并没有将基

① 《尼采文集》，第一卷，第140页。英译本，第一卷，第8页。
② 同上，第一卷，第282页。同上，第二卷，第96页。
③ 同上，第一卷，第313页。同上，第二卷，第137页。

督教信仰作为人类必需的洞见的来源。① 因为还有哲学，这种哲学的代表
却不是博学的大学教授，而是隐藏在孤独思想家的面目之下的人，他对人
类超越自己的可能性有着清晰的洞见，他也不害怕成为"危险"人物。一
旦确定了事物可以改变的程度，哲学就应该"带着坚定的勇气去承担**改善
世界中那些被认为容易改变的方面这一任务**"。② 多年后尼采再回头看这
些早期的文章时，他在作为生命的审判者和价值的创造者的哲学家这一理
想中看到了查拉图斯特拉或者他自己。他们逐渐变成同一个东西。

4. 在尼采的早期著作中，暗含着他对那种肯定一条普遍的道德律及
一种绝对的道德价值的伦理观的批判。我们已经了解到，根据尼采自己的
陈述，在《悲剧的诞生》中，只有审美价值被认可。在他评论大卫·施特
劳斯的文章中，尼采提到了施特劳斯的观点：道德的要旨及实质在于认为
其他所有人都与自己有同样的需要、要求和权利，然后追问这条命令的来
源。施特劳斯似乎理所当然地认为命令的基础在于达尔文的进化论。但是
进化论并没有提供这样的基础。人这个群体包含许多不同的类型，因此，
声称我们要按照如下这种方式来行动是荒谬的，即好像个体之间的差异和
区别不存在或者不重要一样。我们已经了解到，尼采强调的是杰出的个体
而不是种族或者物种。

然而，尼采是在《人性的，太人性的》这部著作中才开始详细讨论
道德中的问题。这部著作实际上是由格言组成的；它并非一部系统性的论
著。但是如果我们对比其中与道德相关的评论，那么我们多多少少能发现
一种前后一贯的理论。

动物成为人的第一个迹象是，它的想法不再只是指向一时的满足，
而是指向从长远来看有用的事物。③ 除非我们把效用理解为对共同体的

---

① 在《作为教育者的叔本华》一书中，尼采提到，"基督教的确是促进文化发展（确
切地说，是促进圣人的不断重新出现）的最纯粹的表现之一"；《尼采文集》，第一卷，
第332页（英译本，第二卷，第161页）。但是他又继续论证说，基督教曾经被用来转动
国家的车轮，它已经变得无可救药地堕落了。很明显，他将基督教视为一种已经失效了
的力量。当他后来再去看《悲剧的诞生》时，他在这本书对基督教的沉默无语中看到了
一种敌意。因为这本书只认可审美价值，而尼采认为基督教否认审美价值。
② 《尼采文集》，第一卷，第379页。英译本，第一卷，第120页。
③ 同上，第一卷，第502页。同上，第七卷/第一部分，第92页。

存在、生存及福利是有用的，否则的话我们恐怕很难谈论道德。因为"道德主要是保护一般意义上的共同体、以免其遭到毁灭的一项工具"。① 首先必须采取强制措施，使个人的行为符合社会的利益。但是强制将会被习俗的力量取代，随着时间的推移，社会权威的声音将以我们所说的良心的形式出现。可以说，服从将成为第二本性，而且伴随着快乐。同时，道德称谓也逐渐从形容人的行动扩展到形容人的意图。于是关于美德以及有美德之人的概念就产生了。也就是说，道德是通过一个不断精炼的过程而内化的。

　　到目前为止，尼采的说法很像是一位功利主义者。他的道德概念与伯格森所谓封闭的道德有些类似。但是，一旦我们去看道德发展的历史，我们就会发现"善与恶的双重早期历史"。② 而发展这种双重道德观正是尼采的特点。但这一思想最好与他后面的著作联系起来讨论。

　　在《善恶的彼岸》中，尼采说他发现了两种主要的道德，"主人道德和奴隶道德"。③ 在所有高级文明中，这两种道德都混合在一起，甚至在同一个人的身上我们也可以同时找到这两种道德的成分。但将它们区分开来非常重要。在主人道德或者说贵族道德中，"善"与"恶"等于"高尚"与"卑鄙"，而且这些形容词是用来形容人而不是人的行为的。在奴隶道德中，其标准在于是否对社会中的弱者和没有权力的人有用或者有益。像同情、仁慈和谦逊这些品质被赞颂为美德，而强大、独立的个体则被认为是危险的，因而也是"恶的"。按照奴隶道德的标准，在主人道德中被视为"善"的人往往被认为是"恶"的。因而，奴隶道德是一种庸众道德。它的道德价值表达的是一群庸众的需求。

　　在《道德的谱系》中，尼采用怨恨这个概念更加系统地阐述了这一观点。更高的人从他旺盛的生命与力量中创造了自己的价值。然而，温顺无能的人则害怕强大有力的人，他们试图通过宣称庸众的价值乃是绝对价值来遏制、驯服强大有力的人。"奴隶在道德上的反抗始于怨恨，这种怨

①　《尼采文集》，第一卷，第900页。英译本，第七卷/第二部分，第221页。
②　同上，第一卷，第483页。同上，第七卷/第二部分，第64页。
③　同上，第二卷，第730页。同上，第五卷，第227页。

恨逐渐变成创造性的，从而产生了种种价值。"① 当然，庸众并未公开承认这种怨恨，但它可以通过迂回曲折的途径来发挥作用。不过，研究道德生活的心理学家可以探察到怨恨的存在及其复杂的运作模式。

因此，我们在道德史中可以看到两种道德态度或者道德观的冲突。从更高的人的观点来看，这两种道德态度在某种意义上可以共存。也就是说，如果庸众没有能力做更高层次的事，并且甘愿将自己的价值限制在自己的群体中，那么二者的共存就是可能的。但是，庸众当然不甘心这样。他们想要尽力使自己的价值普遍化。在尼采看来，他们成功地做到了这一点，至少在西方、在基督教中是如此。尼采的确没有否认基督教道德的所有价值。例如，他承认，基督教道德有助于人的道德改善。可是，他看到了基督教道德中表达出来的怨恨，而这是庸众的本能或者说是奴隶道德的特征。尼采认为同样的怨恨也存在于民主运动与社会主义运动中，他把这些运动解释为基督教的衍生物。

因此，尼采认为我们应该拒斥一个统一的、普遍的、绝对的道德体系。因为它是怨恨的果实，并且它代表了次等的生命、往下堕落的生命，而贵族道德代表了向上的生命运动。② 我们必须把种种不同的道德类型划分为不同的等级，以此观念来取代那种认为只有一个普遍的、绝对的道德体系的想法（或者不同的社会都有一套不同的价值观，而每套价值观对这个社会里的所有成员都有约束力，这样一种想法也要被取代）。倘若庸众的那种将自己的价值观强加于更高的人的权力被取消了，更高的人被呼吁去创造属于他们自己的价值观，而这样的价值又能使人超越当前的境况，那么庸众也可以有自己的价值观。

因此，当尼采谈论超越善恶时，他头脑中所想的是超越所谓的庸众道德，在他看来，这种道德把所有人都拉低到同一层次上，让他们青睐平庸，从而阻止了更高的人的发展。他的意思并不是说我们应该抛弃对一切价值的崇敬、抛弃一切自我约束。所谓约束力即我们习惯性地称之为道德的东西，一个拒绝这种约束力的人可能自己就是一个非常软弱和堕落的

---

① 《尼采文集》，第二卷，第782页。英译本，第十三卷，第34页。
② 这些判断所需要的作为背景知识的生命哲学，我们将会在后面讨论。

人，以至于在道德上摧毁了自己。只有更高的人才能安全地超越善恶，这里的善恶指的是在怨恨道德中所具有的意义。他超越善恶是为了创造价值，这些价值是向上的生命的表现，也是使人超越自己成为超人（人类存在的一种更高的层次）的一种方法。

　　当我们谈到描述新价值的内容时，尼采的确没有为我们提供足够的说明。他所坚持的一些美德看起来很像是旧的美德，虽然他宣称它们是经过"价值重估"的，亦即，它们所表达的动机、态度和价值是不同的。然而，我们可以概括地说，尼采寻求的乃是把人的本性中的所有方面在最大限度上整合起来。他谴责基督教贬低肉体、冲动、本能、激情、自由以及不受约束的思维活动、审美价值等。但是他显然没有要求将人的人格分解成一束战斗冲动与不受约束的激情。问题在于，整合应是对强力的表达，而不是由建立在软弱心理之上的恐惧动机所导致的根除或压抑的行动。不用说，尼采对基督教关于人和价值的教义的阐述是非常片面的。但是对他来说，坚持这一片面的观点十分必要。否则，他将会发现他很难宣称自己提供了任何新的想法，除非是那种某些纳粹分子喜欢归到他身上的人之理想类型。

　　5. 在《快乐的科学》中，尼采评论到"近来最大的事件就是'上帝死了'，基督教所信仰的上帝已经不再值得信仰，这件事的阴影已经开始笼罩着欧洲……最后，地平线自由地展现在我们面前，即使它不是明亮的；至少海，我们的海自由地展现在我们面前。也许从来没有过如此敞开的海"。[1] 换句话说，对上帝的信仰的衰退为人类创造性力量的发展开辟了道路；带着要求和诫命的基督教上帝已经不再在路上妨碍人们；人们的眼光也不再转向一个不切实际的超自然国度，不再转向另一个世界而不是这个世界。

　　显然，这种观点含有下面的意思：上帝概念是敌视生命的。而这正是尼采的论点，随着时间的推移，他对这个观点的表达越来越激烈。他在《偶像的黄昏》里说道："到目前为止，上帝这个概念是对存在的最大的反

　　403

――――――――――

① 《尼采文集》，第二卷，第205—206页。英译本，第十卷，第275—276页。

对。"① 在《敌基督者》里，我们可以读到："上帝向生命、自然和生命意志宣战了！上帝是每一个对此岸世界的诽谤的信条，是每一个关于彼岸的谎言的信条！"② 不过在这里我们无须过多地引用。尼采愿意承认宗教的某些阶段表达出了生命意志或者不如说是表达出了权力意志；但他的一般态度是，对上帝的信仰，尤其是对基督教上帝的信仰是敌视生命的，当它表达权力意志时，这种意志也是下等人的意志。

404

鉴于尼采持这样一种态度，我们就可以理解为什么尼采倾向于认为，在有神论（尤其是基督教有神论）与无神论之间做选择只是喜好和本能的问题。尼采知道曾经有一些伟大的人物也是信徒，但他认为至少就现在而言，当上帝的存在不再理所当然的时候，人的强力、理智的自由、独立和对未来的关心都需要无神论。信仰是一种软弱、怯懦、堕落的标志，是对生命说"不"。确实，尼采试图勾勒出上帝观念的起源。他愉悦地犯着起源谬误，主张当我们已经表明上帝的观念是如何产生的时候，任何对上帝存在的反驳都是多余的。他偶尔也隐晦地提到一些对信仰上帝的理论上的反驳。不过，一般来说，他认为对上帝的信仰是虚幻的。这一信仰被拒绝的决定性动机是，人（或者尼采本人）可以代替上帝成为价值观的立法者或创造者。如果纯粹从理论抨击的角度来看的话，那么尼采针对有神论的一般谴责与针对基督教的特殊谴责并没有什么价值。但这并不是他很重视的方面。如果我们考虑的是神学，那么就没有必要因为（尼采的）这些寓言而感到困扰。尼采对基督教的仇恨主要是因为他认为基督教会使人变得软弱、顺从、认命、谦卑或者受到良心的折磨，使人不能自由地发展自己。它要么阻止更高的人的成长、要么毁灭他们，就像在帕斯卡这个例子中那样。③

下面这一点的确值得我们关注，即尼采在攻击基督教的时候经常谈

---

① 《尼采文集》，第二卷，第978页。英译本，第十六卷，第43页。
② 同上，第二卷，第1178页。同上，第十六卷，第146页。尼采专门提到了基督教的上帝概念。
③ 尼采确实偶尔会说一些支持基督教价值的话。但是他的认可绝不是为了安慰基督徒。例如，尽管他承认基督教发展了真理观和爱的理想，但他坚持认为，从根本上说这种真理观与基督教对现实的解释相悖，而爱的理想也与基督教的上帝观念相悖。

到基督教信仰与理想的诱惑与魅力。尼采自己显然也感受到了这种吸引力，他拒绝基督教的部分原因是为了向自己证明："我是一个颓废者，这是事实，但除此之外，我也是这样一个颓废者的反对者。"[①] 他对上帝的拒绝向他自己证明了他的内在力量，证明了没有上帝他也能活着。但是从纯哲学的观点来看，他从无神论得出的结论比他拒绝基督教上帝的心理因素要重要得多。

405

有些人曾设想，尼采其实认为信仰基督教的上帝与接受基督教的道德标准及价值之间并没有必然的联系。也就是说，他们认为当前者被抛弃时，后者仍然或多或少被完整地保留了下来。因此我们目睹了基督教世俗化形式的发展，例如民主主义和社会主义，它们试图在没有基督教神学基础的情况下保留基督教的大部分道德体系。但是在尼采看来，这种尝试是徒劳的。"上帝死了"，这迟早会不可避免地使人拒绝绝对价值，拒绝那种认为存在客观的、普遍的道德律的观念。

然而，欧洲人已经被培养得能够认识到某些特定的道德价值一直是与基督教信仰相关联的，而尼采主张，这些价值在某种意义上是依赖于后者的。因此，如果一个欧洲人失去了对这些价值的信仰，那么他将失去他对一切价值的信仰。因为他只知道"道德"，而这种道德可以说是基督教所推崇并赋予其神学基础的。不相信一切价值将导致这样的结果，即感到这个处于生成状态的世界是毫无目的的，而这是虚无主义的主要成分。"道德是对抗实践上及理论上的虚无主义的最大解药（Gegenmittel）。"[②] 因为它赋予人一种绝对的价值，"防止人贬低自己作为人的身份，防止人反对生命，防止人对知识的可能性感到绝望；它是一种用于保全的工具"。[③] 的确，基督教道德以这种方式保全下来的人是下等人。但重点是基督教道德成功地将它自身强加于所有人，无论是通过直接的形式还是以其衍生物的形式。因此，基督教道德价值信仰的崩溃使人暴露在虚无主义的危险之下，这并不是因为没有其他可能的价值，而是因为大多数人不知道还有其

---

① 《尼采文集》，第二卷，第1072页。英译本，第十七卷，第12页。
② 同上，第三卷，第852页。同上，第九卷，第9页。
③ 同上。

他可能的价值，至少就西方人而言是这样。

虚无主义不止有一种形式。例如，有消极的虚无主义，这种虚无主义以一种悲观的态度默认了价值的缺失，默认了存在是毫无目的的。但是也有积极的虚无主义，它试图摧毁它不再相信的东西。尼采预言，一种积极的虚无主义即将来临，它将表现在震惊世界的意识形态战争中。"将要发生的战争将是地球上前所未有的。从我的时代起，地球上只有**大规模的政治**存在。"①

在尼采看来，虚无主义的到来是无法避免的。这将意味着最终推翻腐朽的欧洲基督教文明。可是，这也为迎接新的曙光、为价值重估、为更高的人的出现清扫了道路。因为这个原因，我们应该欢迎那站在门口的"最可怕的客人"。②

———————

① 《尼采文集》，第二卷，第1153页。英译本，第十七卷，第132页。
② 同上，第三卷，第881页。同上，第九卷，第5页。

第二十二章

尼采（二）

1. 尼采宣称"这世界就是权力意志（Will to Power），而非其他任何 事物！你们自己也是权力意志，而非其他任何事物"！[1] 这些语句改写自叔本华在其名著结尾处的表述；尼采对权力意志的习惯性表达很自然地给人们留下这样的印象：尼采将叔本华的生存意志（Will to Existence）或者生命意志（Will to Live）转变成了权力意志。当然，尽管从某种意义上来说这种印象是正确的，但我们绝不能将尼采的意思理解为：这个世界是某种超越世界的形而上学统一体的表象。因为尼采不厌其烦地抨击这样的区分，即仅作为现象性实在的世界与一个"真正实在"的超越的实在界之间的区分。这个世界并不是一个幻觉。权力意志也不是存在于一种超越的状态中。世界、宇宙是一个统一体，是一个生成的过程；就权力意志是这个世界的可理解性特征而言，世界就是权力意志。在任何地方、任何事物中，我们都可以看到权力意志在表达它自己。尽管我们或许可以说，在尼采看来，权力意志是宇宙的内在实在；但是，权力意志只存在于宇宙的显现中。因此，尼采的权力意志理论只是对宇宙的一种解释，一种看待它、描述它的方式，而不是一个关于隐藏在可见世界背后并超越它的实在的形

---

[1] 《尼采文集》，第三卷，第917页。英译本，第十五卷，第432页。

而上学理论。

当然，尼采心灵深处还是有叔本华的影子。但是他并没有直接从他对《作为意志与表象的世界》的阅读跳跃到一种一般意义上的宇宙理论上。毋宁说，他在人类的心理过程中看到了权力意志的显现，进而将这一观念扩展到一般意义上的有机生命上。在《善恶的彼岸》中，尼采说，逻辑方法迫使我们探究我们是否可以找到一条解释原则、一种因果活动的基本形式，借此我们就可以把生命现象统一起来。他在权力意志中找到了这条解释原则。"一个有生命的物体首先寻求的就是**释放**它的力量——生命本身就是权力意志：自我保全只不过是从中产生出的间接的、最普通的结果之一。"[1] 然后，尼采进一步将这条解释原则扩展到整个世界。"假定我们成功地将我们的整个本能生命解释为意志的**一种**基本形式的发展与分支——也就是权力意志，正如我的论文所说的；假定我们可以将所有有机体的功能都归于权力意志……那么，我们就将有权明确地将**所有**力量都定义为**权力意志**。如果我们从世界的内部来看世界，如果我们根据世界的'可理解性'来定义和描述世界的特点，那么世界就是'权力意志'，而并非其他任何事物。"[2]

因此，尼采的权力意志理论与其说是一种先验的形而上学理论，不如说是一种彻底的经验性假设。他说，对于意志的因果关系的信念其实是关于因果关系本身的信念，如果我们相信意志的因果关系，那么"我们**必须**试着假定，意志的因果关系是因果关系的唯一形式"。[3] 至少在尼采的意图中，这一理论是一个解释性的假设；而且，在他所规划的巨著中，他打算将这个假设运用于不同类型的现象，以表明我们如何可以根据这个假设而把不同的现象统一起来。他为这一规划中的巨著所写的一些草稿显示出了他的致思之路，在接下来的两节中，我打算给出一些他的思考的例子。

2. 尼采坚持认为"知识是作为权力的工具而起作用的。因此，它显

───────────────

① 《尼采文集》，第二卷，第578页。英译本，第五卷，第20页。
② 同上，第二卷，第601页。同上，第五卷，第52页。
③ 同上。

然会随着权力的增长而发展……"①。对知识的欲求，亦即求知的意志，依赖于权力意志，依赖于存在的一种既有的冲动，即想要主宰实在中的某一个领域，使之为自己服务。认识的目的并不是为了要去知道，亦即不是为了掌握绝对真理本身，而是为了要主宰。我们想要系统化，想要把秩序和形式加在印象与感性杂多之上，以达到我们的实践需求。实在就是生成：是我们将它变成存在，是我们将稳定的模式加在生成之流上。这一活动是权力意志的一种表达。因此，科学可以定义或者描述为"出于支配自然的目的而把自然转化成概念"。②

409

当然，知识是一个解释的过程。但这个过程是基于生命的需求，而且也表达了想要去主宰生成之流的意志，这种生成之流若非受意志之主宰就是无法理解的。这里的问题是要把一种解释解读进实在之中，而不是所谓的从实在中解读出一种解释。例如，这样一种自我概念——自我作为一种不变的实体——就是我们加在生成之流上的一种解释：它是我们为了实践性的目的而被创造出来的。诚然，"我们"这一观念将心理状态解释为彼此类似的，并将它们归属于一个持存的主体，这样的主张使尼采卷入了明显而且（在本书的作者看来）无法解决的困难中。无论如何，他的一般观点是，我们不能合理地从一个解释的有用性中论证出其客观性。因为，我们可能需要一种有用的虚构，可能需要这样一种解释：在这种解释中缺乏相信绝对真理的人所理解的那种客观性；但我们的需要证明了这种虚构的合理性。

但是，根据尼采的观点，不存在绝对真理。绝对真理的概念是哲学家发明出来的，他们不满于生成的世界，而想要寻求一个永恒的存在世界。"真理是这样一种错误，如果没有它，某种特定类型的存在物就无法生存。从根本上说，对生命是否有价值才是决定性的。"③

当然，有些"虚构"被证明对人类来说是如此有用，而且事实上的确也是必需的，以至于它们往往成为没有争议的假设；例如，"有持存之

---

① 《尼采文集》，第三卷，第751页。英译本，第十五卷，第11页。
② 同上，第三卷，第440页。同上，第十五卷，第105页。
③ 同上，第三卷，第844页。同上，第十五卷，第20页。

物，有相等之物，有事物、实体、身体……"。① 把事物或实体的概念加诸持续不断的现象之流上，这对生命来说是必要的。"那些没有正确看待事物的存在者，相比于那些看到一切事物都'处于流变之中'的存在者，具有某种优势。"② 同样地，因果规律已经被人类信念如此深刻地吸纳，以至于"如果不相信它就意味着人类的毁灭"。③ 逻辑规律也是如此。

那些已被证明不如其他虚构有用，甚至确实有害的虚构，则被认为是"错误"。但是那些已被证明对人类有用，并且获得了毋庸置疑的"真理"地位的虚构，可以说已被嵌入语言之中。这里存在着一个危险。因为我们可能会被语言误导，认为我们言说世界的方式必然反映着实在。"我们仍然时常被文字和概念误导，认为事物比它们本身更简单，认为事物是彼此分离的，且自身不可分、相互独立地存在着。**语言**背后隐藏着一个哲学神话，它每时每刻都一再出现，不论我们多小心。"④

一切"真理"都是"虚构"；所有这样的虚构都是解释；所有的解释都反映了不同的视角。甚至每一种本能也都有它的视角、它的观点，并且尽力将自己的视角与观点加诸其他本能之上。理性的范畴同样是逻辑上的虚构与视角，它们并非必然的真理，也不是先天形式。但是这种视角性的真理观的确允许种种不同的观点存在。正如我们已经了解到的，有些视角已被证明是对人类的幸福而言确实必要的。但是也有一些视角无论如何都是不必要的。价值判断的影响在这里变得尤为明显。例如，如果一个哲学家将世界解释为绝对者的表象，而这一绝对者超越了变化，是唯一"真正的实在"，那么他阐释了一种基于对生成世界的消极评估的视角。这也表明了他是一个什么样的人。

对尼采的一般真理观显而易见的评论是，这种真理观预设了占据绝对立场的可能性，从这一立场出发可以断定所有真理的相对性或虚构性特征，而这一预设与他对真理的相对主义解释是不一致的。此外，即使尼采

① 《尼采文集》，第二卷，第 116 页。英译本，第十卷，第 153 页。
② 同上，第二卷，第 119 页。同上，第十卷，第 157 页。
③ 同上，第三卷，第 443 页。同上，第十五卷，第 21—22 页。
④ 同上，第一卷，第 878—879 页。同上，第七卷/第二部分，第 192 页。

的原意是说他自己的世界观甚至真理观只是一种视角，是"虚构的"，[①] 我们的评论仍然是有意义的。我们只需稍加反思即足以认识到这一点。尽管如此，有意思的是，尼采先于约翰·杜威（John Dewey）将实用主义或工具主义的真理观应用于绝对真理观的堡垒——逻辑。对尼采来说，即便是最根本的逻辑原理也只不过是权力意志的表达，只是使人们能够支配生成之流的工具。

3. 如果尼采打算将他的真理观应用于所谓的永恒真理，那么他显然更有理由将它应用于科学假设。例如，原子理论就是虚构的；也就是说，它是科学家以掌握现象为目的加诸现象之上的一个模式。[②] 确实，我们不得不说，在力或能量的所在与力本身之间似乎是有某种区别的。但这不应该让我们忽视下述事实，即原子作为一个实体、作为力的所在，是科学家发明的一个符号，是一种心理投射。

然而，如果我们预设了原子论的虚构性特征，那么我们可以进一步说，每一个原子都是能量的量子，或者更准确地说，它们都是权力意志的量子。它寻求释放它的能量，把它的力或权力辐射出来。我们所谓的物理定律描述的是两个或更多的力之间的权力关系。我们需要统一，需要数学化的公式来理解、分类、掌握它们。但这既没有证明事物遵守规则意义上的定律，也没有证明有运用力或权力的实体性事物存在。有的仅仅是"动态的量子，这些量子与其他所有动态量子之间都存在着张力"。[③]

让我们转向有机世界。"我们把由一个共同的营养过程统一起来的诸多力称为**生命**。"[④] 生命可以定义为"一个持久的对力进行肯定的过程，在其中诸种相互争斗的力各自得到了不同程度的增长"。[⑤] 换句话说，有机体是由诸多系统组成的一个复杂的混合体，它努力追求对权力的感受的增长。由于它本身就是权力意志的表达，所以它寻求障碍，寻求需要被克服

① 毫无疑问，尼采会在原则上承认这一点，并且坚持认为他对世界的解释是权力意志的一种更高形式的表达。但什么是更高和更低的标准呢？

② 当然，掌握一词并不是在通俗的功利主义的意义上被理解。知识本身就是一种掌握，是权力意志的一种表达。

③ 《尼采文集》，第三卷，第778页。英译本，第十五卷，第120页。

④ 同上，第三卷，第874页。同上，第十五卷，第123页。

⑤ 同上，第三卷，第458页。同上，第十五卷，第124页。

的事物。例如，尼采将占有和同化解释为权力意志的表现。同样地，有机体的一切功能也都是如此。

当谈论到生物进化时，尼采攻击了达尔文主义。例如，他指出在形成某个器官或性质的大部分时间里，尚未成形的器官对它的拥有者并没有任何用处，也不能帮助它的拥有者与外界环境或敌人做斗争。"达尔文荒谬地高估了'外界环境'的影响。在生命进程中，最根本的因素是从内部塑造、创造形式的强大力量，这是一种利用环境的力量。"① 并且达尔文的下述假说是无根据的，即自然选择有利于物种的进化，有利于该物种中那些内部构造更好、比其他个体更强大的样本。恰恰是更优异的样本会灭亡，而平庸的样本会存活下来。因为那些最优异的个体与大多数平庸的个体相比是脆弱的。如果只是个体与个体相比，那么物种中的大多数个体可能较为低劣，但是当这些较低劣的大多数在恐惧与群居本能的影响下聚集起来时，它们就成了强有力的存在。

因此，如果我们将道德价值建立在关于进化的事实之上，我们就会得出以下结论："平庸者比优异者更有价值，而**衰颓者**比平庸者更有价值。"② 而为了追求更高的价值，我们就必须寻找那些优异的个体，他们在孤立状态下被刺激着去设立远大的目标。

尼采发现，在人类心理学领域，我们有足够多的机会来解析权力意志的表现。例如，享乐主义就预设了这样的心理学理论，即人类行为的最根本动机是趋乐避苦，尼采认为这种理论毫无根据，因而把它摒弃掉了。在尼采看来，趋乐避苦乃是我们努力追求权力增长的过程中所伴随的现象，快乐可以被描述为权力增长之感，而痛苦则是权力意志受阻的结果。可是，痛苦往往会刺激权力意志。因为，每一场胜利都预设了需要被克服的障碍和困难。因此将痛苦看成一种纯粹的恶是荒唐的。人不断地需要痛苦来刺激自己去做出新的努力，需要痛苦刺激自己去获得新形式的快乐，这种快乐是胜利所伴随的结果，而这种胜利是由痛苦驱使的。

尽管我们不能详细地讨论尼采的心理学分析，但升华这个概念在这

① 《尼采文集》，第三卷，第889页。英译本，第十五卷，第127页。
② 同上，第三卷，第748—749页。同上，第十五卷，第159页。

些分析中所扮演的角色值得我们注意。例如，在他看来，自我抑制与禁欲主义可能是一种原始的、残酷的升华形式，后者本身就是权力意志的表达。再比如，他提出了这样一个问题，在审美的世界观里被升华的是什么本能呢？尼采在每一个地方都看到权力意志在起作用，尽管起作用的过程通常是迂回的、隐藏起来了的。

　　4. 在尼采看来，等级是由权力决定的。"决定和区分等级的，是权力的量子，而不是其他任何事物。"[①] 我们可能会得出这样的结论：如果占大多数的平庸者比那些不平庸的个体更加有权力，那么占大多数的平庸者也有着更大的价值。但这当然不是尼采的观点。他是在个体的内在性质这一意义上理解权力的。他告诉我们，"我区分两种不同类型的生命，一种表现的是上升的生命，一种表现的是颓废、腐化、软弱的生命"。[②] 即使占大多数的平庸者结合在一起碰巧是充满权力的，但对尼采来说，这一结合并不代表一种上升的生命。

　　然而，平庸者是必要的。因为"一种高级文化只能存在于一个广阔的基础之上，存在于强有力地、稳固地结合在一起的平庸者之上"。[③] 从这一观点来看，尼采实际上乐于接受民主主义与社会主义的传播。因为它们有助于创建必要的平庸基础。在《查拉图斯特拉如是说》第一部分的一段著名的话中，尼采抨击了民族国家，认为它是"所有冷酷怪物中最冷酷的"[④]，是一个使自己成为崇拜对象的新偶像，它努力使所有人都退化到平庸状态。不过，尽管他从这个角度谴责了民族国家，认为后者阻碍了杰出个体的发展，但他依然坚持认为对于更高的人的出现这一目的来说，庸众是必要的工具。这种新的、更高的人的使命并不是像牧羊人引领羊群那样引领庸众。相反，庸众背负着这样的使命，即建立一个基础，从而使所谓的地上的新主人可以过自己的生活，并且使得更高的人的出现成为可能。

---

① 《尼采作品集》，第十卷，第105页。英译本，第十五卷，第295页。此处的第一个引用指的并不是施勒希塔（Schlechta）编辑的版本，而是 A. 克罗纳（A.Kroner）在斯图加特出版的袖珍版，这里引用的这一卷出版于1921年。
② 《尼采文集》，第三卷，第829页。英译本，第十五卷，第296页。
③ 同上，第三卷，第709页。同上，第十五卷，第302—303页。
④ 同上，第二卷，第313页。同上，第四卷，第54页。

但是在这件事能够发生之前，将会有新的野蛮人（正如尼采对他们的称谓一样）出现，他们将打破庸众的实际统治，从而使杰出个体的自由发展成为可能。

尼采提出了超人（der Uebermensch）的神话，作为对潜在的更高的人的激励与目标。"'人'并不是目标，**超人**才是。"① "人是一种必须要被超越的东西；人只是桥梁而不是目标。"② 但我们绝不能认为这意味着，人将通过一个不可避免的过程进化为超人。超人只是个神话，只是我们为意志树立的一个目标。"超人是大地的意义。让你的意志说：超人**将成为大地的意义。**"③ 尼采的确说过："人是动物与超人之间拉伸着的一条绳索——一条横亘在深渊之上的绳索。"④ 但这并不是说人将通过自然选择的过程而进化为超人。因为那样的话，那条绳索可能就会掉进深渊里。除非杰出的个体有勇气重估一切价值，打破旧的价值表，尤其是基督教的价值表，进而从他们充盈的生命与权力中创造出新的价值，否则超人就不会出现。新的价值将会为更高的人确立方向和目标，而超人可以说就是新价值的化身。

如果有人指责尼采，说他未能对超人做出清晰的描述，他可能会回应说，由于超人现在还不存在，所以很难指望他给出一个清晰的描述。可是，如果超人的观念要作为一种激励、一种刺激、一个目标来起作用的话，那么它必须包含一些内容。我们或许可以说，它是这样一个概念，在这个概念中包含了智力、性格、意志的力量、独立、激情、品味和体魄的最高可能性发展以及这些元素之间的整合。尼采曾在某处提到，超人是"有着基督灵魂的罗马恺撒"。⑤ 尼采暗示，超人将是歌德和拿破仑的合一，或者说是显现在大地上的伊壁鸠鲁主义的神。我们可以说，他将会是一个高度有教养的人，他精通所有与身体相关的技能、精通出于力量的忍耐，他不会把任何事物视为被禁止的，除了那种在"德性"或"恶"的形

---

① 《尼采文集》，第三卷，第440页。英译本，第十五卷，第387页。
② 同上，第二卷，第445页。同上，第四卷，第241页。
③ 同上，第二卷，第280页。英译本，第四卷，第7页。
④ 同上，第二卷，第281页。英译本，第9页。
⑤ 同上，第三卷，第422页。同上，第十五卷，第380页。

式之下表现出来的软弱。他已经成为完全自由与独立的人，他肯定生命和宇宙。总之，超人就是病恹恹的、孤独的、被折磨的、被忽视的教授、博士弗里德里希·尼采先生自己想要成为的人。

5.《查拉图斯特拉如是说》的读者可能会很容易且很自然地认为，把超人思想与价值重估结合在一起就是这本书的主题思想。并且他可能倾向于得出这样的结论，即尼采至少希望人的潜能是不断发展的。但是查拉图斯特拉不仅是预言超人的先知，而且也是永恒轮回这一学说的教导者。此外，在《瞧，这个人》一书中，尼采告诉我们，《查拉图斯特拉如是说》最根本的观念是永恒轮回，永恒轮回是"对生命说是（对生命的态度）所能达到的最高准则"。[①] 他还告诉我们，这部著作"最根本的思想"[②]最初是在《快乐的科学》中的最后一句格言中提出的。因此，如果永恒轮回学说是《查拉图斯特拉如是说》这一著作最根本的思想，那么我们很难把它视为尼采哲学中的一个怪异的累赘之物而忽略掉。

诚然，尼采觉得永恒轮回这一观念多少有些令人感到沮丧和压抑。但是，正如我们在前面说过的，尼采用这个观念来测试自己的力量，测试自己对生命本身说"是"的能力。因此，在《快乐的科学》与之相关的格言中，他想象一个精灵出现在他面前，告诉他，他的生活，甚至其中所有最琐碎的细节都会无数次地重现；他产生了这样的疑问，即他是否会为这一想法而沮丧并且诅咒给他透露这一消息的精灵；或者他是否会带着对生命肯定的精神接受这个消息，因为永恒轮回给生成的世界刻上了永恒的印记。同样地，在《善恶的彼岸》中，尼采谈到赞赏世界的人，后者希望这个戏剧可以无数次地被重演，他不仅对戏剧也对所有的演员大喊："**再来一次！**"尼采将这个观念与"半基督教、半德意志的狭隘与简单"[③]对立起来，叔本华哲学中的悲观主义就体现了这种狭隘与简单。在《查拉图斯特拉如是说》的第三部分，尼采提到，他对下述这种思想感到厌恶——即使是最低劣的人也会轮回，并且他自己也会"永恒地重新回到自己同样

415

---

① 《尼采文集》，第二卷，第1128页。英译本，第十七卷，第96页。
② 同上。
③ 《尼采文集》，第二卷，第617页。英译本，第五卷，第74页。

的生活中，回到生活中大大小小的事件中"。① 但他又继续欢迎这种轮回。
"啊！我如何能不渴望永恒以及戒指中的婚戒 —— 轮回的戒指呢？"② 类似
地，在他为他那部巨著准备的草稿中，他多次提到永恒轮回理论是一种伟
大的训诫性的思想，既让人觉得压抑又让人感到得到了解放。

　　可是，永恒轮回理论不仅仅是一种训诫性的思想，不仅仅是对自己
内心力量的测试，它同时也是作为一种经验性的假设而被呈现出来的。因
此，我们会读到"能量守恒定律要求永恒轮回"③ 这样的句子。如果世界
可以被看作一种具有确定总量的力或能量，可以被看作一种具有确定数量
的力的中心，那么我们可以得出，世界的进程也会表现为这些力的中心接
续不断的种种组合形式，这些组合形式的数量在原则上是可确定的，也就
是说是有限的。并且"在无限的时间中，任何可能的组合形式都会在某一
时间点被实现出来；此外，它可能被实现无数次。由于在每一种组合形式
416　与它的下一次重现之间，所有其他的可能组合形式都会出现，并且由于
每一种组合形式都支配着同一序列中的组合的全部顺序，因此这就证明了
存在一个绝对相同序列的循环"。④

　　尼采强调永恒轮回理论的一个主要原因在于，在他看来，这一理论
弥补了他哲学中的一项缺陷。永恒轮回理论为生成之流披上了存在的外
衣，并且它没有引入任何超宇宙的存在。此外，这一理论不仅避免了引入
一个超越的神，也避免了泛神论，泛神论是以宇宙的名义暗中再次引入上
帝的概念。根据尼采的观点，如果我们说宇宙从不重复它自己，但是却不
断地创造新的形式，这一陈述将暴露我们对上帝概念的渴望。因为这样宇
宙本身就被同化为创造性的神的概念。但永恒轮回理论排除了这种同化。
当然，这一理论也排除了"彼岸"世界中的人格不朽这样的观念，尽管它
同时也提供了这一观念的替代品，即一个人无数次从头到尾、巨细无遗地
重过自己的生活，虽然这一替代性的观念所产生的吸引力有限。换句话

----

① 《尼采文集》，第二卷，第467页。英译本，第四卷，第270页。
② 同上，第二卷，第474页。同上，第四卷，第280页。
③ 同上，第三卷，第861页。同上，第十五卷，第427页。
④ 同上，第三卷，第704页。同上，第十五卷，第430页。

说，永恒轮回理论表达了尼采对现世生活（Diesseitigkeit）的坚定意志。宇宙可以说完全封闭在它自身之内。它的意义也完全是内在的。真正强大的人，真正狄奥尼索斯式的人，将会带着坚定、勇气甚至是喜悦去肯定宇宙，远离那种软弱的、逃避现世的想法。

曾有人认为，永恒轮回理论和超人理论是不相容的。但是我认为我们很难说它们在逻辑上是不相容的。因为，轮回理论并没有排除想要成为超人的意志的轮回，或者说并没有排除超人自身的轮回。没错，永恒轮回理论的确排除了这样一种超人的概念，即超人是一个不可重复的创新过程的终极目的。但尼采并不承认这样一种超人概念。相反，他将这种概念等同于以暗中重新引入神学的方式来解释宇宙，因而将它排除在外。

6. 曾经有一些尼采的追随者想要尽力把尼采的思想系统化，他们把这些思想当作福音来接受并尝试去传播它。但是，一般来说，尼采的影响表现为启发了不同方向上的思想。而且这种启发式的影响涉及的范围非常广。但是它的特征肯定不是始终如一的。尼采对于不同的人而言有不同的意味。例如，在道德和价值领域，对某些人来说，他的重要性主要在于他发展了对道德所做的自然主义批判；然而，另一些人可能会强调他在价值现象学方面所做的工作。此外，还有一些不那么哲学专业化的人则强调尼采的价值重估思想。在社会与文化哲学领域，有些人将尼采描述为攻击民主主义和民主社会主义以支持纳粹主义的人；而另一些人则把他说成是一位伟大的欧洲人，一位伟大的世界主义者，一位超越了一切民族主义观点的人。在某些人看来，他主要是西方文明的堕落与它即将崩溃的病症的诊断者；然而有些人认为他和他的哲学是虚无主义的具体表现，而他声称要为虚无主义提供一种补救措施。在宗教领域，某些人认为他是一个激进的无神论者，意图揭示宗教信仰的有害影响，然而另一些人则在他对基督教的猛烈攻击中看到了如下这一点，即从根本上说他关注的乃是关于上帝的问题。有些人首先是从文学的角度来看待他，把他视为发展了德语潜力的人。另一些人，例如托马斯·曼（Thomas Mann），则受到他在狄奥尼索斯精神与阿波罗精神之间所做区分的影响；此外，还有一些人则强调他的心理学分析。

　　显然，之所以存在种种不同解释的可能性，尼采的写作方式是其中的一部分原因。他的许多著作都是由格言组成的。我们知道，有时候他会把自己独自散步时头脑中浮现出来的想法记录下来，日后再将它们串联起来编成一本书。其结果如何我们是可以预见到的。例如，当他对安逸的资本主义生活进行反思以及对因战争而产生的英雄主义和自我牺牲进行反思的时候，他可能就会写出赞扬战争和战士的格言或文章。而在另一种情况下，当他反思到战争对一个国家最优秀的要素造成的损耗和破坏，并且想到除了少数自私的人以外，通常没有任何人会从战争中获利，他可能就会（而且确实也这样做了）谴责战争，认为无论对胜利者还是对被征服者而言，战争都是一件愚蠢的、自我毁灭的事情。因而评论者们既可能把尼采描述为好战之人，也可能将他描述为和平主义者。做到这点只需要对尼采的文本做出明智的判断与选择。

418

　　当然，尼采的哲学思考与他的个人生活及挣扎之间的关系，也使情况变得复杂。因此，虽然我们可以把注意力限制在尼采写下来的文字上，但我们也可以对他的思想进行心理学解释。而且，正如前面提到的，我们也可以对他的生活与思想这一复合整体的意义给出一种存在主义解释。

　　尼采在某些方面是一个敏锐而富有远见的思想家，这一点毋庸置疑。例如，他对心理学的探索。但是，在我们打算承认他可以说是预言了许多重要的、在现代心理学中已经变成常识的观念之前，没有必要认为他的所有分析都是可接受的。我们只需要回顾他关于暗中起作用的理想与动机的观念或者他关于升华的概念即可。至于他将权力意志的概念用作开启人类心理学的钥匙［我们可以在阿弗雷德·阿德勒（Alfred Adler）的心理学理论中找到这一想法的经典表述］，我们确实可以说这个概念被夸大了，并且一个概念运用得越广泛，它的内容就变得越不确定。① 不过，尼采将这一概念用作打开人类心理生活的钥匙，这一尝试有助于人们将注意力集中于强有力的驱动力如何起作用这点上，即使它不是唯一的驱动力。此外，当我们从 20 世纪所发生的事件的角度来回顾尼采对即将出现的"新

---

① 显然，我们对弗洛伊德的力比多概念也可以做出类似的评论。

野蛮主义"及世界大战的预言时，我们不得不承认，比起同时代的那些人，那些沾沾自喜地相信进步是不可避免的的乐观主义者，尼采对形势有着更为深刻的洞见。

不过，虽然尼采在某些方面极富远见，但是在另一些方面目光短浅。例如，他的确未能充分注意到下述问题，即他对上升的生命与下降的生命的区分、对更高的人与下等人的区分是否暗中预设了他所拒绝的价值的客观性。当然，正如有时候他所说的一样，他可以把它当成一种品位和审美偏好。但如果是这样的话，我们仍可以进一步对审美价值提出类似的问题，除非上等与下等的区分变成仅仅是主观感受的问题，并且不再宣称我们自己的感受应该被其他人当作准则来接受。此外，如我们已经暗示过的一样，尼采并没有对以下问题进行必要的、持续性的思考，即如果主体本身已融入生成之流中，而且主体只不过是它所想要强加的可理解性结构中的一部分，那么主体如何将这样一个可理解性结构加诸生成之流呢？

至于尼采对基督教的态度，与他越来越尖锐的攻击相伴的是他越来越无法公正地对待他的敌人。我们可以说，他的猛烈攻击在一定程度上是他极力想要抑制住的内心紧张与不确定感的表现。[①]正如他自己所说，他的血脉中流淌着神学家的血液。但如果我们撇开他尤其在攻击基督教时的尖锐性和片面性，那么我们可以说，他对基督教的攻击是他对一切信仰与哲学（例如形而上学观念论）所做的一般意义上的斗争的一部分，这些信仰和哲学将意义、目的或者目标强加于世界、人的存在与历史，而不是由人自己自由地赋予意义。[②]尼采拒绝上帝是为了某个目的而创造了世界，拒绝世界是绝对理念或精神的自我显现这样的观念，这种拒绝使得人可以

———————

① 对于一个公开声称自己是无神论者的人，仅仅因为他对有神论持续而猛烈的攻击，我们就说他"实际上"是一位信徒，这可能有点夸张也有点悖谬。但是，尼采还是个小孩时就笃信宗教，他对于存在、实存的意义或目的这类问题也从来没有表现出漠不关心的态度。此外，可以说他与基督的对话最终体现在《瞧，这个人》一书最后的文字中，而这就是"狄奥尼索斯反对被钉十字架者"；这非常清楚地表明这位"敌基督者"不得不伤害他自己，即使他认为"敌基督"一事证明他超越了自己的懦弱倾向。尽管他拒绝了上帝，但他绝不是我们通常所认为的"反宗教的人"。

② 尼采确实坚持认为他对基督教的主要反驳就是他对道德和价值的反驳。可是，当他抨击世界有既定的意义和目标这一观点时，他将基督教与德国观念论结合在一起，认为德国观念论是基督教的衍生物或者是它的伪装形式。

自由地按照自己的意愿赋予生命意义。生命也没有其他的意义。

因此，上帝的观念（无论是有神论意义上的还是泛神论意义上的）就让位于人的概念，人是将可理解性赋予世界并且创造价值的存在。但是，难道我们要说：从长远来看，可以说世界本身才具有最后的话语权，而作为道德立法者与意义赋予者的人，却成为历史的无意义循环中一粒微不足道的尘埃？如果是这样，那么人努力赋予其生命价值与意义就是带着挑衅对生命说"不"，就是对无意义的宇宙的拒绝，而不是对生命与无意义的宇宙说"是"的态度。[①] 或者难道我们要说，将世界解释为没有既定的意义与目标，而是一系列无止境的循环，这种解释只不过是表现了人的权力意志的一种虚构？如果是这样，那么世界是否有既定的意义和目标这个问题依然是开放的。

最后一点评论。专业的哲学家在阅读尼采时感兴趣的可能主要是他对道德的批判，或者他的现象学分析，抑或是他的心理学理论。但是，下述说法或许也是真的，即一般读者关注的通常是他为克服他所谓的虚无主义开出的药方，这种虚无主义在尼采看来即是现代人的精神危机。价值重估的观念、等级秩序的概念以及超人的神话，是这些吸引了一般读者的注意力。然而，我们可以说，在我们或许可以称之为非学术的尼采那里，真正重要的并不是他为虚无主义开出的药方，毋宁说是他的存在与思想恰恰生动地表现了一种鲜活的精神危机，从他自己的哲学来看，这种危机是真实的。

---

① 除非我们确实将对生命说"是"的态度理解为：接受强者和弱者之间存在差异这一事实，并反对将所有事物放在同一层次上这种企图。但是在这种情况下，说"是"的态度也包括接受多数者为独立的反叛者的行动设置界限这一事实。

第二十三章
回顾与展望

19 世纪德国哲学所产生的一些问题——实证主义的回答——生存哲学——现象学的兴起：布伦塔诺，迈农，胡塞尔，现象学分析的广泛运用——回归本体论：尼古拉·哈特曼——关于存在的形而上学：海德格尔，托马斯主义者——结论性的反思

1. 康德将诸形而上学体系的冲突视作丑闻，他致力于克服冲突并将 421哲学建立在一个稳固的基础之上。在本卷哲学史所涵盖的时段之开端，我们注意到费希特坚持认为哲学是为其他一切科学奠基的基础科学。但是，当费希特声称哲学是基础科学时，他所指的当然是知识学，亦即他自己的哲学。而他的体系只是对实在所做的那一系列高度个人化、充满趣味且时常迷人的阐释中的一种，这类阐释如同一连串高峰一样横亘于整个 19 世纪。其余的实例包括谢林的思辨有神论、黑格尔的绝对观念论、叔本华的将世界作为表象和意志的哲学、克尔凯郭尔对人的历史的洞见和尼采的权力意志哲学。只有极为胆大的人才会坚持认为，这一系列哲学为费希特所提出的哲学具有科学特征这一主张之有效性提供了经验确证。

确实有理由认为：不同哲学之间的差异并不能证明哲学没有认知价值，哪怕这些差异颇为可观。因为情况可能是这样的：每一种哲学都表达了某一真理，把握了实在或人类生命与历史的某一真实方面，而这些真理是互补的。这就是说，冲突的因素并非产生于奠定不同哲学体系之基础的根本理念之间的不相容，而是来自这一事实：每位哲学家都夸大了世界或人类生命与历史的某一方面，从而将某一部分当作整体。举例来说，马

422   克思无疑注意到了人和人类历史的真实方面；而这些方面与谢林所强调的人类生存的宗教方面之间并无根本的不一致。当马克思将某个表达了人及其历史的某一侧面的观念当作解决一切问题的万能钥匙时，不一致就产生了。

　　然而，以此方式看待事情带来的一个麻烦是，它使得哲学体系被弱化为实际上众所周知的老生常谈，而且这一过程剥夺了哲学体系的大部分趣味性。比如，可以这样说：马克思的哲学之所以有趣，恰恰是由于将整个人类历史置于某一特定观点之下这种夸张成分。如果马克思主义被弱化为某些确定无疑的真理，诸如没有人的经济生活就不可能有哲学、艺术或科学，那么它就失去了其大部分趣味性和全部的煽动性。类似地，如果尼采的哲学被弱化为这样的陈述，即权力意志或权力冲动乃是人类生命的影响因素之一，则它就会变得与简化版的马克思主义相容；而其代价正是它自身被简化为某个相当显而易见的命题。

　　反对这种论证路径的一种可能方式是主张哲学体系中的各种夸张有其益处。因为正是那令人惊讶、引人入胜的夸张成分，有助于以强有力的方式把人们的注意力吸引到体系中的基本真理上。一旦我们消化了其中的真理，我们就能够忘掉这种夸张了。问题倒不在于弱化某个哲学体系，而在于使用这个体系，以之为洞见之源，然后忘掉我们获得洞见所凭借的工具；除非我们的确需要再次援引它，用以重获我们所追寻的洞见。

　　然而，即便这种思想方式本身并非不合理，但它对于支持费希特的哲学是关于科学的科学这一观点却几乎没什么帮助。因为假设我们把叔本华、马克思和尼采的哲学分别简化为这样三句陈述：世界上充满了恶与苦难；我们在发展科学之前必须先生产和消耗食物；权力意志能以迂回、隐匿的形式运行。那么，我们就有了三个命题，其中前两个命题对大部分人来说显然为真，而更为有趣的第三个命题是个心理学命题。通常来说，它们中没有一个可以被称作确切的哲学命题。这样，叔本华、

423   马克思和尼采的哲学命题，就会成为把人们的注意力吸引到某些其他类型命题上的工具。而这显然完全不是当费希特宣称哲学是基本的科学时所想的事情。

可能会有反对意见说我只聚焦于出色的原创哲学体系，只聚焦于山峰，而忽略了小山丘，例如像新康德主义那样的一般运动。也就是说，有人可能会提议，如果我们是在寻找对于宇宙或人类生活的高度个人化的、富有想象力的阐释，我们必须把目光投向著名的哲学家们，这自然是对的；但同样是事实的是，在那些特殊者倾向于融入普遍者的一般运动中，我们可以在哲学中发现更多平民化的科学工作，能发现解决各种分离的难题时耐心合作的努力。

但果真如此吗？例如，在新康德主义那里确实有家族相似性，这种家族相似性使我们可以合理地将其描述为一场有别于其他运动的特定运动。但是，一旦我们开始切近地考察它，我们所看到的就不仅仅是处于一个整体运动中的、彼此差异不大的一般倾向，而是诸多个别的哲学。再比如，在归纳形而上学的运动中，一位哲学家将某个观念作为解释世界的关键，而另一位哲学家则使用另一观念。冯特使用他对人类心理的唯意志论阐释来为一种一般哲学奠定基础；而德里施则使用了他的圆满实现理论，这种理论来源于对生物进程的反思。的确，均衡感和思维经济的需求表明，在很多情况下，个别的体系最好被忘掉，或者让其沉入某个一般运动的背景中。但这并未改变这个事实：我们越是切近地观察 19 世纪的哲学，则大规模的哲学思潮就越会分裂为个别的哲学。事实上，可以毫不夸张地说，随着 19 世纪的缓缓前行，每个哲学教授似乎都认为有必要提出自己的体系。

显而易见的是，在关于哲学的本质与功能的共同信念所搭成的框架内可以有不同的意见。因此，对于什么是哲学所无能为力的，新康德主义者们或多或少地有共识。虽说哲学家们对于哲学的本质与功能持有相互冲突的观念时，并不必然意味着他们认同于不同的哲学观点甚至哲学体系，但是，对于哲学应当做什么，在 19 世纪的德国思想中显然存在着一些颇为不同的观点。比如说，当费希特说哲学应当成为一门科学时，他的意思是说哲学应当从一个基本的原则中被系统地推导出来。那些归纳形而上学家们则对哲学有某种不同的理解。而当我们转向尼采时，我们发现他拒斥绝对真理的观念，并强调不同类型的哲学有不同的价值基础，而价值判断

424

本身则依赖于做出这些判断的人是什么类型的。[1]

不消说，当两个哲学家观点不同时，这一事实本身并不能证明两者都是不正确的。即便两者都是错的，其他某位哲学家可能是正确的。与此同时，19 世纪诸哲学体系的纷争，或者尤其是对于哲学的本质和功能的众说纷纭显示出：康德试图一劳永逸地解决关于哲学的真实本质与功能的问题，这一尝试从历史的观点看是失败的。旧的哲学问题带着重生的力量出现在人们的心灵面前。哲学能够成为一门科学吗？如果可以，如何做到？我们能够从哲学中合理地期望何种知识？哲学已经被各门特殊科学的成长与发展取代了吗？或者，哲学依然保有自己的领域？如果是这样，这领域是什么？探索这个领域的适当方法又是什么？

康德关于科学性的哲学之本质和界限的判断无法赢得普遍的认同，这实在不足为奇。因为这个判断与他自己的体系紧密关联。换言之，它是一个哲学判断，如同费希特、黑格尔、马克思、尼采、奥伊肯和其他哲学家的宣告也都是哲学判断一样。实际上，只要一个人对"哲学"所做的陈述不是时下惯常的用法或历史上关于这个词的各种不同用法，那么他对于哲学的"真实"本质和功能所能做出的任何宣告都是一种哲学陈述。这种陈述都是从哲学内部做出的，都是一个人投身于某种特殊的哲学立场，或表达某种特殊的哲学立场。

425　　显然，我并不是想要说不应当采纳确定的哲学立场，或者，对哲学的本质与功能做哲学判断是不恰当的。我的意思也不是说，没有好的理由可被援引来支持我们接受某种判断，而不是另一种判断。与此同时，我并不希望在此刻做出一个突然的转变，从哲学史家的角色转变为某个特定哲学体系的发言人。我宁愿简要论及一些一般的解答路径，这些针对上述问题的解答路径产生于 20 世纪初期的德国思想。这项工作将在过去与现在之间架起桥梁。

---

[1]　这个观点自然让我们想起费希特的说法：一个人选择什么类型的哲学，依赖于他是一个什么类型的人。但是，即便我们不考虑这一事实，即费希特这个说法的意思并不是要排除将哲学作为一门科学这一构想，并在这种说法中看到它预见了将真理的概念从属于人类生命或生存的概念这种倾向；在追踪这一倾向的具体发展时，我们确实发现它分裂为关于人的不同观念，分裂为关于人类生命和生存的不同观念。为表明这一点，我们只需提及比如说克尔凯郭尔和尼采即可。

2. 对关于哲学范围的问题的一种可能解答路径是：主张各门特殊科学是关于世界的知识的唯一来源，且哲学并没有自己的领域，意即哲学的功能乃是去探究某个特殊层次或特殊类型的存在。人们在某段时间内通过哲学思辨来寻获关于世界的知识，这的确是完全可以理解的。但是，在各门科学的发展过程中，它们已经逐步接管了曾经属于哲学的探究领域。由此，科学知识已经逐渐取代了哲学思辨。这就难怪哲学家如果认为他们可以在不借助假说、演绎和证实等科学方法的情况下增进我们关于实在的知识，那么他们就只能生产出相互冲突的体系，这些体系也许具有某些审美价值或情感意义，但不可能再被严肃地视为具有认知价值。如果哲学要成为科学，而不是一种冒充科学的诗意形式，则它的功能必须纯粹是分析性的。举例来说，哲学也许可以澄清科学中所使用的某些基本概念、可以探究科学方法论，但它不可能通过增加或补充我们关于世界的科学知识而超越于各门科学之上。

这种一般意义上的实证主义态度，这种认为经验科学是关于世界的知识的唯一可靠来源的信念，显然是广为流传的。19 世纪时，它在孔德的哲学中获得了经典的表达；而且我们还曾看到这种信念在德国唯物主义和实证主义思潮中得以表现，虽然并不那么令人印象深刻。但我们也注意到，某些代表此种思潮的德国哲学家是如何通过发展一种对于实在的一般观点而远远地超出了各门特殊科学。海克尔的一元论就是典型的一例。而这种要发展成为一种世界观的哲学倾向恰好是 20 世纪的实证主义一心想排除掉的。

针对把哲学降为科学的侍女，一个显而易见的反驳是：存在着某些并非由任何一门特殊科学所提出的问题和疑难，而它们需要被回答，并且这些问题从传统上看也都可以恰当地被视为属于哲学探究的领域。当然，实证主义者相信，关于终极实在或绝对者的问题，关于有限存在者的起源的问题等，事实上并未被形而上学哲学家们（比如谢林）所解答。但是，即便我们同意下述说法，即这些问题实际上并没有得到确定的解答，或者我们甚至并未处于一个能够解答它们的位置上，我们可能仍然想说，提出和讨论这些问题本身就具有某种重要的价值。因为它有助于展现科学知识

426

的限度，并提醒我们有限的存在之神秘。因此如果要有效地排除形而上学式的哲学，需要确立两个互补的论题。首先必须表明，形而上学的疑难问题在原则上就是无法解答的，而不仅仅是我们此时此地正处于一个不能够解答它们的位置上。其次必须进一步表明，原则上不可解答的疑难问题乃是伪问题，也就是说，它们完全不是真正的问题，而是缺乏任何清晰的意义的言辞表述而已。

这正是维也纳学派的新实证主义者及其同伴们在 20 世纪 20 年代着手去表明的，他们的做法是发展出一种意义标准，亦即所谓的可证实性原则，该原则将会把形而上学疑难问题和陈述从有意义的疑难问题和陈述中有效地排除出去。除了逻辑和纯粹数学这种纯形式的命题之外，有意义的命题被解释为经验性的假设，这些经验性假设的意义与感觉经验中那种可以被设想但实际上并非必然能被实现的可证实模式符合一致。比如说，对于巴门尼德的一切事物实际上是独一的、不变的存在这一陈述，我们在感觉经验中无法得到关于它的经验性证实，所以我们无法认可这个陈述是有意义的。①

然而，以此形式表达出来的新实证主义的意义标准，无法抵挡得住无论是来自新实证主义运动外部还是内部的批评；它要么被阐释为纯然的方法论原则，其目的就在于限定什么可以被恰当地称为科学假设，要么被削弱并随意解释，以至于对排除思辨哲学完全无能为力。

我想事情是这样的：作为一种哲学的新实证主义乃是一种尝试，为了给作为一种心态或态度的实证主义提供一种理论辩护。而新实证主义的意义标准满载着实证主义态度所隐含的哲学预设。进而言之，这种标准是攻击形而上学式哲学的武器，它的效力依赖于这些预设并未被揭示出来。一旦它们被揭示出来了，新实证主义自身就会显露为一种更为可疑的哲学。显然，这并不会使得作为一种心态或态度的实证主义消失。但是，新实证主义的兴起及其遭受批判（部分是自我批判）的整个历程，倒是大大有利于把这些隐藏的预设拉拽到光天化日之下。问题在于这种在 19 世纪

① 这就是说，这个陈述也许是表达和激发情感态度的，因而具有"情感"意义；但根据严格的新实证主义者的原则，它是无意义的，也就是说它无法为真或为假。

就已广为传播的实证主义心态，是否能反思性地意识到自身并发现自身的预设。当然，这种自我意识只在哲学领域中达成了，而在实证主义心态或态度所在的大多数领域中并未被触及。然而，这正好有助于阐明为何需要哲学，哲学的功能之一恰恰在于把未经反思的哲学态度所隐藏着的隐蔽预设揭示出来，并对之加以批判性的检验。①

3. 按照新实证主义的看法，哲学可以成为科学化的，只是需要付出这样的代价：哲学变为纯粹分析的，并且撤销任何声称要增加我们关于实在的事实性知识的主张。描述哲学的本质与功能的另一种可能方式是： **428** 宣称就其关涉存在而言，哲学有一个自己的领域，但与此同时否认哲学是一门科学或能够是一门科学，无论是普遍科学，还是与其他特定的经验性科学并列的特殊科学。在某种意义上，哲学就是其向来所是者，哲学关涉区别于存在者（die Seienden）的存在（das Sein）。但是，认为可能有一门关于存在的科学是错误的。因为存在无法被对象化；它不可能转变为科学探究的一个对象。哲学的首要功能是唤醒人们去觉察到存在乃是超越于存在者并为存在者奠基的。但是，既然不可能有关于存在的科学，形而上学体系就不可能拥有普遍有效性。不同的形而上学体系乃是对于不可对象化的存在所做的形形色色的、个人的解码。然而，这并不意味着它们是没有价值的。因为任何伟大的形而上学体系可以说都能用于打开实证主义者想要关闭的大门。由此，把形而上学体系之间的冲突说成是丑闻，透露出了某种对于哲学真实本质的误解。因为，只有当哲学要想是合理的就得成为一门科学时，这种反驳才是有效的。而情况并非如此。确实，过去的形而上学家们曾宣称哲学是一门科学，这就相当于自己给那种将彼此不同且不相容的体系视为丑闻的说法提供了口实。不过，一旦此种宣称被撤销，并且我们把形而上学的真正功能理解为唤醒一个人去觉悟到无所不包的存在，且觉悟到他和其他一切有限存在者的根据就奠基在这无所不包的存

① 新实证主义的参考书目可参见 A. J. 艾耶尔（A. J. Ayer）编辑的一部文选《逻辑实证主义》（Glencoe, III. and London，1959）。在 P. 爱德华兹（P. Edwards）和 A. 帕普（A. Pap）编辑的《现代哲学导论》（Glencoe, III. 1957）第543—621页可以找到一些讨论可证实性原则的著述，以及一个精选书目。对于新实证主义的批判性讨论，还可参看我的《当代哲学》（伦敦，1956）第26—60页。

在之中，那么丑闻的指控依据也就消失了。因为对于超越性的存在的个人的、不同的解码正是我们所应期待的。重要的是将它们视为它们本身，而不是依照其作者们夸张的主张来看其表面的价值。

这种观点体现了卡尔·雅斯贝尔斯教授的哲学的一个方面。不过他把康德式的思辨形而上学不能给我们提供理论知识这一观点与一种受到克尔凯郭尔影响的"生存"理论结合了起来。比方说，以生理学和心理学的方式，人类可以被对象化并被科学地加以研究。由此，个体展现为可以以这种或那种方式被分类的。但是，当我们从自由行动者的角度来看待人，从自由选择的生命内部来看待人，个体就被视为一个独一无二的存在者，这个存在者自由地超越他已然是的，并通过发挥自己的自由而创造他自身。的确，从这种观点来看，人总是处于创造之中，处于他的自我创造之中：生存总是一种可能的生存（mögliche Existenz）。从这个方面来看，人不可能成为科学研究的对象。但是，通过使生存着的个体领悟到自身的经验中的意蕴，哲学能吸引人关注"生存"或揭示"生存"。哲学也能吸引人关注人的这种活动：通过这种活动，个体在某些特定处境下逐渐领悟到他的有限性和无所不包的存在的在场，而他与其他一切存在者的根据就在这作为超越者的存在之中。但是，由于超越性的存在既不能被对象化也不能被简化为某个论证或证明的结论，因而领悟到存在乃是不可对象化的大全和有限的存在者之根基的人，就可以要么通过雅斯贝尔斯所说的"哲学信仰"，像克尔凯郭尔一样肯定这种觉悟，要么像尼采一样拒斥之。

我们不能对卡尔·雅斯贝尔斯的哲学做进一步的描述了，[①]因为它之所以被提及，主要不是由于这种哲学本身，而只是将它作为描述 20 世纪前半叶的德国思想所例示的哲学的本质与功能的一种方式。当然，应当注意的是，雅斯贝尔斯像在他之前的康德一样，致力于把对人之自由的信仰和对上帝的信仰置于科学批判所不能企及的领域。我们的确能在雅斯贝尔

---

① 对其较有同情性的研究，我们推荐 M. 杜夫海纳（M. Dufrenne）和 P. 利科（P. Ricoeur）的《卡尔·雅斯贝尔斯与生存哲学》（*Karl Jaspers et la philosophie de l'existence*，巴黎，1947）。

斯那里看到某种康德式论题的明显重现。比如说，雅斯贝尔斯对于从外在的科学角度被思考的人和从内在的"生存"角度被思考的人所做的区分，在某种程度上对应着康德对于现象层次和物自身层次的区分。与此同时，康德与雅斯贝尔斯之间也有明显的差异。比如，康德对道德法则的强调（道德法则为对上帝的实践信仰提供了根基）消失不见了；而克尔凯郭尔式的生存个体这一概念则走上了前台。此外，雅斯贝尔斯的"哲学信仰"，作为克尔凯郭尔的信仰之跳跃更加学术化的版本，乃是导向作为存在的上帝的，而不是像在康德那里那样，导向作为综合的德性与幸福的工具的上帝之理念。

对于雅斯贝尔斯将形而上学置于科学批判的领域之外这种做法，一种显而易见的反驳是，只要谈到自由，或更进一步，只要谈到存在，他就不可避免地把他认为无法对象化的东西给对象化了。如果存在真的无法被对象化，那么存在就根本不可能被提及。我们只能保持沉默。当然，有人可能会采用维特根斯坦的区分，并说对雅斯贝尔斯而言哲学就是力图"显示"那些无法被"言说"的东西。确实，雅斯贝尔斯对哲学之"显明"功能的强调指向的正是这一方向。

4. 对于新实证主义者来说，哲学能够成为科学，但是，能够成为科学的意思并不是说哲学就是一门具有自己特殊领域的科学。对雅斯贝尔斯来说，哲学在某种意义上有自己的一个研究领域，[①]但它并非一门科学，其活动领域与各门科学截然不同。然而，现象学家们却试图既要赋予哲学一个或多个领域，又要维护其科学特征。

（1）我们在此只是简述现象学的兴起，只需要回溯到弗朗兹·布伦塔诺（Franz Brentano，1838—1917）即可。在跟随特伦德伦堡学习之后，布伦塔诺成为一名天主教神父。在1872年和1874年，他分别被委任了在维尔茨堡和维也纳的教会职位。但他在1873年离开了教会，而他的已婚离任神父身份使得他在奥地利首都做大学教授的生活并不容易。1895年，

---

① "生存哲学"这个术语提示生存（Existenz）构成了这种哲学的研究领域。但雅斯贝尔斯更加强调存在（Being），而通过将"生存"显明才能通向对存在的觉察。不过，存在并非某个由哲学进行科学探究的领域，虽然哲学家也许能够重新唤起或保持对于存在的觉察。

他从教学岗位上退休并在佛罗伦萨定居；第一次世界大战爆发时，他移居瑞士。

布伦塔诺在 1874 年出版了一本书，名为《从经验立场出发的心理学》（*Psychologie vom empirischen Standpunkt*）。① 他坚持认为，经验心理学并不是一门关于灵魂（此术语带有形而上学含义）的科学，而是关于心理现象的科学。不仅如此，当布伦塔诺谈到经验心理学时，他心里所想的是描述心理学，而不是发生心理学。对他来说，描述心理学所要探究的是心理行为或意识行为，这些行为关乎"非实存性的"对象，亦即那些包含在心理或意识行为本身之内的对象。一切意识都是**关于**某物的意识。思考，就是思考某物；欲求，就是欲求某物。由此，每一个意识行为都是"意向性的"：它"意向着"某个对象。而我们可以只考察那些意向所及的、非实存性的对象，而不必追问这些对象在心灵之外的本质与状态。

431

这种关于意识意向性的理论，可以回溯到亚里士多德式的经院主义思想，它本身不是一种主观主义的理论。描述心理学家，按布伦塔诺对其职能的解释，不会主张意识的对象不具有意识之外的实存。但描述心理学家只把意识的对象作为非实存性的对象来考察，这样做的正当理由在于他关注的只是心理行为或意识行为，而不是对象在心灵之外的实在性这种存在论问题。

现在清楚的是，在考察意识时，我们只能聚焦于意识的非实存性对象或聚焦于意向性活动本身。而布伦塔诺倾向于聚焦在意识的第二个方面，并区分出了三种主要的意向性活动类型。首先是简单的表象活动，在这类活动中不存在真或假的问题。其次是判断活动，其中包含了认可（Anerkennen）与拒斥（Verwerfen），换句话说，肯定和否定。其三是意志活动和情感（Gemütsbewegungen）活动，在其中意识的基本态度或结构是爱与恨，布伦塔诺也将之称为快乐与不快。

我们或许会补充说，就像布伦塔诺相信存在着自明地为真的逻辑判

---

① 在布伦塔诺的其他著作中，值得提及的包括《伦理知识的起源》（*Vom Ursprung der sittlichen Erkenntnis*，1889）、《论哲学的未来》（*Ueber die Zukunft der Philosophie*，1893）和《哲学的四个阶段》（*Die vier Phasen der Philosophie*，1895）。

断，他同样相信存在着自明地正确或正当的道德情感。这就是说，存在着自明的、总是可取的善、道德认同的对象或者愉快。但从现象学的兴起这个角度来看，布伦塔诺思想的重要特征在于意识的意向性理论。

（2）布伦塔诺的反思影响了一批哲学家，这些哲学家有时被归为奥地利学派，诸如布拉格的一位教授安东·马蒂（Anton Marty, 1847—1914）、马蒂的学生（同样也是布拉格的教授）奥斯卡·克劳斯（Oskar Kraus, 1872—1942），以及著名的心理学家卡尔·斯通普夫，斯通普夫同时也是埃德蒙德·胡塞尔（Edmund Husserl）等人的老师。

然而，需要特别提到的是亚历克修斯·迈农（Alexius Meinong, 1853—1920）。他曾在维也纳师从布伦塔诺，并随后成为格拉茨大学的哲学教授。在他的对象理论（Gegenstandstheorie）中，迈农区分了不同类型的对象。在日常生活中，我们一般以"对象"这个词专指那些实存的事物，诸如树、石头、桌子等。但是，当我们把"对象"理解为意识的对象时，我们很容易就会发现还存在着其他类型的对象。比如说，存在着观念的对象，诸如价值和数量；这些对象也可以说拥有实在性，虽然它们并不在与树和母牛相同的意义上存在着。再者，还存在着想象的对象，诸如一座金山或法国国王。金山并不存在，法国也已经多年没有国王了。但既然我们能够谈论金山，我们肯定谈到了某物。因为若是言不及物，就是没有言谈。任何言谈都得有一个对象呈现给意识，即便没有与之相应的在心灵之外实存的事物。

伯特兰·罗素（Bertrand Russell）的摹状词理论就是想要切断迈农的论证路线，并减少由某种意义上真实却并不实存的对象所构成的那个世界中的成员。不过这与我们当下的目的无关。关键点在于，迈农的理论有助于我们聚焦于那些正是作为意识对象而被考察的对象，或者用布伦塔诺的术语来说，非实存性的对象。

（3）然而，现象学运动的实际创立者既不是布伦塔诺也不是迈农，而是埃德蒙德·胡塞尔（Edmund Husserl, 1859—1938）。在获得他的数学博士学位之后，胡塞尔参加了布伦塔诺在维也纳的讲座（1884—1886），正是布伦塔诺的影响使胡塞尔献身于哲学。他先成为哥廷根大学的哲学教授，随后成为弗莱堡大学的哲学教授。在弗莱堡，海德格尔是他的学生之一。

胡塞尔在 1891 年出版了《算术哲学》（*Philosophie der Arithmetik*）一书，在该书中他表现出了某种心理主义倾向，亦即把逻辑建立在心理学之上。比如，对于数的概念至关重要的多数性（multiplicity）这一概念就建基于那种把意识的不同内容联结在一个表象之中的心理活动。这种观点受到了著名数学家和逻辑学家戈特洛布·弗雷格（Gottlob Frege, 1848—1925）的批评，而在他的《逻辑研究》（*Logische Untersuchungen*, 1900—1901）中，胡塞尔明确地主张逻辑无法被还原为心理学。[①] 逻辑所关注的是意义领域，也就是说，关注被意指（gemeint）或被意向的东西，而不是前后相继的真实心理活动。换句话说，我们必须区分作为心理事实、心理事件或体验之复合体的意识和被意指或意向的意识对象。在作为现象这种意义上，后者向着意识或为了意识而"显现"。而前者并不显现：它们被体验或经验到。显而易见，这并不意味着心理活动本身不能通过反思而被还原为现象；而是说正当它们作为向意识显现的而被考察时，它们就不再是实在的心理活动了。

这包含了一种相当重要的对于意义和事物的区分。经验论者之所以认为有必要否认普遍概念或普遍观念的存在，一个主要的原因就在于他们未能成功地做出这种区分。包括真实的心理活动在内的事物，都是个别的或特殊的；而意义却能够是普遍的。就此而言，意义就是"本质"。

在这本英文译名叫作 "*Ideas: General Introduction to Pure Phenomenology*"（《观念：纯粹现象学通论》，*Ideen zu einer reinen Phänomenologie und phänomenologischen Philosophie*, 1913）[②] 的书中，胡塞尔把意识活动称作"意向行为"（noesis），而把与其相应的被意指或被意向的对象称作"意向相关项"（noema）。他还讨论了本质直观（Wesensschau）。比如说，在纯粹数学中有一种本质直观，它所产生的命题并非经验概括，而是属于另

---

① 胡塞尔之所以拒斥心理主义，很可能不仅受到了弗雷格的影响，也受到了波尔查诺的影响。（参看《科普勒斯顿哲学史》第七卷，第 256—259 页。指英文原著页码。——译者注）

② 这本书德文标题为《一种纯粹现象学和现象学哲学的观念》。——译者注

一种不同类型的命题，即先天命题。而一般来说，现象学就是对于本质结构或理想结构的描述性分析。由此，比如说，就可以有一种价值现象学。但是，如果意识的基本结构可以被"还原"为本质（eidē）的话，当然也可以有一种对于意识基本结构的现象学分析。

胡塞尔始终坚持的一个观点是，对于存在论状态或生存论状态，或者对意识对象之所指，要悬置判断，即所谓的悬置（epoche）。通过这种悬置，存在据说就被加上了括号。举例来说，假如我想对关于美的审美经验进行一种现象学的分析。我就悬置一切存在论意义上关于美的主观或客观判断，而将自己的注意力仅仅集中在"显现"给意识的审美经验的本质结构上。

通过考察胡塞尔一本著作的书名——《哲学作为严格的科学》（*Philosophie als strenge Wissenschaft*, 1910—1911）——所蕴含的意义，我们就可以明白为什么胡塞尔坚持要悬置判断。胡塞尔如同他之前的笛卡尔一样，想把哲学置于一个稳固的基础之上。在他看来，这就意味着行进到一切预设背后，直到那无法被怀疑或被质疑的东西。现在，在日常生活中，我们对于诸如独立于意识的物理对象的实存做出了各种存在论上的假定。因此我们必须摆脱这种"自然态度"（natürliche Einstellung），或将其放入括号中。这倒不是说，自然态度就是错误的，其假定是不合理的。问题的关键在于从方法论上摆脱这种假定，行进至这些假定背后的意识本身，而意识本身是既不可能被怀疑也无法被摆脱的。进而言之，比如说，我们不可能有成效地讨论价值的存在论地位，除非我们非常清楚我们到底在谈论什么，价值"意谓"着什么。而这是要靠现象学的分析来揭示的。因此，现象学就是基础哲学：它必须先行于任何存在论哲学、任何形而上学，并为后者奠基。

如我们已经提示的那样，胡塞尔对"悬置"的使用，与笛卡尔将怀疑作为一种方法论来使用有某种相似性。事实上，胡塞尔确实在笛卡尔的哲学中看到了对现象学某种程度上的预演。与此同时，胡塞尔坚持认为，精神实体意义上的自我，或笛卡尔所说的"思维主体"（res congitans）意义上的自我，其存在本身必须被放入括号中。确实，自我（ego）不可能被

434

完全消除掉。但是，那所必需的与意识对象相关联的主体，只是纯粹的或先验的主体，只是纯粹主体本身，而不是精神实体或灵魂。就纯粹的现象学研究而言，对于这样一个实体的存在，我们必须悬置判断。

胡塞尔对悬置的方法论使用本身并不会使他认同观念论。主张意识的存在乃是唯一无法否认或无法怀疑的存在，并不必然意味着主张意识就是唯一存在的东西。但实际上胡塞尔通过力图从先验自我演绎出意识，并使世界的实在性系于意识，进而过渡到了观念论。若非作为意识的对象，无物可被设想。因此，对象必须由意识来构造。①

435　　胡塞尔思想的这种观念论取向在《观念：纯粹现象学通论》中已清晰可辨，而在想要统一逻辑与存在论的《形式的和先验的逻辑》（Formale und traszendentale Logik，1929）中，以及在《笛卡尔式的沉思》（Méditations cartésiennes，1931）中，变得更加突出。可以理解的是，这种向观念论的过渡，并没有使胡塞尔对于"悬置"的原初坚持更容易被其他现象学家所接受。比如说，海德格尔就断然拒斥"悬置"之要求，并尝试使用现象学的方法来发展一种非观念论的存在哲学。

（4）现象学分析能够在诸多领域中得到卓有成效的运用。亚历山大·普凡德尔（Alexander Pfänder，1870—1941）将现象学方法运用于心理学领域中；胡塞尔的弟子奥斯卡·贝克（Oskar Becker，生于1889）将之运用于数学哲学中；阿道夫·莱纳赫（Adolf Reinach，1883—1917）运用于法哲学；马克思·舍勒（Marx Scheler，1874—1928）运用于价值领域；而其他人则将之运用到美学和宗教意识领域。但是，对现象学方法的使用并不必然意味着使用者可以被称为胡塞尔的"弟子"。比如说，舍勒自己本身就是一位出色的哲学家。而且现象学分析也被那些哲学立场明显不同于胡塞尔的思想家所应用。我们只需提及法国存在主义者让-保罗·萨特（生于1905）和莫里斯·梅洛-庞蒂（生于1908）即可，或者当代的托马斯主义者也适用于这种情形。

———————

① 构造一个对象，可以意指使之成为意识的一个对象。而这并不必然意味着观念论。构造一个对象或许也可被理解为一种创造活动，事物借此被赋予了它们所拥有的唯一的实在性，亦即，作为意识的关联物，作为依赖于意识之物。正是向这第二层意思的过渡中包含了观念论。

我们可以合理地主张，现象学分析的广泛使用不仅有力地证明了其价值，而且也显示出它具有整合性。与此同时，我们也有理由认为，胡塞尔所要求的"悬置"一般都遭到了忽视和拒斥，并且现象学与其说被用于确立一种能够结束各种体系纷争的哲学基础，倒不如说是在不同哲学的框架内被运用，这样的事实表明现象学并未实现胡塞尔原初的期望。此外，现象学分析的本质到底是什么，这本身仍然是个问题。比如说，尽管欧陆现象学与英国的概念分析或"语言"分析之间的关系这个问题在其他各方面难以相互理解的各派哲学家之间产生了卓有成果的对话，而在这样一种对话中，一个原则性的争议恰恰是所谓现象学分析的本质是什么。可以合理地谈及一种对于"本质"的现象学分析吗？如果答案是肯定的，那么确切地说，是从什么意义上而言？现象学分析是一种专门的哲学活动吗？或者，它会不会一方面分化为心理学，而另一方面分化为所谓的语言分析？我们不能在这里讨论这些问题。但实际上，可以提出这些问题这一事实提示我们，在认为自己最终克服了哲学的分裂这一点上，胡塞尔和在他之前的笛卡尔、康德和费希特一样过度乐观了。

436

5. 我们已经看到，在世纪之交，新康德主义乃是德国大学中主导性的正统哲学或学院哲学（Schulphilosophie）。而且人们显然把这种传统与对思想形式或判断形式的某种关切联系起来，而非将之与对事物的客观范畴的某种关切联系起来。然而，柯亨与纳托尔普在马堡大学的一名弟子，亦即尼古拉·哈特曼（Nicolai Hartmann, 1882—1950），却在其哲学中表现了我们所说的回归于事物，并发展出了一种令人印象深刻的实在论的存在论（realist ontology）。尽管在这里详述一位完全属于20世纪的哲学家的思想会不太恰当，但对他的思想路径做一些概括说明有助于阐明一种关于哲学的本质与功能的重要观点。

在他的《知识形而上学原理》（Grundzüge einer Metaphysik der Erkenntnis, 1921）一书中，尼古拉·哈特曼从新康德主义走向一种实在论的知识理论，而在随后的著述中，他发展出了一种存在论，这种存在论采取了这样的形式：对存在的不同样式与层次的范畴进行分析。由此，在其《伦理学》（Ethik, 1926）中，他致力于对具有观念性存在的价值做现象学研究；而在

《论精神存在诸问题》(*Das Problem des geistigen Seins*，1933) 中，他考察了在其个人形式和客体化形式之中的人类精神的生命。《论存在论的基础》(*Zur Grundlegung der Ontologie*，1935)、《可能性与现实性》(*Möglichkeit und Wirklichkeit*，1935)、《实在世界的建构：一般范畴理论原理》(*Der Aufbau der realen Welt. Grundriss der allgemeinen Kategorienlehre*，1940) 和《存在论的新道路》(*Neue Wege der Ontologie*，1941) 等著作表述了一般存在论；而在《自然哲学》(*Philosophie der Natur*，1950) 中，哈特曼特别关注了无机层次和有机层次的范畴。①

437　　　因此，大体而言，哈特曼的思想从对存在的普遍的、结构性的原则或范畴的探究——诸如单一性与多数性、持存与生成或变化等——进入到区域性的存在论，亦即对无机的存在者、有机的存在者等特殊范畴进行分析。就此而言，他区分了此在（Dasein）和本在（Sosein）。但是，他的存在论自始至终采取了对经验中呈现的诸存在者所例示的范畴做现象学分析的形式。无限的存在活动这一意义上的独立存在者或独立自存的存在（ ipsum esse subsistens ）这种观念对于哈特曼的思想来说是完全陌生的。任何关于超验的存在者的形而上学，意即任何将上帝作为超验者的形而上学，都是被排除的。的确，对哈特曼来说，形而上学处理的是无解的难题；然而他的存在论却完全能够获得确定的结果。

　　　所以，就其包含了对存在之客观范畴的研究而言，哈特曼的存在论是对新康德主义的克服。就其赋予了哲学一个它自己的确定领域（亦即就其本身而被考察的存在之不同层次和不同类型）而言，它也克服了实证主义。而且，虽然哈特曼使用了现象学的分析方法，但他并未被影响而局限于一个主观领域；如果他遵循了胡塞尔的"悬置"，那么他将会有局限于主观领域的危险。与此同时，他的存在论是一种范畴学说，而不是一种为存在者奠基的关于存在的形而上学。在他看来，科学化的哲学并不能够探究存在，因为对存在的探究超越了对存在者之为存在者的研究。确实存在着可被人类心灵在不同的程度上加以认识的价值这种观念性的存在。但

① 我们也可以提到那些哈特曼过世后出版的著作：《目的论思想》(*Teleologisches Denken*, 1951) 和研究美以及审美价值的《美学》(*Aesthetik*, 1953)。

是，即便这些价值具有观念性的实在性，它们本身并不实存。实存的存在者乃是那些构成世界的东西。

6.（1）在当代德国思想中，将哲学唤回到存在之思这一路径主要以那位神秘难解的思想家马丁·海德格尔（Martin Heidegger, 生于 1889）为代表。按照海德格尔的看法，整个西方哲学都已经遗忘了存在，沉浸在对存在者的研究之中。[①] 而且存在这一观念，要么意指由抽离存在者的全部确定性特征而获得的某个空洞且不确定的概念，要么意指存在者等级序列中的至高者，亦即上帝。存在作为存在者之存在，作为被存在者所遮蔽着的东西，作为主客体二分（对存在者的研究预设了这种二分）的基础，被遗漏和遗忘了：存在仍然是隐匿的、被遮蔽的。为此，海德格尔追问，什么是存在的意义？对他来说，这不是一个语法上的问题。这是在要求揭示存在者的存在（Being of beings）。

438

在海德格尔看来，人能够追问这个问题这一事实，表明了人对于存在有一种前反思的领会。在《存在与时间》（*Sein und Zeit*，1927）第一部分，海德格尔开始对人这种能提出这一问题并由此向存在敞开的存在者做现象学-存在论上的分析。由此，他所说的基础存在论就成为一种对作为"此在"的人的生存论分析。但是，尽管海德格尔的目标是要以此方式使得存在可以显现自身，但他从未真正进展到比人更远的地方。鉴于人的有限性和时间性在《存在与时间》中被清晰地展现了出来，这本书很自然地给人留下这样的印象（哪怕这个印象是不正确的）：对于作者来说存在本质上就是有限的和时间性的。《存在与时间》的第二部分则一直未出版。

在海德格尔的晚期著作中，我们总是听他谈到人对于存在的敞开，以及必须始终保持这种敞开，但很难说他已经成功地揭示了存在。其实他自己也并未宣称做到了这一点。事实上，虽然海德格尔宣扬世界一般地遗忘了存在而哲学家们尤其地遗忘了存在，但他似乎未能清晰地解释他们所遗忘的到底是什么，或者为什么这种遗忘会如他所说的那样是灾难性的。

---

① 尼古拉·哈特曼显然也被包含在这一判断中。

（2）与他对人的生存论分析不同，海德格尔关于存在的宣告如此有
如神谕，以至于不能说它们形成了一种关于存在的科学。最为清晰地持有
形而上学乃是一门关于存在的科学这一观念的，是现代托马斯主义者，尤
其是那些采用其所谓先验方法的托马斯主义者。受康德以及尤其是诸如费
希特这样的德国观念论者所启发（因为康德只关注思维形式的先验演绎），
这种先验方法包含两个主要阶段。要建立一种作为科学的形而上学，就必
须回溯到一个本身不能被怀疑的基础；这是还原的阶段或环节。[①] 另一个

439　阶段则在于，从终极的出发点对形而上学进行系统性的演绎。

事实上，上述哲学家使用这种先验方法，是为了在一个可靠的基础
上建立并系统性地演绎出托马斯主义的形而上学，而不是就内容而言去创
建一个新的形而上学体系，更不是为了发现关于世界的惊人的新真理。因
此，至少在外人看来，这似乎是一个新瓶装旧酒的问题。与此同时，明显
的是：关于科学方法的问题会不可避免地浮现出来，并且，就我们所讨论
的托马斯主义而言，越是强调要把人们非反思性的、隐含着的对存在的领
会转变为有系统根据的、明确的知识，科学方法的问题就越是变得更为
重要。

7. 这一对于 20 世纪前半叶德国哲学某些思潮所做的诚然粗略的概
述，并没有为我们提供多少依据去支持这样的说法：诸体系和倾向中的分
歧最后已经被克服了。它倒是向我们表明，哲学为了证明自己的主张（即
哲学不仅仅是科学的侍女）必须成为形而上学的。如果我们认为，在世界
中，只有能够通过各门特殊科学而被考察的那些方面才是唯一能被恰当地
考察的方面；那么哲学若是要继续存在，就必须要么投身于逻辑和科学方
法论，要么投身于日常语言分析。因为很显然，哲学无法在各门科学的领

---

① 有人认为，在一个对于判断的分析中，恰当的出发点是一个绝对肯定的行动。比
如，J. B. 洛茨（J. B. Lotz）的《判断与存在：形而上学奠基》（*Das Urteil und das
Sein. Eine Grundlegung der Metaphysik;* Pullach bei München, 1957）和《以先验方法
解释人类行为的形而上学》（*Metaphysica operationis humanas methodo transcendentali
explicata;* Rome, 1958）就是如此。有些人则追问判断背后的东西：什么是一切知识和
判断的终极基础？比如 E. 柯莱特（E. Coreth）的《形而上学：一种方法和系统的奠基》
（*Metaphysik. Eine methodisch-systematische Grundlegung;* Insbruck, Viena and Munich,
1961）就是如此。

域与它们相竞争。哲学要想在科学语言分析或日常语言分析之外拥有自己的一个领域，就必须考察仅仅作为存在的存在。但是，如果哲学如同尼古拉·哈特曼所做的那样，将自身限于探究显现于经验中的有限存在的不同层次的范畴，存在或存在者的存在这个至关重要的问题就被遗漏掉了。除非把这个问题作为无意义的而排除掉，否则就没有任何理由忽略这个问题。然而，一旦这个问题被认可为一个真正的哲学问题，那么关于绝对者的难题将再一次来到面前。长远来看，谢林会显得确实有理由做出下述宣称：我们所能设想的最为重要的问题，莫过于有限的存在者与无条件的绝对者之间的关系。

在这里提到谢林，并不等于要求返回德国观念论。我心里所想的是 440 如下这些。人乃是在世界之中的精神（spirit-in-the-world）。人处在世界之中，不仅仅指的是在时空上身处其中，而且也是就其本质而言参与到世界之中。人们发现，为了自己的生命，为了满足自己的需求，为了追寻知识，为了行动，他在世界中乃是依赖于其他事物的存在者。同时，凭借着他把自己理解为一个在世界之中的存在者这一事实，他又从这世界中独立出来：他可以说并不是完全沉陷在世界的进程之中。他是一个历史性的存在者，但是从他能够把历史对象化这个意义上说，他又是一个超历史的存在者。当然，要把人的这两个方面截然分开是不可能的。以从世界中独立出来的方式，他是一个在世界之中的存在者，一个"尘世的"存在者；且作为一个在世界中的存在者，他才从世界中独立出来。作为精神、作为从世界中独立出来的，他能够并且也不得不提出形而上学问题，以便在主客体对立的处境背后寻求某种统一。而作为一个参与到世界之中的存在者，他自然地倾向于认为这些问题是空洞且无益的。在哲学思想的发展历程中，这些彼此分歧的态度或倾向反复出现，呈现出不同的历史形态和可以从历史性的角度来加以解释的形态。德国观念论就是这种形而上学倾向或驱动力所呈现的某种历史形态。归纳形而上学则是另一种历史形态。我们还能看到，这同一种根本倾向在雅斯贝尔斯和海德格尔的哲学中以不同的方式重现。

在哲学的层面上，每一种倾向或态度都寻求从理论上证明自身的合理性。但是，这种辩证发展仍在继续。我的意思并不是说没有什么办法来区分这些不同的证明。比如说，就人能够把自己对象化并把自己当作科学研究的对象而言，他倾向于认为，自己独立于世界或自己有一个精神方面等说法是没什么意义的。然而，正如费希特清晰地看到的，人能将自身对象化这一事实正显示了人不可能被彻底地对象化，而对自我做现象化的还原乃是不加批判的、天真的。一旦反思性的思维理解了这一点，形而上学就开始重新发挥作用。然而，人的"尘世的"一面之影响力也会重新发挥作用，于是曾经获得的形而上学洞见就被遗忘了，必须再度去寻求才可获得。

　　显而易见的是，如果认为我们基于人的双重本质所提出的两种倾向或态度之间的区分能够被当作得以理解哲学史的通途，那么就将问题太过简化了。因为，在解释哲学的实际发展过程时，很多因素需要被纳入考量。但即便在历史中没有简单的重复，我们可以期待的也只是，那些持久的倾向会不断地以种种变化了的历史形态反复出现。因为就如狄尔泰所说的那样，理解历史也就是在创造历史。哲学的辩证发展反映了人类本质的复杂性。

　　结论可能显得有些悲观，也就是说，我们没有很好的理由去假定我们终究能够在哪怕只是关于哲学的范围的问题上达成普遍且持久的共识。但是，如果说根本的分歧正是来自人自身的本质，那么我们所能期待的无非是某种辩证运动，亦即某些根本的倾向和态度在不同历史形态中的反复重现。这正是我们迄今为止所拥有的，尽管我们曾为了这一辩证进程的终结付出过善意的努力。如果我们期待着这一进程会在未来继续下去，那么现在得到的这一结论就很难说是过于悲观的。

参考文献

一般介绍性著作

Abbagnano, N. *Sioria della filosofia:* II, *parle seconda.* Turin, 1950.

Adamson, R. *The Development of Modern Philosophy, with other Lctures and Essays.* Edinburgh, 1908 (2nd edition).

Alexander, A. B. D. *A Short History of Philosophy.* Glasgow, 1922 (3rd edition).

Bosanquet, B. *A History of Aesthetic.* London, 1892.

Bréhier, E. *Histoire de la Philosophie:* II, *deuxième partie.* Paris, 1944. (Bréhier's work is one of the best histories of philosophy, and it contains brief, but useful, bibliographies.)

Histoireth de la philosophie allemande. Paris,1933 (2nd edition).

Castell, A. *An Introauction to Modern Philosophy in Sis Problems.* New York,1943.

Catlin, G. *A History of the Political Philosophers.* London, 1950.

Collins, J. *A History of Modern European Philosophy.* Milwaukee, 1954. (This work by a Thomist can be highly recommended. It contains useful bibliographies.)

God in Modern Philosophy. London, 1960. (In the relevant period this work contains treatments of Hegel, Feuerbach, Marx and Kierkegaard.)

De Ruggiero, G. *Sioria della filosofia;* IV, *la filosofia moderma. L'età del romanticistmo.* Bari, 1943.

Hegel. Bari, 1948.

Deussen, P. *Allgemeine Guchichte der PhilosoPhie;* II, 3, *Neuer, Philosophi von Descartes bis Schopenhauer.* Leipzig, 1922 (3rd edition).

Devaux, P. *De Thalès a Bergson. Introduction historique à la philosophie.* Liège, 1948.

Erdmann, J. E. *A History of Philosophy;* II, *Modern Philosophy,* translated by W. S. Hough. London, 1889, and subsequent editions.

Falckenberg, R. *Guchichte der neuern Philosophie.* Berlin, 1921 (8th edition).

Fischer, K. *Geschichte der neuern Philosophie.* 10 vols. Heidelberg, 1897-1904. (This work includes separate volumes on Fichte, Schelling, Hegel and Schopenhauer, as listed under these names.)

Fischl, J. *Geschichte der Philosophie,* 5 vols. III, *Aufklärung und deutscher Idealismus.* IV, *Positivismus und Materialismus.* Vienna, 1950 .

Fuller, B. A. G. *A History of Philosophy.* New York, 1945 (revised edition).

Hegel, G. W. F. *Lectures on the History of Philosophy,* translated by E. S. Haldane and F. H. Simson. Vol. III. London, 1895. (Hegel's history of philosophy forms part of his system.)

Heimsoeth, H. *Metaphysik der Neuzeit.* Munich, 1929.

Hirschberger, J. *The History of Philosophy,* translated by A. Fuerst, 2 vols. Milwaukee, 1959.

(The second, volume treats of modern philosophy.)

Höffding, H. *A History of Philosophy* (modern), translated by B. E. Meyer, 2 vols. London, 1900 (American reprint, 1924).

A Brief History of Modern Philosophy, translated by C. F. Sanders, London, 1912.

Jones, W. T. *A History of Western Philosophy:* II, *The Modern Mind,* New York, 1952.

Klimke, F., S. J. and Colomer, E., S. J. *Historia de la filosofía.* Barcelona, 1961 (3rd edition).

Marias, J. *Historia de la filosofía.* Madrid, 1941.

Meyer, H. *Geschichte der abendländischen Weltanschauung:* IV, *Von der Renaissance zum deutschen Idealismus:* V, *Die Weltanschauung der Gegenwart.* Würzburg, 1950.

Oesterreich, T. K. *Die deutsche Philosophie des XIX Jahrhunderts.* Berlin, 1923 (reproduction, 1953). (This is the fourth volume of the new revised edition of Ueberweg's *Grundriss der Geschichte der Philosophie.* It contains extensive bibliographies and is useful as a work of reference.)

Randall. H., Jr. *The Making of the Modern Mind.* Boston, 1940 (revised edition).

Rogers, A. K. *A Student's History of Philosophy.* New York, 1954 (3rd edition reprinted). (A straightforward textbook.)

Russell, Bertrand. *History of Western Philosophy and its connection with Political and Social Circumstances from the Earliest Times to the Present Day.* London, 1946, and reprints.

Wisdom of the West. An Historical Survey of Western Philosophy in its Social and Political Setting. London, 1959. (For German philosophy in the nineteenth century the last-named work is to be preferred to the first.)

Sabine, G. H. *A History of Political Theory.* London, 1941. (A valuable study of the subject.)

Schilling, K. *Geschichte der PhilosoPhie:* II, *Die Neuzeit.* Munich, 1953. (Contains useful bibliographies.)

Souilhé, J. *La philosophie chrétienne de Descartes* à *nos jours.* 2 vols. Paris, 1934.

Thilly, F. *A History of Philosophy,* revised by L. Wood. New York, 1951.

Thonnard, F. J. *Précis d'histoire de la Philosophie.* Paris, 1941 (revised edition).

Turner, W. *History of Philosophy.* Boston and London, 1903.

Vorländer, K. *Geschichte der Philosophie:* II, *Philosophie der Neuzeil.* Leipzig, 1919 (5th edition).

Webb, C. C. J. *A History of Philosophy.* (Home University Library.) London, 1915 and reprints.

Windelband, W. *A History of Philosophy, with especial reference to the Formation and Development of its Problems and Conceptions,* translated by J. A. Tufts. New York and London, 1952 (reprint of 1901 edition). (This notable work treats the history of philosophy according to the development of problems.)

Lehrbuch der Geschichte'der Philosophie, edited by H. Heimsoeth with a concluding chapter, *Die Philosophie im 20 Jahrhundert mit einer Uebersicht* über *den Stand der philosophie-geschicltlichen Forschung.* Tübingen, 1935.

Wright, W. K. *A History of Modern Philosophy.* New York, 1941.

第一章：关于德国观念论的一般介绍性著作

Benz, R. *Die deutsche Romantik,* Leipzig, 1937.

Cassirer, E. *Das Erkenntnisproblem in der Philosophie und Wissenuhaft der neueren Zeit: III, Die nachkantischen Systeme.* Berlin, 1920.

Delbos, V. *De Kant aux Postkantiens.* Paris, 1940.

Flügel, O. *Die Religionsphilosophie des absoluten Ideasismus: Fichte, Schelling, Hegel, Schopenhauer.* Langensalza, 1905.

Gardei1, H.-D. *Les étages de la philosophie idéaliste.* Paris, *1935.*

Groos, H. *Der deutsche Idealismus und das Christentum.* Munich, 1927.

Hartmann, N. *Die Philosophie des deutschen Idealismus.* Berlin, 1960. 2nd edition (originally 2 vols., 1923-9).

Haym, R. *Die romantische Schule.* Berlin, 1928 (5th edition).

Hirsch, E. *Die idealistische Philosophie find das Christentum.* Gütersloh, 1926.

Kircher, E. *Philosophie der Romantik.* Jena, 1906.

Kroner, R. *Von Kant bis Hegel.* 2 vols. Tübingen, 1921-4. (This work and that of N. Hartmann are classical treatments of the subject, from different points of view.)

Lutgert, W. *Die Religion des deutschen Idealismus und ihr Ende.* Gütersloh, 1923.

Maréchal, J., S.J. *Le point de déparl de la métaplysique.* Cahier IV: *Le systène idéaliste chez Kant et les postkantiens.*vParis, 1947.

Michelet, C. L. *Geschichte der letzten Systeme der Philosophie in Deutschland von Kant bis Hegel.* 2 vols. Berlin, 1837-8.

Entwicklungsgeschichte der neuesten deutschen Philosophie. Berlin, 1843.

第二—四章：费希特

原始文本

Sämmtliche Werke, edited by I. H. Fichte. 8 vols. Berlin, 1845-6.

Nachgelassene Werke, edited by I. H. Fichte. 3 vols. Bonn, 1834-5.

Werke, edited by F. Medicus. 6 vols. Leipzig, 1908-12. (This edition does not contain all Fichte's works.)

Fichtes Briefwechsel, edited by H. Schulz. 2 vols. Leipzig, 1925.

Die Sehriften zu J. G. Fichte's Atheismus-streit, edited by H. Lindau.Munich, 1912.

Fickle und Farberg. Die Philosophischen Scriften zum Atheismus-streit, edited by F. Medicus. Leipzig, 1910.

The Science of Knowledge, translated by A. E. Kroeger. Phlladelphla, 1868; London, 1889.

New Exposition of the Science of Knowledge, translated by A. E. Kroeger. St. Louis, 1869.

The Science of Rights, translated by A. E. Kroeger. Philadelphia, 1869; London, 1889.

The Science of Ethics, translated by A. E. Kroeger. London, 1907.

Fichte's Popular Works, translated, with a memoir of Fichte, by W. Smith. 2 vols. London, 1889 (4th edition).

Addresses to the German Nation, translated by R. F. Jones and G. H. Turnbull. Chicago, 1922.

J. G. Fichtes Leben und literarischer Briefwechsel, by I. H. Fichte. Leipzig, 1862 (2nd edition).

研究专著

Adamson, R. *Fichte.* Edinburgh and London, 1881.

Bergmann, E. *Fichte de, Erzieher.* Leipzig, 1928 (2nd edition).

Engelbrecht, H. C. *J. G. Fichte: A Study of His Political Writings with Special Reference to*

His Nationalism. New York, 1933.

Fischer, K. *Fichtes Leben, Werke und Lehre.* Heidelberg, 1914 (4th edition).

Gogarten, F. *Fichte als religiöser Denker.* Jena, 1914.

Gueroult, M. *L'hélution el la structure de la doctrine de la science chez Fichte.* 2 vols. Paris, 1930. Heimsoeth, H. *Fichte.* Munich, 1923.

Hirsch, E. *Fichtes Religionsphilosophie.* Göttingen, 1914.

Christentum und Geschichte in Fichtes Philosophie. Göttingen, 1920.

Léon, X. *La Philosophie de Fithte.* Paris, 1902.

Fichte et son temps. 2 vots. (in 3). Paris, 1922-7.

Pareyson, L. *Fichte.* Turin, 1950.

Rickert, H. *Fichtes Atheismusstreit und die kantische Philosophie.* Berlin, 1899.

Ritzel, W. *Fichtes Religionsphilosophie.* Stuttgart, 1956.

Stine, R. W. *The Doctrine of God in the Philosophy of Fichte.* Philadelphia, 1945 (dissertation).

Thompson, A. B. *The Unity of Fichte's Doctrine of Knowledge.* Boston, 1886.

Turnbull, G. H. *The Educational Theory of Fichte.* London, 1926.

Wallner, F. *Ficthte als politischer Denker.* Halle, 1926.

Wundt, M. *Fichte.* Stuttgart, 1937 (2nd edition).

第五一七章：谢林

原始文本

Sämmtliche Werke, edited by K. F. A. Schelling. *Erste Abteilung,* 10 vols., 1856-61; *Zweite Abteilung,* 4 vols. 1856-8. Stuttgart and Augsburg.

Werke, edited by M. Schröter. 6 vols. Munich, 1927-8; 2 supplementary vols. Munich, 1943-56.

Of Human Freedom, translated by J. Gutman. Chicago, 1936.

The Ages of the World, translated by F. Bolman, Jr. New York, 1942.

The Philosophy of Art: An Oration on the Relation between the Plastic Arts and Nature, translated by A. Johnson. London, 1845.

Essais., translated by S. Jankélévitch. Paris, 1946.

Introduction à la *philosophie de la mythologie,* translated by S. Jankélévitch. Paris, 1945.

研究专著

Bausola, A. *Saggi sulla filosofia di Schelling.* Milan, 1960.

Benz, E. *Schelling, Werden und Wirkung seines Denkens.* Zürich and Stuttgart, 1955.

Brémer, E. *Schelling.* Paris, 1912.

Dekker, G. *Die Rükwendung zum Mythos. Schellings lelzte Wandung.* Munich and Berlin, 1930.

Drago del Boca, S. *La filosofia di Schelling.* Florence, 1943.

Fischer, K. *Schellings Leben, Werke und Lehre.* Heidelberg, 1902 (3rd edition).

Fuhrmans, H. *Schellings lelzte Philosophie. Die negative und positive, Philosophie im Einsatz des Sp*ätidealismus. Berlin, 1940 .

Schellings Philosophie der Weltalter. Düsseldorf. 1954.

Gibelin, J. *L'ésthetique de Schelling d'après la Philosophie de l'art.* Paris, 1934.

Gray-Smith, R. *God in the Philosophy of Schelling.* Philadelphia, 1933 (dissertation) .

Hirsch, E. D., Jr. *Wordsworth and Schelling.* London, 1960.

Jankélévitch, V. *L'odysée de la conscience dans la dernière philosophie de Schelling.* Paris, 1933.

Jaspers, K. *Schelling: Grösse und Verhängnis.* Munich, 1955.

Knittermeyer, H. *Schelling und die romantische Schule.* Munich, 1929.

Koehler, E. *Schellings Wendung zum Theismus.* Leipzig, 1932 (dissertation).

Massolo, A. *Il primo Schelling.* Florence, 1953.

Mazzei, V. *Il pensiero etico-politico di Friedrich Schelling.* Rome, 1938.

Noack, L. *Schelling und die Philosophie der Romantik.* Berlin, 1859.

Schulz, W. *Die Vollendung des dcutschen Idealismus in der Sp*ät*philosophie Schellings.* Stuttgart and Cologne, 1955.

Watson, J. *Schelling's Transcendental Idealism.* Chicago, 1892 (2nd edition).

进一步的参考文献可参看:

Friedrich Wilhelm Joseph von Schelling. Eine Bibliographie, by G. Schneeberger. Bern, 1954.

第八章: 施莱尔马赫

原始文本

Werke, Berlin, 1835-64. (Section I, theology, 13 vols.; Section II, sermons, 10 vols.; Section III, philosophy, 9 vols.)

Werke (selections), edited by O. Braun. 4 vols. Leipzig, 1910-13.

Addresses on Religion, translated by J. Oman. London, 1894.

The Theology of Schleiermacher, a Condensed Presentation of His Chief Work 'The Christian Faith', by G. Cross. Chicago, 1911 .

研究专著

Baxmann, R. *Schleiermacher, sein Leben und Wirken.* Elberfeld, 1868.

Brandt, R. B. *The Philosophy of Schleiermacher.* New York, 1941.

Dilthey, W. *Leben Schleiermachers.* Berlin, 1920 (2nd edition).

Fluckinger, F. *Philosophie und Theologie bei Schleiermacher.* Zürich, 1947.

Keppstein, T. *Schleiermachers Weltbild und Lebensanschauung.* Munich, 1921.

Neglia, F. *La filosofia della religione di Schleiermacher.* Turin, 1952 .

Neumann, J. *Schleiermacher.* Berlin, 1936.

Reble, A. *Schleiermachers Kulturphilosophie.* Erfurt, 1935 ·

Schultz, L. W. *Das Verh*ältnis von Ich und W*irklichkeit in der religiösen Antropologie Schleiermachers.* Göttingen, 1935 ·

Schutz, W. *Schleiermacher und der Protestantismus.* Hamburg, 1957.

Visconti, L. *La dottrina educativa di F. D. Schleimnacher.* Florence, 1920.

Wendland, I. *Die religiöse Entwicklung Schleiermachers.* Tübingen, 1915.

第九—十一章: 黑格尔

原始文本

Werke, Jubiläumsausgabe, edited by H. G. Glockner. 26 vols. Stuttgart, 1927-39. The first 20 vols., containing Hegel's writings, are a reprint of the 1832-87 edition (19 vols.). Vols. 21-2 contain Glockner's *Hegel* and Vols. 23-26 his *Hegel-Lexikon.*

Sämmtliche Werke, kritische Ausgabe, edited by G. Lasson and J. Hoffmeister. This critical edition, originally published at Leipzig (F. Meiner), was begun by G. Lasson (1862-1932) in 1905. On Lasson's death it was continued by J. Hoffmeister, and from 1949 it was published at Hamburg (F. Meiner). It was planned to contain 24 (later 26 and then 27) vols. Some of the vols. went through several editions. For example, a third edition of Vol. 2 *(Die Phänomenologie des Geistes)* appeared in 1929 and a third edition of Vol. 6

(Grundlinien der Philosophie des Rechts) in 1930. The total work remains unfinished.

Sämmtliche Werke, neue kritische Ausgabe, edited by J. Hoffmeister. This edition, planned to
   contain 32 vols., is published at Hamburg (F. Meiner) and is designed both to complete
   and to supersede the Lasson-Hoffmeister edition, now known as the *Erste kritische
   Ausgabe.* The situation is somewhat complicated as some of the volumes of the Lasson-
   Hoffmeister edition are being taken over by the new critical edition. For instance, the
   first part of Hoffmeister's edition of Hegel's *Vorlesungen über die Geschichte der
   Philosophie,* which was published in 1940 as Vol. 15a in the *Kritische Ausgabe,* becomes
   Vol. 20 in the *Neue kritische Ausgabe.* Again, the first volume of Hoffmeister's edition
   of letters written by and to Hegel (1952) bore the title *Kritische Ausgabe* and mention
   was made of Lasson as the original editor, whereas the second volume (1953) bore the
   title *Neue kritische Ausgabe* and no mention was made of Lasson. (The *Briefe von und an
   Hegel* form Vols. 27-30 in the new critical edition.)

Hegels theologische Jugendschriften, edited by H. Nohl. Tübingen, 1907.

Dokumente zu Hegels Entwicklung, edited by J. Hoffmeister. Stuttgart, 1936.

G. W. F. Hegel: Early Theological Writings, translated by T.M. Knox with an introduction
   by R. Kroner. Chicago, 1948.

The Phenomenology of Mind, translated by J. Baillie. London, 1931. (2nd edition).

Encyclopaedia of Philosophy, translated and annotated by G. E. Mueller. New York, 1959.

Science of Logic, translated by W. H. Johnston and L. G. Struthers. 2 vols. London, 1929.
   (This is the so-called 'Greater Logic' of Hegel.)

The Logic of Hegel, translated from the Encyclopaedia of the Philosophcal Sciences,
   translated by W. Wallace. Oxford, 1892 (2nd edition). (This is the so-called 'Lesser
   Logic'.)

*Hegel's Philosophy of Mind, translated from the Encyclopaedia of the Philosophical
   Sciences,* translated by W. Wallace. Oxford, 1894.

The Philosophy of Right, translated and annotated by T. M. Knox. Oxford, 1942.

Philosophy of History, translated by J. Sibree. London, 1861.

The Philosophy of Fine Art, translated by F. P. B. Osmaston. 4 vols. London, 1920.

*Lectures on the Philosophy of Religion, together with a Work on the Proofs of the Existence
   of God,* translated by E. B. Speirs and J. B. Sanderson. 3 vols. London, 1895 (reprint
   1962).

Lectures on the History of Philosophy, translated by E. S. Haldane and F. H. Simpson. 3
   vols. London, 1892-6.

研究专著

Adams, G. P. *The Mystical Element in Hegel's Early Theological Writings.* Berkeley, 1910.

Aspelin, G. *Hegels Tübinger Fragment.* Lund, 1933.

Asveld, P. *La pensée religieuse du jeune Hegel. Liberté et aliénation.* Louvain, 1953.

Baillie, J. *The Origin and Significance of Hegel's Logic.* London, 1901.

Balbino, G. *Der Grundirrtum Hegels.* Graz, 1914.

Brie, S. *Der Volksgeist bei Hegel und die historische Rechtsschule.* Berlin, 1909.

Bullinger, A. *Hegelsche Logik und gegenwärtig herrschender antihegelische Unverstand.*
   Munich, 1901.

Bülow. F. *Die Entwicklung der Hegelschen SozialPhilosophie.* Leipzig, 1920.

Caird, E. *Hegel.* London and Edinburgh, 1883. (This is still an excellent introduction to
   Hegel.)

Cairns, H. *Legal Philosophy from Plato to Hegel.* Baltimore, 1949.
Coreth, E., S.J. *Das dialektische Sein in Hegels Logik.* Vienna, 1952.
Cresson, A. *Hegel, sa vie, son auvre.* Paris, 1949.
Croce, B. *What is Living and What is Dead in the Philosophy of Hegel,* translated by D. Ainslie. London, 1915.
Cunningham, G. W. *Thought and Reality in Hegel's System.* New York, 1910.
De Ruggiero, G. *Hegel.* Bari, 1948.

Dilthey, W. *Die Jugendgeschichte Hegels.* Berlin, 1905. (Contained in Dilthey 's *Gesammelte Schriften,* IV; Berlin, 1921.)
Dulckeit, G. *Die Idee Gottes im Geiste der Philosophie Hegels.* Munich, 1947.

Emge, C. A. *Hegels Logik und die Gegenwart.* Karlsruhe, 1927.
Findlay, J. N. *Hegel. A Re-Examination.* London, 1958. (A sympathetic and systematic account of Hegel's philosophy, in which the metaphysical aspect is minimized.)

Fischer, K. *Hegels Leben, Werke und Lehre.* 2 vols. Heidelberg, 1911 (2nd edition).
Foster, M. B. *The Political Philosophies of Plato and Hegel.* Oxford, 1935.

Glockner, H. *Hegel.* 2 vols. Stuttgart. (Vols. 21 and 22 in Glockner's edition of Hegel's *Works* mentioned above.)
Grégoire, F. *Aux sources de la pensée de Marx: Hegel, Feuerbach.* Louvain, 1947.
Etudes hégéliennes. Louvain, 1958.

Häring, T. *Hegel, sein Wollen und sein Werk.* 2 vols. Leipzig, 1929-38.
Haym, R. *Hegel Und seine Zeit.* Leipzig, 1927 (2nd edition).
Heimann, B. *System und Methode in Hegels Philosophie.* Leipzig, 1927.
Hoffmeister, J. *Hälderlin und Hegel.* Tübingen, 1931.

Goethe und der deutsche Idealismus. Eine Einführung zu Hegels Realphilosophie. Leipzig, 1932.
Die Problematik des Völkerbundes bei Kant und Hegel. Tübingen, 1934.

Hyppolite, J. *Genèse et structure de la Phénomenologie de l'Esprit de Hegel.* Paris, 1946. (A very valuable commentary.)
Introduction à la Philosophie de l'histoire de Hegel. Paris, 1948.

Logique et existence: Essai sur la logique de Hegel. Paris, 1953 ·

Iljin, I. *Die Philosophie Hegels als kontemplative Gotteslehre.* Bern, 1946.

Kojève, A. *Introduction à la lecture de Hegel.* Paris, 1947 (2nd edition). (The author gives an atheistic interpretation of Hegel.)
Lakebrink, B. *Hegels dialektische Ontologie und die thomistiche Analektik.* Cologne, 1955.
Lasson, G. *Was heisst Hegelianismus?* Berlin, 1916.

Einführung in Hegels Religionsphilosophie. Leipzig, 1930. (This book constitutes an introduction to Vol. 12 of Lasson's critical edition of Hegel's *Works,* mentioned above. There are similar introductions by Lasson; for example, *Hegel als GeschichtsPhilosoph,* Leipzig, 1920.)
Litt, T. *Hegel. Versuch einer kritischen Erneuerung.* Heidelberg, 1953.
Lukacs, G; *Der junge Hegel. Ueber die Beziehungen von Dialektik und Oekonomie.* Berlin, 1954 (2nd edition). (The author writes from the Marxist point of view.)
Maggiore, G. *Hegel.* Milan, 1924.

Maier, J. *On Hegel's Critique of Kant.* New York, 1939 ·

Marcuse, M. *Reason and Revolution: Hegel and the Rise of Social Theory.* New York, 1954
(2nd edition).

McTaggart, J. McT. E. *Commentary on Hegel's Logic.* Cambridge, 1910.

Studies in the Hegelian Dialectic. Cambridge, 1922 (2nd edition).
Studies in Hegelian Cosmology. Cambridge, 1918 (2nd edition).

Moog, W. *Hegel und die Hegelsche Schule.* Munich, 1930 .

Mure, G. R. G. *An Introduction to Hegel.* Oxford, 1940. (Stresses Hegel's relation to
Aristotle.)

A Study of Hegel's Logic. Oxford, 1950 .

Negri, A. *La presenza di Hegel.* Florence, 1961.

Niel, H., S. J. *De la médiation dans la philosophie de Hegel.* Paris, 1945. (A study of
Hegel's philosophy in the light of the pervading concept of mediation.)

Nink, C., S. J. *Kommentar zu den grundlegenden Abschnitten von Hegels Phänomenologie
des Geistes.* Regensburg, 1931.

Ogiermann, H. A., S. J. *Hegels Gottesbeweise.* Rome, 1948.

Olgiati, F. *Il panlogismo hegeliano.* Milan, 1946.

Pelloux, L. *La logica di Hegel.* Milan, 1938.

Peperzak, A. T. B. *Le jeune Hegel et la vision morale du monde.* The Hague, 1960.

Pringle-Pattison, A. S. (=A. Seth). *Hegelianism and Personality.* London, 1893 (2nd edition).

Reyburn, H. A. *The Ethical Theory of Hegel: A Study of the Philosophy of Right.* Oxford, 1921.

Roques, P. *Hegel, sa vie et ses œuvres.* Paris, 1912.

Rmsenkranz, K. *G. W. F. Hegels Leben.* Berlin, 1844.

Erläuterungen zu Hegels EnzykloPädie der Philosophie. Berlin, 1870.

Rosenzweig, F. *Hegel und der Staat.* 2 vols. Oldenburg, 1920.

Schmidt, E. *H egels Lehre von Gott.* Gütersloh, 1952.

Schneider, R. *Schellings und Hegels schwäbische Geistesahnen.* Würzburg, 1938.

Schwarz, J. *Die anthropologische M etaphysik des jungen Hegel.* Hildesheim, 1931.

Hegels philosophische Entwicklung. Frankfurt a. M., 1938.

Specht, E. K. *Der Analogiebegriff bei Kant and Hegel.* Cologne, 1952.

Stace, W. T. *The PhilosoPhy of Hegel.* London, 1924 (new edition, New York, 1955). (A
systematic and clear account.)

Steinbüchel, T. *Das Grundproblem der Hegelschen Philosophie.* Vol. I. Bonn, 1933. (The
author, a Catholic priest, died before the completion of the work.)

Stirling, J. H. *The Secret of Hegel.* London, 1865.

Teyssedre, B. *L'ésthetique de Hegel.* Paris, 1958.

Vanni Rovighi, S. *La concezione hegeliana della Storia.* Milan, 1942.

Wacher, H. *Das Verhältnis des jungen Hegel zu Kant.* Berlin, 1932.

Wahl, J. *Le malheur de la conscience dans la philosophie de Hegel.* Paris, 1951 (2nd
edition). (A valuable study.)

Wallace, W. *Prolegomena to the Study of Hegel's Philosophy and especially of his Logic.*
Oxford, 1894 (2nd edition).

Weil, E. *Hegel et l'eat.* Paris, 1950.

第十三—十四章：叔本华

原始文本

Werke, edited by J. Frauenstädt. 6 vols. Leipzig, 1873-4 (and subsequent editions). New edition by A. Hübscher, Leipzig, 1937-41.

Sämmtliche Werke, edited by P. Deussen and A. Hübscher. 16 vols. Munich, 1911-42.

On the Fourfold Root of the Principle of Sufficient Reason, and On the Will in Nature, translated by K. Hillebrand. London, 1907 (revised edition).
The World as Will and Idea, translated by R. B. Haldane and J. Kemp. 3 vols. London, 1906 (5th edition).

The Basis of Morality, translated by A. B. Bullock. London, 1903. *Selected Essays,* translated by E. B. Bax. London, 1891.

研究专著

Beer, M. *Schopenhauer.* London, 1914.
Caldwell, W. *Schopenhauer's System in Its Philosophical Significance.* Edinburgh. 1896.
Copleston, F. C., S. J. *Arthur Schopenhauer, Philosopher of Pessimism.* London, 1946.

Costa, A. *Il pensiero religioso di Arturo Schopenhauer.* Rome, 1935.
Covotti, A. *La vita a il pensiero di A. Schopenhauer.* Turin, 1909.
Cresson, A. *Schopenhauer.* Paris, 1946.

Faggin, A. *Schopenhauer, il mistico senza Dio.* Florence, 1951.
Fauconnet, A. *L'esthetique de Schopenhauer.* Paris, 1913.
Frauenstädt, J. *Schopenhauer-Lexikon.* 2 vols. Leipzig, 1871.
Grisebach, E. *Schopenhauer.* Berlin, 1897.
Hasse, H. *Schopenhauers Erkenntnislehre.* Leipzig, 1913.
Hübscher, A. *Arthur Schopenhauer. Ein Lebensbild.* Wiesbaden, 1949 (2nd edition).
Knox, I. *Aesthetic Theories of Kant, Hegel and Schopenhauer.* New York,1936.
McGill, V. J. *Schopenhauer, Pessimist and Pagan.* New York, 1931.
Méry, M. *Essai sur la causalité phénoménate selon Schopenhauer.* Paris, 1948.

Neugebauer, P. *Schopenhauer in England, mit besonderer Berüktsichtigung seines Einflusses auf die englische Literatur.* Berlin, 1931.
Padovani, U. A. *Arturo Schopenhauer: L'ambiente, la vita, le opere.* Milan, 1934.

Robot, T. *La philosophie de Schopenhauer.* Paris, 1874.
Ruyssen, T. *Schopenhauer.* Paris, 1911.

Sartorelli, F. *Il pessimismo di Arturo Schopenhauer, con particolare riferimento alla dottrina del diritto e dello Stato.* Milan, 1951.
Schneider, W. *Schopenhauer.* Vienna, 1937.
Seillière, E. *Schopenhauer,* Paris. 1912.
Simmel, G. *Schopenhauer und Nietzsche.* Leipzig, 1907.
Siwek, P., S.J. *The Philosophy of Evil* (Ch. X). New York, 1951.
Volkelt, J. *Arthur Schopenhauer, seine Persönlichkeit, seine Lehre, seine Glaube.* Stuttgart, 1907 (3rd edition).
Wallace, W. *Schopenhauer.* London, 1891.
Whittaker, T. *Schopenhauer.* London, 1909.

Zimmern, H. *Schopenhauer: His Life and Philosophy.* London, 1932 (revised edition). (A short introduction.)
Zint, H. *Schopenhauer als Erlebnis.* Munich and Basel, 1954.

第十五章： 费尔巴哈

原始文本

Sämmtliche Werke, edited by L. Feuerbach (the philosopher himself). 10 vols. Leipzig, 1846-66.
Sämmtliche Werke; edited by W. Bolin and F. Jodl. 10 vols. Stuttgart, 1903-11.
The Essence of Christianity, translated by G. Eliot. New York, 1957. (London, 1881, 2nd edition, with translator's name given as M. Evans.)

研究专著

Arvon, H. *Ludwig Feuerbach ou la transformation du satré.* Paris, 1957.
Bolin, W. *Ludwig Feuerbach, sein Wirken und seine Zeitgenossen.* Stuttgart, 1891.

Chamberlin, W. B. *Heaven Wasn't His Destination: The Philosophy of Ludwig Feuerbach.* London, 1941.
Engels, F. *Ludwig Feuerbach and the Outcome of Classical German Philosophy.* (Contained in *Karl Marx, Selected Works,* edited by C. P. Dutt. See under Marx and Engels.)
Grégoire, F. *Aux Sources de la pensée de Marx, Hegel, Feuerbach.* Louvain, 1947.
Griin, K. *Ludwig Feuerbach in seinem Briefwechsel und Nachlass.* 2 vols. Leipzig, 1874. .
Jodl, F. *Ludwig Feuerbach.* Stuttgart, 1904.
Lévy, A. *La Philosophie de Feuerbach et son influence sur la littérature allemande.* Paris, 1904.

Lombardi, F. *Ludwig Feuerbach.* Florence, 1935.
Löwith, K. *Von Hegel bis Nietzsche.* Zurich, 1941.

Nüdling, G. *Ludwig Feuerbachs ReligionsPhilosophie.* Paderborn, 1936.
Rawidowicz, S. *Ludwig Feuerbachs Philosophie.* Berlin, 1931.
Schilling, W. *Feuerbach und die Religion.* Munich, 1957.
Secco, L. *L'etica nella filosojia di Feuerbach.* Padua, 1936.

第十六章： 马克思与恩格斯

原始文本

Marx-Engels, Historisch-kritische Gesamtausgabe: Werke, Schriften, Briefe, edited by D. Ryazanov (from 1931 by V. Adoratsky). Moscow and Berlin. This critical edition, planned to contain some 42 vols., was undertaken by the Marx-Engels Institute in Moscow. It remains, however, sadly incomplete. Between 1926 and 1935 there appeared 7 vols. of the writings of Marx and Engels, with a special volume to commemorate the fortieth anniversary of Engels' death. And between 1929 and 1931 there appeared 4 vols. of correspondence between Marx and Engels.

Karl Marx-Friedrich Engels, Werke. 5 vols. Berlin, 1957-9. This edition, based on the one mentioned above, covers the writings of Marx and Engels up to November 1848. It is published by the Dietz Verlag. And a large number of the works of Marx and Engels have been reissued in this publisher's Library of Marxism-Leninism *(Bücherei des Marximus-Leninismus).*
Gesammelte Schriften von Karl Marx und Friedrich Engels, 1852-1862, edited by D.

Ryazanov. 2 vols. Stuttgart, 1920 (2nd edition). (Four volumes were contemplated.)

Aus dem literarischen Nachlass von Karl Marx, Friedrich Engels und Friedrich Lassalle, 1841-1850, edited by F. Mehring. 4 vols. Berlin and Stuttgart, 1923 (4th edition).
Karl Marx. Die Frühschriften, edited by S. Landshut. Stuttgart, 1953.
Der Briefwechsel zwischen F. Engels und K. Marx, edited by A. Bebel and E. Bernstein. 4 vols. Stuttgart, 1913.

马克思和恩格斯的许多著作已被译成英文供莫斯科的外文出版社出版，并已在伦敦出版（ Lawrenc 及 Wishart 两家出版社）。例如：
Marx's *The Poverly of Philosophy (1956),* Engels' *Anli-Dühring* (1959, 2nd edition) and *Dialectics of Nature* (1954), and *The Holy Family* (1957) by Marx and Engels.

马克思与恩格斯著作较早的译本，可参看以下书目：
Marx: *A Contribution to the Critique of Political Economy* (New York, 1904); *Selected Essays,* translated by H. J. Stenning (London and New York, 1926); *The Poverty of Philosophy* (New York, 1936). Engels: *The Origin of the Family, Private Property and the State* (Chicago. 1902); *Ludwig Feuerbach* (New York, 1934); *Herr Dühring's Revolution in Science,* i.e. *Anti-Dühring* (London, 1935). Marx and Engels: *The German Ideology* (London, 1938).

《资本论》（ *Capital* ）有许多英译本，例如：
Capital, revised and amplified according to the 4th German edition by E. Untermann (New York, 1906), and the two-volume edition of *Capital* in the Everyman Library (London), introduced by G. D. H. Cole and translated from the 4th German edition by E. and C. Paul.

《共产党宣言》的英译本，可参看：
H. J. Laski: *Communist Manifesto: Socialist Landmark,* with an introduction (London, 1948).

马克思与恩格斯的其他著作
Marx-Engels. Selected Correspondence. London, 1934.

Karl Marx. Selected Works, edited by C. P. Dutt. 2 vols. London and New York, 1936, and subsequent editions.
Karl Marx. Selected Writings in Sociology and Social PhilosoPhy, edited by T. Bottomore and M. Rubel. London, 1956.
Three Essays by Karl Marx, translated by R. Stone. New York, 1947.

Karl Marx and Friedrich Engels. Basic Writings on Politics and Philosophy, edited by L. S. Feuer. New York, 1959.

研究专著
Acton, H. B. *The Illusion of the Epoch, Marxism-Leninism as a Philosophical Creed.* London, 1955. (An excellent criticism.)

Adams, H. P. *Karl Marx in His Earlier Writings.* London, 1940.
Adler, M. *Marx als Denker.* Berlin, 1908.
Engels als Denker. Berlin, 1921.

Aron, R., and Others. *De Marx au Marxisme.* Paris, 1948.
Aron, H. *Le marxisme.* Paris, 1955.
Baas, E. *L'humanisme marxiste.* Paris, 1947.

Barbu, Z. *Le développement de la pensée dialectique*. (By a Marxist.) Paris, 1947.
Bartoli, H. *La doctrine économique et sociale de Karl Marx*. Paris, 1950.

Beer, M. *Life and Teaching of Karl Marx,* translated by T. C. Partington and H. J. Stenning. London, 1934 (reprint).
Bekker, K. *Marx's philosophische Entwicklung, sein Verhältnis zu Hegel*. Zürich, 1940.
Berdiaeff, N. *Christianity and Class War*. London, 1934.
The Origin of Russian Communism. London, 1937.
Berlin, I. *Karl Marx*. London, 1939 and subsequent editions. (A useful small biographical study.)

Bober, M. *Karl Marx's Interpretation of History*. Cambridge (U.S.A.), 1927.
Bohm-Bawerk, E. von. *Karl Marx and The Close of His Syseem.*London, 1898.

Boudin, L. B. *Theoretical System of Karl Marx in the Light of Recent Criticism*. Chicago, 1907.

Bouquet, A. C. *Karl Marx and His Doctrine*. London and New York, 1950. (A small work published by theS.P.C.K.)
Calvez, J.-V. *La pensée de Karl Marx*. Paris, 1956. (An outstanding study of Marx's thought.)
Carr, H. *Karl Marx. A Study in Fanaticism*. London, 1934.
Cornu, A. *Karl Marx, sa vie et son œuvre*. Paris, 1934.
The Origins of Marxian Thought. Springfield (Illinois), 1957.
Cottier, G. M.-M. *L'athéisme du jeune Marx: ses origines hégéliennes*. Paris, 1959.
Croce, B. *Historical Materialism and the Economics of Karl Marx,* translated by C. M. Meredith. Chicago,1914.
Desroches, H. C. *Signification du marxisme*. Paris, 1949.
Drahn, E. *Friedrich Engels*. Vienna and Berlin, 1920.
Gentile, G. *La filosofia di* Marx.Milan, 1955 (new edition).
Gignoux. C. J. *Karl Marx*. Paris, 1950.
Grégoire, F. *Aux sources de la pensée de Marx: Hegel, Feuerbach*. Louvain, 1947.

Haubtmann, P. *Marx et Proudhon: leurs rapports personels, 1844-47*. Paris, 1947. .

Hook, S. *Towards the Understanding of Karl Marx*. New York, 1933.
From Hegel to Marx. New York, 1936.

Marx and the Marxists. Princeton, 1955.
Hyppolite, J. *Études sur Marx et Hegel*. Paris, 1955.
Joseph, H. W. B. *Marx's Theory of Value*. London, 1923.
Kamenka. E. *The Ethical Foundations of Marxism*. London, 1962.
Kautsky, K. *Die historische Leistung von Karl Marx*. Berlin, 1908.
Laski, H. J. *Karl Marx*. London, 1922.

Lefebvre, H. *Le matérialisme dialectique*. Paris, 1949 (3rd edition).
Le marxisme. Paris, 1958. (By a Marxist author.)
Left, G. *The Tyranny of Concepts: A. Critique of Marxism*. London, 1961.

Lenin, V. I. *The Teachings of Karl Marx*. New York, 1930.
Marx, Engels, Marxism. London, 1936.
Liebknecht, W. *Karl Marx, BiograPhical Memoirs*. Chicago, 19oI.
Loria, A. *Karl Marx*. New York, 1920.
Löwith, K. *Von Hegel bis Nietzsche*. Zürich, 1947.

Lunau, H. *Karl Marx und die Wirklichkeit.* Brussels, 1937.
Marcuse, H. *Reason and Revolution.* London, 1941.

Mandolfo, R. *Il materialismo storico in Friedrich Engels.* Genoa, 1912.
Mascolo, D. *Le communisme.* Paris, 1953. (By a Marxist.)

Mayer, G. *Friedrich Engels.* 2 vols. The Hague, 1934 (2nd edition).
Mehring, F. *Karl Marx: the Story of His Life,* translated by E. Fitzgerald. London, 1936. (The standard biography.) ..
Meyer, A. G. *Marxism. The Unity of Theory and Practice. A. Critical Essay.* Cambridge (U.S.A.) and Oxford, 1954.
Nicolaievsky, N. *Karl Marx.* Philadelphia, 1936.
Olgiati, F. *Carlo Marx.* Milan, 1953 (6th edition).
Pischel, G. *Marx giovane.* Milan, 1948.
Plenge, J. *Marx und Hegel.* Tübingen, 1911.
Robinson, J. *An Essay in Marxian Economics.* London, 1942.
Rubel, M. *Karl Marx. Essai de biographie intelleduelle.* Paris, 1957.
Ryazanov, D. *Karl Marx and Friedrich Engels.* New York, 1927.
Karl Marx, Man, Thinker and Revolutionist. London, 1927.

Schlesinger, R. *Marx: His Time and Ours.* London, 1950.
Schwarzschild, L. *Karl Marx.* Paris, 1950.
Seeger, R. *Friedrich Engels.* Halle, 1935.
Somerhausen, L. *L'humanisme agissant de Karl Marx.* Paris, 1946.
Spargo, J. *Karl Marx. His Life and Work.* New York, 1910.
Tönnies, F. *Marx. Leben und Lehre.* Jena, 1921.
Touilleux, P. *Introduction auxsystèmes de Marx et Hegel.* Tournai, 1960.
Tucker, R. C. *Philosophy and Myth in Karl Marx.* Cambridge, 1961.
Turner, J. K. *Karl Marx.* New York, 1941.
Vancourt, R. *Marxismi et pensée chrétienne.* Paris, 1948.
Van Overbergh, C. *Karl Marx, sa vie et son œuvre. Bilan du marxisme.* Brussels, 1948 (2nd edition).
Vorländer, K. *Kant und Marx.* Tübingen, 1911.
Marx Engels und Lassalle als Philosophen. Stuttgart, 1920.

Wetter, G. A. *Dialectical Materialism* (based on 4th German edition). London, 1959. (This outstanding work is devoted mainly to the development of Marxism-Leninism in the Soviet Union. But the author treats first of Marx and Engels.)

第十七章：克尔凯郭尔

原始文本

Samletle Vaerker, edited by A. B. Drachmann, J. L. Herberg and H. O. Lange. 14 vols. Copenhagen, 1901-6. A critical Danish edition of Kierkegaard's *Complete Works* is being edited by N. Thulstrup. Copenhagen, 1951ff. A German translation of this edition is being published concurrently at Cologne and Olten. (There are, of course, previous German editions of Kierkegaard's writings.)
Papirer(Journals), edited by P. A. Helberg, V. Kuhr and E. Torstmg. 20 vols. (11 vols. in 20 parts). Copenhagen, 1909-48.
Breve (Letters), edited by N. Thulstrup. 2 vols. Copenhagen, 1954.

克尔凯郭尔的丹麦语《选集》：
S. *Kierkegaard's Vaerker i Udvalg,* edited by F. J. Billeskov-Jansen. 4 vols. Copenhagen,

1950 (2nd edition). .

克尔凯郭尔更重要的著作英译本主要是由牛津大学出版社与普林斯顿大学出版社（Oxford University Press and the Pnnceton Umverslty Press）出版的（主要是由 D. F. Swenson 和 W. Lowrie 编辑）。最新（1936—1953）出版的不包括期刊在内（下面分别提到）共 12 卷。关于个别卷数的进一步参考书目，参看本卷哲学史克尔凯郭尔一章的脚注。

Johannes Climacus, translated by T. H. Croxall. London, 1958.
Works of Love, translated by H. and E. Hong. London, 1962.
Journals (selections), translated by A. Dru. London and New York, 1938 (also obtainable in Fontana Paperbacks).
A Kierkegaard Anthology, edited by R. Bretall. London and Princeton, 1946.
Diario, with introduction and notes by C. Fabro (3 vols., Brescia, 1949-52) is a useful Italian edition of selections from Kierke-gaard's *journals* by an author who has also published an *Antowgia Kierkegaardiana,* Turin, 1952.

研究专著
Bense, M. *Hegel und Kierkegaard.* Cologne and Krefeld, 1948.
Bohlin, T. *Sören Kierkegaard, l'homme et l'œuvre,* translated by P. H. Tisseau. Bazoges-en-Pareds, 1941.
Brandes, G. *Sören Kierkegaard.* Copenhagen, 1879.
Cantoni, R. *La coscienza inquieta:* S. *Kierkegaard.* Milan, 1949.
Castelli, E. (editor). Various Authors. *Kierkegaard e Nietzsche.* Rome, 1953.
Chestov, L. *Kierkegaard et la Philosophie existentielle,* translated from the Russian by T. Rageot and B. de Schoezer. Paris, 1948.
Collins, J. *The Mind of Kierkegaard.* Chicago, 1953.
Croxall, T. H. Kierkegaard *Commentary.* London, 1956.
Diem, H. *Die Existenzdialektik von S. Kierkegaard.* Zürich, 1950.
Fabro, C. *Tra Kierkegaard e Marx.* Florence, 1952.

Fabro, C., and Others. *Studi Kierkegaardiani.* Brescia, 1957.
Fliedmann, K. *Kierkegaard, the Analysis of His Psychological Personality.* London, 1947.
Geismar, E. *Sären Kierkegaard. Seine Lebensentwicklung und seine Wirksamkeit als Schriftsteller.* Göttingen, 1927.
Lectures on the Religious Thought of Sören Kierkegaard. Minneapolis, 1937.

Haecker, T. *Sören Kierkegaard,* translated by A. Dru. London and New York, 1937.
Hirsch, E. *Kierkegaardstudien.* 2 vols. Gütersloh, 1930-3.
Höffding, H. *Sören Kierkegaard als Philosoph.* Stuttgart, 18g6.
Hohlenberg, J. *Kierkegaard.* Basel, 1949.

Jolivet, R.*Introduction to Kierkegaard,* translated by W. H. Barber. New York, 1951.
Lombardi, F. *Sören Kierkegaard.* Florence, 1936.
Lowrie, W. *Kierkegaard.* London, 1938. (A very full bibliographical treatment.)
Short Life of Kierkegaard. London and Princeton, 1942.
Martin, H. V. *Kierkegaard the Melancholy Dane.* New York,1950.
Masi, G. *La determinazione de la possibilità dell' esistenza in Kierkegaard.* Bologna, 1949.
Mesnard, P. *Le vrai visage de Kierkegaard.* Paris, 1948.
Kierkegaard, sa vie, son œuvre, avec un exposé de sa philosophie. Paris, 1954.
Patrick, D. *Pascal and Kierkegaard.* 2 vols. London, 1947.

Roos, H., S.J, *Kierkegaard et le catholicisme,* translated from the Danish by A. Renard, O.S.B. Louvain, 1955.

Schremf, C. *Kierkegaard.* 2 vols. Stockholm, 1935.

Sieber, F. *Der Begrijf der Mitteilung bei Sören Kierkegaard.* Würzburg, 1939.

Thomte, R. *Kierkegaard's Philosophy of Religion.* London and Princeton, 1948.

Wahl, J. *Études kierkegaardiennes.* Paris, 1948 (2nd edition).

第二十一——二十二章：尼采

研究专著

原始文本

完整版的尼采著作及书信集评注本（*Nietzsches Werke 14nd Briefe, historisch-kritische Ausgabe*）于 1933 年开始在慕尼黑由尼采档案馆负责出版。1933 年至 1940 年出版了五卷著作，1938 年至 1942 年出版了四卷书信。但该档案馆看起来不打算继续出版尼采的著作了。

Gesammelte Werke, Grossoktav *Ausgabe.* 19 vols. Leipzig, 1901-13. In 1926 R. Oehler's *Nietzsche-Register* was added as a 20th vol.

Gesammelte Werke, Musarionausgabe. 23 vols. Munith, 1920-9.

Werke, edited by K. Schlechta. 3 vols. Munich, 1954-6. (Obviously incomplete, but a handy edition of Nietzsche's main writings, with lengthy selections from the *Nachlass.)*

There are other German editions of Nietzsche's *Works,* such as the *Taschenausgabe* published at Leipzig:.

Gesammelte Briefe. 5 vols. Berlin and Leipzig, 1901-9. A volume of correspondence with Overbeck was added in 1916. And some volumes, such as the correspondence with Rohde, have been published separately.

The Complete Works of Friedrich Nietzsche, translated under the general editorship of O. Levy. 18 vols. London, 1909-13. (This edition is not complete in the sense of containing the *juvenilia* and the whole *Nachlass.* Nor are the translations above criticism. But it is the only edition of comparable scope in the English language.)

Some of Nietzsche's writings are published in *The Modern Library Giant,* New York. And there is the *Portable Nietzsche,* translated by W. A. Kaufmann. New York, I954.

Selected Letters of Friedrich Nietzsche, edited by O. Levy. London. 1921 .

The Nietzsche-Wagner Correspondence, edited by E. Forster-Nietzsche. London, 1922.

Friedrich Nietzsche. Unpublished Letters. Translated and edited by K. F. Leidecker. New York, 1959.

研究专著

Andler, C. *Nietzsche: sa vie et sa pensée.* 6 vols. Paris, 1920-31.

Banfi, A. *Nietzsche.* Milan, 1934.

Bataille, G. *Sur Nietzsche. Volont*é *de puissanc*e. Paris, 1945 .

Bäumler, A. *Nietzsche der Philosoph und Politiker.* Berlin, 1931.

Benz, E. *Nietzsches Ideen zur Geschichte des Christentums.* Stuttgart, 1938.

Bertram, E. *Nietzsche. Versuch einer Mythologie.* Berlin, 1920 (3rd edition). .

Bianquis. G. *Nietzsche en France.* Paris, 1929.

Bindschedler, M. *Nietzsche und die poetische Lüge.* Basel, 1954.

Brandes, G. *Friedrich Nietzsche.* London, 1914.

Brinton, C. *Nietzsche.* Cambridge (U.S.A.) and London, 1941.

Brock. W. *Nietzsches Idee der Kultur.* Bonn, 1930.

Chatterton Hill, G. *The Philosophy of Nietzsche.* London. 1912.
Copleston, F. C., S.J. *Friedrich Nietzsche, Philosopher of Culture.* London, 1942.

Cresson, A. *Nietzsche, sa vie, son œuvre, sa philosophie.* Paris, 1943.
Deussen, P. *Erinnerungen an Friedrich Nietzsche.* Leipzig, 1901.
Dolson, G. N. *The Philosophy of Friedrich Nietzsche.* New York, 1901.
Drews, A. *Nietzsches Philosophie.* Heidelberg. 1904.
Förster-Nietzsche, E. *Das Leben Friedrich Nietzsches.* 2 vols. in 3. Leipzig, 1895-1904.
Der junge Nietzsche. Leipzig, 1912.
Der einsame Nietzsche. Leipzig. 1913. (These books by Nietzsche's sister have to be used with care, as she had several axes to grind.)
Gawronsky, D. *Friedrich Nietzsche und das Dritte Reich.* Bern, 1935.
Goetz, K. A. *Nietzsche als Ausnahme. Zur Zerstörung des Willens zur Macht.* Freiburg, 1949.
Giusso, L. *Nietzsche.* Milan, 1943.

Halevy, D. *Life of Nietzsche.* London, 1911.
Heidegger, M. *Nietzsche.* 2 vols. Pfulligen, 1961.

Jaspers, K. *Nietzsche: Einführung in das Verständnis seines Philosophierens.* Berlin, 1936. (The two last-mentioned books are profound studies in which, as one might expect, the respective philosophical positions of the writers govern the interpretations of Nietzsche.)
Joël, K. *Nietzsche und die Romantik.* Jena, 1905.
Kaufmann, W. A. *Nietzsche: Philosopher, Psychologist, Antichrist.* Princeton, 1950.
Klages, L. *Die psychologischen Errungenschaften Nietzsches.* Leipzig, 1930 (2nd edition).
Knight, A. H. J. *Some Aspects of the Life and Work of Nietzsche, and particularly of His Connection with Greek Literature and Thought.* Cambridge, 1933.
Lannoy, J. C. *Nietzsche au l'histoire d'un égocentricisme athée.* Paris, 1952. (Contains a useful bibliography, pp. 365-92.)
Lavrin, J. *Nietzsche. An Approach.* London, 1948 ·
Lea, F. A. *The Tragic Philosopher. A Study of Friedrich Nietzsche.* London, 1957. (A sympathetic study by a believing Christian.)
Lefebvre, H. *Nietzsche.* Paris, 1939.
Lombardi, R. *Federico Nietzsche.* Rome, 1945.
Lotz, J. B., S.J. *Zwischen Seligkeit und Verdamnis. Ein Beitrag zu dem Thema: Nietzsche und das Christentum.* Frankfurt a. M., 1953.
Löwith, K. *Von Hegel bis Nietzsche.* Zürich, 1941.
Nietzsches Philosophie der ewigen Wiederkehr des Gleichen. Stuttgart, 1956.
Ludovici, A. M. *Nietzsche, His Life and Works.* London, 1910.
Nietzsche and Art. London, 1912.

Mencken, H. L. *The Philosophy of Friedrich Nietzsche.* London, 1909.
Mess, F. *Nietzsche als Gesetzgeber.* Leipzig, 1931.

Miéville, H. L. *Nietzsche et la volonté de puissance.* Lausanne, 1934.
Mittasch, A. *Friedrich Nietzsche als Naturphilosoph.* Stuttgart, 1952.
Molina, E. *Nietzsche. dionisiaco y asceta.* Santiago (Chile), 1944.
Morgan, G. A., Jr. *What Nietzsche Means.* Cambridge (U.S.A),1941. (An excellent study.)

Mügge, M. A. *Friedrich Nietzsche: His Life and Work.* London, 1909.
Oehler, R. *Nietzsches Philosophisches Werden.* Munich, 1926.
Orestano, F. *Le idee fondamentali di Friedrich Nietzsche nel loro progressivo svolgimento.* Palermo, 1903.
Paci, E. *Federico Nietzsche.* Milan, 1940.

Podach, E. H. *The Madness of Nietzsche.* London, 1936.

Reininger, F. *Friedrich Nietzsches Kampf um den Sinn des Lebens.* Vienna, 1922.

Reyburn, H. A., with the collaboration of H. B. Hinderks and J. G. Taylor. *Nietzsche: The Story of a Human Philosopher.* London, 1948. (A good psychological study of Nietzsche.)

Richter, R. *Friedrich Nietzsche.* Leipzig, 1903.

Riehl, A. *Friedrich Nietzsche, der Künstler 14nd der Denker.* Stuttgart, 1920 (6th edition).

Romer, H. *Nietzsche.* 2 vols. Leipzig, 1921.

Siegmund, G. *Nietzsche, der ,Atheist' und ,Antichrist'.* Paderborn, 1946 (4th edition).

Simmel, G. *Schopenhauer und Nietzsche.* Leipzig, 1907.

Steinbüchel, T. *Friedrich Nietzsche.* Stuttgart, 1946.

Thibon, G. *Nietzsche ou le déclin de l'esprit.* Lyons, 1948.

Vaihinger, H. *Nietzsche als Philosoph.* Berlin, 1905 (3rd edition).

Wolff, P. *Nietzsche und das christliche Ethos.* Regensburg, 1940.

Wright, W. H. *What Nietzsche Taught.* New York, 1915. (Mainly excerpts.)

索 引

（词条的主要出处用加粗字体标出。页码右上角带星号指的是该页有书目信息。用普通字体标出的连续页码，如 195—198，并不表示从 195—198 页的每一页都出现了该词条。同时提及两个人时，通常标示在被批判或受影响的人名下。脚注的缩写用斜体给出时，出处页有对其全称的说明。）

---

[1] 索引中给出的页码均为英文原书页码。页码后面加"f"时指的是该词条出现在本页及下一页，比如某词条后面标注了 100f，就表示该词条出现在了第 100—101 页。页码后面加"ff"时指的是该词条出现在本页及以后若干页，比如某词条后面标注了 100ff，就表示该词条出现在了第 100 页及之后的若干页。页码后面加"n"时指的是该词条出现在本页的注释中，比如某词条后面标注了 99n，就表示该词条出现在了第 99 页的注释中。另外，本书索引起到的作用是为读者标明与相关词条或概念有关的阐释出现在哪几页。在有些情况下，某词条并未直接出现在索引中列出的页码里，但在列出的页码中包含着与该词条相关的讨论内容。

图书在版编目（CIP）数据

科普勒斯顿哲学史 . 7, 18—19 世纪德国哲学 /（英）
弗雷德里克·科普勒斯顿著；陈杰，丁雨姗，杨云飞译
. -- 北京：九州出版社 , 2022.10
　　ISBN 978-7-5225-1136-8

　　Ⅰ . ①科… Ⅱ . ①弗… ②陈… ③丁… ④杨… Ⅲ .
①近代哲学—研究—德国— 18 世纪 -19 世纪 Ⅳ . ① B1

中国版本图书馆 CIP 数据核字 (2022) 第 157795 号

A HISTORY OF PHILOSOPHY VOLUME7: 18TH AND 19TH CENTURY
GERMAN PHILOSOPHY by FREDERICK COPLESTON
Volume7: Copyright © 1963 by the Trustees for Roman Catholic Purposes Registered
This edition arranged with A. P. WATT LTD
Through BIG APPLE AGENCY, LABUAN, MALAYSIA.
All rights reserved
著作权合同登记号：01-2022-5882

科普勒斯顿哲学史 . 7, 18—19 世纪德国哲学

作　　者	［英］弗雷德里克·科普勒斯顿 著　陈　杰　丁雨姗　杨云飞 译	
责任编辑	杨宝柱　周　春	
封面设计	张　萌	
出版发行	九州出版社	
地　　址	北京市西城区阜外大街甲 35 号（100037）	
发行电话	（010）68992190/3/5/6	
网　　址	www.jiuzhoupress.com	
电子信箱	jiuzhou@jiuzhoupress.com	
印　　刷	嘉业印刷（天津）有限公司	
开　　本	655 毫米 ×1000 毫米　　　16 开	
印　　张	33	
字　　数	400 千字	
版　　次	2022 年 10 月第 1 版	
印　　次	2022 年 11 月第 1 次印刷	
书　　号	ISBN 978-7-5225-1136-8	
定　　价	88.00 元	